LORNA BYRNE
Engel in meinem Haar

AF217795

GOLDMANN

Buch

»Warum gerade ich?«, fragte ich unter Tränen. »Und warum gerade du nicht?«, gab Er zurück. »Du bist zwar noch ein Kind, aber du weißt mehr als die meisten Menschen hier auf dieser Welt. Du bist mein Engel in Menschengestalt, deine Aufgabe ist es, anderen Menschen und ihren Seelen beizustehen.«

Lorna Byrne kann Engel sehen, seit sie das erste Mal die Augen aufschlug. Ihr ganzes Leben lang begleiten sie diese Wesen von großer Schönheit, unter ihnen auch Erzengel und der Prophet Elija. Ihre Umgebung hält sie für zurückgeblieben, und Lorna lernt, dass sie ihr Wissen sorgsam hüten muss, um von anderen ernst genommen zu werden. In diesem Buch öffnet sie sich erstmals und erzählt die Geschichte ihres Lebens, in dem Glück und Tragik oft nah beieinander liegen: Aufgewachsen im Irland der 60er-Jahre, erfährt sie Armut, Ausgrenzung und persönliches Leid, aber auch Freundschaft, Familienglück und die große Liebe. Und es sind immer wieder die Engel, die ihr nach Schicksalsschlägen neuen Mut schenken und ihr helfen, ihrem Leben eine positive Wende zu geben. Mehr und mehr beginnt sie, zu ihrer außergewöhnlichen Gabe zu stehen und sie für das Wohl anderer Menschen zu verwenden. Wie keine andere versteht sie es, ihren Lesern das große Vertrauen in die Kraft der Engel zu vermitteln, das auch ihren Weg prägte.

Autorin

Lorna Byrne, geboren und aufgewachsen in Irland, kann seit frühester Kindheit Engel sehen und mit ihnen kommunizieren. Seit sie 2008 das erste Mal mit ihrem Wissen an die Öffentlichkeit ging, erreichte ihre Botschaft Millionen von Lesern in der ganzen Welt. Ihre Bücher, darunter »Engel in meinem Haar« und »Himmelspfade«, wurden in 30 Sprachen übersetzt. Lorna Byrne ist Mutter von vier Kindern und lebt in Irland. Mehr über die Autorin erfahren Sie auf ihrer Website: www.lorna-byrne.de.

Außerdem von Lorna Byrne im Programm:

Lieber Schutzengel, pass auf mich auf
Herzensgebete für ein Leben voller Licht
Engel berühren meine Fingerspitzen
Deine Seele leuchtet
Liebe – Das Geschenk des Himmels
Himmelspfade

Lorna Byrne

ENGEL
in meinem
HAAR

**Die wahre Geschichte
einer irischen Mystikerin**

Aus dem Englischen
von Claudia Fritzsche

GOLDMANN

Die englische Originalausgabe erschien 2008 unter dem Titel
»Angels in my Hair« bei Century, einem Unternehmen
von Random House Inc., London. Die deutsche
Erstausgabe erschien 2009 im Kailash Verlag,
Verlagsgruppe Random House GmbH, München.

Penguin Random House Verlagsgruppe FSC® N001967

2. Auflage
Erweiterte Taschenbuchausgabe März 2024
Copyright © 2008, 2010, 2023 der Originalausgabe: Lorna Byrne
Copyright © 2009, 2014, 2024 der deutschsprachigen Ausgabe:
Wilhelm Goldmann Verlag, München,
in der Penguin Random House Verlagsgruppe GmbH,
Neumarkter Straße 28, 81673 München
produktsicherheit@penguinrandomhouse.de
(Vorstehende Angaben sind zugleich
Pflichtinformationen nach GPSR)

Redaktion: Birgit Groll, München
Übersetzung der Seiten 7 und 457-474: Bettina Lemke
Redaktionelle Durchsicht der vorliegenden Ausgabe: Ralf Lay
Umschlag: Uno Werbeagentur, München,
in Anlehnung an die Gestaltung der
15th Anniversary Edition (Penguin Random House UK)
Umschlagmotiv: shutterstock/suns07butterfly
Satz: Satzwerk Huber, Germering
Druck und Bindung: GGP Media GmbH, Pößneck
Printed in Germany
KF · CB

ISBN 978-3-442-22391-6

www.goldmann-verlag.de

Meinen Kindern, die mich immer
mit beiden Beinen auf der Erde gehalten haben

I ask blessings for everyone in Germany, Switzerland and Austria, for everyone who speaks German around the world.

May you continue to grow more open hearted and spiritual.

The angels are telling me that you need to enjoy life more, and see and appreciate all the good things that are in your life even if it isn't perfect.

Blessings to you, your Family and Loved ones.

Lorna

Ich bitte um Segnungen für jeden in Deutschland, der Schweiz und Österreich – für jeden, der Deutsch spricht, auf der ganzen Welt.

Mögen Sie weiterhin noch offenherziger und spiritueller werden.

Den Engeln zufolge sollten Sie das Leben mehr genießen, all die guten Dinge, die in Ihrem Leben vorhanden sind, erkennen und schätzen, selbst wenn Ihr Leben nicht perfekt ist.

Mögen Sie, Ihre Familie und Ihre Lieben gesegnet sein.

Lorna

Kapitel 1

Mit anderen Augen

Meiner Mutter fiel auf, dass ich schon als Baby ganz in meiner eigenen Welt zu leben schien. Und ich war gerade zwei Jahre alt, da nannte der Kinderarzt mich »retardiert«, »zurückgeblieben«. Ich selbst kann mich noch gut daran erinnern, wie ich in meinem Bettchen – einem großen Korb – lag und meine Mutter sich über mich beugte. Um sie herum sah ich wunderschöne, lichtvolle, in allen Regenbogenfarben strahlende Wesen. Deutlich größer als ich, doch wesentlich kleiner als Mam, hatten sie etwa die Größe dreijähriger Kinder und schwebten – Federn gleich – frei in der Luft. Ich weiß noch, wie ich die Händchen nach ihnen ausstreckte, sie berühren wollte, was mir jedoch nicht gelang. Ich war völlig fasziniert von diesen Geschöpfen und ihrem herrlichen Leuchten. Damals wusste ich noch nicht, wie sehr meine Wahrnehmung sich von der anderer Menschen unterschied. Es ging noch viel Zeit ins Land, bis die Wesen sich mir gegenüber als Engel zu erkennen gaben.

Im Verlauf der nächsten Monate bemerkte meine Mutter, dass ich immerzu woandershin blickte oder gar starrte, ganz gleich, was auch immer sie unternahm, um meine Aufmerksamkeit zu fesseln. Tatsächlich war ich ganz woanders: Immer bei den Engeln und in deren Beobachtung versunken, aber auch im Gespräch und Spiel mit ihnen – ich verspürte grenzenloses Entzücken.

Zwar habe ich erst spät zu sprechen begonnen, doch mit den Engeln unterhielt ich mich schon in meinen jüngsten Tagen. Manchmal benutzten wir dabei das gewöhnliche menschliche Vokabular, dann wieder bedurfte es keiner Worte, weil wir wechselseitig unsere Gedanken lesen konnten. Zu jener Zeit glaubte ich, jedermann sähe, was ich sah: Doch die Engel hielten mich dazu an, niemandem zu erzählen, dass ich sie sehen konnte, und dieses Geheimnis zwischen uns zu bewahren. Und wirklich lauschte ich den Engeln Jahr um Jahr, ohne ein Wort davon preiszugeben. Erst jetzt, in diesem meinem Buch, werde ich vieles von dem enthüllen, was ich damals zum ersten Mal gesehen habe.

Das Verdikt des Arztes über die gerade einmal zweijährige Lorna sollte eine tief greifende Wirkung auf mein Leben haben: Mir wurde bewusst, dass Menschen grausam sein können. Seinerzeit lebten wir in Old Kilmainham, unweit der Dubliner Innenstadt. Mein Vater hatte dort einen kleinen Fahrradladen mit Reparaturwerkstatt und dazugehörigem Wohnhäuschen gemietet. Durchquerte man den Laden und wandte sich dann nach links, fand man sich vor einem kleinen und ziemlich heruntergekommenen Haus wieder. Es hatte seinen Platz in einer ganzen Reihe solcher Cottages mit Geschäften, doch standen die meisten davon leer oder waren aufgrund ihres trostlosen Zustands schon ganz aufgegeben worden. Unser Leben spielte sich hauptsächlich in dem kleinen Raum im Erdgeschoss ab: Hier wurde gekocht, hier aßen wir, unterhielten uns oder spielten miteinander, ja sogar die Wäsche wurde hier gewaschen – in einem großen Metall-Zuber vor dem Herd. Das

Haus besaß weder Bad noch WC, ein kleiner Pfad führte zu einem Verschlag im Hinterhof – unserer Außentoilette. Das obere Stockwerk enthielt zwei Schlafzimmer, zu Beginn teilte ich das eine – und das Bett – mit meiner älteren Schwester Emer.

Damals nahm ich nicht nur die Engel wahr – diese sah ich, wenn ich morgens die Augen aufschlug bis abends, wenn ich wieder einschlief –, sondern auch die Geister Verstorbener. So etwa meinen Bruder Christopher, der längst vor mir geboren, aber schon im zarten Alter von etwa zehn Wochen wieder gegangen war. Obwohl ich ihn nie lebendig zu Gesicht bekommen hatte, konnte ich ihn visualisieren und auf der geistigen Ebene mit ihm spielen. Im Gegensatz zu meiner Schwester und mir, die wir beide blond waren, hatte er dunkles Haar.

Zunächst fand ich nichts Seltsames dabei; für mich war er wie jedes andere Kind, nur sein Erscheinungsbild wirkte auf mich ein wenig heller, leuchtender. Einer der ersten Umstände, die mich dann doch auf sein Anderssein aufmerksam werden ließen, war die Tatsache, dass er sein Alter wechseln konnte. Einmal erschien er als Baby, dann wieder gleich alt mit mir und wackelte unsicheren Schrittes über den Fußboden; auch war er nicht immer da – er kam und ging.

Am Spätnachmittag eines kalten Wintertages, die Dunkelheit brach gerade herein, war ich allein in dem kleinen Wohnzimmer unseres Hauses in Old Kilmainham. Nur das offene Kaminfeuer erhellte flackernd den Raum. Ich hockte in seinem Schein auf dem Fußboden, beschäftigt mit den Holzklötzchen, die mein Vater uns zurechtgesägt hatte, als Christopher auftauchte, um mit mir zu spielen. Er setzte sich direkt vors Feuer und sagte mir, dort sei es zu heiß für

mich, aber ihm mache das nichts aus, denn er spüre die
Hitze nicht. Indem wir abwechselnd Klötzchen auf Klötzchen stapelten, errichteten wir gemeinsam einen Turm.
Dieser hatte schon eine beachtliche Höhe erreicht, da trafen sich plötzlich unsere Hände. Ich war verblüfft, weil
Christopher sich so ganz anders anfühlte als alle anderen
Menschen, die ich kannte. Die Berührung erzeugte bei ihm
Funken – wie ein kleiner Sternenregen. Im selben Augenblick ging ich in ihn über (vielleicht auch er in mich); es war,
als verschmölzen wir miteinander und würden eins. Vor
lauter Schreck stieß ich unseren schönen Holzturm um!

Ich brach in Gelächter aus und fasste ihn von neuem an.
In diesem Augenblick habe ich wohl zum ersten Mal wirklich begriffen, dass Christopher nicht aus Fleisch und Blut
bestand.

Doch habe ich ihn nie irrtümlich für einen Engel gehalten – denn die Engel um mich herum trugen zwar gelegentlich menschliche Züge, aber selbst dann besaßen die meisten
von ihnen Flügel. Ihre Füße berührten den Boden nicht, und
aus ihrem Inneren drang ein helles Leuchten. Gelegentlich
fehlte »meinen« Engeln jegliche Menschenähnlichkeit, dafür
erschienen sie in Form scharf umrissener glühender Lichter.

Christopher tauchte häufig im direkten Umkreis meiner
Mutter auf. Mitunter hielt sie in einem Stuhl am Feuer ihr
Nickerchen, da lag er dann in ihren Armen, und sie wiegte
ihn. Ich hatte keine Ahnung, ob sie sich seiner Anwesenheit bewusst war, also fragte ich ihn: »Soll ich Mam erzählen, dass du hier bist?«

»Nein, das geht nicht«, gab er zurück, »weil sie es nicht
verstehen würde. Aber manchmal kann sie mich fühlen.«

Eines Wintermorgens, die Sonne ging gerade auf,
schwebten die Engel an mein Bett. Ich lag noch eingerollt

unter der Decke, während meine Schwester Emer, mit der ich das Bett teilte, bereits aufgestanden und hinausgelaufen war. An ihrer Stelle hatte Christopher sich neben mir zusammengekuschelt. Er kitzelte mich und sagte: »Schau mal, Lorna, schau mal, da drüben am Fenster.«

Wie schon gesagt: Engel können verschiedene Formen und Gestalten annehmen – diesen Morgen kamen sie als Schneeflocken! Die Fensterscheiben schienen sich in Dampfschwaden zu verwandeln, und jede Schneeflocke verwandelte sich darin ihrerseits in einen Engel von der Größe eines Babys. Dann glitten die Engel auf einem Sonnenstrahl durch das Fenster in den Raum, jeder von ihnen wirkte wie in weiß glitzernde Schneeflocken gehüllt. Als die Engel mich berührten, stoben die Schneeflocken auf mich herunter: Sie kitzelten und fühlten sich seltsamerweise nicht kalt, sondern warm an.

»Wäre es nicht wundervoll«, rief Christopher aus, »wenn alle Menschen wüssten, dass sie ihre Taschen mit Engeln füllen könnten? Dass in einer einzigen Tasche Tausende von Engeln Platz hätten, so wie Schneeflocken, und dass sie sie andauernd mit sich herumtragen könnten und deshalb nie mehr alleine wären?«

Ich drehte mich nach ihm um: »Und was ist, wenn sie in den Taschen schmelzen?«

Christopher kicherte: »Nichts! Engel schmelzen nämlich nie!«

»Ach, Christopher, wenn du doch bloß in Mams Tasche hineinpassen würdest, wie eine Schneeflocke, und dann immer hier sein könntest!«, sagte ich ganz traurig.

Er wandte sich mir zu und sah mich an, so wie wir beide da aneinandergeschmiegt im Bett lagen: »Aber du weißt doch, ich bin immer da.«

Erst als ich schon erwachsen war, erzählte mir meine Mutter, sie habe ein Jahr vor meiner Geburt einen kleinen Sohn mit dem Namen Christopher zur Welt gebracht, der jedoch nur zehn Wochen am Leben geblieben sei. Ich reagierte mit einem Lächeln und fragte sie dann, wo Christopher denn beerdigt worden sei, und erfuhr, sie hätten ihn – nach damaligem Brauch – anonym auf einem Dubliner Friedhof für Kleinkinder bestattet.

Schade, dass es keine Grabstelle mit Christophers Namen gibt, die ich besuchen könnte, aber er ist auch so unvergessen. Sogar noch heute, nach all den Jahren, fühle ich Christophers Hand in meiner Tasche, er tut, als forme er Schneeflocken, um mich daran zu erinnern, dass ich nicht alleine bin.

Eines Tages, ich war damals etwa vier oder fünf Jahre alt, brachte ich mehr über Christopher und meine Mutter in Erfahrung. Ich saß am Tisch, baumelte mit den Beinen und verspeiste mein Frühstück, als ich aus den Augenwinkeln einen kurzen Blick auf Christopher erhaschte, der an diesem Tag das Aussehen eines etwa Zwölfjährigen hatte. Er lief quer durch den Raum Richtung Ladentür, während meine Mutter gerade mit ein paar Scheiben Toast hereinkam. Sie strahlte über das ganze Gesicht und sagte: »Lorna, in der hinteren Werkstatt, unter Vaters Arbeitsbank, wartet eine Überraschung auf dich!«

Aufgeregt hopste ich vom Stuhl und folgte Christopher. Er hielt geradewegs durch den Laden auf die dunkle Werkstatt zu. Dort drinnen war es derart finster, dass ich erst innehalten und meine Augen an die Dunkelheit gewöhnen musste. Doch war Christopher so etwas wie eine Lichtquelle für mich, denn er verbreitete ein sanft schimmerndes Leuchten, das mir den Weg durch die mit allem Möglichen vollgestellte Werkstatt wies. Er rief: »Die Katze hat Junge bekommen!« Und tatsächlich konnte ich – dank Christophers Licht – unter der Werkbank vier winzige Katzenbabys ausmachen. Drei davon kohlrabenschwarz, das vierte schwarz-weiß, sie waren einfach allerliebst, so weich und zart. Katzenmutter Blackie kletterte aus der Kiste, streckte sich und sprang durch das kleine Fenster hinaus in den Garten. Ich rannte hinter ihr her und rief Christopher zu, er solle auch hinauskommen, doch er blieb drinnen – wie immer.

Ich ging zurück in die Werkstatt und fragte Christopher: »Weshalb kommst du nie mit raus?«

Mit einer Geste, als wolle er mich trösten, ergriff er meine Hand – eine Berührung, die ich liebte –, und unsere Hände verschmolzen wieder. Es wirkte wie ein geheimer Zauber: Ich fühlte mich geborgen und glücklich.

»Lorna, wenn Babys sterben, bleiben ihre Seelen bei ihren Müttern, so lange, wie sie dort gebraucht werden. Deshalb bleibe ich hier bei Mam. Wenn ich mit dir hinausginge, zerrisse ich all die Bänder der Erinnerung – und das werde ich nicht tun!«

Ich wusste, wovon er sprach. Meine Mutter hatte ihm so viel Liebe geschenkt: All die Erinnerungen an ihre Schwangerschaft, als sie ihn in sich getragen hatte, die Geburt, das Glück und die Freude, ihn in ihren Armen zu halten und ihn dann mit nach Hause zu nehmen – obgleich sie damals bereits gespürt hatte, dass etwas mit ihm nicht in Ordnung war, ganz gleich, was die Ärzte ihr gesagt hatten. Mam verbrachte zu Hause ein paar kostbare Wochen mit Christopher, bevor er starb, und er erzählte mir von der Liebe, die sie ihm so reichlich geschenkt hatte und die er ihr nun zurückgab.

Deshalb blieb der Geist meines Bruders im Haus, er verließ es nicht ein einziges Mal, bis wir dem Fahrradladen in Old Kilmainham für immer Lebewohl sagten. Erst dann war meine Mutter bereit, meinen Bruder loszulassen, und fühlte sich stark genug, auf ihrem Lebensweg weiterzugehen.

Immer wenn ich einen Engel sehe, habe ich den Wunsch innezuhalten, ihn genau zu betrachten und das Gefühl der Gegenwart einer ungeheuren Kraft. In der Jugend erschienen mir die Engel immer in Menschengestalt, was mir den Umgang mit ihnen erleichterte – doch das ist heute längst nicht mehr notwendig. Die Engel, die ich sehe, tragen nicht immer Flügel, doch wenn, verblüffen mich oftmals deren Formen: Mitunter gleichen sie Flammen, haben aber dennoch eine klare Kontur und Festigkeit; manche sind gefiedert. Die Flügel eines »meiner« Engel waren derart lang, schmal und spitz, dass ich ihn gerne gebeten hätte, sie einmal auszubreiten.

Erscheinen Engel in Menschengestalt – mit oder ohne Flügel –, bilden die Augen eines ihrer faszinierendsten Merkmale, denn Engelsaugen unterscheiden sich stark von den unseren: Sie sind so bewusst, so voller Leben, Licht und Liebe – als enthielten sie die Essenz des Lebens selbst –, ihr Strahlen erfüllt einen ganz und gar.

Niemals habe ich den Fuß eines Engels den Boden berühren sehen: Wenn ein Engel auf mich zukommt, nehme ich eine Art »Energiepuffer« zwischen dem Boden und seinen Füßen wahr. Manchmal ist er nur fadendünn, dann wieder bauscht er sich kissenförmig zwischen der Erde und dem Engel auf und kann sogar in die Erde hineinreichen.

Schon in früher Jugend gab es einen Engel, der mir viele, viele Male erschien. Zum ersten Mal begegnete ich ihm im Schlafzimmer: Er stand in einer Ecke und sagte nur: »Lorna.« Einerseits sah er aus wie die anderen, andererseits unterschied er sich deutlich: So leuchtete er stärker und war von einer sehr bestimmenden Präsenz, macht- und kraftvoll, ein Abbild männlicher Stärke. Vom ersten Augenblick an hatte ich das Empfinden, er sei zu meinem Schutz bereit, gleich einem Schild. Seitdem kehrte er immer wieder, und allmählich schloss ich Freundschaft mit ihm. Sein Name sei Michael, ließ er mich wissen.

In der Schule hatte ich Schwierigkeiten, da die meisten Lehrer mich wie ein Dummerchen behandelten. Meine heilige Erstkommunion erhielt ich mit sechs Jahren von der Schule aus, und es war einfach schrecklich. Dabei hätte es ein ganz besonderer Tag werden sollen – wie für die meisten irischen Kinder. Als wir uns im Klassenzimmer auf die Erstkommunion vorbereiteten, stellten die Lehrer allen Kindern Fragen zum Katechismus, nur mich übergingen sie einfach. Stattdessen bekam ich zu hören: »Es hat ja doch keinen Zweck, dich etwas zu fragen!« Und als alle anderen Kinder sich in Reihe aufstellten und etwas zur heiligen Kommunion sagten, wollte ich mich dazustellen, wurde jedoch abgedrängt, zum Wegtreten und Hinsetzen aufgefordert. Eine tiefe Verletzung für ein Kind …

Während ich dann hinten im Klassenzimmer oder in einer Ecke auf der Bank saß, fragte ich meine Engel: »Wissen die denn nicht, dass ich meinen Katechismus auch kenne? Sie geben mir ja nicht einmal eine Chance.«

Als ich dann am Tag meiner Erstkommunion gemeinsam mit den anderen Kindern durch die Kirche zum Altar schreiten wollte, wurde ich am Arm gepackt und aus der Reihe gezerrt, denn nach der Entscheidung des Lehrers sollten die besseren Schülerinnen vorangehen.

Doch es gab auch ein paar liebenswürdige Menschen! Als ich etwa vier Jahre alt war, hatten wir eine Nonne als Lehrerin; meiner Erinnerung nach hieß sie Mutter Moderini. Man hatte ihr zwar gesagt, ich sei langsam und zurückgeblieben, doch fühlte ich, dass sie es besser wusste. Wenn wir bei ihr Unterricht hatten, kam sie stets zu mir und stellte mir knappe, einfache Fragen, die ich immer richtig beantworten konnte, woraufhin sie mir lächelnd über den Kopf strich.

Doch abgesehen von diesen gelegentlichen Freundlichkeitsbezeugungen einiger Weniger wuchs ich als Außenseiterin heran. Die Menschen um mich herum konnten mein Anderssein zwar erkennen, es aber nicht verstehen. Dieser Aspekt meines Lebens brachte viele Probleme mit sich – und so ist es bis heute geblieben. Ich bekomme immer zu hören, ich sei zu offen, zu vertrauensvoll, zu geradeheraus für diese Welt – aber ich kann nun einmal nicht anders! Seltsamerweise gestaltet es sich nicht nur schwierig, in jeder Hinsicht – in Gedanken und Worten – aufrichtig und seinen Mitmenschen gegenüber ehrlich zu sein, es macht auch einsam.

Die Art und Weise, in der andere Menschen von mir denken oder mich betrachten, trifft mich auch heute noch oftmals tief. Selbst wenn sie nicht die geringste Ahnung haben, wer ich bin oder was ich tue, so spüren sie doch immerhin, dass ich mich auf irgendeiner Ebene von ihnen unterscheide. Gehe ich mit Freunden aus und lerne dabei neue Leute kennen, solche, die überhaupt nichts von mir wissen, so kommt doch meistens die Rückmeldung, sie hätten irgendetwas Ungewöhnliches an mir bemerkt, könnten es aber nicht näher benennen. Damit zu leben ist nicht immer einfach!

Mein Dasein als Schülerin ließ sich von dem Augenblick an leichter ertragen, als der Engel Hosus in mein Leben trat. Das geschah eines Morgens auf dem Schulweg. Ich ging zusammen mit einem älteren Mädchen und beeilte mich, Schritt zu halten, als mein Blick auf einen wunderschönen Engel fiel, der sich hinter einem Laternenpfahl verbarg und mir eine Grimasse schnitt. Von diesem Tag an erschien Hosus beinahe allmorgendlich auf meinem Schulweg. Und noch heute treffe ich ihn regelmäßig.

Hosus hatte – und hat – das Erscheinungsbild eines altmodisch gekleideten Schullehrers: Er trägt einen flatternden Umhang, meist in Blau, wobei die Farbe jedoch wechseln kann, einen ulkig geformten Hut und eine Papierrolle in der Hand. Seine Augen leuchten und funkeln sternengleich, er ähnelt einem jungen Gelehrten – ein Mann mit der Ausstrahlung von Energie, großer Autorität und Weisheit. Im Gegensatz zu den anderen Engeln in meiner Umgebung bleibt Hosus sich immer gleich. Michael beispielsweise erscheint meistens in Menschengestalt – ich hatte ihn darum gebeten, weil ich damit besser zurechtkomme –, doch verändert er diese laufend, je nach den äußeren Gegebenheiten oder der Botschaft, die er mir zu überbringen hat.

Hosus repräsentiert für mich das Wissen: Er wirkt sehr ernsthaft und kann es auch sein, aber zugleich versteht er es großartig, mich aufzuheitern, wenn mich etwas bedrückt. Er tröstete mich immer und riet mir damals auch, die anderen Kinder einfach zu ignorieren, wenn sie mich in der Schule wieder verspottet hatten oder wenn ein Grüppchen Erwachsener miteinander tuschelte und sich dann nach mir umdrehte. In solchen Fällen pflegte er anzumerken: »Die haben doch überhaupt keine Ahnung.«

Zu Anfang kannte ich seinen Namen noch nicht, und er redete auch nicht direkt mit mir, vielmehr tauchte er einfach im Klassenzimmer auf, imitierte den Lehrer oder eines der anderen Kinder und stellte irgendetwas Komisches an, um mir ein Lächeln zu entlocken. Mitunter erwartete er mich auf dem Heimweg am Schultor oder auf der gegenüberliegenden Straßenseite. Ich erinnere mich noch gut an das erste Mal, als ich ihn ansprach: An diesem besonderen Tag hatte ich niemanden zur Gesellschaft für den Nachhauseweg. Meine Schwester war wegen ihrer Tanzstunde schon früher gegangen, also ließ ich mir Zeit mit dem Heimkommen und trödelte noch über den Spielplatz. Langsam hielt ich auf das große Eingangstor zu, in der Hoffnung, Hosus zu begegnen und endlich ein Wort mit ihm wechseln zu können. Deswegen war ich begeistert, ihn verstohlen hinter einem Pfeiler hervorlugen zu sehen. Er rief mir zu, ich solle mich beeilen: »Du musst vor dem Regen zu Hause sein!« Ich blieb am Tor stehen und blickte mich um. Da niemand sonst zu sehen war, fragte ich den Engel nach seinem Namen.

»Hosus«, erwiderte er. Ich kicherte zur Antwort. Auf dem Nachhauseweg sprang und hüpfte ich und er mit mir, und sonst kann ich mich nur noch daran erinnern, dass ich die meiste Zeit gelacht habe.

Kapitel 2

Die Torhüter

Unser Vater verdiente nur wenig mit seiner Werkstatt, weil sich niemand leisten konnte, viel Geld für Fahrradreparaturen auszugeben. So wurde er zwar ständig von allen möglichen Leuten um Hilfe gebeten, bezahlen wollten sie dann aber erst »nächstes Mal«. Vaters übergroße Gutmütigkeit ließ uns oftmals hungern; nicht selten mussten wir uns mit Margarine- oder Marmeladebroten begnügen. Ich klagte nie über mein Bauchweh, schließlich hatten die Eltern schon genug Sorgen. Doch eines Tages nahmen die Schmerzen überhand, und ich musste heraus mit der Sprache. Meine Eltern brachten mich zum Kinderarzt, der einen Vitaminmangel feststellte und ihnen auftrug, mich täglich mit frischem Obst und Gemüse zu versorgen. Doch die ständige Geldnot führte dazu, dass ich nur selten frisches Obst und Gemüse bekam, es sei denn unser Nachbar, Besitzer eines großen Gartens, schenkte uns welches. Bei Kleidung waren wir sehr auf die Großzügigkeit unserer amerikanischen Verwandten angewiesen: Jedes Mal, wenn ein Paket von ihnen ankam, gab das Anlass zu großer Freude. Wir machten damals harte Zeiten durch – so wie viele andere Menschen auch.

Der Laden meines Vaters war klein und dunkel. Der Anbau dahinter hatte ein Blechdach und diente ihm – vollgestopft mit Werkbänken und Werkzeug aller Art – als Werkstatt. Hier roch es immer nach Öl und Schmierfett.

Manchmal rief er mich vor dem Fünf-Uhr-Tee hierher, ich sollte ihm die Dose mit dem Fett halten, das er zum Reinigen seiner Hände benutzte. Das Zeug war schwarz und klebrig, es stank gewaltig, doch ich hielt eisern durch.

Nachdem er seine Hände ausgiebig mit dem Fett bearbeitet hatte, rubbelte er sie mit einem schmutzigen alten Lappen kräftig ab. Anschließend ging er in die Küche und wusch sich die Hände noch gründlich mit kaltem Wasser – warmes hätte er erst im Kessel auf dem Herd bereiten müssen –, doch die Prozedur reichte aus, um seine Hände restlos sauber zu bekommen. Ich ging meinem Vater gerne zur Hand, selbst mit der stinkenden Fettdose; manchmal bat er mich auch, ihn während seiner Teepause mit Mam im Laden zu vertreten, für den Fall, dass Kundschaft käme.

Hosus nahm gelegentlich gerne den Platz des Lehrers hinter dem Pult ein, wenn dieser gerade in der Klasse umherging. Als ich den Engel zum ersten Mal dort im Klassenzimmer erblickte, war ich so überrascht, dass ich laut fragte: »Was machst du denn da?« Der Lehrer wandte sich um und starrte in meine Richtung. Und ich musste mir hinter vorgehaltener Hand das Lachen verbeißen.

Ich war deshalb so überrascht, weil der Engel Hosus sich von den immer in der Klasse anwesenden Schutzengeln so deutlich unterschied, denn er war keiner: Von den Schutzengeln der Kinder ging ein ungewöhnlich strahlendes, ungewöhnlich starkes Leuchten aus, sie schienen wie sehr helle Lichter. Hosus dagegen besaß viel größere Ähnlichkeit mit einem Menschen, sein Umhang streifte sogar das Pult. Er sah deshalb so anders aus, damit ich ihn – wie

auch die anderen Engel, die mich in meinem Leben begleiteten – nicht mit den Schutzengeln verwechselte. Schon als
Kind musste ich lernen, die einzelnen Arten von Engeln
auseinanderzuhalten.

Unterschiedliche Engel haben auch unterschiedliche
Fähigkeiten. So wie ich selbst und jedes andere Kind zu lernen hatte, einen Lehrer nicht mit einem Arzt zu verwechseln, so musste ich lernen, die einzelnen Engelstypen zu
erkennen.

Hosus brachte mich oft zum Lachen, und einmal fragte
ich ihn:»Was glaubst du, halten die mich hier für beschränkt
oder ›zurückgeblieben‹ – das Wort habe ich nämlich aufge-
schnappt –, weil sie mich so viel kichern und lachen sehen,
aber nicht wissen, weshalb? Was meinst du, was würden
sie denken, wenn sie wüssten, dass du hier am Lehrerpult
sitzt, gekleidet wie ein Lehrer?«

Hosus lachte:»Sie würden hinausrennen und laut schrei-
en: ›Hier spukt es!‹«

»Würden sie dich denn nicht als Engel erkennen?«

»Nein. Sie sehen uns nicht in derselben Weise wie du.«

Wie schon gesagt, ich hatte immer gedacht, die anderen
Kinder könnten die Engel genauso wahrnehmen und mit
ihnen sprechen wie ich. Und erst damals, ich war ungefähr
sechs Jahre alt, begann mir klar zu werden, dass es sich
keineswegs grundsätzlich so verhielt.

»Hosus, du weißt, dass ich weiß, dass manche Kinder
Engel sehen können.«

Er gab mir zur Antwort:»Ja sicher können sie das – aber
nur solange sie noch sehr klein sind! Dann werden sie größer, und in deinem Alter nehmen uns die meisten Kinder
nicht mehr wahr; bei manchen hört das sogar schon mit
drei Jahren auf.«

Tatsächlich sehen alle Babys Engel und Geister, doch wenn ein Kind sprechen lernt, wird ihm allmählich beigebracht, was real und was nicht real ist. Und dass es sich bei Dingen, die nicht stabil und zum Anfassen sind, um Täuschungen handelt. So werden Kinder schon in frühen Jahren konditioniert und verlieren ihre Fähigkeit, mehr zu sehen und zu erfahren. Weil die Erziehung heutzutage schon so früh einsetzt, sprechen immer weniger Menschen mit Engeln. Und das ist einer der Gründe – sagten die Engel, als sie mich damit beauftragten –, weshalb ich dieses Buch schreiben soll. Ich habe mich kaum an dieses Thema herangewagt, weil ich keinen Spott auf mich ziehen will, aber ich weiß, dass ich es tun muss. Ich mache – letztlich – immer, was die Engel von mir verlangen. Es gibt Millionen von Engeln – es sind unzählige, wie Schneeflocken –, doch viele von ihnen haben keine Arbeit. Sie geben ihr Bestes, um zu den Menschen durchzudringen, eine Verbindung herzustellen, aber es gelingt ihnen nicht immer. Stellen Sie sich jetzt einmal Millionen beschäftigungslos herumschwebender Flügelwesen vor! Sie haben deshalb nichts zu tun, weil die meisten Menschen hart darum kämpfen, ihr Leben irgendwie zu meistern und sich nicht bewusst werden, dass diese Engel da sind, um ihnen beizustehen, und dass sie überall gegenwärtig sind.

Nach Gottes eigenem Willen sollen wir glücklich sein und uns am Leben freuen – deshalb schickt er uns Engel zu Hilfe! Um uns herum wartet so viel spirituelle Unterstützung nur darauf, dass wir danach greifen – manche tun es, viele von uns jedoch nicht. Engel begleiten uns, gehen neben uns her, wollen uns wissen lassen, dass sie da sind, doch hören wir ihnen nicht zu: Oft wollen wir gar nicht zuhören. Wir bilden uns ein, alles selbst zu können. Wir haben unsere Seelen vergessen, meinen ausschließlich aus Fleisch und Blut zu bestehen. Wir glauben, das wäre alles und es gäbe weder ein Leben nach dem Tod, noch einen Gott, noch Engel. Kein Wunder, dass wir so materialistisch und egoistisch geworden sind! In dem Moment, wo Sie sich dessen wirklich bewusst werden, dass es mehr gibt als Ihren Körper, und beginnen, an die Existenz Ihrer Seele zu glauben, wird sich die Verbindung zu Ihrem Engel ganz von selbst herstellen.

Ob Sie es glauben oder nicht, auch während Sie jetzt dasitzen und meine Worte lesen, steht ein Engel an Ihrer Seite: Ihr Schutzengel, der Sie niemals verlässt. Wir alle haben ein Geschenk erhalten: einen Schutzschild aus Licht-Energie. Und es gehört zu den Aufgaben des Schutzengels, diesen Schild vor uns zu halten. Für Gott und die Engel sind wir alle gleich; verdienen wir alle im selben Maß Schutz, Fürsorge und Liebe, völlig gleich, ob andere gut oder schlecht von uns denken. Wenn ich einen Menschen betrachte, so sehe ich diesen Schutzschild leibhaftig um ihn herum.

Ihr Schutzengel ist der Hüter des Tores zu Ihrem Körper und Ihrer Seele. Er war Ihnen schon vor der mütterlichen Empfängnis zugeordnet, und als Sie im Mutterleib heranwuchsen, war er jeden Augenblick bei Ihnen, um Sie zu beschützen. Seit Sie auf der Welt sind, ist er nicht einen Sekundenbruchteil von Ihrer Seite gewichen: Er ist da, während Sie schlafen, während Sie sich im Bad aufhalten, immer – Sie sind niemals allein. Und auch wenn Sie einmal sterben, wird Ihr Schutzengel bei Ihnen sein – um Ihnen beim Übergang zu helfen. Ihr Schutzengel gewährt auch anderen Engeln Zutritt zu Ihrem Leben, um Sie bei den unterschiedlichsten Dingen zu unterstützen – diese Engel kommen und gehen. Ich bezeichne sie als Lehrer.

Vielleicht fällt es Ihnen schwer, das alles zu glauben; wenn Sie es gar nicht glauben können, stellen Sie Ihren Skeptizismus in Frage. Sind Sie eher ein Zyniker, dann hinterfragen Sie Ihren Zynismus. Was haben Sie denn zu verlieren, wenn Sie sich dem Gedanken öffnen, dass es Engel gibt? Wenn Sie sich Ihrem Höheren Selbst, Ihrer Spiritualität öffnen und etwas über Ihre eigene Seele erfahren? Bitten Sie die Engel, Ihnen jetzt gleich dabei zu helfen. Engel sind wundervolle Lehrmeister.

Als Kind war ich froh, etliche Stunden am Tag auf mich allein gestellt zu sein, denn ich hatte die meiste Zeit die Engel um mich: Sie zeigten mir so viele Dinge, brachten mir so vieles bei. Einer meiner Lieblingsplätze war das gemütliche Schlafzimmer, das ich mit meiner Schwester Emer gemeinsam bewohnte. Ein kleiner, niedriger Raum mit einer Dachschräge, dessen Fenster so weit nach unten reichte, dass ich davor kniend oder in der Hocke sitzend all das Treiben auf der Straße beobachten konnte. Ich sah unsere Nachbarn unten vorbeigehen, und manchmal erspähte ich wunderschöne, strahlende Wesen an ihrer Seite. Heute weiß ich: Das waren ihre Schutzengel. Mitunter schienen sie zu schweben, in anderen Situationen liefen sie ganz einfach nebenher. Gelegentlich schien ein Schutzengel sogar mit »seinem« Menschen verschmolzen zu sein, war Teil von dessen Person, oder er hielt sich hinter ihr, die Flügel in schützender Umarmung um sie gebreitet.

Diese Engel hatten alle möglichen Gestalten: Einmal erschienen sie als Funken, um dann rasch an Größe zuzunehmen, bis sie »ausgewachsen« waren, ein andermal waren sie schon von Haus aus sehr kräftig und wesentlich größer als ihre Schutzbefohlenen. Die Schutzengel leuchteten von innen, ihre Gewänder gleißten in Gold, Silber oder

Blau, konnten aber auch in lebhaft bunten Farben gehalten sein.

Dann wieder entdeckte ich einen Geist – von der Art, wie ich meinen Bruder Christopher wahrnahm. Unsere Nachbarin kam oft unter meinem Fenster vorbei, manchmal mit allen vier Kindern: Das Baby und das Nächstkleinere schob sie in einem riesigen alten Kinderwagen, die anderen beiden, ebenfalls noch recht klein, hingen an ihren Kleiderzipfeln. Und ich sah einen alten Mann die kleine Gruppe begleiten. Eines Tages bekam ich zufällig in unserem Laden ein Gespräch zwischen meiner Mutter und dieser Nachbarin mit. Sie erzählte, wie sehr sie ihren jüngst verstorbenen Vater vermisse. Ich wusste, der alte Mann, den ich gesehen hatte, war ihr Vater und Großvater der Kinder. Ich lächelte still, denn obwohl sie ihn so sehr vermisste, war ihr Vater doch noch bei ihr – sie konnte ihn bloß nicht mehr sehen. Er liebte seine Tochter so sehr, dass sein Geist in ihrer Nähe blieb, um ihr Hilfe anzubieten und Trost zu spenden. Und er würde so lange bleiben, bis sie in der Lage war, ihn loszulassen.

Anfänglich waren diese Geister ihrem Erscheinungsbild nach leicht mit menschlichen Wesen zu verwechseln – so wie es mir selbst mit Christopher passiert war –, doch mit der Zeit lernte ich von den Engeln, den Unterschied zwischen einem Geist und einer realen Person auszumachen. Wobei dieser sich allerdings nicht ganz einfach beschreiben lässt: Ein Geist sieht aus wie einer von uns, ist aber viel heller, leuchtender, als brenne ein Licht in seinem Inneren. Die Geister können ihre »Lichtstärke« selbst einstellen, je höher, desto durchscheinender, durchsichtiger sind sie. In jenen Momenten, wo sie ihr Licht sozusagen ausschalten (was sie gelegentlich tun, um weniger aufzufallen), wirken sie tatsächlich wie Wesen aus Fleisch und Blut. Es kann also passieren, dass Sie einen Nachbarn auf der anderen Straßenseite grüßen, und nach ein paar Minuten dämmert Ihnen plötzlich: Das war Johnny – aber der ist doch schon seit sechs Monaten tot! Und vielleicht kommt Ihnen dann erst zu Bewusstsein, dass an Johnny etwas Helleres, Leuchtenderes war als an den »normalen« Menschen.

Und noch etwas beobachtete ich von meinem Posten am Fenster aus besonders gerne: das Energiefeld, das die Menschen umgibt! Gelegentlich tauchte die Mutter einer Freundin unten in der Straße auf, und ich sah Lichtspiralen an ihr, in glitzerndem, funkelndem Mauve, Purpur, Rot, Grün und Türkis, die wirbelwindartig alle von einem einzigen Punkt ausgingen. Diese Energie unterschied sich sehr von der übrigen Energie dieser Frau, und ich war völlig fasziniert. Zu einem späteren Zeitpunkt hörte ich meine Mutter sagen, die Frau erwarte ein Baby – und schmunzelte still vor mich hin. Auf dieselbe Weise teilte sich mir auch mit, wenn ein Mensch krank war, auch wenn ich nicht verstand, was ich sah. In solchen Fällen umfloss ein dunkler Schatten den Körper des Betreffenden, ein Signal für mich, dass etwas mit seinem Blut nicht in Ordnung war. Blinkte dagegen in einem Menschen ein Knochen auf, konnte ich erkennen, dass er gebrochen oder deformiert war und wusste instinktiv, es stimmte etwas nicht mit dem Körper dieser Person, obwohl mir die erklärenden Worte dazu fehlten.

Eines Tages kauerte ich wieder vor dem Fenster und sah einen Mann auf einem großen schwarzen Fahrrad die Straße entlangfahren, seine kleine Tochter saß auf dem Gepäckträger. Die Engel hießen mich die beiden zu beobachten und den Blick nicht von ihnen zu wenden, wenn sie an meinem Fenster vorbeifuhren. Ich forschte nicht nach dem Grund; als Kind tat ich alles, was die Engel mir auftrugen, ohne jemals Rückfragen zu stellen. Ich fühlte mich angehalten, Vater und Tochter zu beschützen, deshalb betete ich für sie, während sie in Richtung meines Fensters fuhren. Ich hatte keine Ahnung, was geschehen würde, bat aber darum, es möge nicht zu übel ausfallen.

Als der Mann mit seinem Kind auf meiner Höhe anlangte, schien sich das ganze Geschehen mit einem Mal zu verlangsamen, wie ein Film in Zeitlupe: Das Fahrrad fuhr vorbei, plötzlich überholte ein riesiger Doppeldeckerbus die beiden, im nächsten Augenblick stieß das Kind einen Schrei aus, und der Mann begann zu fallen. Das kleine Mädchen kam jedoch nicht vom Rad los – sein Füßchen hatte sich in den Speichen verfangen. Ich beobachtete, wie der Vater behutsam den kleinen Fuß aus dem völlig verbogenen Hinterrad befreite – seine Hände zitterten. Er trug das Kind auf den Bürgersteig direkt unter meinem Fenster, die Kleine weinte, das heißt, es war eher ein leises Schluchzen als ein Schreien. Hilfsbereite Erwachsene eilten hinzu, darunter auch meine Mutter. Ich stürzte die Treppe hinunter und zur Tür hinaus, um zu sehen, ob dem kleinen Mädchen etwas fehlte. Wie üblich nahm niemand Notiz von mir. Als man der Kleinen den Schuh auszog, kam das Füßchen zum Vorschein: Völlig zerschunden und blutig, von der Sohle hing die Haut herab, aber es war nichts gebrochen. Ich betete zu Gott und den Engeln, sie mögen das Kind auch weiter behüten.

Schon damals, im Alter von fünf oder sechs Jahren, hatte ich das Empfinden, anderen Menschen Beistand leisten zu sollen. Meiner Überzeugung nach war Vater und Tochter bei dem Unfall deshalb nichts Schlimmeres passiert, weil ich sie nicht aus den Augen gelassen und für sie gebetet hatte. Das kleine Mädchen hätte beispielsweise unter den Doppeldeckerbus geraten oder vom Rad fallen und sich den Kopf schlimm aufschlagen können, und so war das Ganze mit dem verletzten Fuß noch glimpflich abgegangen, denn ansonsten fehlte der Kleinen – Gott sei Dank! – nichts. Seit damals habe ich mich bei zahlreichen Gelegenheiten in der Beschützer-Rolle wiedergefunden, sei es, um Ereignisse überhaupt zu verhindern oder wenigstens deren Auswirkungen abzumildern. Das war ein Teil des von den Engeln für mich veranstalteten »Übungsprogramms«. Mochte ich auch in der Schule Lernschwierigkeiten haben – im Kontakt mit den Himmelswesen gab es so etwas nie.

Eines Tages profitierte sogar der Vater meiner besten Freundin von meiner Helfer-Gabe. Josie wohnte nicht weit von uns in derselben Straße und war auch »anders«: Sie stotterte. Und sie stotterte tatsächlich heftig, doch wenn sie mit mir spielte, verschwand der Sprachfehler praktisch völlig, um erst dann wieder aufzutreten, wenn eine andere Person dazukam. Sie hatte langes, glattes, rötliches Haar und grüne Augen, war größer als ich und sehr dünn. Ihr Vater besaß eine Garage weiter unten in der Straße – nicht im Sinne einer Tankstelle oder der Garagen von heute –, es war vielmehr ein riesiger Schrottplatz, übersät mit Unmengen von Fahrzeugwracks und Autoteilen. Ihr Vater schärfte uns immer wieder ein, nicht auf dem Areal zu spielen, doch gab es auf dem Gelände rechts vom Eingangstor eine kleine, fast freigeräumte Ecke, die er uns zu guter Letzt doch überließ, unter der Bedingung, dass wir uns ausschließlich an diesem Ort aufhielten.

An einem freundlichen, sonnigen Sonntag saßen wir dort mit unseren Puppen, wir trugen saubere Kleider und bemühten uns nach Kräften, sie nicht allzu schmutzig zu machen. Wir lachten und alberten herum. Ich weiß noch, dass die Engel die ganze Zeit über zu mir sprachen und mich zum Hinhören aufforderten. Ich dachte noch, ich sollte ihnen zuhören, doch war das dieses Mal gar nicht gemeint. Schließlich berührten sie mich, um meine Aufmerksamkeit zu erringen. Ich weiß noch, wie ich beim Spielen innehielt und lauschte. Ich glaubte etwas zu vernehmen, war mir aber nicht sicher. Ich fragte Josie, aber sie hörte gar nichts. So kehrten wir zu unseren Puppen zurück, doch die Engel drängten mich wieder: »Hör zu!« Ich hielt erneut inne, lauschte und hatte dabei eine seltsame, unbeschreibliche Empfindung: Es war, als wechselte ich Zeit und Raum. Ich fühlte mich orientierungslos. Als ich noch einmal angestrengt hinhörte, drangen aus der Ferne schwache Hilferufe an mein Ohr – von Josies Vater! Josie hörte wieder nichts.

Weil uns das strikt verboten war, hatten wir Angst, unseren Spielplatz zu verlassen und zwischen den hoch aufgestapelten Fahrzeugwracks herumzulaufen, doch ich entschied, mich dennoch auf die Suche zu machen, und Josie folgte mir. Ich erinnere mich daran, von einem Engel den Weg durch die Schrotthaufen geführt worden zu sein und dabei immer wieder vor mich hin gesagt zu haben: »Bitte lieber Gott, bitte ihr Engel, bitte macht, dass Josies Vater nichts zugestoßen ist!«

Wir fanden Josies Vater; ein Auto war auf ihn heruntergestürzt, überall war Blut, aber er lebte. Ich weiß noch, wie ich losrannte, um Hilfe zu holen, während Josie, glaube ich, bei ihrem Vater blieb. Wohin ich lief, weiß ich allerdings nicht mehr, ob zu Josies Familie oder heim zu uns. Jedenfalls eilten von allen Seiten Menschen an den Unglücksort. Uns Kinder schickten sie weg, wir sollten nicht dabei sein, als das Fahrzeugwrack von Josies Vater heruntergehoben wurde. Dann fuhr der Rettungswagen vor und brachte den Verletzten ins unmittelbar nahe gelegene St.-James-Krankenhaus. Dort erholte er sich, kam auch wieder ganz in Ordnung.

Ich dankte Gott und den Engeln für seine Genesung. Wieder hatten meine Engel mir dabei geholfen, einem anderen Menschen beizustehen.

Wie schon gesagt: Ihre Engel sind bei Ihnen – zu Ihrer Unterstützung. Und in dem Moment, wo Sie deren Existenz anerkennen, werden Sie die Anwesenheit der Engel in Ihrem Leben spüren. Tatsächlich waren sie schon die ganze Zeit um Sie herum, warteten darauf, von Ihnen wahrgenommen zu werden. Ihre Engel möchten Sie wissen lassen, dass Leben weit mehr ist als es den Anschein haben mag. Wir sind im Leben nicht auf uns allein gestellt. Zwar stecken wir alle in menschlichen Körpern, doch hat jeder von uns eine Seele – und die ist mit Gott verbunden. Die Engel stehen ebenfalls in Verbindung zu Gott: Sobald wir Gott anrufen, verleihen wir den Engeln Kraft.

Anders ausgedrückt: Wir verleihen ihnen Kraft, damit sie uns stärken. Gott hat uns den freien Willen gegeben, und die Engel werden sich nicht darüber hinwegsetzen. Wenn wir sie nicht bei uns haben wollen, ihnen sagen, wir verzichten auf ihren Beistand, werden Gott und seine Engel zur Seite treten. Doch werden sie sich nicht ganz entfernen, sondern irgendwo in der Nähe bleiben und warten.

Haben Sie jemals etwas in dieser Art erlebt: Sie waren irgendwohin unterwegs und sind plötzlich statt nach links nach rechts abgebogen – während Sie tief in Ihrem Inneren wussten, dass links richtig gewesen wäre? Später haben Sie sich dann vielleicht über sich selbst geärgert. Die Eingebung »du musst nach links« kam von Ihrem Engel, der Ihnen das ins Ohr geflüstert hatte. Engel sind überall um uns, ungesehen warten sie darauf, uns zu helfen. Doch eines ist wichtig: Wir müssen die Engel um ihre Hilfe bitten. Dadurch erst ermöglichen wir ihnen, uns zu helfen, und das stärkt die Beziehung zwischen einem Menschen und seinen Engeln.

Heute, nach all diesen Jahren, wird mir oft bewusst, dass ich die Dolmetscherrolle zwischen Menschen und Engeln innehabe. In dieser Eigenschaft werde ich häufig zurate gezogen und soll vermitteln. Damit nehme ich eine Sonderstellung ein, denn jeder Mensch kann zu jeder Zeit die Engel um ihren Beistand bitten.

Ich selbst habe die Engel oftmals um Unterstützung für meine Familie gebeten. Denn ich wuchs in schwierigen Verhältnissen auf. Bis ich sechs Jahre alt war, hatte meine Mutter noch drei weiteren Kindern das Leben geschenkt: zwei Mädchen, Helen und Aoife, und einem Jungen mit Namen Barry – damit waren wir zu fünft. Zu allem Überfluss fühlte sich meine Mutter oft nicht gut und musste immer wieder ins Krankenhaus. Für diese Zeit wurden wir Kinder voneinander getrennt und zu verschiedenen Verwandten geschickt.

Ich war vier, als Emer und ich zum ersten Mal zu Tante Mary kamen. Zwar wohnte sie mit ihrem Mann und den drei Kindern in nicht allzu großer Entfernung von uns, es lagen nur ein paar Kilometer dazwischen, doch mir eröff-

nete sich dort eine andere Welt. Als ich ihr Haus das erste
Mal sah, hielt ich es für einen Palast, denn im Vergleich zu
unserem kleinen Cottage erschien es mir riesengroß. Und
alles in seinem Inneren war so luxuriös und schön – und es
war warm, ganz anders als bei uns zu Hause, wo meistens
Feuchtigkeit und Kälte herrschten. Hier gab es weiche Tep-
piche, auf denen ich sogar barfuß herumlaufen konnte. Und die Mahlzeiten waren geradezu unglaublich: Wahre Essensberge türmten sich auf dem mit zusammenpas-
senden Tassen und Tellern gedeckten Tisch. Das Geschirr
wirkte so zerbrechlich, dass ich es, aus Angst etwas kaputt-
zumachen, kaum anzufassen wagte. Mit einer üppigen
Auswahl an Speisen gestaltete sich hier jede Mahlzeit zum
Fest. Eines Morgens wurde ich gefragt, ob ich etwas Gebratenes zum Frühstück haben wollte, und ich traute meinen
Augen kaum, als ich sah, was mir aufgetischt wurde: Würst-
chen, Spiegeleier, Speckscheiben, Blutwurst, Grilltomaten,
Toast – und all diese Herrlichkeiten für mich allein! Nichts
musste halbiert oder sonst wie geteilt werden wie zu Hause.
Doch die Krönung war das Badezimmer – ich lag in einer
Wanne randvoll mit heißem Wasser und fühlte mich wie
eine Prinzessin.

Auf dieser Reise wurde mir zum ersten Mal wirklich klar,
wie bitter arm wir waren.

Während unseres Aufenthalts bei Tante Mary kamen die
Eltern meiner Mutter zu Besuch, und ich sollte mein gutes
Kleid tragen, es war graublau und hatte ein gesmoktes
Oberteil. Ich habe Kleider schon immer sehr gemocht, und
dieses war eines meiner liebsten, also zog ich es mit Freude
an. Meinen Großeltern war ich bisher nur selten begegnet,
weshalb ich große Scheu vor ihnen empfand. Hochge-
wachsen wie sie beide waren, wirkten sie wie Riesen auf

mich. Meine Großmutter war außerdem noch ziemlich dick und brauchte seit ihrem Schlaganfall ein paar Jahre zuvor einen Gehstock.

Wenn meine Mutter sich gut fühlte, gingen wir bei schönem Wetter manchmal zum Picknicken in den Phönix-Park, eine riesige offene Anlage am Stadtrand von Dublin, mit Wildtieren und allen möglichen anderen Wunderdingen. Der Park lag nur knapp drei Kilometer von unserem Haus entfernt, so dass wir ihn ohne große Schwierigkeiten zu Fuß erreichen konnten. Eines Sonntags, ich war damals sieben Jahre alt, machten wir uns alle gemeinsam auf den Weg. Mein Vater schob ein Fahrrad mit dem Picknick-Korb auf dem Gepäckträger und meine Mutter den Kinderwagen mit meinem kleinen Bruder Barry. Emer und ich gingen zu Fuß, während unsere jüngeren Schwestern Helen und Aoife sich abwechselnd auf den Kinderwagen setzten oder auch liefen.

Wir veranstalteten ein herrliches Picknick mit Tomaten, Schinkensandwiches und Äpfeln aus dem Garten unseres Nachbarn. Auf einem Campingkocher bereitete mein Vater heißen, süßen Tee für uns alle. Nach dem Essen spielte ich mit meinen jüngeren Schwestern Fußball, danach machte ich mich alleine auf und wanderte unter den hohen alten Bäumen umher. Ich liebte es, mich unter diesen Bäumen aufzuhalten; die Energie bestimmter Bäume – nicht aller – zog mich in ihre Nähe. Ich fühlte mich großartig, es war ein Kribbeln, eine Art Magie, die mich zu einem der Bäume zog, als wäre er magnetisch. Auch hatte ich ein Lieblingsspiel mit den Bäumen: Ich rannte so lange um sie herum, bis ich in den Bannkreis der Energie eines besonderen Baumes geriet und daraus wieder zu entkommen versuchte. Auf diese Weise konnte ich Stunden zubringen. Doch an diesem Nachmittag tauchten plötzlich meine Schwestern auf und wollten wissen, was ich da machte. Ich antwortete nur, das sei ein Spiel, denn ich hatte keine Lust zu näheren Erklärungen – sie hätten es ohnedies nicht verstanden.

Am Spätnachmittag waren wir dann müde, freuten uns auf zu Hause und aufs Abendessen. Doch schon bevor wir um die Ecke bogen, in die Old Kilmainham Road, wo wir wohnten, spürte ich ganz deutlich, dass etwas nicht stimmte: Zwei große Engel schritten die Straße entlang auf mich zu und die Art ihres Näherkommens bedeutete mir, dass etwas Schreckliches passiert sein musste. Als sie bei mir angelangt waren, legte jeder von ihnen einen Arm um mich, und während wir weiter die Straße hinuntergingen, sagten sie mir, der Dachstuhl unseres Hauses sei zusammengebrochen. Ich war geschockt.

Als wir uns dem Haus näherten, bot sich ein entsetzlicher Anblick, von dem ich meine Augen nicht abwenden konnte: Ein großer Teil des Dachs war eingestürzt. Mein Vater versuchte vergeblich, die Tür zu öffnen; als er sie schließlich mit der Schulter eindrückte, kam uns eine Staubwolke entgegen. Im Inneren konnte man außer Schutt nichts mehr erkennen. Als das Dach einstürzte, hatte es die Zimmerdecken mitgerissen, für meine kindlichen Augen lag das ganze Haus in Trümmern. Wir kletterten über die Schutthaufen, für meine kleinen Beine hatte jeder Beton- oder Steinbrocken gigantische Ausmaße. Ringsum stand der Staub in der Luft, und alles war in tausend Stücke zerschlagen: das gesamte Mobiliar, unsere Spielsachen und alles, woran Mams Herz hing. Ich sah ihre Tränen, während sie Dinge vom Boden aufsammelte und stand im Schock wie angewurzelt, beobachtete nur, wie unsere Eltern versuchten zu retten, was noch zu retten war. Ich erinnere mich noch, wie meine Mutter ein Milchkännchen aufhob, es war dunkelbraun mit cremefarbenem Streifenmuster, und sagte: »Nur das ist heil geblieben.« Dieses Kännchen war das Einzige ihrer Hochzeitsgeschenke, das die Katastrophe überstanden hatte – wo sie doch ohnehin schon so wenig besaß –, und jetzt war das Wenige auch noch dahin. Ich kann mich an die Tränen in ihren Augen erinnern. Sie brachten auch mich zum Weinen, und bis auf meinen Vater weinten wir wirklich alle. Er bat uns damit aufzuhören, sagte, er werde alles wieder in Ordnung bringen. Unsere Eltern machten ein bisschen sauber, und Paps stützte das Dach notdürftig ab, so dass wir die Nacht in unserem Haus verbringen konnten – wenn auch unter sehr gefährlichen Umständen. Vor dem Einschlafen zerbrach ich mir noch den Kopf darüber, was wir jetzt nach dem Einsturz des Hauses machen sollten, wie sollte es denn nun mit uns weitergehen?

Wir waren heimatlos, und mein Vater hatte auch noch die Basis für unseren Lebensunterhalt verloren.

Kapitel 3

Die Himmelsleiter

Glücklicherweise kam uns meine Cousine Nettie zu Hilfe. Obwohl selbst beinahe noch ein Kind, lebte sie alleine in einem großen Haus. Ein oder zwei Jahre zuvor, sie war damals erst 16, waren ihre Eltern gestorben, und sie hatte das Haus geerbt. Ich weiß nicht genau, was vereinbart wurde und ob wir Miete bezahlen mussten, auf jeden Fall zogen wir zu ihr ins am Nordrand von Dublin gelegene Ballymun – viele Kilometer entfernt von Old Kilmainham.

Zuerst war mir elend zumute, als ich das geliebte Old Kilmainham verlassen musste, doch als ich das Haus in Ballymun mit seinem großen Garten und den geräumigen Zimmern sah, fühlte ich mich glücklich. Am wichtigsten erschien mir damals seine Stabilität – ich wusste, es würde niemals einstürzen. Im Obergeschoss des Hauses gab es drei Schlafzimmer sowie – ein echter Luxus! – eine Innentoilette und ein Bad. Unten, nach vorne hinaus im ehemaligen Esszimmer, hatte Nettie sich eingerichtet, im rückwärtigen Teil, mit Blick über den Garten, erstreckte sich die schöne Küche.

Der Garten war einfach himmlisch, und mir ist seitdem nie wieder ein Garten so weitläufig erschienen. Was haben wir dort für Abenteuer erlebt! Es gab sogar einen Heuschober, in dem wir bei Geburtstagsfesten Süßigkeiten versteckten. Mein Vater zog in seiner Freizeit Gemüse – in zahllosen Reihen wuchs dort alles, was man sich nur denken konnte; auch Erbsen, deren Schoten wir Kinder immer mit Vergnügen knallen ließen. Zusätzlich legte er riesengroße Erdbeerbeete an.

Damals waren wir fünf Kinder: Ich hatte drei jüngere Geschwister, meinen Bruder Barry, noch ein Baby, sowie Helen und Aoife, und meine ältere Schwester Emer. Doch ich spielte selten mit ihnen, eigentlich nur bei Geburtstagsfesten und ähnlichen Gelegenheiten. Ich denke, das lag wohl an unseren unterschiedlichen Interessen, ich betrachtete die Welt einfach mit anderen Augen als sie.

Zunächst verlief mein Leben in Ballymun ein bisschen einsam, doch schon bald gewann ich neue Freunde. Ich lernte ein kleines Mädchen kennen, Rosaleen, das jenseits der langen Mauer an der Gartenrückseite wohnte. Es war ein wunderbarer großer Wall, der über die gesamte Straßenlänge verlief und alle Gärten nach hinten begrenzte. Mein Vater baute uns eine Leiter, damit wir darüberklettern konnten, ohne dabei unsere Schuhe zu ruinieren. Massiv und breit, wie sie war, eignete sich die Mauer auch sehr gut zum Entlanglaufen, auf diese Weise bewegten wir uns sicher von Haus zu Haus oder zu den unten gelegenen Feldern. Ich liebte die Mauer und alles, was ich von dort oben aus sehen konnte.

Rosaleen wurde meine beste Freundin. Sie lebte jenseits der Mauer, etwa sechs Häuser weiter, in einer großen Nobelvilla, und für gewöhnlich nahmen wir den Weg zueinander über die Mauer, anstatt erst lange außen herum zu laufen. Auch sie kam aus einer kinderreichen Familie, doch waren die meisten Geschwister schon erwachsen und lebten nicht mehr zu Hause. Deshalb kannte ich nur ihre jüngere Schwester Caroline und ihren acht Jahre älteren Bruder Michael. Rosaleen war groß und dünn, ihr Haar dunkel, glatt und lang; sie besaß ein fröhliches Wesen und lachte gerne. Ich verbrachte viel Zeit mit ihr und bei ihrer Familie, deutlich mehr als mit meinen eigenen Leuten.

Rosaleens Vater war Deutscher, ein großer, stattlicher Mann, dessen dunkles Haar zu ergrauen begann. Er war geschäftlich viel unterwegs, doch wenn er heimkam, ging er sehr liebevoll mit Rosaleen und ihren Geschwistern um – und auch mit mir. Sonntags kaufte er seinen Kindern immer kleine Tüten mit Süßigkeiten, und ich war hocherfreut und stolz, dass er mich dabei mit einbezog – so wie er es bei allem tat. In solch einer Tüte mochten gerade mal sechs bis acht Bonbons gewesen sein, doch sie schmeckten phantastisch, und ich versuchte, den Genuss nach Kräften in die Länge zu ziehen.

Und noch einen weiteren Sonntagsbrauch bei Rosaleens Familie liebte ich sehr: wenn ihre Mutter uns eine Geschichte vorlas. Dazu versammelten wir uns alle in ihrem Schlafzimmer und nahmen auf dem Bett Platz, meist nur Rosaleen, Caroline und ich, doch gelegentlich gesellten sich Michael oder eine meiner Schwestern dazu. Rosaleens Mutter war eine wundervolle Geschichten-Vorleserin, und wir saßen da und lauschten mit Entzücken, bis sie uns nach ungefähr einer Stunde wieder zum Spielen schickte. Manchmal nahm sie sich ein sehr dickes Buch vor, und es dauerte Wochen, bis wir damit durch waren. Eines meiner Lieblingsbücher war *Ein geheimer Garten* von Frances Hodgson Burnett, die auch *Der kleine Lord* geschrieben hat.

In unserem Garten stand eine große Holzschaukel, mit der man richtig hoch ausschwingen konnte. Ich verbrachte Stunden auf dieser Schaukel, wiegte mich hin und her, während die Engel mich eine Menge einfache Dinge über das Leben lehrten. Oftmals saß nur mein physischer Körper auf dem Brett, ich selbst befand mich in einer anderen Welt, und die Engel zeigten mir wundervolle, wirklich magische Dinge.

Wenn ich so vor mich hinschaukelte und niemand in der Nähe war, konnte es geschehen, dass einer der Engel zu mir sagte: »Lorna, komm, streck deine Hand aus, wir möchten dir etwas zeigen.« Dann legte er irgendetwas Winzigkleines in meine Hand. Sobald das Etwas meine Handfläche berührte, begann es, eine Lichtgestalt anzunehmen. Manchmal glich es zunächst einem kleinen Stern oder einem Gänseblümchen, fing dann aber an zu wachsen, als erwachte es zum Leben. Während es immer größer wurde, trat zugleich ein Leuchten daraus hervor, ein strahlend gelbes Licht. Das Licht hob ab von meiner Hand und bewegte sich aufwärts, erstrahlte dabei immer heller, bis es die Sonne teilweise verdunkelte, was mir ermöglichte, direkt in sie hineinzuschauen, ohne dabei die Augen zusammenkneifen zu müssen oder ihnen Schaden zuzufügen. Und dann erblickte ich in der gelben Lichtkugel, wie auf einen Spiegel reflektiert, etwas Herrliches: ein wundervolles Antlitz, einem menschlichen Gesicht ähnlich, das auf mich herablächelte.

Als sich dies zum ersten Mal ereignete, ließen mich die Engel wissen, das sei die Engelskönigin. Sie verwendeten gerne Begriffe, mit denen ich als Kind etwas anfangen konnte: Sie erinnerten mich an vertraute Märchen und daran, dass die Königin wie eine Mutter war, so wie meine Mam die Königin unserer Familie war. Die Engel erklärten, das Wesen sei die Königin der Engel, die Mutter des Universums, die Mutter der Schöpfung, die Mutter aller Engel. Urplötzlich zerbarst die gelbe Lichtkugel mit dem Gesicht in Millionen winziger Teilchen, die Goldlametta gleich aus der Sonne herabfielen.

Im Lauf der Jahre gewährten die Engel mir immer wieder das Geschenk dieses Anblicks, auch als ich bereits erwachsen war, vor allem dann, wenn ich eine Art Rückbestätigung brauchte.

Der Umzug nach Ballymun brachte natürlich auch eine neue Schule für uns mit sich. Gemeinsam mit meinen drei Schwestern besuchte ich eine kleine staatliche Schule für Mädchen und Jungen, von unserem neuen Zuhause über eine halbe Stunde Fußmarsch entfernt. Meine Schwestern nahmen den Bus, wohingegen ich in der Regel lieber zu Fuß ging. Morgens musste ich mich dabei ganz schön ranhalten, um nicht zu spät zu kommen und mir keinen Ärger einzuhandeln, doch auf dem Heimweg konnte ich mir Zeit lassen.

Die Schule stand auf demselben Grundstück wie die in der Mitte errichtete Kirche und die jenseits davon gelegene Gemeindehalle. Das Schulgebäude umfasste nur drei Klassenzimmer, die jedoch nicht ausreichten, weshalb zwei Klassen in der Gemeindehalle einquartiert wurden. Gleich in meinem ersten Schuljahr in Ballymun hatte ich dort Unterricht. Die Schüler der beiden Klassen versammelten sich jeweils an den gegenüberliegenden Enden der Halle, eine Trennwand gab es nicht. Unser Lehrer, Mr. Jones, behandelte mich sehr schlecht, seiner Ansicht nach war ich ein Dummchen, und es passte ihm überhaupt nicht, ein Kind wie mich in seiner Klasse zu haben.

Eines Morgens kündigten mir die Engel für diesen Tag ein schulisches Ereignis an, das mich glücklich stimmen würde. Und wie immer behielten sie Recht: Das Ereignis machte mich damals sehr glücklich, und es verfehlt bis heute seine Wirkung nicht, wenn ich daran denke!

Wir hatten Irisch-Stunde, und Mr. Jones kündigte uns eine Quizfrage an, für deren richtige Beantwortung das betreffende Kind mit einer halben Krone belohnt werden sollte. Er wollte wissen, was das irische Wort crann auf Englisch bedeutete und befragte jedes Kind einzeln, wobei er auf der rechten Seite begann; mich hatte er isoliert, ich saß alleine weit links außen. Er lief durch das ganze Klassenzimmer von Schülerin zu Schüler, doch niemand konnte mit dem Wort crann etwas anfangen. Mich fragte er natürlich nicht – wie üblich. Da hockte ich nun und wusste, ich kannte die Antwort! Außer mir vor Aufregung zappelte ich in meiner Bank herum, beinahe wäre ich aufgesprungen und hätte ihm die Antwort laut entgegengerufen. Die Engel hatten alle Hände voll zu tun, um mich zu bändigen. »Bitte, ihr Engel, lasst ihn zu mir herüberschauen, bitte, macht, dass er mich fragt!« Vor lauter innerer Anspannung war ich den Tränen nahe.

»Keine Sorge, Lorna«, kam es von den Engeln, »er wird dich fragen.«

Mr. Jones war bestürzt über seine Schüler und wiederholte andauernd: »Na, kommt schon! Was habt ihr denn? Das ist doch nicht schwer!« Ich muss heute noch lachen, wenn ich ihn so vor mir sehe – seine Augen immer stärker geweitet und das Gesicht rot angelaufen: Er war einfach fassungslos. Dann wandte er sich an das letzte Kind vor mir, wieder ohne Ergebnis, um dann zu verkünden: »Na, so wie es aussieht, hat sich niemand die halbe Krone verdient.«

Hosus hatte die ganze Zeit über rechts neben Mr. Jones gestanden und in meine Richtung gedeutet, was dieser natürlich nicht sehen konnte. Am liebsten hätte ich Hosus zugerufen, er solle Mr. Jones bei der Hand nehmen und ihn zu mir herüberziehen. In der Klasse war es mucksmäuschenstill, kein Kind gab auch nur einen Laut von sich. Trotz der gegenteiligen Versicherung der Engel sah es nicht danach aus, als würde unser Lehrer mich doch noch mit einbeziehen. Er marschierte auf sein Pult zu. Immer noch herrschte absolute Stille. Plötzlich nahmen Hosus und der Schutzengel von Mr. Jones diesen sanft am Arm, drehten ihn in meine Richtung, und während sie ihm unablässig etwas ins Ohr flüsterten, führten sie ihn auf mich zu. »Ich weiß zwar, dass es zwecklos ist«, sagte Mr. Jones, »aber ich werde dich dennoch fragen!«

Und als er es getan hatte, antwortete ich mit einer Stimme, in der Gewissheit und Glück mitschwangen: »Es heißt Baum.«

Dem Lehrer blieb der Mund offen stehen – meine Antwort war richtig! Die ganze Klasse johlte und klatschte begeistert. Nun musste er ausgerechnet mir die halbe Krone geben. Ich werde den Moment niemals vergessen, als er sie mir in die Hand legte und ich »danke schön« sagte! Noch nie zuvor hatte ich derart viel Geld besessen – eine ganze halbe Krone.

Die meisten Kinder hatten es eilig, nach der Schule nach Hause zu kommen, doch ich ließ es lieber langsam angehen und verbrachte viel Zeit im Spiel mit den Engeln. Mein Heimweg konnte daher Stunden dauern. Ich trödelte auf der breiten Böschung der Landstraße entlang, von dort aus konnte ich über die Hecke auf der anderen Seite sehen, hatte einen freien Blick auf die Felder und das Grundstück mit dem großen Haus dort. Manchmal hüpfte ich zusammen mit den Engeln auf der Böschung herum, wir lachten miteinander und hatten eine Menge Spaß.

Gelegentlich zeigten sie mir auch etwas: Einmal ließen sie mich beispielsweise unter einem großen Grasbüschel auf der Böschung das in dem Loch darunter versteckte Wespennest sehen. Offenbar durften die Engel das Nest freilegen, denn die Wespen schienen sich nicht gestört zu fühlen, und ich konnte sie in aller Ruhe beobachten, ohne Angst vor Angriffen und Stichen haben zu müssen. Später bin ich noch einmal dorthin zurückgekehrt, um nach den Wespen zu sehen, und entdeckte zu meinem Kummer, dass Erwachsene das Nest gefunden und die Wespen vergiftet hatten.

Oftmals hießen die Engel mich, das Vieh auf der Weide jenseits der Landstraße zu betrachten. Sie brachten mir bei, Dinge anders anzusehen als andere Menschen. Und so guckte ich nicht nur flüchtig auf eine Kuh, sondern studierte sie eingehend: jede feine Linie und jeden kleinen Buckel in ihrem Fell. Die Engel ließen jedes Detail aufleuchten oder weiter als normal hervortreten, so dass ich es in aller Deutlichkeit wahrnahm. Sie ermöglichten mir auch den Blick in die Augen der Tiere: Selbst wenn diese noch so weit von mir entfernt waren, konnte ich ihnen tief in die Augen sehen. Ich durfte den Blick auf Dinge werfen, die anderen Menschen auf ewig verborgen bleiben. Es war atemberaubend, denn ich konnte Licht und Energien wahrnehmen und alles, was in den Tieren und um sie herum vor sich ging. Bisweilen schienen Lichtkugeln um die Tiere herumzutanzen, dann wieder blitzte die Energie nur in bestimmten Abständen auf.

Ich erblickte sogar Kälber im Mutterleib, und wenn ich eines nicht genau ausmachen konnte, ermunterten die Engel mich, noch sorgfältiger hinzusehen – und dann entdeckte ich es. Ehrlich gestanden, manchmal wirkte so ein Kalb wie eine formlose, zähe Masse – ein bisschen wie die Marmelade, die meine Mutter zu Hause immer kochte.

Ich war fasziniert von allem, was die Engel mir außerhalb der Schule nahebrachten – kein Wunder also, dass ich wenig Zeit auf die Ereignisse innerhalb des Klassenzimmers verwendete. Als Kind glaubte ich immer, jede Antwort der Engel auf meine Fragen voll und ganz zu verstehen; doch als ich älter wurde, entwickelte ich ein tieferes Verständnis dessen, was sie mich lehrten.

Obwohl ich ausschließlich im Rahmen der Schule mit ihr zusammenkam, war Marian damals eine meiner Freundinnen. Jedes Mal, wenn wir die Gemeindehalle verließen, um ins Schulgebäude oder in die Kirche zu gehen, hielt sie sich an meiner Seite. Selbst wenn die Lehrer sie mit einem anderen Mädchen zusammensteckten, fand sie immer Mittel und Wege, neben mir herzulaufen und mir Fragen zu stellen – sie liebte das. Dabei wunderte sie sich immer wieder, woher ich so viel wusste – aber ich konnte ihr doch schlecht mit der Wahrheit über meine »himmlischen Lehrer« kommen … Einmal, als wir auf dem Weg zur Kirche gerade den Schulhof überquerten, bat sie mich, ihr von Gott zu erzählen. Mir blieb vor Überraschung fast die Luft weg. Ich sah sie an und hatte keine Ahnung, was ich sagen sollte. Schließlich druckste ich herum: »Die Lehrer und der Pfarrer sprechen doch zu uns von Gott, weshalb fragst du dann mich?«, und hoffte, so um eine Antwort herumzukommen. Doch sie blieb hartnäckig: »Ich will aber, dass du mir von ihm erzählst.«

Also begann ich, ihr von Gott zu erzählen. »Siehst du dort den Finken, diesen wunderschönen Finken mit seinem Federkleid in Gold, Gelb und Blau? Dieser Vogel ist wie Gott. Wirklich; schau hin und sieh, wie schön und vollkommen er ist. Du bist wie dieser Vogel, du bist schön, denn du bist wie Gott. Wenn dieser Vogel von einem Ast fällt und sich verletzt, wird er nicht den ganzen Schmerz des Aufschlags fühlen, denn Gott wird 99 Prozent davon übernehmen. Gott fühlt alles, alles, was jedem einzelnen Vogel auf der Welt passiert und mit uns ist es dasselbe – wenn etwas passiert, das uns verletzen könnte, werden wir nur einen Bruchteil davon zu spüren bekommen, weil Gott den großen Rest übernimmt und ihn von uns fernhält.«

Natürlich waren das nicht meine Worte – für derartige Weisheiten war ich damals noch viel zu jung –, Gott selbst oder die Engel haben sie mir direkt eingegeben, um Marian Gott näherzubringen.

Ich liebte unsere Kirche und war morgens oft ein bisschen spät dran, weil ich vor Unterrichtsbeginn gerne für einen Moment dort hineinschlüpfte. Die Kirche war immer leer. Ich liebe Kirchen, weil sie so voller Engel sind. Selbst wenn sich nur ein paar Leute in einer Kirche aufhalten – unter den Engeln dort herrscht immer ein geschäftiges Treiben. Den Menschen ist gar nicht bewusst, wie viele Engel in einer Kirche sind – sie preisen Gott und warten darauf, dass Gläubige kommen, um sich ihnen anzuschließen – doch nur allzu oft geschieht nichts dergleichen. Bei der Sonntagsmesse quillt so ein Gotteshaus vor lauter Engeln schier über: Neben jedem Anwesenden steht schon einmal sein Schutzengel, dazu kommen die Engel um den Priester am Altar und all jene Engel, die Gott außerdem noch herabgesandt hat. Kirchen sind Orte reiner

Kraft! Manchmal bete ich für einen Menschen, den ich in einer Kirche antreffe, dessen Engel und all das Licht um sie herum ich sehen kann: »Bitte lass diesen Menschen heute die Stimme seines Engels hören und auf irgendeine Weise mit ihm in Verbindung treten – und durch den Engel mit Gott.«

Dabei begegnet man Engeln keineswegs nur in christlichen Kirchen: Sie sind an allen heiligen Plätzen anwesend, wie z.B. in Synagogen oder auch in Moscheen. Für die Engel spielt die Religion eines Menschen keine Rolle. Mir haben sie sogar gesagt, alle Kirchen sollten unter einem Dach vereint werden. Muslime, Juden, Protestanten, Hindus, Katholiken und die Angehörigen aller anderen Glaubensrichtungen sollten sich gleichsam unter einem Schirm versammeln. Wir mögen unterschiedliche Hautfarben und unterschiedliche Religionen haben – aber alle haben wir Seelen, jeder Einzelne von uns. Und es besteht kein Unterschied zwischen der Seele eines Muslim und der eines Christen! Könnten wir gegenseitig unsere Seelen sehen, würde niemand jemals einen anderen Menschen wegen seiner unterschiedlichen Gottesauffassung töten!

Einmal ging ich mit meiner Tante in der Nähe ihres Hauses spazieren, als wir an einer Kirche vorbeikamen. Ich blickte zum Portal, denn dort sah ich zwei herrliche Engel stehen. Meine Tante rief mich jedoch zur Ordnung: »Schau nicht zu dieser Kirche hinüber!« Als ich sie daraufhin ratlos ansah, fuhr sie fort: »Das ist eine protestantische Kirche. Durchschreite ja niemals das Portal oder die Tür einer protestantischen Kirche!« Ich riskierte trotzdem einen weiteren Blick auf das Gotteshaus und die Menschen, die hineingingen – sie schienen mir nicht anders zu sein als wir selbst. Ich schenkte den Engeln am Portal ein Lächeln, als ich das nächste Mal an dieser Kirche vorbeiging. Zwar durfte ich nicht hinein, doch ich wusste, ihr Innenraum war voller Engel.

Unsere direkte Nachbarin in Ballymun war Mrs. Murtagh, eine schöne Frau mit einer Traumfigur, die aber immer loswetterte, wenn wir auf der Mauer entlangliefen. Gelegentlich rief sie mich herüber und bat mich, kurzzeitig ihre Kinder zu hüten. Eines Nachmittags, ich war damals wohl gerade acht Jahre alt, sollte ich nach ihren Kindern sehen, während sie einen Teebesuch bei meiner Mutter machte. Als ich eben in ihr Haus gehen wollte, erschien ein Engel vor mir und sagte: »Gib sehr gut acht dort drinnen!«

Obwohl mich unmittelbar Angst überkam, betrat ich doch zögernd die Küche. Mrs. Murtagh schien fertig zu sein, hatte allerdings den Herd noch eingeschaltet und einen Topf darauf stehen, in dem etwas kochte. Ich fragte: »Wollen Sie den Herd anlassen?«

»Ja«, antwortete sie, »es wird großartig werden.«

»Würden Sie ihn nicht doch lieber ausschalten?«, hakte ich nach.

Doch sie reagierte nicht, und sie gehörte zu der Sorte Frauen, die sehr zornig reagieren, wenn man nicht genau das tut, was sie einem sagen. In der Küche waren zwei Kinder: ein kleines Mädchen von etwa einem Jahr und ein Baby in einem riesigen Kinderwagen. Sobald Mrs. Murtagh den Raum verlassen hatte, sah ich mich gründlich um. Die Außentür der Küche war abgeschlossen, und es steckte kein Schlüssel.

Ich hatte keine Ahnung, wie es zugegangen war, doch urplötzlich war der Herd mit einem gewaltigen Zischen explodiert und alles sofort in Rauch und Flammen gehüllt. Ich weiß noch, dass ich erst nach dem älteren Mädchen griff, dann nach dem Kinderwagen und versuchte, alle durch die Tür in den Flur zu bugsieren. Doch standen der Herd und der Küchentisch zwischen Kinderwagen und Flurtür – um rauszukommen, musste ich also irgendwie an dem brennenden Herd vorbei. Der schwere, sperrige Kinderwagen ließ sich nur mühsam manövrieren. Ich schnappte mir also erst die Große, schleppte sie hinaus in den Vorgarten und schrie einem vorübergehenden Nachbarn zu, dass das Haus brenne.

Dann raste ich wieder zurück, drinnen stand beißender schwarzer Rauch, und mich trieb der entsetzliche Gedanke, das Baby könnte daran ersticken, bevor ich es an der frischen Luft hatte. Zum Glück kam der Nachbar hinter mir her und schaffte es – Gott sei Dank! –, den Kinderwagen nach draußen zu hieven.

Die Kinder waren in Sicherheit. Taumelnd und in Tränen aufgelöst lief ich heim. Meine Mutter und Mrs. Murtagh saßen in unserer Küche beim Tee und hatten nichts von allem mitbekommen. Weinend stieß ich hervor, dass das Haus brenne, und beide rannten hinaus in den Nachbargarten. Ich sehe noch vor mir, wie Mrs. Murtagh schluchzend und zitternd die Arme um ihre Kinder warf. Sie blickte mich an und dankte mir. Das gesamte Erdgeschoss des Hauses war schwarz, doch das Feuer war aus; der Nachbar hatte es irgendwie fertiggebracht, den Brand zu löschen.

Die 1950er Jahre waren in und für Irland eine wirtschaftlich schwere Zeit. Die Arbeitslosigkeit war groß, und zahlreiche Menschen fühlten sich deshalb zum Auswandern gezwungen. Auch meine Familie tat sich schwer, vor allem, da meine Mutter kränkelte und immer wieder ins Krankenhaus musste. In ihrer Abwesenheit wucherte der Garten jedes Mal halb zu, da mein Vater sich neben seiner Arbeit und der Fürsorge für uns nicht auch noch darum kümmern konnte. Selbst wenn wir mithalfen, hatte er noch eine Unmenge zu bewältigen, und ich machte mir deshalb oft große Sorgen. Auf dem Schulweg besprach ich unsere häusliche Misere immer mit den Engeln. Sie trösteten mich und erklärten mir, meiner Mutter werde es bald wieder besser gehen.

Unser Vater weckte uns jeden Morgen zeitig, machte uns für die Schule fertig, wir halfen beim Frühstückmachen und beim Herrichten der Sandwiches für mittags. Emer und ich beaufsichtigten auch unsere jüngeren Geschwister mit, erledigten den Hausputz und deckten den Abendbrottisch. Hatten wir ohnehin schon sehr wenig Geld, so kamen jetzt auch noch Paps' Hin- und Rückfahrten zum Krankenhaus dazu. Deshalb reichte es während Mams Krankenhausaufenthalten oft nicht fürs Abendessen, wir lebten dann von Kräckern und Käse.

Während unserer Zeit in Ballymun brachte Mam zwei weitere Kinder zur Welt: die Buben Cormac und Dillon. Nun waren wir Kinder zu siebt – und alle unter zwölf! Es war wirklich nicht einfach. Unser Vater fand Arbeit in England und ging für einige Zeit dorthin, uns schienen bis zu seiner Heimkehr Monate vergangen zu sein. Und wieder lag der Garten brach, wucherte wild vor sich hin, und es gab wieder kein Gemüse. Ich erzählte den Engeln, wie sehr ich meinen Vater vermisste und wie traurig ich es fand, dass er hatte fortgehen müssen.

Der Tag seiner unerwarteten Rückkehr wird mir immer unvergesslich bleiben: Die Engel hatten mich aufgefordert, aus dem Fenster zu schauen, und da sah ich ihn auf das Haus zueilen. Er trug Mantel und Hut, in der Hand seinen Koffer. Als ich ihn so betrachtete, fiel mir auf, wie gut mein Vater aussah. Es war, als hätte ich erwartet, ihn deutlich gealtert zu sehen, beträchtlich älter jedenfalls als bei seinem Fortgehen. Aber tatsächlich sah er so jung aus, und das war er ja auch: ein Mann von Anfang dreißig. Überglücklich rannte ich die Treppe hinunter und überbrachte Mam die frohe Neuigkeit. Ich versteckte mich hinter ihr, als sie die Tür zu Vaters Willkommen öffnete. Was waren wir glücklich an diesem Tag!

Mein Vater musste sich nun zu Hause wieder auf Arbeitssuche begeben, doch als Erstes nahm er sich den Garten vor, und alle halfen mit. Ich bin meinem Vater immer sehr gerne zur Hand gegangen, und die Gemüsegärtnerei lag mir besonders: Ich jätete das Unkraut ringsherum und bat die Engel, das Wachstum unserer Pflanzen zu unterstützen. Ich wünschte mir verzweifelt, mehr tun zu können – doch was will man denn schon groß alleine ausrichten, wenn man noch so klein ist? Oft weinte ich vor Enttäuschung, weil ich nicht imstande war, mehr zu leisten, war aber stets darauf bedacht, dass mich niemand beobachtete, wenn ich mich hinter dem Geräteschuppen verkroch.

Ich spielte viel mit den zahlreichen Kindern der Nachbarsfamilie von gegenüber in unserer Sackgasse. Mit Alice, der mittleren Tochter, freundete ich mich besonders an, sie war etwa gleich alt wie ich. Ihr Vater arbeitete hauptsächlich in England, ihre Mutter rackerte schwer im und ums Haus herum. Der Vater kam nur alle paar Monate heim. Und eines Tages weihten mich die Engel ein, es werde bald das letzte Mal sein, denn er werde in den Himmel fahren.

Ich war sehr traurig. Alles veränderte sich: Ich mochte nicht mehr hinübergehen und mit den anderen zusammen im Garten spielen. Ich zog mich zurück, tat aber mein Bestes, um es niemanden merken zu lassen, vor allem Alice nicht. Einige Zeit später sagten mir die Engel: »In ein paar Tagen werden wir dich auffordern, zu Alices Familie hinüberzugehen, und du wirst auch gehen.«

Drei Tage später war es dann so weit. Ich holte tief, tief Luft und trat aus unserer Tür, lief geradewegs die Straße hinunter, ging durch die Seitentür von Alices Haus nach rückwärts und klopfte an die Küchentür. Ihre Mutter öffnete mir. Ich blickte mitten in die Küche, es schien mir dort dunkler als sonst zu sein. Alice und einer ihrer Brüder waren da, sie wandte sich um und lächelte mich breit an. Ich setzte nur ein paar Schritte in die Küche hinein, weiter wollte ich nicht gehen. Alice berichtete begeistert, ihr Vater werde nun für immer nach Hause zurückkehren, er habe endlich eine Stellung in Irland gefunden. Sie war ganz aufgeregt. Und ich fühlte mich so zwiespältig – einerseits war ich glücklich für sie, doch tief im Inneren weinte mein Herz. Ich wusste, dass ihre Eltern schon seit langem sehr auf eine Arbeit in Irland gehofft hatten, damit der Vater endlich wieder ganz zu ihnen würde heimkommen können. Und nun hatte er eine Stelle, würde aber nicht lange genug leben, um sie antreten und sich darüber freuen zu können.

Ich bat Alice, mich zum Spielen zu uns zu begleiten, weil ich nicht länger in ihrem Haus bleiben mochte.

Am selben Tag noch ging ich in die Kirche, setzte mich vor den Altar und suchte die Verbindung zu Gott. Ich fragte ihn, ob er nicht doch eine Möglichkeit fände, Alices Vater nach Hause kommen und hier auf der Erde bleiben zu lassen.

Am Tag der Rückkehr ihres Vaters herrschte großer Jubel bei Alices Familie – und ich war glücklich für sie. Ein paar Tage nach diesem freudigen Ereignis saß ich bei ihnen auf der Schaukel – im Garten hinter dem Haus, die anderen Kinder spielten vorne. Plötzlich veränderte sich etwas am Himmel, und ich hörte die Stimme eines Engels zu mir sagen: »Dreh dich um, und öffne deine Augen.«

Als ich mich dem Haus zuwandte, erblickte ich einen unglaublich hellen Lichtstrahl: Er kam direkt aus dem Himmel – und darauf lauter Engel! Ich nannte diese phantastische Erscheinung »Die Himmelsleiter«. Der wundervolle Anblick, begleitet von herrlichem Gesang und Musik, verschlug mir den Atem. Ich wollte darauf zugehen, doch dann blieb ich auf meiner Schaukel sitzen und wiegte mich sachte vor und zurück.

Der Lichtstrahl drang geradewegs durch das Dach und schien das ganze Haus einzuhüllen. Plötzlich war es, als verschwänden die Außenwände des Hauses, und ich konnte hineinschauen, auch ins Schlafzimmer, wo Alices Vater in seinem Bett lag. Seine Frau versuchte ihn zu wecken. Sein Körper lag dort, doch sein Geist war woanders – er stand zusammen mit zwei anderen Geistwesen am Fußende des Bettes. Nach meinem Empfinden kannte er die beiden, mir waren sie fremd, doch bestand eine große Ähnlichkeit zwischen allen dreien, weshalb ich annahm, dass sie zur Familie gehörten und erschienen waren, um ihm auf seiner Reise Beistand zu leisten. Und natürlich waren jede Menge Engel anwesend. Alices Vater fuhr hinauf ins Licht, gemeinsam mit den Geistwesen und den Engeln, die ihn die ganze Zeit sanft festhielten. Ich sah, wie sie alle hinaufglitten, inmitten der Engelschar auf diesem wundervollen Lichtstrahl, unter Gesang und der himmlischen Musik. Alices Vater und seine beiden Verwandten hielten wohl einen Moment lang inne, er blickte noch einmal zurück nach unten.

Die Zeit hatte für mich stillgestanden; mit einem Mal war das Haus wieder intakt und die Himmelsleiter verschwunden. Alices Mutter stand in der Haustür und rief nach ihren Kindern. Sie spielten alle im Vorgarten, nur ich war im rückwärtigen Teil und schaukelte still. Sie sah durch mich hindurch, als nähme sie mich gar nicht wahr. Dann wandte sie sich ab und nahm den Weg durch die Seitentür in den Vorgarten. Ich saß auf dem Schaukelbrett und wusste, welch traurige Nachricht Alice und ihre Geschwister erwartete. Ich fühlte mich einsam und traurig, darum fragte ich die Engel: »Wird der Vater denn zurückkommen können, um sie alle zu trösten – wenigstens für eine Weile? Hauptsächlich, um Alice zu trösten, die ihn so sehr liebt und die ihn so schrecklich vermisst hat, als er fort war.«

Die Engel antworteten: »Ja, er wird schon bald zurückkommen und kurze Zeit bei seiner Familie bleiben können.« Daraufhin war mir schon ein wenig leichter zumute, ich machte einen tiefen Atemzug, hopste von der Schaukel und meinte zu den Engeln: »Ich gehe jetzt wohl besser heim.«

Als ich ging, drang das Schluchzen von Alices Familie durch die Fensterscheiben nach draußen. Ich benutzte die Seitentür, um zu uns nach Hause zu kommen. Es war aber

keiner da – Mam war schon über die Straße zu Alices Mutter gelaufen, um ihr Trost zu spenden.

Das war einer der traurigsten Tage in meinem noch so
jungen Dasein: Hatte ich doch immer geglaubt, Väter und
Mütter würden ewig leben.

Kapitel 4

Warum versteckst du dich vor mir?

Eines Tages kam mein Vater mit einem schönen, leuchtend rot lackierten Auto nach Hause. Auf mich wirkte es riesig, aber vielleicht nur deshalb, weil ich selbst so klein war. Er hatte es von einem Freund geborgt, weil wir – zum ersten Mal in meinem Leben – in den Urlaub fahren würden! Die Berge von Gepäck wurden auf dem Wagendach festgezurrt, und meine ganze Familie, mit allen sieben Kindern, fand irgendwie im Inneren Platz. Wir wollten zu meiner Großmutter nach Mountshannon im County Clare fahren, das rund 170 Kilometer von uns entfernt war. Die Reise dauerte den ganzen Tag, doch ich genoss jeden einzelnen Moment davon. Vor Begeisterung über die Aussicht drückte ich mir die Nase an der Scheibe platt. Wir hielten unterwegs immer wieder an und legten eine kleine Pause ein; wenn wir Glück hatten, gab es Eiskrem für uns.

Dies würde auch das erste Mal sein, dass ich den Eltern meines Vaters begegnete. Sie lebten in einer Jugendherberge, denn meine Oma war dort die Herbergsmutter. Ich weiß noch, wie wir damals ankamen: Wir fuhren zuerst durch ein großes, hohes Tor und einen alten Bogen. Dann gelangten wir in einen Hof und von dort aus unter einem kleineren Bogen hindurch in einen weiteren Hof. Vor uns erhob sich ein gewaltiges altes Haus, umrundet von großen Schuppen, die ihrerseits wie Häuser wirkten. Meine Großmutter erzählte mir später, das seien die Stallungen und Remisen, wo in alten Zeiten Pferde und Kutschen untergebracht waren.

Mein Vater parkte den Wagen, und wir purzelten alle heraus. Staunend stand ich vor dem Haus. Wir traten ein, und ich wurde meinen Großeltern präsentiert. Mein Großvater hatte ein Holzbein, das echte hatte er der Familiengeschichte nach im irischen Unabhängigkeitskampf eingebüßt. Meine Großeltern hatten sehr wenig Geld, doch mein Opa besaß ein wundervolles altmodisches Auto, das innen seiner Behinderung entsprechend umgebaut worden war. An unserem ersten Abend zeigte er mir ein aus dem Nest gefallenes Schwalbenjunges, es wohnte in einer Schuhschachtel und wurde von Großvater mit einer Pipette gefüttert. Er hatte auch Vogeleier gefunden und hielt sie warm, in der Hoffnung, es würden Junge ausschlüpfen. Mein Opa wirkte kraftlos, er ging gebeugt – und gleich am ersten Abend fiel mir noch etwas auf: Das Licht um ihn herum war schwächer als bei anderen Leuten, es wirkte sehr blass und verschwommen, kaum mehr sichtbar, doch damals dachte ich noch nicht weiter darüber nach.

Meine Großmutter war klein, gut aussehend und elegant, ihr graues Haar trug sie kurz geschnitten. Um die Jugendherberge in Schuss zu halten, musste sie hart arbeiten. Zudem war sie eine leidenschaftliche Köchin und verbrachte viele Stunden in ihrer Küche, um Vollkornbrot, Apfelkuchen und andere Köstlichkeiten zu backen. Meine Großeltern hielten sich daher überwiegend in ihrer Küche auf, wo es immerzu nach Frischgebackenem roch. Ich genoss es sehr, mit ihnen am Tisch zu sitzen, Tee zu trinken und noch heißes Vollkornbrot zu knabbern.

Das riesige Haus war phantastisch. Hinter der Küche lag ein schier endlos langer Flur, in dem unzählige Blumentöpfe aufgereiht waren. Während des Sommers, als wir dort Urlaub machten, erstrahlte der ganze Korridor in allen Farben. Er mündete in einen Wintergarten, wo es wirklich nichts anderes gab als Großmutters Blumen, doch ich liebte diesen Ort. Hierher zog ich mich häufig zurück, um mit den Engeln Zwiesprache zu halten.

Der Garten war ebenfalls sensationell. Und die Höfe mit den Remisen, in denen die Schwalben nisteten! Hinter den Höfen befand sich ein kleines Tor, über das ich lieber kletterte, anstatt es zu öffnen. Es führte in einen Garten mit großen Bäumen und herrlichen, betörend duftenden Blumen; Kaninchen und Vögel bevölkerten ihn. Manchmal, wenn ich unter einem der hohen Bäume mit seinen tief herabhängenden Ästen saß, konnte ich einer Amsel ins Nest gucken und ihre Jungen beobachten. Jenseits des Gartens erstreckten sich Felder und die offene Landschaft. Ich liebte diesen Garten und fühlte mich dort sehr sicher.

Vom ersten Tag in Mountshannon an unternahm ich auf eigene Faust ausgedehnte Spaziergänge; ich konnte verschwinden, ohne dass jemand Notiz davon nahm oder sich dafür interessierte, wohin ich gegangen war. Überhaupt war es eine Spezialität von mir, unbemerkt zu bleiben. Die meiste Zeit schien ich in der Gegenwart Erwachsener ohnehin nicht zu existieren. Mitunter hatte ich das Gefühl, sie wären ohne mich wirklich glücklicher gewesen, war mir aber nicht ganz sicher, woher dieses Gefühl rührte. Sei es, weil ich ihre Gedanken erahnte oder all der Dinge wegen, die ich im Lauf der Jahre hatte über mich reden hören. So habe ich zum Beispiel als kleines Kind mitbekommen, wie eine Nachbarin zu meiner Mutter sagte, ich könnte wirklich froh sein, dass man mich nicht eingesperrt und den Schlüssel fortgeworfen hätte. Meine Mutter hat damals nicht darauf geantwortet und auch sonst nichts zu meiner Verteidigung vorgebracht.

Ich lief meilenweit – durch Moore und Wälder, über Heuwiesen, an den Ufern des Shannon entlang –, aber ich fühlte mich nie einsam, denn ich unterhielt mich ja immer mit den Engeln oder beobachtete und belauschte Vögel und andere Tiere. Bisweilen kam von den Engeln ein: »Achtung jetzt, setz deine Schritte ganz behutsam.« Dann wusste ich, die Engel würden mir gleich etwas Schönes oder Interessantes zeigen – ich erinnere mich noch an meine Begeisterung über eine Kaninchenfamilie: Die kleinen Tiere liefen nicht davon, und so konnte ich mich in ihrer unmittelbaren Nähe niederlassen und ihnen stundenlang beim Spielen zuschauen. Manchmal musste ich auf meinen Spaziergängen etliche Kilometer zurückgelegt haben, aber ich verlief mich nie, und mir passierte auch sonst nichts. Denke ich heute daran zurück, was ich damals so alles unternommen habe – Straßen überquert, durch Flüsse und Moore gewatet, mich auf Wiesen mit jeder Menge Vieh gewagt –, dann frage ich mich doch, wie es sein konnte, dass mir dabei nie etwas zugestoßen ist. Und die Antwort liegt sozusagen auf der Hand: Gott und die Engel haben ihre Hände über mich gehalten. Die Engel brachten mich zum Lachen und zum Weinen, sie waren die besten Freunde, die man überhaupt haben konnte; sie sind alles für mich.

Eines Tages war ich davongeschlichen und hatte das kleine Tor schon hinter mir gelassen, als aus dem Nichts einer der Engel erschien und mich am Arm fasste: »Komm mit, Lorna, wir wollen dir etwas zeigen, etwas, das dir ganz bestimmt gefallen wird.«

Als wir so über das Feld liefen, drehte ich mich zu den Engeln um und sagte lachend: »Wetten, dass ich schneller bin als ihr!«

Sofort stürmten wir mit voller Geschwindigkeit los. Ich fiel hin und schlug mir das Knie auf. Ich weinte.

»Das kann doch gar nicht so wehtun, ist doch nur ein kleiner Kratzer«, behaupteten meine Engel.

»Ähmähmähm, Moment mal«, gab ich zurück, »für euch ist das vielleicht nur ein kleiner Kratzer, für mich aber ein großer Riss! Ich fühle, wie er brennt! Und er brennt sehr, das kann ich euch sagen!«

Aber sie lachten mich aus und meinten nur: »Komm, steh auf, wir wollen dir doch etwas zeigen!«

Also erhob ich mich und hatte mein schlimmes Knie natürlich rasch vergessen. Als wir uns der Waldgrenze näherten, forderten sie mich zum Hinhören auf. Ich lauschte aufmerksam und machte in der Ferne die Laute vieler Tiere aus.

»Worauf genau soll ich hören?«, wollte ich wissen.

»Beschränke dich auf ein einziges Tier. Blende ein Geräusch nach dem anderen aus, bis du nur noch ein einziges Tier hörst«, sagten die Engel. »Auf diese Weise wirst du lernen, uns deutlicher zu vernehmen, wenn du älter wirst.«

Also begann ich alle Laute voneinander zu trennen, während wir durch den Wald gingen, und hörte bei jedem Schritt den Boden unter meinen Füßen knacken. Schon nach kurzer Zeit konnte ich all die verschiedenen Vogelstimmen auseinanderhalten: die Melodie der Spatzen, der Finken, der Zaunkönige, der Amseln und vieles mehr. Ich hörte nicht nur die einzelnen Stimmen heraus, sondern auch, wo genau sie sich gerade befanden – doch galt das nicht nur für die Vögel, es gelang mir auch bei allen anderen Tieren um uns herum. Im Unterricht bei den Engeln lernte ich anscheinend sehr schnell.

Dann hielt ich inne und sagte: »Ich höre eine Art Schreien, das ist doch bestimmt das Geräusch, das ihr mir zu hören geben wolltet? Es klingt, als weint jemand.«

Dann setzte ich meinen Weg durch den Wald fort; mir war, als würden die Bäume allmählich immer höher und das Tageslicht immer weniger. »Oh, ihr Engel«, bat ich, »es ist so dunkel hier, könntet ihr es nicht ein bisschen heller machen?«

»Hab keine Angst«, beruhigten sie mich, »folge weiter dem Geschrei, folge dem Laut, den du hörst.«

Ich gehorchte, und das seltsame Schreien führte mich auf eine Lichtung. Lauschend blieb ich stehen, und da ertönte es wieder. Es musste ganz in meiner Nähe sein, da war ich mir sicher. Rechts von mir. Also wandte ich mich zu den Bäumen auf der rechten Seite, das dazwischen wuchernde Dornengestrüpp zerkratzte mir Beine und Hände. Die Schreie waren nun verstummt, ihr Ursprung deshalb nur schwer zu finden. Ich hatte das Licht im Rücken; in den Dornensträuchern und Büschen vor mir herrschte Finsternis.

»Ihr Engel, ich kann nichts sehen«, klagte ich. In diesem Moment flackerte am Fuß eines Baumes ein Licht auf.

»Schau auf das Licht an dem Baum dort drüben«, sagte einer der Engel zu mir, »dort, direkt bei dem niedrigen Ginsterbusch, dort wirst du es finden.«

Und dort fand ich es auch: Es war ein kleiner Vogel, kein gewöhnlicher, vielmehr ein Raubvogel; später erfuhr ich, dass es ein Sperber war. Eine völlig abgemagerte, abgrundtief hässliche kleine Kreatur, doch ich fand ihn wunderschön. Ich hob das kleine Wesen vorsichtig hoch und blickte auf zu dem hohen Baum, von dem es offensichtlich heruntergefallen war. Niemals hätte ich da hinaufklettern und das Vogeljunge in sein Nest zurücksetzen können. Als es sich in meiner Hand bewegte, entdeckte ich, dass es verletzt war – beide Beine waren verkrümmt, zudem hatte es eine riesige Wunde am Hals, wahrscheinlich vom Sturz herrührend. Die Engel berichteten mir, die Vogeleltern hätten dieses Junge nicht haben wollen und es deshalb aus dem Nest geworfen.

»Es ist ein Geschenk Gottes an dich«, erklärten sie mir, »du sollst dich von jetzt an in diesen und bis zum Ende der nächsten Sommerferien um ihn kümmern, danach jedoch wird er nicht mehr mit dir nach Hause kommen.«

Mitunter verstand ich die Worte der Engel nicht, nahm sie aber immer für bare Münze. So lief ich mit dem kleinen Vogel durch den Wald und über die Felder nach Hause. Dort fand ich eine alte Mütze und eine Schachtel, in der er wohnen konnte.

Allmählich kam mein Vogel zu Kräften, aber richtig laufen konnte er nach wie vor nicht, deshalb trug ich ihn überall mit mir herum. An Fliegen war natürlich auch nicht zu denken, da er ja nicht auf seinen Füßen landen konnte. Mein Vater und ich brachten ihm immerhin bei, seine Flügel auszubreiten und kurz durch die Lüfte zu gleiten, wenn wir ihn uns gegenseitig zuwarfen.

Seine Ernährung wurde ebenfalls zum Problem, denn er brauchte rohes Fleisch. Ich konnte jedoch nicht für ihn draußen auf die Jagd gehen. Das Fleisch musste auch immer ganz frisch sein, und dazu kam noch, dass die Vogelmahlzeiten aus winzigen Portionen bestanden. Meine Eltern konnten keinen halben oder gar ganzen Penny für ein bisschen rohes Fleisch erübrigen. So hielt ich den Engeln immer wie-

der vor: »Ihr macht es mir wirklich schwer!« Ich erinnere
mich noch an unseren Familienausflug ins ein paar Kilometer entfernte Killaloe, wo ich mit dem Sperber auf dem Arm
in eine Metzgerei hineinging und dem Metzger erklärte, ich
bräuchte rohes Fleisch, um meinen Vogel zu füttern, hätte
aber leider kein Geld. Ich hasste es, betteln zu müssen, doch
der Mann war sehr freundlich und meinte, ich dürfte während der ganzen Ferien jederzeit wiederkommen, er würde
mir das rohe Fleisch für meinen Vogel geben. Das hört sich
einfach an, war es jedoch nicht – denn meinen Eltern fehlte
das Geld für das Benzin, um immer wieder von Mountshannon nach Killaloe zu fahren.

Noch immer kann ich nicht verstehen, weshalb meine
Eltern sich nicht mehr um den kleinen Sperber kümmer-
ten; damit habe ich bis heute zu kämpfen. Fremde Menschen halfen mir, den Vogel zu versorgen, meine eigenen
Eltern hingegen rührten keinen Finger. Wenn meine Mutter unser Essen kochte, lief ich in die Küche, in der Hoffnung, dass ein bisschen rohes Fleisch, nur ein Teelöffel voll,
für meinen Vogel abfiel, bekam aber immer bloß ein unwil-
liges Murren zur Antwort. Dabei war ich sogar bereit, dem
Vogel meinen Anteil Fleisch abzutreten, doch das ließ sie
nicht zu. Sie brachte mich so in die Situation, betteln gehen
zu müssen. Ich werde das Gefühl nicht los, meine Eltern
hätten sich anders verhalten, hätte der Vogel einem meiner
Geschwister gehört. Das war sehr bitter für mich. Doch
irgendwoher bekam der Sperber sein Futter und wuchs
heran.

Als ich eines Tages wieder einmal traurig war, sagte
Hosus zu mir: »Wir wissen, dass dein Herz manchmal
schwer ist und du noch so ein kleines Dingelchen bist –
aber denk immer an eines: Gott hat dich anders gemacht,

und du wirst dein Leben lang so bleiben. Auf dich warten besondere Aufgaben.«

Ich begehrte auf: »Aber das will ich doch gar nicht! Warum kann Gott sich nicht jemand anderen aussuchen?«

Hosus lachte mich aus und gab zurück: »Eines Tages wirst du selbst draufkommen, warum.«

»Ich habe aber Angst!«, wandte ich ein, »ich möchte deshalb weinen.«

»Du wirst weinen müssen«, erklärte Hosus, »denn gerade deine Tränen werden gebraucht, um die Seelen anderer Menschen zu befreien.«

Damals war mir noch nicht klar, was er meinte.

Wie viele Leute hielt auch meine Großmutter mich für irgendwie zurückgeblieben und gab sich deshalb selten mit mir ab. Als sie es dann eines Tages doch tat, erfuhr ich eine Menge über sie und meine Familie. Sie forderte mich auf, ihr beim Putzen und Staubwischen in ihrem Schlafzimmer zur Hand zu gehen. Das hatte es noch nie gegeben! Davor hatte ich ihr Schlafzimmer höchstens ein oder zwei Mal betreten, wobei ich mich dort nur umgesehen, aber nichts angefasst habe. Und jetzt durfte ich ihr beim Staubwischen helfen! Sie reichte mir ein Staubtuch und bat mich, einen Tisch damit zu reinigen. Sie selbst nahm sich ein Schränkchen vor, hob behutsam all die kostbaren Dinge darauf hoch und staubte sie ab. Ich sah sie nach einem Foto in ovalem Rahmen greifen und nahm eine große Traurigkeit in ihr wahr. Sie musste meinen Blick gespürt haben, denn sie kam zu mir herüber und brachte die Fotografie mit. Dann ließ sie sich auf dem großen, alten Bett nieder und klopfte einladend auf den Platz neben sich. Ich erklomm das hohe Bett und saß mit baumelnden Beinen neben ihr. Sie reichte mir das wunderschöne alte Foto: Es zeigte ein kleines Mädchen etwa meines Alters in einem zerrissenen Kleid, die Haare zurückgeworfen, barfuß, daneben hockte ein kleiner Junge, der mit einem Stöckchen im Matsch herumrührte. »Das sind meine beiden kleinen Kinder, die Gott zu sich in den Himmel geholt hat.«

Bei diesen Worten füllten sich ihre Augen mit Tränen. Daraufhin sagte ich tröstend zu ihr: »Du wirst sie wiedersehen, Oma. Das weißt du doch, nicht wahr?«

»Ja, Lorna«, gab sie zurück, »ich werde sie hoffentlich bald wiedersehen.«

Ich fragte, was denn mit den beiden geschehen sei. Sie erzählte mir, die Familie sei bettelarm gewesen und der kleine Tommy krank geworden, weil sie ihn nicht richtig und ausreichend hatten ernähren können. Während dieser Worte fühlte ich ihre große Trauer, eine zentnerschwere Last auf ihrer Seele. Ihre kleine Tochter Marie hatte eine Geschwulst am Kehlkopf gehabt, und Großvater war mit ihr auf dem Rad mehr als 30 Kilometer von ihrem Wohnort Wicklow ins Krankenhaus nach Dublin gefahren – doch seine gewaltige Anstrengung war vergeblich gewesen und das kleine Mädchen gestorben, bevor die Ärzte es operieren konnten. Sie erzählte weiter, beim Betrachten meines gut aussehenden, dunkelhaarigen Vaters frage sie sich jedes Mal, wie ihr Tommy als erwachsener Mann wohl ausgesehen hätte, und genauso ergehe es ihr mit ihrer kleinen Marie im Hinblick auf mich und meine Schwestern. »Ich weiß, eines Tages werde ich meine Kinder wieder in den Armen halten, und ich kann den Moment kaum erwarten«, fuhr sie fort. Ich konnte ihren tiefen Schmerz nachempfinden, den Schmerz darüber, was ihr und ihren Kindern geschehen war.

Und dann sagte sie völlig unvermittelt zu mir: »Du weißt, Lorna, dass du keine Angst zu haben brauchst. Geistwesen können dich in keiner Weise kränken oder dir wehtun. Und wenn du dich fürchtest, brauchst du nur zu beten, ein paar Worte reichen völlig aus, vielleicht einfach: ›Jesus und Maria, ich liebe euch. Rettet die Seelen.‹« Dann lächelte sie mich an und kam nie mehr auf dieses Thema zurück. Dabei hätte ich ihr liebend gerne mitgeteilt, was ich sah – um Schmerz und Freude, die ich fühlte, mit ihr zu teilen, und sie gefragt, was sie ihrerseits sah und empfand, doch hatten mir die Engel erklärt, das sei nicht erlaubt. In einem Punkt war ich mir aber immer sicher: Meine Großmutter hat verstanden, dass ich mehr sah von dieser Welt als die meisten Menschen, obwohl sie nie ein Wort darüber verlor. Sie erhob sich vom Bett, erledigte die restlichen Putzarbeiten und verließ dann den Raum. Ich folgte ihr und schloss die Tür. Meine Oma ging in die Küche, ich ins Badezimmer, wo ich betete: »Lieber Gott, ich danke dir und den Engeln. Bitte hilf meiner Großmutter, sie ist traurig und leidet so sehr.«

An einem strahlend sonnigen Nachmittag, der Sommer war schon fortgeschritten, erfuhr ich mehr über das Schicksal der kleinen Marie. Mein Großvater hatte sein Auto in einer der Remisen stehen, und als ich bei ihm hereinschaute, war er gerade dabei, es zu polieren. Er schickte mich in die Küche nach einer Tasse Tee. Bei meiner Rückkehr sollte ich mich zu ihm in den Hof setzen. Wir saßen nebeneinander und sahen den hin- und herfliegenden Schwalben zu, die Futter für ihre Jungen im Schnabel trugen. Die Situation war höchst ungewöhnlich, denn bislang hatte ich nur an unserem Ankunftstag mit ihm gesprochen, als ich ihm half, das aus dem Nest gefallene Schwalbenjunge zu füttern. Doch diesmal war es anders. Ich fragte die Engel: »Was wird denn das hier?«

»Hör ihm einfach nur zu«, antworteten sie, »er möchte dir von Marie erzählen und wie es war, als er sie ins Krankenhaus gebracht hat.«

Und kurz darauf schilderte er mir den damaligen Tag:

»Es war kühl, doch die Sonne schien. Deine Großmutter machte Marie reisefertig, es ging ihr nicht gut, und wir wussten, dass sie dringend ins Krankenhaus musste. Meine Hände zitterten, als ich das Fahrrad herrichtete, denn ich wusste, dass es die volle Strecke von über 30 Kilometern nicht durchhalten würde, doch ich sah keine andere Möglichkeit, nach Dublin zu kommen. Rundherum gab es niemanden, der hätte helfen können, niemanden mit Pferd und Wagen, niemanden, der die Fahrt mit mir gemeinsam hätte unternehmen können.«

An dieser Stelle lächelte er mir zu: »Lorna, du bist der erste Mensch, dem ich je davon erzählt habe.«

Er fuhr fort: »Ich packte eine Tasche mit belegten Broten, einem Apfel und einer Flasche Wasser auf den Gepäckträger. Ich hatte große Angst, Marie könnte unterwegs sterben. Ich umarmte deine Oma, sie war in Tränen aufgelöst, weil sie mich nicht begleiten konnte – aber sie musste sich doch um deinen Vater und deinen Onkel kümmern, die damals beide noch sehr klein waren. Ich nahm ihr Marie ab und trug sie hinüber zum Fahrrad. Ich setzte sie auf die Stange und hielt sie fest an meine Brust gedrückt und fuhr los. Ich konnte mich nicht einmal mehr nach deiner Großmutter umdrehen, um ihr ›Auf Wiedersehen‹ zu sagen. Es war eine schwierige Fahrt, ich hatte Marie in meinen Armen und dann auch noch das Holzbein – ich schlitterte mehr auf dem Boden lang, als dass ich wirklich Rad fuhr, und das über eine lange Strecke. Ich hielt oft an und gab Marie etwas Wasser über meine Finger in den Mund ein, denn sie konnte ja nicht richtig essen oder trinken, denn wenn sie es versuchte, bestand die Gefahr, dass sich die Geschwulst an ihrem Kehlkopf bewegte und sie daran ersticken würde. Nach Stunden – es muss um die Mittagszeit gewesen sein – bekam ich Hunger, also hielt ich an, aß ein Brot und trank etwas Wasser. Dann ging es weiter, doch kurz darauf hatte das Fahrrad einen Platten, und das war sein Ende. Ich ließ es an Ort und Stelle liegen und lief zu Fuß weiter, Marie trug ich auf den Armen. Ich presste sie an mich, konnte ihren Herzschlag und ihren schwachen Atem spüren. Es war schon dunkel, als ich das Krankenhaus endlich erreichte. Irgendwie schienen sie zu wissen, dass wir kommen würden. Völlig erschöpft, kaum mehr fähig, einen einzigen Schritt weiterzugehen, stieg ich die Treppenstufen am Eingang hinauf. Eine Schwester erschien und nahm mir Marie ab. Ich wollte sie nicht hergeben. Ich setzte mich im Flur auf einen Stuhl und wartete. Ein Arzt kam heraus und sagte, Marie würde am nächsten Morgen gleich als Erste operiert.«

Am nächsten Morgen kam er dann wieder zu mir, sah mich an, Tränen standen in seinen Augen: »Es war zu spät!«

Auf dem Weg in den OP hatte sich die kleine Geschwulst in Maries Hals bewegt und die Luftröhre blockiert, und Marie war erstickt. Mein Großvater drehte sich zu mir und sagte: »Das hat mich damals sehr verbittert, erst hatten wir Tommy verloren und dann Marie – ich habe nicht mehr an Gott geglaubt und deiner Oma das Leben sehr schwer gemacht.«

Ich sah meinen Opa an, die Tränen liefen ihm über das Gesicht, und ich erblickte Tommy und Marie, sie standen genau vor ihm, streckten ihre Hände aus und berührten seine feuchten Wangen. Ich erzählte ihm, was ich sah: »Opa, Marie und Tommy sind jetzt da, direkt bei dir, du musst nicht weinen.«

Er umarmte mich fest und sagte mit erstickter Stimme: »Das bleibt aber besser unter uns, dass du deinen Großvater hast weinen sehen.«

»Keine Sorge«, lächelte ich zurück.

Im selben Moment wisperten die Engel mir ins Ohr: »Es ist ein Geheimnis!«

Daraufhin versprach ich Großvater: »Ich werde es niemals jemandem weitererzählen.« Und ich habe mein Wort gehalten – bis heute.

Während seiner Erzählung war der Lichtschein um Großvater immer heller geworden, etwa so wie bei anderen Menschen. Mir wurde bewusst, dass Schmerz und Zorn über den Tod seiner beiden kleinen Kinder ihn so bitter gemacht hatten, dass seine Lebensfreude darüber erloschen war. Dann stand er auf und ging zurück in die Remise zu seinem Wagen. Es war, als hätte unser Gespräch nie stattgefunden. Er wurde wieder sein normales Selbst, das Licht um ihn herum verblasste, und ich sah es nie wieder so hell erstrahlen.

Ich war damals noch reichlich jung, doch ich wusste genau, dass ich wieder den Engeln zugearbeitet hatte, dieses Mal hatte ich sie dabei unterstützt, meinem Großvater zu helfen.

Ich genoss den Sommer in Mountshannon sehr und hoffte, wir würden auch den nächsten dort verbringen können. Das Jahr verging schnell, und als die Tage länger wurden, konnte ich die Ferien kaum erwarten, um endlich nach Mountshannon zurückzukehren.

Dieses Mal wohnten wir allerdings nicht bei den Großeltern. Wir fuhren an ihrem Haus vorbei, hinunter durch den Ort Mountshannon, weiter in einen der Außenbezirke und stoppten erst vor einem großen Haus mit verwildertem Garten. Es enthielt so gut wie keine Einrichtungsgegenstände – ich erinnere mich nur an einen Tisch, ein paar Stühle und einen Herd in der Küche, die anderen Räume waren vollständig leer, es gab nicht einmal Betten. Doch wir ließen uns dadurch nicht beirren, betrachteten das Ganze vielmehr als großes Abenteuer und nächtigten in Schlafsäcken auf dem Fußboden.

In jenem Sommer, den wir in dem leeren alten Haus verbrachten, bekam mein Vater von Sally, einer reizenden alten Dame, ein kleines Stück Land in der Nähe von Mountshannon. Es lag hoch oben in den Bergen, und der Aufstieg über die Bergstraße war beschwerlich, doch ich liebte es. Sally selbst lebte in einem Häuschen auf dem Nachbargrundstück. Ihr Cottage besaß eine der traditionellen Halbtüren, deren obere Hälfte nie geschlossen war. So hörte sie uns immer kommen, stand in der Tür und lächelte uns herzlich zu; manchmal hatte sie eine Katze auf dem Arm. Sie gab uns das Gefühl, hier willkommen zu sein, bewirtete uns mit Tee und Keksen oder Apfelkuchen. Ich saß so gerne mit ihr am Tisch, trank meinen Tee und lauschte den Geschichten über ihre Jugend im County Clare. Sie liebte es, Besuch zu haben, und wenn ich sie nach etlichen Stunden intensiven Zuhörens schließlich verließ, forderte sie mich gleich auf, doch am nächsten Tag wiederzukommen und ermunterte mich, auch meine Eltern mitzubringen.

Sally war sehr einsam dort oben in den Bergen und ganz auf sich allein gestellt. Deshalb hatte sie meinem Vater auch das angrenzende Stück Land abgetreten – in der Hoffnung, er würde dort ein Häuschen bauen und sie hätte endlich Gesellschaft. Zu mir sagte sie stets, ich könnte doch später einmal mit meinen eigenen Kindern dort leben. Ich war damals acht Jahre alt, und eigene Kinder lagen noch weit außerhalb meiner Vorstellungswelt, daher musste ich bei diesen Worten immer kichern.

Sally hielt haufenweise Katzen, und natürlich gab es da auch ständig Junge – sie leisteten ihr Gesellschaft, sagte Sally. Mochte das Cottage von noch so vielen Katzen bevölkert und mit Möbeln vollgestellt sein, es war stets makellos sauber, nie kam das geringste Stäubchen oder etwa ein Wust von Papier zum Vorschein; es roch auch immer sauber und anheimelnd.

Ich liebte Sally und genoss die Sommerbesuche meiner Kindheit in ihrem Häuschen sehr; ich liebte auch den Berg und die Nächte, die wir draußen, in der freien Natur, im Zelt verbrachten – mitsamt Lagerfeuer und Käuzchenschreien. Natürlich fühlte auch mein Sperber sich in den Nächten droben auf dem Berg sehr wohl. Er wurde zunehmend größer und kräftiger, doch seltsamerweise hackte er mit seinem großen, dunklen Schnabel nie nach meinen Fingern oder kratzte mich mit seinen langen Klauen. Eines Nachmittags hob ich ihn auf – wie so oft –, um ihn auf einen meiner Ausflüge mitzunehmen. Ich lief die etwa anderthalb Kilometer zum Haus meiner Großmutter hinunter und zeigte ihm die Höfe und den Garten dort.

Auf einmal erschien der Engel Michael an meiner Seite und blieb die ganze Zeit über bei uns, während ich um den Garten herumwanderte. Dann spazierten wir zuerst unbemerkt mitten durch Omas Küche und das Esszimmer (manchmal unternahmen die Engel etwas, damit ich ungesehen blieb), dann durch den wundervollen langen Korridor mit den herrlichen Blumen und den am Ende gelegenen Wintergarten.

»Dein kleiner Vogel ist so groß und stark geworden. Hat er auch einen Namen?«, erkundigte Michael sich.

»Nein, er braucht keinen«, gab ich zurück, »mein Vogel heißt einfach ›Liebe‹, das genügt.«

Michael schaute mir ins Gesicht und sagte: »Eines Tages wirst du verstehen, weshalb du ihn ›Liebe‹ genannt hast.«

Ich erwiderte seinen Blick. Michaels Augen strahlten so hell und klar, dass man glaubte, unendlich tief in sie hineinsehen zu können, so als sei man auf einer endlos langen Straße unterwegs, als durchschreite man die Zeit selbst.

Ich hatte meinen Vogel immer bei mir: Glauben Sie nicht, ich hätte ihn jemals – auch nur für einen einzigen Moment – vergessen. Den letzten Ferientag verbrachte ich mit meinem Vater oben auf dem Berg. Wir hatten unser Zelt dabei und trotz des strahlenden Sonnenscheins ein Feuer gemacht. Kummervoll betrachtete ich meinen Vogel. Als ich ihn seinerzeit im Wald gefunden hatte, war mir doch von den Engeln vorhergesagt worden, er würde mich am Ende dieses Urlaubs nicht mehr nach Hause begleiten.

Ich stand hinter dem Zelt, hielt meinen Sperber auf dem Arm und sprach liebevoll zu ihm.

»Wie soll ich bloß ohne dich weiterleben? Ich werde dich so furchtbar vermissen.«

Paps rief nach mir und sagte: »Komm her, Lorna, der Vogel muss seine Flügel noch besser trainieren.«

Traurig hob ich den Vogel hoch. Er war bester Laune, schlug mit den Flügeln und ließ ein lautes Kreischen hören.

Auf Zuruf meines Vaters warf ich den Sperber mit beiden Händen in die Luft, Paps fing ihn auf, und er schlug mit den Flügeln gegen seine Hände. Nun warf Paps ihn in hohem Bogen zu mir zurück. Doch auf drei Vierteln der Strecke fiel der Vogel plötzlich zu Boden wie ein Stein. Mein Sperber war tot! Als sein Geist fortflog, schien er riesige Flügel zu besitzen und wirkte wie in Gold getaucht. Er wandte den Kopf nach mir um; seine Augen strahlten ein helles Lächeln zu mir zurück. Das war kein gewöhnlicher Vogel gewesen, sondern ein Geschenk Gottes und der Engel.

Mich erfüllten Trauer und Freude zugleich. Ich war glücklich für meinen Sperber – nun war er vollkommen und stieg adlergleich in die Lüfte – und im selben Moment war mir bewusst, wie entsetzlich er mir fehlen würde.

Mein Vater kam angerannt, vor Schreck ganz außer sich: »Oh, Lorna, es tut mir entsetzlich leid, ich weiß, dass du den Vogel nicht so hoch fliegen lassen wolltest, ich weiß, dass du meintest, er sollte das nicht.«

»Das ist schon in Ordnung, wirklich«, gab ich zurück. Mein Vater war tief betroffen, völlig zerknirscht, er fühlte sich schuldig, doch konnte ich ihn nicht trösten, denn ich durfte ihm ja den Hintergrund der Geschichte nicht offenlegen und ihm dadurch zeigen, dass ihn keine Schuld traf.

Michael hatte mir das unmissverständlich klargemacht: »Du darfst es ihm niemals erzählen. Bei dir ist das etwas anderes, Lorna, aber dein Vater sieht nur den toten Vogelkörper auf der Erde liegen. Er würde es nicht verstehen. Du weißt doch, wie schwer es für die Menschen ist, Gott in seinem wahren Wesen zu begreifen?«

Ich bettelte: »Aber Paps ist fix und fertig, Michael!«

»Nein, du darfst es ihm nicht sagen«, kam es unerbittlich zurück, »eines Tages wirst du ihm einiges von dem erzählen, was du weißt, aber noch nicht jetzt. Mach dir keine Sorgen, Kleines.« Michael nannte mich immer »Kleines«, wenn er mich beschwichtigen wollte.

Mein Vater und ich sprachen nie wieder über den Verlust des Sperbers, doch ich glaube, er fühlte sich noch lange Zeit dafür verantwortlich.

Eines sonnigen Tages war ich wieder auf der Landstraße vom »leeren Haus« zu meiner Oma unterwegs und lächelte vor mich hin. Ich fühlte mich sehr stark und zuversichtlich, weil ich wusste, dass jemand ganz Besonderes in der Nähe war. Meine Engel hatten mir bedeutet, die Landstraße zu verlassen und den Weg durch die Felder einzuschlagen. Ich kletterte über ein Tor und stapfte durch das hohe Gras, als Er mir durch die Haare fuhr.

Er besitzt eine ganz außergewöhnliche Präsenz, zu machtvoll für eine physische Manifestation. Seine Anwesenheit teilt sich mir anders mit – als starkes, wirbelndes Kraftfeld um mich herum. Seine Angewohnheit, mir durch die Haare zu fahren, lässt meine Kopfhaut kribbeln. In Seiner Nähe fühle ich mich ganz besonders und ganz besonders wohl.

Als Kind wusste ich nicht, wer oder was Er war, ich wusste nur, Er musste ein Wesen völlig anderer Art sein.

»Du bist hier«, sagte ich mit glücklichem Lachen.

»Ich lasse dich niemals alleine«, gab Er zurück, »ich bin immer bei dir. Weißt du das denn nicht? Spürst du das denn nicht? Ich fahre dir doch so oft durch die Haare. Warum versteckst du dich vor mir?«

Er hatte recht. Ich versteckte mich tatsächlich manchmal vor Ihm – und daran hat sich bis heute nichts geändert: Er ist einfach zu groß und zu mächtig. Ich weiß noch, dass ich mich umdrehte und Seine kraftvolle Präsenz zu meiner Linken wahrnahm und wie Er sich neben mir bewegte. »Weil du so viel größer bist als ich und ich überhaupt noch so klein bin«, antwortete ich.

Lachend sagte Er: »Lorna, versteck dich in Zukunft nicht mehr. Komm, lass uns einen Spaziergang machen; ich werde dir die Angst vor dem nehmen, was du in diesem Leben für mich tun sollst.«

Wir gingen weiter bis zum Waldrand. Auf einer Lichtung mit Blick über den See stand ein altes Landhaus, ein Chalet, ganz aus Holz.

Wir ließen uns vor dem Haus in der Sonne nieder, um miteinander zu sprechen.

»Du weißt also, dass ich Angst habe«, begann ich.

»Du brauchst aber wirklich keine Angst zu haben, Lorna. Ich werde nicht zulassen, dass dir irgendein Leid geschieht. Die Menschen und vor allem ihre Seelen brauchen dich, so wie ich sie brauche.«

»Warum gerade ich?«, fragte ich unter Tränen.

»Und warum gerade du nicht?«, gab Er zurück, »du bist zwar noch ein Kind, aber du weißt mehr als die meisten Menschen hier auf dieser Welt. Du bist mein ›Engel in Menschengestalt‹, deine Aufgabe ist es, anderen Menschen und ihren Seelen beizustehen. Lass deinen Tränen ruhig freien Lauf, mein Kleines, mein Liebesvogel.«

Ich sah Ihn an. »Weshalb nennst du mich deinen ›Liebesvogel‹?«, wollte ich wissen.

»Weil du Liebe in dir trägst, genau wie dein kleiner Sperber. Du hast eine reine Seele; deshalb bist du mein kleiner Liebesvogel, den ich brauche und andere auch.«

»Aber du musst doch wissen, dass ich nicht gerne anders bin als die anderen Kinder«, weinte ich weiter.

Er wischte mir die Tränen ab. »Lorna, du weißt, ich bin immer bei dir«, mit diesen Worten legte Er mir seinen Arm um die Schultern und drückte mich fest an sich.

Gemeinsam wanderten wir zurück durch den Wald, nahmen eine Abkürzung durch die Felder und hielten auf das Haus meiner Großmutter zu. Plötzlich war Er fort. Ich ging alleine weiter; im Haus waren meine Oma und meine Mutter damit beschäftigt, Apfelkuchen zu backen und das Abendessen vorzubereiten. Ich sah und hörte den beiden nur zu – wie meistens. Ich ließ immer lieber die anderen reden, hörte aber ganz genau hin und vernahm dabei auch jene Worte, die sie nicht aussprachen: die Worte, die sie gerne gesagt hätten, die Worte, die sie in ihren Herzen verschlossen hielten – ihre Freude, ihr Glück, aber auch ihren Schmerz.

Wir verbrachten vier oder fünf fröhliche Sommer in Mountshannon, doch als ich elf oder zwölf Jahre alt war, erlitt meine Großmutter einen Herzinfarkt und konnte die Jugendherberge nicht mehr weiterführen. Sie verließ das große Haus, und wir kamen nie mehr in den Ferien nach Mountshannon zurück.

Auch Sally sah ich nicht wieder – Jahre später erfuhr ich, sie sei in ihrem Cottage in den Bergen gestorben, ganz alleine, doch ich weiß, dass das nicht stimmt, weil die Engel bei ihr waren. Als mein Vater starb, war unter seinen Papieren keine Besitzurkunde für das Stück Land in den Bergen zu finden, und deshalb konnte keines von uns Kindern Vaters Traum erfüllen und dort oben ein Häuschen bauen.

Kapitel 5

Elija

Visionen sind mir mein ganzes Leben lang bei vielen Gelegenheiten zuteilgeworden. Einmal wanderte ich am Fluss entlang durch die Felder; ich war damals etwa zehn Jahre alt, als die Engel zu mir sagten: »Hier werden wir jetzt Elija treffen.«

»Wer ist Elija?«, fragte ich lachend. Ich lachte, weil ich den Namen noch nie gehört hatte und mir sein Wohlklang gefiel.

Doch diesmal lachten die Engel nicht mit.

»Elija wird dir etwas Wichtiges zeigen, Lorna, etwas, das in deiner Zukunft eine Rolle spielen wird, also gib genau acht und präg es dir gut ein.«

Vom gegenüberliegenden Ufer des Shannon schritt, mitten über den Fluss, ein Engel auf mich zu. Er lässt sich nur schwer beschreiben, seine Farbe war Rostbraun mit Bernstein und ein bisschen Rot darin – und er war unglaublich schön. Er schien zu leuchten, seine langen, anmutig drapierten Gewänder fielen weich an ihm herab, die Ärmel reichten sogar bis über die Hände. Wenn er die Arme hob, glitten diese langen Ärmel so graziös nach unten, als wären sie ein Teil seiner selbst. Auch Elijas Gesicht trug diesen rostbraun-bernsteinfarbenen Ton.

Fasziniert beobachtete ich, wie der Engel über den Fluss auf mich zukam, ohne dass seine Füße das Wasser berührten.

»Kann ich das auch?«, wollte ich wissen. Doch er lachte mich aus.

Das Flussufer war uneben, große Grasbüschel wuchsen aus der Erde. Elija lud mich zum Sitzen ein, nahm neben mir Platz und lächelte mich an: »Ich bin froh, dass du dich nicht vor mir fürchtest.«

»Nein, tu ich nicht, weil die anderen Engel mir gesagt haben, dass du kommen wirst«, gab ich zurück.

Doch als ich um mich blickte, musste ich feststellen, dass – bis auf meinen Schutzengel – sämtliche anderen Engel verschwunden waren.

»Wo sind die denn alle auf einmal hin?«, fragte ich Elija.

»Sie lassen uns für ein Weilchen allein«, sagte er. »Nun möchte ich deine Hand halten, Lorna.« Er streckte mir seine Hand hin, und ich legte die meine hinein. Es war, als verlöre sich meine Hand in der seinen, als verschmelze sie damit. »Du sollst dich nicht fürchten«, sagte er, »denn du hast keinen Grund dazu. Es gibt etwas, das dir geschehen wird, wenn du erwachsen sein wirst, worauf du dich freuen kannst.«

»Und warum muss ich das heute schon wissen?«, fragte ich.

Doch anstatt meine Frage zu beantworten, sagte er: »Du wirst jemandem begegnen, und wir werden dir von dieser Person erzählen.«

Und als ginge ein Vorhang auf, öffnete sich vor mir in der Flussmitte eine gewaltige Bühne. Die Vision zeigte mir eine baumbestandene Allee, an deren einem Ende ich selbst saß. In weiter Ferne konnte ich eine Gestalt ausmachen, die zwischen den Bäumen hindurchlief – in meine Richtung. Ich blickte auf Elija neben mir und meinte: »Ich kann kaum etwas erkennen.«

»Schau weiter hin!«, lautete seine Antwort.

Als die Gestalt näher kam, entpuppte sie sich als ein sehr hoch aufgeschossener junger Mann mit roten Haaren. Soweit ich feststellen konnte, sah er auffallend gut aus. Dann richtete Elija wieder das Wort an mich: »Du kannst ihn nun ganz deutlich sehen.«

Ich wandte mich dem Engel zu und nickte bestätigend.

»Guck weiter hin«, sagte er. »Du sollst sein Äußeres gut in Erinnerung behalten. Wir werden dir jetzt nichts weiter zeigen, aber du sollst wissen, dass du diesen jungen Mann eines Tages heiraten wirst, wenn du erst einmal groß bist. Du wirst ihn nach dieser Vision auf den ersten Blick wiedererkennen – in vielen Jahren, denn erst musst du erwachsen werden.«

Die Idee, mich zu verlieben und zu heiraten, fand ich ulkig, und ich kicherte vor mich hin, dann fragte ich Elija: »Ist er heute schon so lang?«

»Nein«, meinte der, »heute ist er noch ein kleiner Junge, nur ein paar Jahre älter als du.«

Dann setzte er hinzu: »Du wirst sehr glücklich sein mit ihm – er wird dich lieben und du ihn. Ihr werdet eure Höhen und Tiefen erleben, gute und weniger gute Zeiten. Ihr werdet gesunde Kinder haben, und sie werden ebenfalls alle ganz besonders sein. Doch du wirst dir um ihn Sorgen machen, und du wirst für ihn da sein müssen; Gott wird ihn nicht auf Dauer bei dir lassen. Ihr werdet nicht gemeinsam alt werden.«

Ich drehte mich wieder zu Elija und fragte: »Was meinst du mit ›für ihn da sein müssen‹?«

»Seine Gesundheit wird nicht die beste sein«, erklärte er mir, »Gott wird ihn eines Tages, in noch jungen Jahren, zu sich nehmen.«

»Das will ich jetzt aber wirklich noch nicht wissen«, erwiderte ich bockig.

Doch der Engel fuhr fort: »Lorna, sei jetzt nicht stur, wir wollen, dass du ihn im Gedächtnis behältst. Wir bereiten dich auf deine Zukunft vor und bereiten dich darauf vor, stark zu sein. Denk an all die Liebe und das Glück, das du empfinden wirst. Schau ihn dir noch mal an, du hast selbst gesagt, er sei sehr attraktiv.«

Ich guckte erneut auf den jungen Mann und sagte: »Ja, das ist er wirklich.«

Dann verschwand die Vision, und Elija fragte mich: »Wirst du dich daran erinnern?«

»Ja«, gab ich zurück, »und ich verstehe, dass er nicht für immer bei mir bleiben wird und dass ich mich um ihn zu kümmern habe.«

Ich wandte mich erneut zu Elija und sagte – meinen jungen Jahren zum Trotz: »Ich werde stark sein.«

Elija nahm wieder meine Hand; wir standen auf, und er begleitete mich ein Stückchen. Dann hielt er an und sagte: »Denk jetzt nicht zu viel darüber nach. Leg das Ganze irgendwo hinten in deinem Gedächtnis ab, du wirst es von selber merken, wenn der Tag gekommen ist.«

Mit diesen Worten verschwand der Engel, und natürlich wurde die Vision eines Tages Wahrheit, etliche Jahre später. Während ich an diesem Buch arbeitete, bat ich die Engel um Informationen über Elija und erfuhr, er sei ein Prophet des Alten Testaments. Ein Mann mit einer Engelsseele.

Unsere Familie hatte schon lange beim Sozialamt Dublin auf der Liste der Anwärter für eine Sozialwohnung gestanden. Es war ein zähes Ringen, aber nach schier endloser Wartezeit bekamen wir ein Haus in Edenmore zugewiesen. Unser hübsches neues Heim war Teil eines ganzen, im Zuge des sozialen Wohnungsbaus eben erst errichteten Viertels. Mehrere hundert Doppelhäuschen – und alle sahen sie mehr oder weniger gleich aus: schmale Front, drei Schlafzimmer und nach hinten zu ein kleiner Garten. Auf dem angrenzenden Areal sollte Ähnliches entstehen, doch da die Fläche noch längst nicht voll bebaut war, öffneten sich um uns herum Felder und freie Plätze. Alles hier war nagelneu, und die meisten Leute hatten zum ersten Mal in ihrem Leben ein Haus für sich alleine, sei es, dass sie vorher bei ihren Eltern oder in einer der alten Mietskasernen der Dubliner Innenstadt gewohnt hatten. Es war ein freundlicher Ort, und ich fühlte mich dort sofort wohl.

Nun hatten wir endlich ein eigenes Haus, auch wenn es uns natürlich nicht gehörte. Obwohl die Dinge sich allmählich zum Besseren wandten, war das Leben für meine Eltern noch immer sehr schwer. Mein Vater hatte einen Job als Ausfahrer für eine große Benzin-Gesellschaft, der ihn täglich viele Stunden beanspruchte und der zudem körperlich sehr anstrengend war; und meine Mutter ging zur Nachtschicht in die ortsansässige Schokoladenfabrik. Wenn wir gegen Abend aus der Schule heimkamen, gab sie uns unser Abendbrot und überließ die jüngeren Kinder der Obhut von uns älteren, bis unser Vater nach Hause kam – oft sehr spät.

Edenmore lag weit entfernt von Ballymun, weshalb der Umzug für uns Kinder wieder einen Schulwechsel bedeutete und wir uns außerdem neue Freunde suchen mussten. Da

es in unserem Viertel keine Schule gab, hatten wir allmorgendlich einen langen Weg vor uns: durch die neue Wohnsiedlung hinunter in den alten Ort, und dann hinter der Kirche zur großen Straße, denn die Schule lag direkt an der
Hauptverkehrsader. Meine Klasse war in einem völlig überfüllten Fertigbau untergebracht, die Bänke dicht zusam-
mengepfercht. Es gab immer ein fürchterliches Gedränge,
bis jeder seinen Platz erreicht hatte – man musste praktisch
über seine Mitschüler klettern. Ich war sehr glücklich in
Edenmore, zwar hatte ich keine wirklichen engeren Freunde, doch verbrachte ich viel Zeit bei einer der Nachbarsfa-
milien, den O'Briens. Liebstes Familienmitglied war mir
deren Schäferhündin Shane. Dreimal in der Woche übernahm ich es, Shane auszuführen, und auf einem dieser Spaziergänge trafen wir einen anderen besonderen Engel.

Ich nenne sie den »Baumengel«, denn sie erscheint nur
in Bäumen. Seit damals bin ich ihr oft begegnet und sehe
sie noch heute immer wieder. Sie strahlt in allen nur vor-
stellbaren Schattierungen von Smaragdgrün, Grüngold
und Grünorange – einfach prachtvoll. Sie scheint sich jedes
Mal über den gesamten Baum zu verteilen, und doch ist sie
für mich ganz deutlich sichtbar: Sie hat lockiges Haar mit
großen Wellen, ihre Augen glitzern wie Goldstaub, und
wenn sie sich bewegt, scheint alles an ihr in Bewegung zu
geraten. Wenn sie die Arme ausstreckt und mir ihre Hand
hinhält, bewegt sich der Baum mit ihr. Ich habe mich oft
mit ihr unterhalten, ihre Stimme ist ein Flüstern, sie gleicht
einem leisen Rascheln im Laub der Bäume.

Ich erinnere mich noch gut an jenen Tag, als ich mit Shane
draußen spazieren ging, erst durch das Feld und dann
zurück in Richtung unserer Siedlung. Shane stoppte plötzlich und bellte einen großen Baum auf der linken Seite an.

Ich betrachtete den Baum, konnte aber nichts Auffälliges daran feststellen. Lachend fragte ich Shane: »Wen oder was bellst du denn hier an?«

Dann erblickte ich sie: den »Baumengel« – Shane hatte sie vor mir entdeckt. Die Erinnerung daran erheitert mich noch heute, und es verblüfft mich immer wieder, wie leicht Tiere einen Engel erkennen.

Auf dem Heimweg von der Schule spielte ich manchmal mit anderen Kindern zusammen im Steinbruch. Doch eines Tages übte das Tor des angrenzenden Klosterareals eine stärkere Anziehung auf mich aus. Wir hatten da zwar nicht das Geringste zu suchen, aber ich schob trotzdem den Riegel zurück, öffnete das Tor einen Spalt und linste verstohlen hindurch. Mein Blick fiel auf Gärten mit Gemüsebeeten und Obstbäumen; alles wirkte so friedlich auf mich, dass ich keine Angst verspürte. Ich lief herum und guckte den Mönchen in ihren braunen Kutten bei der Gartenarbeit zu. Sie nahmen keinerlei Notiz von mir, so als sähen sie mich gar nicht. Ich ließ mich auf einem alten Baumstumpf nieder und schaute in die Runde.

Es handelte sich eindeutig um einen heiligen Ort, einen Ort, wo schon viele, viele Gebete gesprochen worden waren. Die Mönche wirkten alle so klar, so rein, und zwar nicht nur ihre Körper – vielmehr auch ihre Seelen. Sie beteten bei der Arbeit, und ich konnte die Engel mit ihnen beten sehen. Ich fühlte tiefen Frieden in mir und wäre gerne noch geblieben, als meine Engel mich schließlich doch hinausdrängten. Dabei wiederholten sie unablässig, ich solle heimgehen, denn meine Mutter würde sich bestimmt Sorgen machen. Ich tat wie geheißen. Die Dunkelheit brach bereits herein, doch die Engel erleuchteten mir den Weg. Als ich zu Hause ankam, war Mam schon zu ihrer Nachtschicht gegangen, und so bekam ich keinen Ärger.

In der Folgezeit muss ich mich mindestens zwölf Mal, wenn nicht gar öfter, in den Klostergärten aufgehalten haben. Und nur ein einziges Mal, es wurde dann auch mein letzter Besuch dort, richtete ein Mönch das Wort an mich. Er war gerade beim Stachelbeerenpflücken – ich ging auf ihn zu und stellte mich neben ihn. Er leuchtete ganz hell, und sein Engel stand neben ihm – in die gleiche Mönchskutte gekleidet. Er blickte hoch, sah mich an und sagte: »Hallo.«

Ich fragte ihn nach seinem Namen. Er hieß Paul. Mit sanfter Stimme erkundigte er sich nach meinem Namen. Ich nannte ihn.

Er bot mir von den Stachelbeeren an und wollte wissen, weshalb ich so oft auf das Klostergelände käme. Ich antwortete: »Um euch beten zu sehen. Ich brauche eure Gebete.«

»Ich werde immer für dich beten, Lorna«, versprach er mir.

Ich verabschiedete mich von ihm und wusste, ich würde das Klosterareal nie wieder betreten.

Der samstägliche Einkauf mit meiner Mutter zählte zu meinen Lieblingsunternehmungen. Denn dazu gehörte immer ein Abstecher ins Herz der Dubliner Innenstadt, in die Moore Street zum Straßenmarkt mit seinen Ständen und den Marktfrauen, die lautstark mit breitem Dubliner Akzent ihre Waren anpriesen. Ich zog den Einkaufswagen hinter mir her, während meine Mutter nach dem besten Obst und Gemüse Ausschau hielt.

An solch einem Samstag, wir bogen eben in die Moore Street ein, nahm ein Engel mich bei der Schulter und flüsterte mir ins Ohr: »Lass deine Mutter ein Stückchen vorausgehen, sie wird's gar nicht merken.« Ich tat zwei Schritte zurück und ließ Mam weiterlaufen, die immer noch ganz auf das Obst- und Gemüseangebot konzentriert war. Ich blieb stehen und blickte die Moore Street hinunter, als sich die Szenerie plötzlich veränderte: Mit einem Mal glich die Straße einem goldenen Palast, und überhaupt alles erstrahlte in Gold, sogar die Menschen. Dann wechselten die Farben, und andere Töne erschienen, lebhafte leuchtende Farben, viel lebhafter und leuchtender als gewöhnlich. Diese Farben gingen vom Obst und von dem Gemüse aus, sie flossen heraus wie Wellen voller Energie. Dann wurden die Wellen plötzlich zu Farbbällen und hüpften die Straße entlang, von einer Seite zur anderen, prallten an die Marktstände und sogar an die Leute; doch niemand schien Notiz davon zu nehmen.

Die Straße selbst war nicht nur voller Menschen, sondern auch voller Engel – viel mehr als sonst. Einige Engel waren nach Art der Marktfrauen gekleidet und damit beschäftigt, ihnen bei der Arbeit zu helfen. Ich amüsierte mich königlich dabei, die Engel zu beobachten, wie sie jede Bewegung der Standfrauen nachahmten – Engel sind einfach begnadete Imitatoren! Dazu sangen sie auch noch – oder besser: Sie summten im Rhythmus des Marktgeschehens um sich herum.

Ich war zuvor schon oft in der Moore Street gewesen, doch so etwas hatte es noch nie gegeben! Vielleicht war es eine Sondervorführung speziell für mich, um mich zum Lachen zu bringen, vielleicht machen sie das auch jeden Tag, und ich durfte zum ersten Mal dabei zusehen. Ich fand das ganze geschäftige Treiben ja so aufregend!

Meine Mutter war schon drei Stände weiter als ich und wurde plötzlich gewahr, dass sie mich nicht mehr neben sich hatte.

»Lorna, wach auf, und komm her mit dem Einkaufswagen.«

Ich dachte, jetzt wird sich gleich alles wieder normalisieren – doch weit gefehlt! Denn während ich wieder bei meiner Mutter stand, flüsterten meine Engel mir ins Ohr: »Achte mal auf die Obsthändlerin!«

Als ich hinüberschaute, sah ich ihren Schutzengel direkt hinter ihr stehen. Eine Engelfrau, die ihr äußerlich bis aufs Haar glich, die Kleidung eingeschlossen, doch strahlte ein heller Lichtschein aus ihr. Sie hatte ein bezauberndes Lächeln und winkte mir zu. Meine Mutter wollte Äpfel, Birnen und Bananen kaufen. Als die Marktfrau das Obst in eine braune Papiertüte steckte, erregte ihr Schutzengel meine Aufmerksamkeit, weil sie ihr mit dem Finger drohte.

Ich begriff, dass die Verkäuferin meiner Mutter ein paar faulige Äpfel unterjubeln wollte. Ihr Engel sprach auf sie ein, doch sie hörte nicht darauf. Wieder hob die Engelfrau mahnend den Finger. Ich konnte nicht länger an mich halten und prustete los. Die Obstverkäuferin warf mir einen scharfen Blick zu, und ich konnte es ihren Augen ansehen: Sie wusste ganz genau, dass mir der Betrug nicht verborgen geblieben war. Plötzlich gab die Papiertüte nach, und der Inhalt kollerte überall auf der Straße herum. Die Frau bückte sich danach und erwischte einen Apfel – einen der verfaulten! Das war natürlich kein Zufall, da hatten ihr

Engel und meiner die Hände im Spiel – und ich musste noch mehr lachen.

Als Mam den verdorbenen Apfel sah, bemerkte sie: »Ich hoffe doch sehr, Sie wollen mir hier kein faules Obst andrehen.«

Die Verkäuferin wies das weit von sich, füllte eine neue Tüte mit frischen Früchten und schaute dabei schuldbewusst auf mich. Meine Mutter bezahlte, und ich packte die Tüte in den Einkaufswagen. Als wir weitergehen wollten, rief sie uns in ihrem breiten Dubliner Irisch hinterher: »He Sie, Madam!« Meine Mutter wandte sich um und bekam eine weitere Tüte gereicht: »Hier, meine Dame! Noch'n bisschen Obst für Ihre Kleinen!« Die Schutzengelfrau stand mit breitem Lächeln hinter der Marktfrau – endlich hatte sie Gehör gefunden.

Seither bin ich noch oft in der Moore Street gewesen, auch als Erwachsene, doch ist sie niemals mehr so zum Leben erwacht wie an jenem Samstag. Zugleich ist mir aber klar, das muss nichts bedeuten, denn die Tatsache, dass ich es nicht sehe, heißt noch lange nicht, dass es nicht stattfindet. Die Engel wissen sehr wohl, dass sie mich nicht alle Ereignisse zu jeder Zeit an jedem Ort sehen lassen dürfen, das würde entschieden zu viel für mich sein und es mir unmöglich machen, mein Alltagsdasein zu bewältigen – ich wäre viel zu sehr abgelenkt.

Die Engel lehrten mich auch eine Menge darüber, dass Menschen eine Wahl haben, dass es nie zu spät ist, seine Meinung zu ändern und eine Entscheidung zu korrigieren. Sie zeigten mir auch, wie sehr sie uns dabei unterstützen können, die richtige Wahl zu treffen – wir brauchen ihnen nur zuzuhören. Mein Unterricht in dieser Angelegenheit ergab sich eines Nachmittags, und das kam so: Ich unternahm sehr gerne Botengänge für meine Mutter, denn dabei war ich alleine und konnte mich ungestört mit den Engeln unterhalten. Ich liebte es, mit ihnen herumzuspringen, aber auch Vögel und Bäume zu betrachten. An diesem speziellen Nachmittag war ich schon auf halbem Weg zu den Läden, als die Engel mich stoppten und sagten: »Halt, Lorna! Wir wollen dir etwas zeigen, das in einer anderen Straße vor sich geht, weil wir dir daran einiges erklären können. Anstatt dich auf dem Weg zur Hauptstraße nach links den Geschäften zuzuwenden und dann die Straße zu überqueren, geh rechts und dann weiter geradeaus.«

Ich hielt mich exakt an diese Vorgabe, und im Näherkommen konnte ich einen Berg Möbel auf dem Bürgersteig erkennen und einen Polizeiwagen, um den sich Schaulustige versammelt hatten. Ein alter Mann kam aus seinem Hauseingang, er ging am Stock. Sein gesamtes Hab und Gut lag auf der Straße. Ich war tief bestürzt – der Anblick ist mir unvergesslich geblieben.

»Ihr Engel«, fragte ich, »was ist dem armen Mann passiert?«

Ich war gegenüber auf dem Trottoir stehen geblieben und beobachtete den Fortgang des Geschehens von der anderen Straßenseite aus. Die Engel erzählten mir die Geschichte: »Lorna, der alte Mann hat sein ganzes Leben in diesem Haus verbracht. Es gehört ihm, doch mit zunehmendem Alter wurde er starrsinnig und weigerte sich, seine Steuern zu bezahlen. Er hatte die Wahl: Er hätte die Steuern bezahlen können – es fehlt ihm nicht an Geld – und nichts von alledem wäre geschehen. Hätte er mit seiner Familie Kontakt aufgenommen, so hätte sie ihn sicher dabei unterstützt, die richtige Entscheidung zu treffen. Aber aus lauter Sturheit redet er nicht mit seinen Leuten. Und jetzt steht er ganz alleine da.«

Ich wollte von den Engeln wissen, wer die Frau war, die mit dem alten Mann zu sprechen versuchte. Ob sie seine Tochter war und ob er ihr zuhören würde. Ihre Antwort lautete: »Lorna, wie du siehst, flüstern die Engel ihm gerade etwas ins Ohr. Und er hört ihnen zu! Schau, jetzt weint er. Er lässt sich von seiner Tochter am Arm nehmen. Von nun an wird er die richtigen Entscheidungen fällen. Dazu ist es nie zu spät, wir müssen nur bereit sein hinzuhören.«

»Ich verstehe«, gab ich zurück, »werdet ihr Engel mir immer dabei helfen, die richtige Wahl zu treffen?«

Und sie versprachen mir: »Ja, Lorna, das werden wir.«

Manche Ereignisse scheinen auch nur tragisch zu sein. So jedenfalls verhielt es sich mit Vaters Unfall.

Er arbeitete als Fahrer für eine große Benzin-Gesellschaft und lieferte Paraffin aus. Dann kam es zu dem Unfall. Daraufhin bot die Firma ihm eine finanzielle Entschädigung an, aber er lehnte ab: Er wollte kein Geld, sondern eine Festanstellung. Zu guter Letzt gab die Firma nach und übertrug meinem Vater die Leitung einer Tankstelle am Stadtrand von Dublin. Vor die Wahl gestellt, hatte mein Vater die richtige Entscheidung getroffen, und zweifellos waren die Engel daran beteiligt gewesen. Das feste Einkommen sorgte für eine gewisse finanzielle Stabilität und versetzte meine Eltern in die Lage, endlich die Anzahlung für ein eigenes Haus leisten zu können.

Vaters Unfall war also ein verkappter Segen. Bisweilen müssen schlimme Dinge passieren, damit die Menschen sich selbst und bestimmte Dinge in ihrem Leben ändern können. Wunder geschehen andauernd. Sie werden bloß nicht als solche wahrgenommen.

Kapitel 6

Den Schmerz der anderen auf sich nehmen

Da ich Lernschwierigkeiten hatte, die keiner wirklich verstand, beschlossen meine Eltern, ich sollte nach dem Umzug in das neue Haus in Leixlip nicht weiter zur Schule gehen. Und dabei war ich erst 14 Jahre alt! Es kränkte mich tief, dass sie vorher nicht einmal mit mir darüber gesprochen hatten. Zugleich war es nur ein weiteres Beispiel für die unterschiedliche Behandlung seitens meiner Eltern. Sie gaben mich zwar nicht weg, wie man ihnen früher einmal nahegelegt hatte, aber sie gingen mit mir anders um als mit meinen Geschwistern.

Ich bekam mit, wie sich unsere finanzielle Situation allmählich entspannte, doch blieb das ohne Auswirkungen auf mich. Wir besaßen nun endlich ein Telefon, das von meinen Brüdern und Schwestern heftig beansprucht wurde, ohne dass jemand Einwände dagegen erhoben hätte. Wollte ich es hingegen benutzen, wurde mir das unter Hinweis auf die hohen Kosten nicht erlaubt. Wollte ich ein Bad nehmen, hieß es »nein« oder »aber nur ein Sitzbad!«. Nachdem sich diese Situation häufig wiederholt hatte, wagte ich nicht mehr zu fragen und wusch mich stattdessen lieber in einer Waschschüssel, um nicht bitten zu müssen und wieder abgewiesen zu werden. Ich habe niemals wirklich begriffen, weshalb das so war, und kann das bis heute nicht, aber ich wurde deutlich anders behandelt als meine Geschwister, als wäre ich weniger wert als sie.

Ich ging meiner Mutter in Haus und Garten zur Hand und musste zusehen, wenn meine Brüder und Schwestern sich auf den Schulweg machten. Eines Abends, unsere Mutter und wir Kinder saßen gerade beim Essen, verkündete meine Mutter, ich solle sie am nächsten Tag zu einer Beerdigung begleiten. Jemand aus der Verwandtschaft war gestorben, und sie mochte nicht alleine hingehen. Meine Geschwister wollten unbedingt wissen, um wen es sich handelte, und mein Bruder Dillon fragte unsere Mutter nach dem Namen der Verwandten. »Theresa«, antwortete sie und zeigte uns ein Foto.

»Wir müssen den zeitigen Bus nehmen«, erklärte meine Mutter, »denn wir müssen durch die ganze Innenstadt auf die andere Seite, und von dort aus haben wir noch etwa zehn Minuten Fußweg zur Kirche vor uns.«

Am nächsten Tag war es sehr kalt. Sobald meine Geschwister in Richtung Schule unterwegs waren, trug Mam mir auf, mich warm anzuziehen. Ich mummelte mich also mit Mantel, Mütze, Schal und Handschuhen entsprechend ein. Meine Mutter nahm vorsichtshalber noch einen Regenschirm mit. Dann machten wir uns auf zur Bushaltestelle. Als wir im Bus saßen, blickte ich aus dem Fenster und versank in Gedanken, überlegte, wie eine Beerdigung wohl vor sich gehen mochte, denn ich hatte ja noch nie eine erlebt.

Nach einer Weile wandte sich meine Mutter zu mir um und sagte: »Wir sind gleich da, Lorna. Und denk dran: Halt dich die ganze Zeit über an mich, und mach dich ja nicht etwa selbstständig. Du könntest dich verlaufen.«

Unsere Haltestelle kam, und wir stiegen aus; bis zur Kirche hatten wir noch ein ganz schönes Stück zu gehen. Es waren sehr viele Menschen dort, und alle schienen sehr betrübt. Der Priester las die Messe, und ich verfolgte das ganze Zeremoniell mit großen Augen.

Nach dem Gottesdienst gingen wir alle auf den nahe gelegenen Friedhof. Dort nahm ich mit Erstaunen wahr, wie viele Engel sich um meine Verwandten geschart hatten – von denen ich nur die wenigsten kannte. Es war eine große Beerdigung, und ich setzte mich ein bisschen von der Menge ab, um einen besseren Überblick zu bekommen. Mam stand im Gespräch mit anderen und bemerkte es nicht. Neben einem Grab wuchs ein Strauch, und dort sah ich einen weiteren Engel; eine wunderschöne Engelfrau, die zwar Menschenkleider trug, jedoch selbst von einem lebhaften Himmelblau war. Ich fragte sie: »Was machen all die Engel hier?«

Ich hatte schon oft Engel auf Friedhöfen gesehen, aber noch nie zuvor in solcher Vielzahl. Sie lächelte mir zu und antwortete: »Lorna, wie wir wissen, musst du noch eine ganze Menge Dinge lernen: Dies ist ein Ort, an den Engel herbeigerufen werden, ein Ort des Schmerzes, der Trauer, wo Menschen bitten: ›Oh, Gott, steh mir bei! Ich schaffe das alleine nicht!‹, und deshalb versammeln wir uns hier.«

Der wundervolle blaue Engel nahm mich bei der Hand und führte mich durch die große Schar der Trauernden. Wir schlängelten uns durch das Gewühl; es schien, als machten die Menschen uns Platz, und obwohl mich jeder sehen musste, versuchte niemand, mich aufzuhalten. Wir liefen weiter, bis wir ganz außen angelangt waren, am Rand der Trauergemeinde, die sich um das Grab versammelt hatte.

Und hier, bei einem Grabstein, begegnete ich dem Geist von Theresa, der Verwandten, die an diesem Tag zu Grabe getragen wurde und deren Foto Mam uns am Vorabend gezeigt hatte. Um Theresa herum standen mindestens zehn Engel, vielleicht auch mehr. Sie war so schön, viel schöner als auf dem Bild – wie eine anmutige Narzisse – und leuchtete, das Licht strahlte aus ihr heraus. Dieser wunderschöne Geist hatte die Erlaubnis, seine eigene Beerdigung zu besuchen. Als ich mich zu ihr gesellte, wandte sie sich an die Engel, die sie umgaben, und bat sie, all ihren trauernden Verwandten Engel zur Seite zu stellen. (Der Geist eines gerade erst von uns gegangenen Menschen darf um Engel als Trost und Hilfe für seine Hinterbliebenen bitten.)

Nachdem Theresa ihre Bitte geäußert hatte, kamen sofort Engel angeflogen und stellten sich zu Seiten ihrer Freunde, Bekannten und Verwandten. Manchmal stand nicht nur ein einzelner Engel bei einem Menschen, sondern gleich eine ganze Gruppe. Die Engel waren so sanft und liebenswürdig. Sie legten den Menschen ihre Hände auf die Schultern, flüsterten ihnen etwas ins Ohr oder streichelten ihnen über die Köpfe. In einem Fall beobachtete ich, wie Engel jemanden gleichsam mit Menschenarmen umschlangen, und erfuhr, dass derjenige selbst erst einen nahestehenden Menschen verloren hatte und immer noch um diesen trauerte.

Ich werde die Schönheit dessen, was »mein« himmelblauer Engel mir zeigte, niemals vergessen. Sie strahlte solch ein Mitgefühl und Verständnis aus. Ich muss lachen bei dem Gedanken daran, wie absurd es doch ist, dass erst jemand sterben muss, um an unserer Stelle Hilfe von den Engeln zu erbitten. Dabei brauchen wir nicht abzuwarten, bis wir Verzweiflung und Schmerzen erleiden, um Beistand zu erhalten! Wir sollten jeden Tag oder jeden Monat oder auch nur ein Mal im Jahr die Worte sprechen: »Ich möchte, dass meine Engel immer um mich sind, bei allem, was ich tue.« Diese einfache Formel eröffnet den Engeln die Möglichkeit, uns zu helfen.

Seit jenem Tag schaue ich in jeden Friedhof hinein, an dem mein Weg mich vorbeiführt. Und jedes Mal fällt mein Blick auf Engel. Bei Beerdigungen sind es immer besonders viele, und selbst wenn nur ein einziger Trauergast da ist – er wird immer von einer Gruppe Engel begleitet, die ihm den ersehnten Trost spenden.

Etliche Zeit nach unserem Umzug nach Leixlip kam mein Vater abends von seiner Tankstelle heim und brachte gute Neuigkeiten für mich mit. Es war Herbst, aber draußen noch hell. Üblicherweise ging er zuerst in unser großes, rechteckiges Wohnzimmer, ließ sich auf der Couch nieder und schaltete den Fernseher ein, um Nachrichten zu gucken und sich nach dem anstrengenden Tag ein bisschen auszuruhen. Gelegentlich beobachtete ich ihn dabei, habe ihm aber nie erzählt, dass ich seinen Engel bei ihm oder das Energiefeld um ihn herum sehen konnte. Es kam vor, dass seine Energie eine Art Seufzer ausstieß und dann buchstäblich ermattet an ihm »herunterhing« – bessere Worte kann ich dafür nicht finden. Wenn er es sich gemütlich gemacht hatte, brachte meine Mutter sein Abendessen und stellte es auf einen kleinen Holztisch neben ihm, so dass er zugleich essen und fernsehen konnte. An diesem Abend jedoch fragte er mich: »Hättest du Lust, bei mir in der Tankstelle zu arbeiten? Du kannst ja mal ausprobieren, ob es dir dort gefällt; auf jeden Fall wäre es ein Anfang für dich.«

Vor lauter Begeisterung hätte ich meinem Vater um den Hals fallen können, hielt mich aber zurück – wie sonst auch. Mein Vater war ein sehr anständiger Mensch und akzeptierte mich in vieler Hinsicht. Auch hatte ich immer den Eindruck, dass er etwas wusste, es aber nicht genau festmachen konnte. Doch hatten mich die Engel von frühester Kindheit an gewarnt, dass die Möglichkeit, weggesperrt zu werden, für mich durchaus bestand. Sie betonten immer wieder, meine Eltern würden mich, falls ich ihnen irgendeine Handhabe dafür lieferte, in eine Einrichtung für geistig Behinderte stecken. Deshalb ließ ich meinem Vater gegenüber meinen Emotionen nie freien Lauf und achtete sehr darauf, wie ich mich in seiner Nähe benahm.

Ein paar Tage später war es dann so weit: An meinem ersten Arbeitstag verabschiedete ich mich nach dem Frühstück von meiner Mutter und fuhr mit meinem Vater im Wagen zu seiner Tankstelle nach Rathmines, einem Vorort von Dublin. Sie hieß The Grosvenor: ein großes altes Gebäude in ausgezeichneter Lage an der Ecke einer vielbefahrenen Kreuzung zweier Hauptverkehrsstraßen. Es besaß einen langgestreckten Vorplatz mit den Tankstellen-Einrichtungen: fünf Zapfsäulen, vier für Benzin und eine für Diesel, einem Druckluftanschluss und einem Wasserschlauch. Das Haus stank, war feucht und ziemlich baufällig – was mich stark an unser Cottage in Old Kilmainham erinnerte. Einen Teil des Gebäudes nahm die Verwaltung ein, weiter gab es ein Geschäft, in dem Reifen, Pannen-Sets, Batterien und anderer Kfz-Grundbedarf verkauft wurden. Eine Reparaturwerkstatt für Reifenpannen befand sich ebenfalls auf dem Gelände.

An diesem ersten Tag war ich sehr freudig erregt, aber zugleich nervös. Ich fürchtete, meinen Vater durch irgendeine Dummheit oder Albernheit zu enttäuschen. Und das wollte ich auf keinen Fall! Doch hätte ich mir gar keine Sorgen zu machen brauchen, denn jedermann dort zeigte sich freundlich und hilfsbereit. Und dann waren ja auch noch die Engel da ... Ich lernte all die verschiedenen Tätigkeiten und Handgriffe ausführen: Benzin einfüllen, kassieren, Auto-Artikel verkaufen und sogar einige der Büroarbeiten. Die Tankstelle beschäftigte neun oder zehn Angestellte, darunter jedoch nur eine Frau: Anne, eine fabelhafte Person, die mich vom ersten Augenblick an unter ihre Fittiche nahm. Wir verstanden uns prima, und sie brachte mir alles bei, was ich wissen musste.

Mein erster Arbeitstag war großartig verlaufen, und ich fuhr abends – sehr zufrieden und glücklich – gemeinsam mit meinem Vater nach Hause. Dabei wunderte ich mich bloß, und das nicht nur an diesem Tag, wie es zugehen konnte, dass mein Vater mich immer noch für zurückgeblieben hielt, wo er doch wahrscheinlich mitbekam, dass ich weder beim Benzineinfüllen noch beim Kassieren oder Herausgeben des Wechselgeldes irgendwelche Schwierigkeiten hatte.

Bald nach meinem Arbeitsantritt beschloss die Benzin-Gesellschaft, die alte Tankstelle niederreißen und neu errichten zu lassen. Eines Samstag- oder Sonntagmorgens in aller Frühe saß ich neben meinem Vater im Auto und beobachtete fasziniert, wie das alte Gebäude mit Hilfe einer riesigen Abrissbirne zum Einsturz gebracht wurde. An seiner Stelle entstand eine prächtige moderne Garage: mit neuen Verkaufsräumen, neuen Zapfsäulen und einem schönen hellen Büro mit großen Fenstern. Von dort hatte ich dann einen Blick hinaus auf die Kreuzung, aber auch in die Läden und auf den Vorplatz mit den Zapfsäulen.

Und wie immer bekam ich von den Engeln sehr vieles gezeigt: So sollte ich eines Tages beispielsweise einen Stammkunden im Auge behalten, einen Mann namens John, den ich gut kannte. »Gib gut acht, er ist gerade dabei, deinen Vater zu bestehlen.«

Da mein Vater John als sehr betuchten und wichtigen Kunden betrachtete, war ich schockiert, etwas Derartiges von den Engeln zu hören und hielt dagegen: »So ein Unfug, der Mann und klauen!«

»Und ob«, beharrten die Engel, »wart's ab, schau genau hin, er wird dich nicht bemerken.«

Ich wollte es immer noch nicht glauben, also verfolgte ich Johns Unterhaltung mit meinem Vater, hörte, wie John ihn zu dem neuen Geschäft und den vielen verschiedenen Artikeln darin beglückwünschte. Paps lud ihn ein, sich überall gründlich umzusehen und verabschiedete sich, um etwas anderes zu erledigen. Nun war ich alleine im Laden mit John, doch die Engel versicherten mir, er könne mich nicht sehen. Mir erschien das unmöglich, deshalb gab ich zurück: »Jetzt macht aber mal halblang, natürlich kann er mich sehen, schließlich bin ich ein Mensch aus Fleisch und Blut.«

Doch sie lachten mich aus und behaupteten weiterhin: »Nein, er kann dich nicht sehen!«

Manchmal verstehe ich nicht wirklich alles, was die Engel mir sagen. Sie hatten mir versichert, er könne mich nicht sehen – und plötzlich ging mir ein Licht auf: Sie hatten mich für ihn unsichtbar gemacht!

Ich sah also zu, wie John im Laden herumspazierte und sich alles genau besah, so auch die neuen Musikkassetten, die mein Vater dort ausgestellt hatte und die seinerzeit noch sehr teuer waren. John suchte sich eine aus und steckte sie einfach ein. Ich traute meinen Augen nicht.

»Warum macht er das?«, wollte ich von den Engeln wissen.

»Das macht er andauernd«, lautete die Antwort, »er stiehlt etwas und hat dabei das Gefühl, jemandem eins auszuwischen.«

Sie erklärten mir, dass John jedes Mal neidisch wurde, wenn er jemanden traf, der seine Sache gut machte und Erfolg hatte – als Reaktion darauf nahm er demjenigen etwas weg, das ihm von gewissem Wert zu sein schien.

»Soll ich Paps davon erzählen?«

Und was, meinen Sie, haben die Engel mir geantwortet? Ob Sie es glauben oder nicht, es hieß: »Nein! Irgendwann einmal wird dem Mann sein Gewissen zusetzen, wegen all der Diebstähle in der Vergangenheit; aber der Moment ist noch nicht da, die Zeit noch nicht reif. Lass es gut sein.«

Ich fühlte mich sehr unwohl, schließlich zählte John schon seit Jahren zu den Kunden meines Vaters. Nach diesem Vorfall ließ ich ihn nie mehr aus den Augen, wenn er den Laden betrat – ich tat einfach so, als hätte ich immer irgendwo irgendetwas zu putzen.

Ein anderer Vorfall ereignete sich, als ich mit Anne über dem Hauptbuch saß und gerade dabei war, gemeinsam mit ihr die Zahlen ein zweites Mal durchzugehen. Anne war nicht nur eine hervorragende Sekretärin, sondern auch eine ausgezeichnete Lehrerin. Manchmal staunte ich über mich selbst, weil mir die Dinge so leichtfielen. An diesem Tag erledigten wir gerade gemeinsam einen Berg Arbeit, als sich die Ladentür öffnete und ein Mann eintrat. Ich stand vom Schreibtisch auf, um ihn zu bedienen. Dabei fiel

mir die Lautlosigkeit um ihn herum auf – in der Luft lag
ebenfalls Stille. Der Mann sprach auch nicht viel. Ich gab
ihm das Gewünschte, sagte »Auf Wiedersehen« zu ihm und
er verließ das Geschäft.

Als ich ins Büro und hinter meinen Schreibtisch zurückkehrte, war dort ebenfalls kein Geräusch zu vernehmen.
Anne rührte sich nicht. Ich stand links hinter ihr und blickte aus dem Fenster, als einer der Engel mir seine Hand auf
die Schulter legte. Der Vorplatz schien nahezu verlassen –
ein einziges Auto stand neben den Zapfsäulen.

Ich schaute die Straße hinunter, so weit mein Auge
reichte. Ich konnte eigentlich nicht um die Ecke gucken,
doch plötzlich war die Sicht frei: Ich sah ein paar Buben mit
Fahrrädern die Straße entlang auf die Tankstelle zukommen.

Ausgelassen lachten und alberten sie miteinander,
streckten die Hände nacheinander aus, berührten sich
gegenseitig und hatten ihren Spaß dabei. Ich hörte sie miteinander reden, ohne dabei aber ihre Worte verstehen zu
können. Ich blieb stehen und hielt meine Augen weiter auf
sie gerichtet. Ein Auto überholte die Kinder; alles andere in
der Szenerie wurde gleichsam heruntergefahren und kam
zum völligen Stillstand; mir schien es, als wäre ich selbst
auf einem Fahrrad mitten in der Jungengruppe. Dann kam
auf der Straße hinter den Jungen ein Sattelschlepper ins
Bild. Ich hielt den Atem an. In diesem Moment wusste ich,
was als Nächstes geschehen würde. Der Pkw war vorüber
und nur noch der gewaltige Lkw und die Kinder in Bewegung.

Die Buben vergnügten sich nach wie vor auf der Straße,
fuhren um die Wette, spielten fangen und lachten dabei.
Und erneut verlangsamte sich alles beinahe wie in Zeit-

lupe – als das geschah, begannen die Jungen und der Sattelschlepper plötzlich zu leuchten, wurden transparent und durchdrangen einander gegenseitig wie Geister. Der tonnenschwere Lkw bog um die Ecke und fuhr weiter die Straße hinunter, sein Fahrer hatte nicht das Geringste bemerkt. Nichts war ins Stocken geraten, alles weiter in fließender Bewegung. Die Buben waren sich des eben Geschehenen nicht bewusst, es war, als wären sie niemals gestürzt. Auch sie hatten nichts mitbekommen, sie fuhren einfach weiter, radelten hinter dem Sattelschlepper her und genossen die Fahrt. Doch während der Lkw weiterfuhr, erstrahlte plötzlich ein riesiger Lichtkreis – er schien unmittelbar aus dem Heck des Sattelschleppers zu kommen.

Mit einem Mal war die Straße mit einer Vielzahl von Engeln bevölkert. Die Jungen und ihre Fahrräder leuchteten auf und hielten auf das Licht zu. Vor meinen Augen begannen die Räder langsam vom Boden abzuheben, und die Straße wurde zu einem einzigen Lichtstrahl voller Engel. Es war ein sanfter Übergang – von einem Leben in ein anderes hineingeboren zu werden, das direkt in den Himmel führte. Dann verschwanden die Kinder, und die Normalität kehrte zurück.

Plötzlich hielt ein Wagen auf dem Vorplatz, der Fahrer stieg aus und rief: »Haben Sie gesehen, welche Richtung der Sattelschlepper genommen hat?«

Steven, der Mann im Kiosk, rief zurück: »Was ist passiert?«

Der Mann antwortete: »Ein Unfall.« Irgendjemand sagte ihm, der Lkw sei nach rechts abgebogen, und der Mann steuerte sein Auto wieder vom Hof. Im selben Moment fuhr ein anderer Wagen mit hoher Geschwindigkeit auf der Straße vorbei. Ich stand da wie benommen.

Die Ladentür ging, und ich wandte mich um. Es war mein Vater mit der Nachricht, es habe einen schrecklichen Unfall gegeben und mit der Bitte an mich, ich solle eine Kanne Tee kochen gehen. Ich fühlte mich erleichtert, das Büro verlassen und einen Moment alleine sein zu dürfen. Auf dem Weg zur Kantine brach es dann aus mir heraus, und ich wandte mich an die Engel: »Warum musste das sein?«

Sie gaben mir zur Antwort: »Lorna, das ist nun einmal der Lauf der Dinge. Für die meisten Menschen ist der Tod nur ein fließender Übergang von einem Leben in ein anderes, er vollzieht sich in vollendeter Harmonie. Behalte eines in Erinnerung: Im Augenblick ihres Todes haben die Jungen nichts gespürt. Und selbst, wenn jemand sehr krank war und gelitten hat: Im Augenblick seines Todes fühlt er keinen Schmerz.«

Die Engel trösteten mich, während ich den Tee kochte und dann weiterarbeitete. Doch ich war froh, als der Tag vorüber war und ich nach Hause konnte – zu Mam und ihrem frisch gebackenen Apfelkuchen. Als ich heimkam, umarmte ich meine Mutter und drückte sie. Und an diesem Tag wurde mir klar, wie wichtig es für mich war, meine Mutter jeden Tag einmal herzlich in den Arm zu nehmen.

Ich wusste, dass ich den Unfallort auf die Dauer nicht würde meiden können. Also nahm ich etwa eine Woche nach dem furchtbaren Ereignis allen Mut zusammen und machte mich auf den Weg die Straße hinunter in Richtung der Geschäfte. Ich war aber nicht alleine, denn der Engel Michael begleitete mich und hielt meine Hand. Als ich den Vorplatz der Tankstelle hinter mir ließ, flüsterte er mir zu: »Geh auf den Laden mit den Haushaltswaren zu; wenn du ein Ziel vor Augen hast, wird dir das helfen, dich innerlich zu sammeln.«

Als ich den Unglücksort erreichte, schockte mich der Anblick der Blutflecken auf der Straße. Der Unfall lag jetzt gut eine Woche zurück, und ich war nicht darauf gefasst gewesen, dass immer noch Blut zu sehen sein würde. Es traf mich wie ein Keulenschlag. Vielleicht waren die Blutflecken aber auch nur für mich sichtbar.

Als ich die Unfallstelle überquerte, konnte ich das Weinen und Klagen der Mütter, Väter und Familien der toten Jungen hören. Diese Empfindung breitete sich in meinem ganzen Körper aus – es war einfach zu viel, mir flossen die Tränen in Strömen über das Gesicht. Ich betete zu Gott: »Bitte hilf den Familien. Lass mich ihnen von ihrem Schmerz und ihrer Trauer abnehmen, so viel es geht. Bitte lass die Eltern wissen, dass ihre Kinder nun bei dir im Himmel sind. Bitte, lieber Gott.«

Ich befand mich in einem Zustand der Selbstversunkenheit, unfähig, irgendetwas in meiner Umgebung wahrzunehmen. Irgendwie tragen die Engel mich durch Zeit und Raum, manchmal frage ich mich, wie ich von einem Ort zum anderen gekommen bin. Es bleibt wohl ein Geheimnis. Und plötzlich fand ich mich vor der Tür des Haushaltswarenladens wieder. Ich spürte, dass die Engel mich von der spirituellen Ebene zurück auf den Boden der Realität befördert und meine Füße wieder festen Grund unter sich hatten. »Nun ist es getan, Lorna, Gott hat dein Gebet erhört«, sprach Michael.

Ich betrat das Geschäft und lief zwischen den Regalen mit den Haushaltswaren umher, einfach, um mich wieder zu erden. Dann machte ich mich auf den Rückweg zur Tankstelle, der mich abermals an dem Unglücksort vorbeiführte. Ich wusste, dass ich den Familien einiges von ihrem Schmerz und ihrer Trauer abgenommen hatte. Ich kann

Ihnen nicht sagen, was schlimmer ist: der Schmerz im physischen Körper oder der im Emotionalkörper. Ich werde immer alles tun, was Gott und die Engel von mir verlangen. Wenn ich also einem anderen Menschen Schmerz abnehmen kann, werde ich das tun. Das ist mein Leben. Leid und Schmerz der anderen zu übernehmen, ist Bestandteil der mir von Gott geschenkten Helfer-Gabe. In den Augen mancher mag das eher ein Fluch sein als ein Geschenk; doch ich kann den Schmerz anderer lindern, indem ich ihn übernehme. Ich habe eine Art Vermittlerrolle inne: Ich nehme den Schmerz auf mich und leite ihn weiter an Gott. Wenn der Schmerz zu groß, zu überwältigend ist, meine ich manchmal schier daran zu sterben, doch wird der Schmerz mich nicht töten, weil Gott ihn mir wieder abnimmt. Ich weiß nicht, was Gott mit dem Schmerz macht; es ist ein Mysterium, dessen Zeugin ich wieder und wieder geworden bin.

Kapitel 7

Eine seelenlose Kreatur

Ich war 17 Jahre alt und arbeitete seit etwa 18 Monaten in der Tankstelle, als Elijas Vision Wirklichkeit wurde.

An diesem Tag war ich zusammen mit Anne und meinem Vater im Büro; von meinem Drehstuhl aus konnte ich durch die großen Fenster direkt auf die Kreuzung und bis hinüber zu den Bäumen auf der anderen Straßenseite sehen. Dort näherte sich aus einiger Entfernung ein junger Mann, und mit einem Mal erkannte ich ihn.

Ich sah Bäume und einen jungen Mann und wusste plötzlich genau – auch wenn er noch ein gutes Stück weit weg war –, das war der junge Mann, den ich heiraten würde. Und noch etwas wusste ich: Er würde die Kreuzung überqueren, die Tankstelle betreten und nach Arbeit fragen.

Plötzlich wuschelte mir jemand durch die Haare – als ich mich umwandte, stand mein Schutzengel hinter mir. Dann schaute ich wieder aus dem Fenster, sah den jungen Mann über den Vorplatz kommen und in seinem Energiefeld ein schwaches Bild seines Schutzengels. Der junge Mann war sehr hoch gewachsen, was ich bei Männern gerne mag, hatte rötlich blondes Haar und sah außerordentlich gut aus. Voller Spannung beobachtete ich ihn, denn mir war ja schon bekannt, wie die Geschichte weitergehen würde.

Trotz alledem drehte ich mich zu Anne um und sagte: »Da unten ist jemand, der einen Job sucht. Ich hoffe, er kriegt hier keinen!« Heute lache ich herzlich darüber – doch damals hatte ich Angst vor der angekündigten großen Veränderung in meinem Leben, und zudem war ich ausgesprochen schüchtern. Tief in meinem Inneren war mir allerdings klar, dass der attraktive »lange Lulatsch« einen Job bei uns bekommen würde, denn es war ja so bestimmt.

Der junge Mann ging direkt in den Laden. Vater schaute von seinem Schreibtisch auf und bedeutete ihm durch die Glasscheibe, er werde gleich Zeit für ihn haben. Als mein Vater hinausging, blieb ich wo ich war – nahezu bewegungsunfähig. Am liebsten wäre ich 1000 Meilen weit weg gewesen, ich zitterte und bebte am ganzen Körper. Elijas Worte kamen mir wieder in den Sinn und überwältigten mich beinahe: Das also war der Mann, dessen Frau ich sein würde, den ich lieben würde und der mich lieben würde, und wir würden die meiste Zeit zusammen glücklich sein, nur gegen Ende würde ich für ihn da sein müssen, und wir würden nicht gemeinsam alt werden.

Mein Vater stand eine ganze Weile im Laden und unterhielt sich mit dem jungen Mann. Schließlich hielt ich es nicht mehr aus und sammelte das schmutzige Teegeschirr ein, um es zum Abwaschen in die Kantine zu tragen. Ich ging hinter »meinem Mann« vorbei, während er mit Paps sprach, und riskierte einen verstohlenen Blick auf ihn – mir gefiel sehr, was ich da sah! Diesmal brauchte ich sehr lange für den Abwasch und um frischen Tee aufzubrühen. Als ich damit ins Büro zurücklief, stand er immer noch mit meinem Vater zusammen, und ich wusste nicht, wie ich mich verhalten sollte. Als ein Kunde das Geschäft betrat, übernahm ich ihn. Ich war richtig nervös und tat, als ginge mich der junge Mann überhaupt nichts an.

Und natürlich gab mein Vater ihm einen Job, den er gleich am nächsten Tag antrat. Wir wurden einander vorgestellt, und ich erfuhr seinen Namen: Joe. Aus der Entfernung verfolgte ich, wie er sich mit allen Handgriffen vertraut machte, etwa mit dem Benzineinfüllen und der Reparatur platter Reifen. Als wir am Abend von Joes erstem Arbeitstag auf dem Heimweg waren, meinte mein Vater, Joe sei ein heller Kopf, er lerne schnell.

Ich versuchte Joe aus dem Weg zu gehen, doch ich konnte nicht anders, als ihn insgeheim zu beobachten, weil ich mich so sehr zu ihm hingezogen fühlte. Ich fragte mich, ob Joe mich überhaupt wahrnahm, ob auch er eine Verbundenheit empfand. Die Engel schienen jedenfalls dafür zu sorgen, dass er sich auch immer gerade dort aufhielt, wenn ich in die Kantine kam, um Tassen abzuwaschen oder frischen Tee zu kochen. Er schenkte mir jedes Mal ein strahlendes Lächeln, und mein Herz wusste, dass er auch etwas für mich übrig hatte. Ich erwiderte das Lächeln immer, sagte aber nicht viel und machte, dass ich möglichst schnell wieder aus der Kantine kam.

Doch nachdem er etwa sechs Monate bei uns war, bat er mich eines Tages, mit ihm auszugehen. Ich war hinüber in die Kantine gelaufen, um wie üblich Tee zuzubereiten und den Abwasch zu erledigen. Während ich eben den Wasserkessel füllte und die Tassen ausspülte, kam Joe herein und wollte mir beim Abwaschen helfen. Ich lachte ihn aus und meinte, bei drei Tassen sei das eigentlich nicht nötig! Als ich die Kantine mitsamt meinem Teetablett gerade wieder verlassen wollte, fragte er mich: »Lorna, was hieltest du davon, wenn ich dich bäte, einmal mit mir auszugehen?«

Ich lächelte ihn an: »Das wäre nett, ich würde sehr gerne mit dir ausgehen.«

Joe schlug gleich denselben Abend vor, doch ich lehnte ab und vertröstete ihn auf Freitag nach der Arbeit.

»Einverstanden, passt prima«, gab Joe zurück, während er die Tür für mich öffnete.

»Wir können uns ja später noch darüber unterhalten, was wir Freitag Abend unternehmen«, schlug ich im Hinausgehen vor.

Vor lauter Glück schwebte ich auf Wolken. Die Woche verging wie im Flug, und bevor ich es so richtig begriffen hatte, war schon Freitag.

Als ich an jenem Morgen die Kantine betrat, wartete Joe bereits auf mich. Er strahlte über das ganze Gesicht und wollte wissen: »Lorna, was würdest du denn heute Abend gerne machen?«

»Ich würde gerne ins Kino gehen«, gab ich zurück und setzte hinzu: »Am besten treffen wir uns gegen halb acht an der O'Connell-Brücke.«

Joe schlug vor, dass ich den Film aussuchen sollte, doch da kam gerade einer seiner Kollegen herein, und es bot sich uns während der Arbeitszeit keine Möglichkeit mehr, das Weitere zu besprechen. Ich bat meinen Vater, eher Schluss machen zu dürfen, anstatt um sechs wollte ich gerne schon um vier Uhr gehen. Mein Vater sagte ja, ohne nach dem Grund zu fragen. Die Engel hatten mir vorher eingeschärft, mein Rendezvous müsse geheim bleiben.

Ich nahm den Vier-Uhr-Bus für den Heimweg, und während ich auf unser Haus zulief, hielt ich Zwiesprache mit den Engeln: »Es ist so aufregend. Ich habe doch keine Ahnung, was für Filme zurzeit in Dublin laufen. Ich war doch schon ewig nicht mehr im Kino – bestimmt zwei Jahre. Außerdem ist es mir doch egal, was wir anschauen. Ich möchte doch bloß mit Joe zusammen sein!« Die Engel lachten. In diesem Moment kamen mir sämtliche Worte des Engels Elija wieder in Erinnerung.

Zu Hause erzählte ich Mam, ich würde in der Stadt eine Freundin treffen und mit ihr ins Kino gehen. Meine Mutter sagte bloß: »Sieh nur zu, dass du den letzten Bus nach Hause nicht verpasst.«

Auch sie stellte mir keine Fragen – ich nehme an, die Engel hatten dafür gesorgt.

In der Tageszeitung auf dem Esszimmertisch schlug ich die Seite mit dem Kinoprogramm auf; es wurden so viele Filme gezeigt, dass ich aufs Geratewohl einen herauspickte. Ich hatte nicht die geringste Ahnung, wovon er handelte, aber da es mir ohnehin gleich war und auch die Engel keine Einwände erhoben, ging ich einfach davon aus, dass meine Wahl schon in Ordnung sein würde. Darüber muss ich heute noch lachen.

Es war ein wunderschöner, lauer Sommerabend, und die O'Connell-Brücke mit all ihren Laternen und Blumenkübeln lag herrlich da im Abendlicht. Joe verspätete sich ein paar Minuten, was mir Zeit gab, ein bisschen in die Runde zu gucken. In der Nähe saß eine Frau mit Kind auf dem Boden und bettelte die zahlreichen von der Arbeit heimhastenden Passanten an. Eine andere Frau bot den Vorübergehenden Rosen an, doch schien niemand Zeit zu haben, um innezuhalten und ihr welche abzukaufen. Die Farben der Energiefelder um die einzelnen Menschen ließen mich auf deren Verfassung schließen – ob sie zum Beispiel in Eile waren oder voller Aufregung. Währenddessen kam Joe von rückwärts und tippte mir auf die Schulter. Ich sprang hoch vor Schreck, und er lachte mich an, als ich mich zu ihm umdrehte. Ich war so glücklich, ihn zu sehen. Er nahm meine Hand, und wir gingen schnurstracks ins Kino.

Der Film, den ich ausgesucht hatte, trug den Titel *The Virgin and the Gypsy – Das Mädchen und der Zigeu-*

ner – und beruhte auf einer literarischen Vorlage von D. H. Lawrence, des Autors von *Lady Chatterley*. Er war so begehrt, dass das Kino schier aus den Nähten platzte und wir gerade noch Plätze ziemlich weit vorne bekamen. Nach den ersten zehn Minuten begann ich unruhig auf meinem Sessel herumzurutschen: Das war nun wirklich kein Film, wie ich ihn sehen wollte, und schon gar nicht bei meiner ersten Verabredung mit Joe! Die Deutlichkeit der Sex-Szenen schockierte mich. Zu jener Zeit, Anfang der siebziger Jahre, war dieses Film-Genre in Irland noch nicht sehr verbreitet. Vielleicht war das der Grund für die große Anzahl von Kino-Besuchern!

Nach einigen weiteren Minuten flüsterte ich Joe zu, ich würde lieber wieder gehen. Was wir auch taten, und Joe hatte nicht das Geringste dagegen: Ich glaube, er fühlte sich bei dem Film ebenso unwohl wie ich. Wir spazierten weg vom Kino die O'Connell Street hinauf, dorthin, wo bis 1966 die Nelson-Säule gestanden hatte. Der Abend war so herrlich, dass ich froh war, nicht im Kino zu sitzen. Hand in Hand mit Joe durch die Gegend zu schlendern war eindeutig die bessere Wahl für unser erstes Date. Unterwegs unterhielten wir uns. Eine von Joes ersten Äußerungen war, er sei froh, dass nicht er den Film ausgesucht habe! Wir brachen beide in Gelächter aus.

Als wir beim GPO, dem General Post Office ankamen, nickten wir dem wachhabenden Polizisten ein »Guten Abend« zu – ich habe das imposante Bauwerk aus grauem Granit mit seiner Tempelvorhalle schon immer bewundert. Mir fiel ein Pärchen ins Auge, es stand in enger Umarmung und tauschte Küsse, ganz dicht hinter ihnen ihre Engel, als wollten sie den beiden helfen, zusammenzukommen. Ich lächelte, als wir vorübergingen. Joe legte mir den Arm um die Schultern. Es fühlte sich gut an. Ich kam mir beschützt vor bei ihm.

An der Ampel überquerten wir die Straße und gingen in ein Restaurant. Das war etwas Neues für mich – ich war vorher noch nie abends in einem Restaurant gewesen. Es war ein langgezogener, schmaler Raum mit Marmorfußboden, am Boden festgeschraubten Metalltischen mit rechteckiger Fuß- und kunststoffbeschichteter Tischplatte, die von hölzernen Sitzbänken flankiert wurden. Deren Rücklehnen maßen etwa 1,20 Meter, so dass man im Sitzen nicht darüber weg und den Nachbarn ins Gesicht oder auf die Teller schauen konnte. Wir nahmen einander gegenüber auf den Holzbänken Platz, und Joe las mir vom Gesicht ab, dass ich ein solches Lokal noch nie von innen gesehen hatte; er erzählte mir, diese spezielle Art von Diner-Tischen würden booths – Kabinen – genannt. Dann erschien die Bedienung, und wir bestellten Tee und Sandwiches.

Wir tauschten uns über unsere Eltern aus: Joes Vater lebte nicht mehr. Wir sprachen auch über unsere Brüder und Schwestern, ich war bei uns die Drittälteste, Joe dagegen das Nesthäkchen seiner Familie. Dann fragte er mich: »Was, meinst du, würde dein Vater sagen, wenn er uns hier zusammen sehen könnte?«

»Was Paps betrifft, bin ich mir nicht sicher, aber Mam hätte bestimmt etwas dagegen.«

Also einigten wir uns darauf, Stillschweigen zu bewahren.

Wir verließen das Restaurant und schlenderten durch die Straßen, guckten die Schaufenster an, um uns dann am Kai entlang Richtung Busbahnhof zu halten. Da Joe in einer anderen Gegend wohnte als ich, musste er auch einen anderen Bus nehmen. Mein Bus war gerade angekommen,

da es bis zur Abfahrt aber noch ein Weilchen dauern würde, nahmen wir erst einmal beide Platz und freuten uns,
noch ein bisschen Zeit miteinander zu haben. »Jetzt steigst
du aber besser um in deinen Bus«, meinte ich irgendwann
zu Joe.

Er stand auf und sagte, er würde in einer Minute zurück
sein. Er sprach mit dem Schaffner und setzte sich dann
wieder neben mich: »Ich fahre mit dir heim und bringe dich
noch bis an deine Haustür.«

Der Schaffner hatte ihm von einem inoffiziellen Bus
erzählt, einem, der nicht auf dem Fahrplan verzeichnet war
und vom Zentrum bis in die Nähe unseres Hauses fuhr,
um dann den Rückweg ins Depot in der Innenstadt anzu-
treten – auf dieser Route nahm er offiziell keine Fahrgäste
mit – aber eben nur offiziell … Man nannte ihn »die Geisterlinie«. Von da an brachte mich Joe jedes Mal heim, wenn
wir aus gewesen waren, fuhr dann mit dem »Geisterbus«
ins Zentrum zurück und marschierte von dort aus zu sich
nach Hause.

Joe und ich erwähnten es niemandem gegenüber auch
nur mit einem Wort, dass wir miteinander ausgingen. Andere Mädchen meines Alters hätten das Geheimnis sicher mit
ihrer besten Freundin geteilt, aber mir fehlte eine solche
Vertrauensperson. Wie dem auch sei, die Engel hatten
jedenfalls betont, es müsse ein Geheimnis bleiben – und
wann immer sie mir etwas in dieser Richtung vorgeben, halte ich mich daran – bis heute. Ob Joe es jemandem erzählte,
weiß ich nicht, ich habe ihn nie danach gefragt, aber ich
glaube es eigentlich nicht.

Wir hielten es also geheim, und obwohl wir auch insgesamt sehr vorsichtig waren, konnte Joe mit seinem ausge-
prägten Sinn für Unfug der Versuchung nicht widerstehen,

mich bei jeder sich bietenden Gelegenheit zu necken. So nannte er mich im Spaß immer »Rambo«, wenn ich gerade einen frisch reparierten Autoreifen in den Kofferraum eines Kunden wuchtete (ich habe übrigens gerade mal einen Meter fünfzig lichte Höhe!) und zog mich damit auf, der Minirock meiner Arbeitsuniform sei viel zu kurz – womit er wohl recht hatte!

Ich liebte es sehr, wenn ich meinen Vater zum Angeln begleiten durfte, und nutzte jede Gelegenheit dazu. Wir waren schon in meiner Kindheit immer zusammen fischen gegangen, und daran änderte sich weder etwas, als ich meine Arbeit in der Tankstelle begann, noch als ich später heimlich mit Joe ausging. Dabei hatte ich gar nicht jedes Mal meine Angelrute mit, vielmehr genoss ich die Stille an einem Flusslauf und die Zeit zusammen mit meinem Vater. Eines Tages wollte er zum Fischen in die Berge des County Wicklow. Wir brachen früh mit Vaters Wagen auf und nahmen wie immer auch ein Picknick mit, ergänzt durch einen Campingkocher und Tassen für unseren Tee.

Der Tag war kühl, wir hatten schon ein oder zwei Stunden geangelt und Paps eine Forelle an Land gezogen, als es anfing zu regnen. Am Flussufer, nicht weit entfernt, stand im Schutz einer Baumgruppe eine alte verfallene Hütte. Paps meinte, das sei der richtige Platz um unterzukriechen, ein Feuer anzumachen und Tee aufzubrühen – dort wären wir wenigstens vor der Kälte geschützt. Er ging also voraus, und als wir näher herankamen, fiel mir auf, dass um die Bäume herum kein Energiefeld bestand und der ganze Ort überhaupt sehr dumpf und trübe wirkte.

Der Engel Michael berührte meine Schulter. »Dieser Ort wird dir möglicherweise Angst einjagen«, warnte er mich, »wir wollen dir nämlich etwas Schlimmes zeigen. Dir wird nichts geschehen, aber es wird auf dich reagieren, sobald du die Hütte betrittst. Es wird sich sehr aggressiv verhalten, dich aber nicht anrühren.«

Bis zu diesem Tag war mir der Anblick des Bösen erspart geblieben.

»Ist es ein Geist?«, erkundigte ich mich.

»Nein, Lorna, es ist eine ganz andere Art von Kreatur«, gab Michael zur Antwort.

Paps rief mir zu, ich solle mich beeilen. Als ich aufblickte, war er mir schon ein ganzes Stück voraus und dabei, zu einer Bank vor der Hütte hinaufzusteigen. Als ich mich wieder nach Michael umwandte, war er verschwunden.

Ich rannte los und holte meinen Vater ein. Wir liefen unter den Bäumen entlang. Alles hier schien mir tot – die Bäume trugen keine Blätter, und rundherum wuchsen weder Blumen noch Gras. Die Tür der Hütte stand offen, hing ein Stück aus den Angeln, Teile des Türbretts fehlten. Auch das Dach und die Fenster waren stark beschädigt. Mein Vater ging hinein: Im Inneren gab es einen alten zerbrochenen Holztisch und Stühle. Ich fand den Raum eiskalt, aber Paps kümmerte das nicht, er steuerte direkt auf den Kamin zu.

Ich stand drinnen, an die kaputte Tür gelehnt – und konnte mich nicht rühren. Im Stillen sagte ich immer wieder zu mir: »Oh, mein Gott, oh, meine Engel.« Rechts neben dem Kamin konnte ich ein Wesen ausmachen. Etwas Derartiges hatte ich in meinem ganzen Leben noch nicht gesehen: Es war einen knappen Meter lang, etwa halb so dick und sah aus wie geschmolzenes Wachs. Es war furchtbar und bot einen furchtbaren Anblick. Und ich kann noch nicht einmal sagen, ob es einen Mund oder Augen besaß.

Mir war klar, dass mein Vater nichts sehen oder spüren konnte. Er sammelte Holzstücke vom Boden auf, schichtete sie in den Kamin und hielt ein Streichholz daran. Im selben Moment ereignete sich eine Art Feuer-Explosion, groß und lautstark, die sofort auf den Raum übergriff. Das Wesen schien über eine ungeheure Energie zu verfügen: Es schleuderte Böses in die Umgebung! Es war völlig in Rage, beanspruchte den Ort für sich und wollte uns nicht dort dulden. Aus seiner Sicht waren wir unbefugt hier – Eindringlinge.

Unmittelbar nach der Feuer-Attacke bewegte sich einer der Stühle und flog quer durch den Raum gegen die hintere Wand, zersplitterte beim Aufprall.

Paps sprang los, ergriff mich bei der Hand, packte im Vorbeirennen noch seine Tasche und trat die Tür auf. Er zerrte mich nach draußen, wir rasten, was unsere Füße hergaben, unter den Bäumen hindurch zurück zum Flussufer. Paps war schneller als ich und schleifte mich hinter sich her. Schließlich – völlig außer Atem – verlangsamten wir unser Tempo. Der Regen hatte aufgehört, und die Sonne war herausgekommen, ich spürte ihre Wärme auf meinem Gesicht.

Schweigend versuchte mein Vater ein Lagerfeuer zu machen. Seine Hände zitterten, er hatte Schwierigkeiten mit dem Anzünden. Ich hielt meine Augen auf ihn gerichtet und wartete auf ein Wort von ihm. Lautlos sprach ich zu den Engeln, bat sie, meinen Vater zu beruhigen. Nach einigen Minuten hatte er das Feuer in Gang gebracht, und als das Wasser in dem Campinggeschirr kochte, brühte er uns Tee auf. Schweigend verzehrten wir unsere belegten Brote.

Endlich öffnete mein Vater den Mund und sagte mit keineswegs fester Stimme: »Es tut mir leid, dass ich dich dermaßen erschreckt habe, Lorna. Ich habe selbst einen höllischen Schrecken davongetragen. Ich habe wirklich keine Ahnung, was das da drinnen war, und das Einzige, was nach meinem Wissen dafür in Frage kommt, ist ein Poltergeist. Soweit ich gehört habe, können nur diese Kreaturen Stühle herumschleudern, andererseits habe ich noch nie von etwas gehört, das ein Feuer auf diese Weise explodieren lassen kann.«

Mein Vater verstand eine Menge von Feuer und war im Umgang mit offenen Flammen immer äußerst vorsichtig. Ich glaube, die Feuer-Explosion hat ihn wesentlich mehr erschreckt als der fliegende Stuhl.

Ich sagte nichts zu alledem, trank stumm meinen Tee. Ich wollte meinen Vater nicht merken lassen, wie entsetzlich ich mich gefürchtet hatte. Ich hatte mich maßlos geängstigt, obwohl ich tief in meinem Inneren wusste, dass wir nicht wirklich in Gefahr waren, da die Engel uns beschützten.

Als ich so neben dem Feuer saß, berührte Michael wieder meine Schulter, zeigte sich jedoch nicht. Er flüsterte mir zu, mein Vater habe recht mit seiner Vermutung: Was ich gesehen hatte, sei tatsächlich ein Poltergeist gewesen. Wie er mir erklärte, sind Poltergeister seelenlose Kreaturen, von Satan selbst geschaffen. Manchmal laden Menschen sie sogar ein: beispielsweise durch Experimente mit Schwarzer Magie oder den Umgang mit Ouija-Brettern*

---

* *Ouija-Bretter:* von frz. *oui* und dt. *ja,* meist aus Holz, mit Zeichen bedeckt, aus denen sich während einer erfolgreichen Séance eine verständliche Botschaft herauslesen lassen soll, 1892 von einem Amerikaner aufgebracht und keineswegs so harmlos, wie es klingen mag; Anm. d. Ü.

und ähnlichen gefährlichen Beschwörungsriten. Nach Michaels Worten sind Poltergeister äußerst gerissen, sie schleichen sich ein, wo immer man ihnen die Möglichkeit dazu gibt, und können enormen Schaden anrichten.

Mein Vater und ich beendeten das Mittagessen in Schweigen und packten auch gleich unsere Sachen, als wir fertig waren. Paps schlug vor, wir sollten unseren Angelausflug an einem ein paar Kilometer flussaufwärts gelegenen Abschnitt fortsetzen. Ich war sofort einverstanden. Beide wollten wir eine möglichst große Entfernung zwischen uns und diesen Ort des Grauens legen. Wir angelten dann tatsächlich woanders weiter, kamen auch beide wieder zur Ruhe und fingen ausreichend Fische fürs Abendessen.

Während wir sie zu Hause mit Genuss verzehrten, fiel kein Wort über die Geschehnisse des Tages. Und keiner von uns hat den Vorfall jemals wieder erwähnt.

Kapitel 8

Der Vermittler

Eines Nachmittags, ich stand gerade in der Tankstellentoilette beim Händewaschen und blickte in den Wandspiegel über dem Becken, als ein Engel darin erschien – zuerst konnte ich nur das Gesicht erkennen. Erschrocken tat ich einen Satz nach hinten. Als ich wieder vor den Spiegel trat, schien es zu verschwinden, und die Engelfrau wurde im Ganzen sichtbar. Ihr strahlendes Licht erfüllte den ganzen Raum.

Sie sprach mich zuerst an, mit meinem Namen: »Lorna, nenn mich Engel Elisa.«

Bei diesen Worten hatte sie ihre Hände ausgestreckt und meine in ihre genommen. Sie fühlten sich an wie Federn, und als ich sie mir näher besah, hatten sie wirklich Ähnlichkeit damit, obwohl sie die Form von Menschenhänden besaßen.

Ich spreche von Elisa als weiblichem Engel, weil sie so vor mir erschien. Tatsächlich sind Engel im Gegensatz zu uns Menschen jedoch geschlechtslos. Wenn sie Menschengestalt annehmen, dann geschieht das nur unseretwegen, damit wir uns leichter tun und keine Furcht vor ihnen empfinden. Und sie wechseln ihr Erscheinungsbild von männlich zu weiblich und umgekehrt, weil sie uns den Umgang mit ihnen einfacher gestalten wollen, aber auch, damit wir ihre jeweilige Botschaft besser verstehen können.

In Kapitel 5 hatte ich erwähnt, dass ich die Engel um Informationen über Elija gebeten hatte; in diesem Zusammenhang berichteten mir die Engel auch von Elisa: Er war ebenfalls ein Mann des Alten Testaments, jener Prophet, der den Mantel des Propheten Elija und damit dessen Nachfolge übernahm, nachdem dieser »in einem feurigen Wagen mit feurigen Rossen gen Himmel aufgefahren war« [2. Könige 2,11].

»Engel Elisa, weshalb bist du hier? Wird sich etwas in meinem Leben verändern?«, erkundigte ich mich.

»Ja, Lorna«, gab sie zurück, »du sollst eine neue Arbeitsstelle bekommen. Ich werde für deine Mutter ein Wiedersehen mit einem alten Bekannten arrangieren, und du wirst einen neuen Job in einem Kaufhaus in Dublin antreten.«

Gerade als ich Engel Elisa nach dem Zeitpunkt dafür fragen wollte, klopfte es an der Tür. »Ich bin gleich fertig«, rief ich zurück.

Engel Elisa legte den gefiederten Zeigefinger an ihre Lippen und verschwand.

Der Gedanke an eine neue Stelle erfüllte mich mit freudiger Erregung, selbst wenn das bedeutete, dass ich Joe nicht mehr jeden Tag sähe. Ich hatte das Empfinden, eine Beschäftigung woanders würde mir zu wesentlich mehr Unabhängigkeit von meinen Eltern verhelfen, und diesen zu der Einsicht, dass ich sehr wohl imstande war, für mich selbst zu sorgen. Solange ich quasi unter Vaters schützender Hand in der Tankstelle arbeitete, würden sie das nicht begreifen können.

Ein paar Wochen später kam meine Mutter in den Garten hinter dem Haus, wo ich gerade mein Kaninchen fütterte, und schlug vor, ich solle Paps um einen freien Tag bitten.

»Wir waren schon so lange nicht mehr gemeinsam einkaufen«, meinte sie, »wir könnten doch am Donnerstag einen Bummel durch die Geschäfte machen und dann vielleicht im Kaufhaus Arnott zu Mittag essen.«

»Das wäre wunderbar«, gab ich zurück.

Am nächsten Tag fragte ich meinen Vater, ob ich den Donnerstag freihaben könnte, und er antwortete, meine Mutter habe ihn bereits darauf angesprochen und es sei alles geregelt.

Die Engel bringen mich wirklich sehr häufig zum Schmunzeln und zum Lachen! Denn ich wusste doch, dass Engel Elisa dahintersteckte. Sie hatte das alles »angezettelt«, indem sie Mam die Idee dazu eingegeben hatte. Ich konnte zuschauen, wie die Handlung in Gang kam und bezweifelte nicht im Geringsten, dass alles nach dem »himmlischen Plan« verlaufen würde. Zu wissen, dass Mam auf ihre Engel hörte, gab mir ein gutes Gefühl.

Dennoch war die Erwartung dessen, was kommen würde, fast zu viel für mich. An dem besagten Donnerstag nahmen wir den Bus in die Innenstadt. Dort ging es wie immer sehr geschäftig zu. Meine Mutter und ich liefen durch viele der Kaufhäuser, die sich an der O'Connell Street, Henry Street und Mary Street entlangreihten und bekamen dabei sehr viel Schönes zu sehen. Mam hatten es wie immer die verschiedenen Porzellan-Abteilungen angetan, und ich entkam dem für ein Weilchen, indem ich vorgab, nach anderen Dingen Ausschau halten zu wollen.

Dann hörte ich plötzlich Elisas Stimme: »Schau hinüber zu deiner Mutter, Lorna.«

Als ich den Gang hinunterblickte, wo Mam ganz in die porzellanen Sachen vertieft stand, sah ich zwei leuchtende Wesen: Mams Schutzengel und – den Geist meines früh verstorbenen Bruders Christopher! Das war nun wirklich eine Riesenüberraschung für mich, denn ich war ihm

schon seit vielen Jahren nicht mehr begegnet. Hell begeistert über das unverhoffte Wiedersehen wollte ich den Gang
hinunterrennen und seine Hand nehmen – so wie damals
als Kind in Old Kilmainham. Doch mein Schutzengel hielt
meine Füße am Boden fest. (Das macht er jedes Mal, wenn
er weiß, dass ich außer mir bin, und nicht möchte, dass ich
irgendetwas unternehme.)

Christopher drehte sich zu mir um und schenkte mir ein
Lächeln, wandte sich dann aber wieder meiner Mutter zu
und flüsterte ihr etwas ins Ohr. Nun war mir auch klar, auf
welche Weise meine Mutter die Botschaften der Engel
erhielt: Christopher hatte die Rolle des Vermittlers übernommen.

»Engel Elisa, ich möchte Mam so gerne erzählen, dass
Christopher direkt hier neben ihr steht«, drängte ich.

»Nein, Lorna, das geht nicht«, wehrte sie ab.

»Aber wo er doch so wundervoll, so wunderschön ist«,
flehte ich. Im selben Moment wurde mein Bruder ganz in
Licht eingehüllt – es strahlte vom Schutzengel unserer Mutter aus. Der Anblick berührte mich sehr tief, es war einer
der herrlichsten in meinem Leben.

Dann sah Mam auf und rief nach mir, und während ich
auf sie zuging, strahlte das Licht um sie herum immer heller. Dann verschwanden die Engel aus meiner Sicht, doch
ich wusste, sie waren immer noch da.

»Lass uns zu Arnotts hinübergehen und dort Mittag
essen«, regte Mam an. Als wir das Kaufhaus-Restaurant
betraten, hatte sich dort schon die übliche lange Warteschlange gebildet. Aber wir bekamen unser Essen und fanden sogar einen freien Tisch. Meine Mutter beschrieb mir
all die entzückenden Sachen, die sie gesehen und zeigte
mir, was sie gekauft hatte: ein paar Löffel und einen Teller

mit einem kleinen Fehler. Dann meinte sie: »Wenn wir den Zwei-Uhr-Bus nach Hause nehmen, haben wir noch Zeit für ein weiteres Kaufhaus in der Mary Street.«

Unmittelbar nach dem Lunch liefen wir hinüber ·in die Mary Street. Als ich die Eingangstür des Kaufhauses aufstieß, sah ich Engel Elisa bereits drinnen stehen. Mir schien das ganze Gebäude zu vibrieren, ich konnte die Energie fühlen. Hier würde sich etwas Schönes für mich und auch eine besondere Überraschung für meine Mutter ereignen.

Sie hatte sich gerade der Auslage mit den Strickwaren zugewandt, als ein Mann auf sie zutrat. Er war klein, schmal und trug einen Anzug. Mam schien ihn nicht zu erkennen, aber er hatte sie erkannt und sprach sie mit ihrem Namen an. Als er sich vorstellte, spiegelte ihr Gesichtsausdruck ihre Überraschung.

»Du musst dich einfach an mich erinnern«, meinte der Mann, »schließlich habe ich nur einige Häuser von euch entfernt gewohnt. Wir sind ein paar Mal zusammen ausgegangen.«

Mit einem Mal ging ein Leuchten des Wiedererkennens über Mams Gesicht. Sie unterhielten sich und lachten. Meine Mutter schien völlig vergessen zu haben, dass ich neben ihr stand. Doch dann fragte der Mann: »Wer ist die junge Dame hier neben dir, Rose? Deine Tochter?«

»Ja, das ist Lorna«, antwortete Mam.

Und in genau diesem Augenblick flüsterte der Geist meines Bruders Christopher Mam etwas ins Ohr, und sie sagte ohne das geringste Zögern: »Lorna sucht nach einem neuen Job, sie hat zwei Jahre bei ihrem Vater in der Tankstelle gearbeitet und würde jetzt gerne etwas anderes ausprobieren.«

Der Mann sah mich an und sagte: »Lorna, sehen Sie die Treppe dort drüben? Gehen Sie dort hinauf zum Empfang, und fragen Sie nach einem Bewerbungsbogen. Füllen Sie ihn aus, und gehen Sie damit ins Personalbüro, fragen Sie dort nach Phyllis.«

Ich tat, was er sagte. Kurz darauf klopfte ich an die Tür des Büros und bat, Phyllis sprechen zu dürfen. Ich war nervös und wollte, dass die Engel dicht in meiner Nähe blieben. Die Dame im Personalbüro wollte das ausgefüllte Formular sehen und ließ mich wissen, die Chefin sei gerade nicht in ihrem Zimmer. Dann schickte sie mich die Treppe wieder hinunter, um nach ihr Ausschau zu halten. Ich sollte mich nach links wenden und dann dem schmalen Gang folgen, wo ich dann linker Hand auf eine Tür treffen würde. Ich dankte ihr und machte mich auf den beschriebenen Weg. Die besagte Tür links im Gang stand einen Spaltbreit offen, ich klopfte vorsichtig an und rief: »Hallo?«

»Kommen Sie herein, die Tür ist offen«, erklang von drinnen eine Frauenstimme.

Ich öffnete die Tür ganz und warf einen Blick in das Büro. Es war ziemlich düster, und drinnen saß eine zierliche Dame mittleren Alters an einem Schreibtisch. Mir fiel auf, dass die Vorderwand des Büros aus Glas bestand. Auf diese Weise konnte man die Verkaufsräume überblicken. Als ich Engel Elisa neben der Dame stehen sah, legte sich meine Aufregung ein wenig. Die Dame stellte sich vor – sie war die Geschäftsführerin des Kaufhauses.

»Was kann ich für Sie tun?«, wollte sie wissen.

Ich erzählte ihr, der Direktor der Verkaufsabteilung habe mich zu ihr geschickt. Sie warf einen Blick auf meinen Bewerbungsbogen und erkundigte sich, ob ich bisher ausschließlich bei meinem Vater beschäftigt gewesen sei.

Ich gab zurück: »Ja, das wäre meine erste Stelle woanders.«

Daraufhin meinte sie, ich hätte Glück, denn es gebe ein paar freie Stellen, und ich könne gleich am Montag bei ihnen anfangen. Ich solle mich dann um neun Uhr direkt bei ihr im Büro melden und falls ich sie da nicht anträfe, in den Verkaufsraum gehen. Sie werde mich dann in meine zukünftige Abteilung einführen und eines der Mädchen dort mich in alles einweisen. Das war's fürs Erste – wir schüttelten uns die Hände und verabschiedeten uns voneinander.

Vor lauter Entzücken tanzte ich schier die Stufen hinab: Eine neue Arbeit und noch dazu in der Abteilung für Damenmode! Ich war hin und weg. Innerlich dankte ich allen meinen Engeln und pries sie in sämtlichen Tonarten. Als ich wieder zu Mam zurückging, fand ich sie noch immer in der Unterhaltung mit ihrem alten Freund. Da erst fiel mir auf, dass er wohl um einiges älter sein musste als sie. Er erkundigte sich nach dem Verlauf meines Gesprächs mit Phyllis.

»Ich fange am Montag an«, antwortete ich.

»Großartig«, gab er zurück. Mam und er redeten noch ein paar Minuten weiter, und dann sagten wir uns auf Wiedersehen.

Am nächsten Abend war ich mit Joe verabredet und erzählte ihm von meinem neuen Job. Er freute sich für mich, sagte aber auch, dass er mich bei der täglichen Arbeit natürlich sehr vermissen würde. »Die Liebe wächst mit der Entfernung«, verkündete er und fügte hinzu, dass mich eine Arbeitsstelle außerhalb meines Vaters Reichweite wesentlich unabhängiger machen würde. Joe und ich standen einander inzwischen so nahe, dass es für uns nur wenig Unterschied machte, ob wir im selben Betrieb arbeiteten oder nicht. Nach wie vor hielten wir unsere Verbindung jedoch vor allen geheim.

Als ich am darauffolgenden Montag um neun Uhr das Kaufhaus betrat, wirkte es ganz leer auf mich, obwohl bereits eine Menge Personal zugegen war. Nachdem ich die Geschäftsführerin entdeckt hatte, lief ich zu ihr hin. Ich sollte sie gleich in den unten gelegenen Personalraum begleiten, und so folgte ich ihr, wobei mir vor lauter Nervosität und Angst das Herz bis zum Hals schlug. Das war mein erster Job ohne familiären Hintergrund, und ich war nun völlig auf mich allein gestellt. Die Geschäftsführerin stellte mich Frances vor, der die Abteilung Damenröcke unterstand und deren neue Assistentin ich werden sollte.

Ich war sehr unsicher und besorgt an diesem ersten Tag, besonders im Hinblick auf die Mittagspause. Doch das hätte ich mir sparen können: Pauline, ein Mädchen in meinem Alter und aus derselben Abteilung, kam während des Vormittags auf mich zu, erklärte mir, wir seien beide für dieselbe Pausenschicht eingeteilt und lud mich ein, die Pause mit ihr gemeinsam zu verbringen. Sie machte mich mit allem vertraut, und wir freundeten uns an.

Die Arbeit im Kaufhaus gefiel mir von Anfang an sehr gut. Ich hatte Spaß am Kontakt mit so vielen Menschen und genoss die angenehme Atmosphäre. Die Geschäftsleitung verhielt sich gegenüber den Angestellten sehr anständig und sozial. In der Abteilung für Damenmode befand ich mich in meinem Element; schnell hatte ich mir alles über Röcke angeeignet, was es zu lernen gab, und gelegentlich, wenn bei uns nicht viel los war, half ich in anderen Unterabteilungen aus.

Kapitel 9

Der Engel des Todes

Nach ein paar Wochen an meiner neuen Arbeitsstelle lenkten die Engel meine Aufmerksamkeit auf einen jungen Mann namens Mark, der in der Handtaschenabteilung beschäftigt war. Er war lang und dünn, hatte braunes gewelltes Haar, braune Augen und wohl auch immer einen braunen Anzug an. Jedes Mal, wenn ich zu ihm hinüberblickte, war ein sanftes Leuchten um ihn herum.

Eines Nachmittags, als es bei uns ruhig zuging, beobachtete ich Mark von weitem und sah, wie ein Engel hinter ihm erschien. Kein Schutzengel – die Schwingung und das ihn umgebende Licht waren vollkommen anders als bei einem Schutzengel. Dieser Engel war schlank, elegant und ungewöhnlich groß.

Mir war klar, was ich hier sah, unterschied sich stark von allem mir bisher Bekannten. Der Engel wandte sich nach mir um und schaute mich an, in seinem Gesicht stand tiefes Mitgefühl. Dann stellte er sich hinter Mark und lehnte sich vor, griff über die Schultern des jungen Mannes in dessen Körper hinein und berührte seine Seele. Ich konnte sehen, wie er die Seele sanft hochnahm, wie ein Neugeborenes, und sie in Marks Körper hin- und herwiegte, sachte und mitfühlend.

Mark schien einfach nur dazustehen, ganz still, als sei er in Trance versunken und nehme seine Umgebung nicht länger wahr.

Ich brach in Tränen aus, wusste aber nicht weshalb. Ich erlebte einen Ansturm von Emotionen, hatte aber keine Ahnung, was eigentlich los war. Da tippte mir jemand von hinten auf die Schulter: Engel Hosus. Ich drehte mich zu ihm um. Er hob die Hände, wischte mir die Tränen ab und bedeutete mir, ich solle unter irgendeinem Vorwand ins Lager hinuntergehen, er werde dort auf mich warten.

Ich hielt nach dem Abteilungsleiter Ausschau, zu meiner Erleichterung entdeckte ich ihn am Hintereingang im Gespräch mit einem der Sicherheitsleute. Ich sagte ihm, ich müsse kurz ins Lager.

Ich ging hinunter und gelangte durch die beiden schweren Schwingtüren in die Räume des Hauptlagers, wo sich Kisten und Kästen bis zur Decke stapelten. Ich bahnte mir einen Weg hindurch und erklomm dann die steinerne Wendeltreppe, denn das Lager für die Damenmoden befand sich drei Treppen höher im obersten Stockwerk. So schnell ich konnte, hastete ich die Stufen hinauf und stieß eine kleine Tür auf. Der Raum war nur spärlich erleuchtet und mit Kleiderständern und -schachteln vollgestellt.

Ich sah mich suchend um, die Kleiderständer waren beinahe wandhoch, und ich konnte den Engel nirgends entdecken. Da ich wusste, es war kein anderer Mensch in der Nähe, rief ich laut seinen Namen. Ich ging die Reihen der Kleiderständer ab, und ganz hinten, in der Ecke auf einer Kiste sitzend, fand ich ihn schließlich. Er erwartete mich. Sein Anblick hob meine Stimmung.

»Engel Hosus«, begann ich, während ich neben ihm Platz nahm, »ich muss unbedingt etwas über diesen Engel wissen, den ich vorhin gesehen habe. Was wird mit dem jungen Mann geschehen?«

Hosus streckte seine Hand nach meiner aus: »Ich kann dir dazu nur wenig sagen. Der Engel, den du vorhin gesehen hast, unterscheidet sich grundlegend von den anderen. Er ist der ›Engel des Todes‹ und erscheint nur dann, wenn ein Mensch unter außergewöhnlichen Umständen sterben wird. Dabei unternimmt der Engel des Todes wirklich alles in seiner Macht Stehende, um das zu verhindern, und er hat viele Engel, die ihn dabei unterstützen. Plant beispielsweise irgendeine Organisation eine Gräueltat, bei der Unschuldige ums Leben kommen werden, so kannst du gewiss sein, dass der Engel des Todes lange Zeit mit allen Mitteln versucht hat, die Verantwortlichen davon zu überzeugen, dass das jeweilige Verbrechen gegen Gottes Willen verstößt. So sollte es auch keine Kriege geben, sondern nur Frieden. Der Engel des Todes arbeitet überall – auch auf höchststaatlicher Ebene –, um die Leben Unschuldiger zu retten, vor allem in Kriegszeiten. Der Engel des Todes gibt sich größte Mühe, die Menschen zu überzeugen – doch hören sie etwa auf die Engel? Manchmal vielleicht schon, aber nicht immer!«

Vor diesem Ereignis hätte ich mir unter einem Engel des Todes einen Engel vorgestellt, der nur Katastrophen, Qualen und Leid mit sich bringt, doch dieser Engel verströmte ausschließlich Liebe und Mitgefühl.

Ich dankte Hosus und ging zurück an meine Arbeit – ich hatte inzwischen begriffen, wann es zwecklos war, weitere Fragen zu stellen.

Wir alle sind in Furcht vor dem Engel des Todes aufgewachsen, doch der Engel des Todes heißt nur so, eigentlich ist er ein »Engel des Lebens«, denn er kämpft für die Lebenden und für das Wahre und Gute.

Von diesem Tag an nahm ich Mark noch viel bewusster wahr. Jedes Mal, wenn ich zu ihm hinübersah, erblickte ich auch den Engel des Todes. Ich wusste, Mark hatte ebenfalls einen Schutzengel um sich, den bekam ich jedoch nie zu Gesicht. Jeden Tag wurde meine Aufmerksamkeit von Mark angezogen; so als wollte ich über ihn wachen, für ihn eintreten, damit vielleicht doch noch irgendwie irgendetwas an den Umständen zu ändern wäre und die Engel endlich Gehör fänden.

Normalerweise arbeitete Mark in der Handtaschenabteilung mit zwei anderen Mädchen zusammen – eines Tages machte ich jedoch eine überraschende Feststellung: Er war sich der Tatsache bewusst, dass ich ihn beobachtete! Später kam er dann in meine Abteilung und fragte meine Vorgesetzte, ob er mich für den Handtaschen-Stand »ausborgen« dürfe. Ich wusste, das war nicht Marks eigene Idee gewesen – vielmehr hatten die Engel ihm etwas ins Ohr geflüstert und auf diese Weise dafür gesorgt, dass Mark und ich einige Zeit miteinander zu tun hatten.

Während der folgenden Monate war mir das Herz wirklich schwer. Von den anderen Mädchen erfuhr ich mehr über Mark, beispielsweise dass er eine Freundin in Nordirland hatte, zu der er jedes Wochenende mit Bus und Zug unterwegs war. Ich hielt immer noch die Hoffnung aufrecht, dass sich alles zum Guten wenden würde, doch meine Engel baten mich nach wie vor, Mark zu helfen, und so wusste ich tief in meinem Inneren, in meinem Herzen und in meiner Seele, dass er nicht in Sicherheit war.

Bei uns im Kaufhaus gab es immer viel zu tun, hauptsächlich an den Wochenenden. Mehrmals im Jahr wurden Ausverkäufe veranstaltet, die immer Scharen von Menschen anzogen – überwiegend Frauen, und viele von ihnen brachten ihre Kleinkinder mit oder Babys in Kinderwägen. Während dieser Tage war das Personal vor allem damit beschäftigt, Kleidungsstücke vom Fußboden aufzusammeln, wohin die Frauen sie bei ihrer hektischen Jagd nach Schnäppchen hatten fallen lassen. Es war wirklich nicht einfach, dafür zu sorgen, dass keine Sachen auf dem Boden landeten. Es herrschte Chaos, und die Schlangen an den Kassen wollten schier nicht enden. Doch ich genoss die Ausverkäufe, denn ich war andauernd in Bewegung, und dadurch verging die Arbeitszeit wie im Flug. Außerdem hatte ich eine Vorliebe dafür, Menschen zu beraten.

An einem besonderen Samstag während solch eines Ausverkaufs, ich zwängte mich gerade zwischen Kundinnen durch, versuchte, Röcke wieder auf die Kleiderständer zurückzuhängen, spürte ich jemanden an meiner Uniform zupfen. Ich blickte an mir hinunter, und da standen zu meiner Verwunderung zwei Engelchen. Sie sahen aus wie kleine Kinder, vielleicht 60 Zentimeter groß, und hatten Flügel. Sie waren in helles Licht getaucht und strahlten Frohsinn aus, sie schäumten schier über und funkelten richtig. Solche Engelchen kannte ich schon, und jedes Mal, wenn mir wieder welche begegnen, geben sie mir das Gefühl, selbst ein Kind zu sein. Diese kleinen Engel berühren das kleine Mädchen in mir, erfüllen mich mit Glück, Freude und Lachen.

Während ich die Engelchen so anschaute, sagte einer der beiden zu mir: »Beeil dich, Lorna. Du musst mit uns kommen.«

Sie geleiteten mich durch die Menschenmenge ans andere Ende des Verkaufsraums. Die Engel verschwanden in der Masse, aber ich konnte ihre Stimmen hören: »Unter

dem Blusenständer, Lorna. Guck unter den Blusenständer!«

Als ich bei den Blusen ankam, hielt ich einen Moment
inne und beobachtete die Frauen, wie sie die Ständer
durchwühlten, auf ihrer Suche nach passenden Kleidungs-
stücken. Um begehrte Teile entbrannten sogar beinahe
Kämpfe. Dieses aggressive Verhalten schockierte mich. Die
Engelchen hatten gesagt »unter dem Ständer«, also wusste
ich, wo ich nachzuschauen hatte und auch, was ich dort
finden würde: ein kleines Kind.

Also stürzte ich mich ins Gewühl, bahnte mir unter Ent-
schuldigungen meinen Weg zwischen den Frauen hindurch
und gab vor, Ordnung auf den Ständern machen zu wollen.
Plötzlich fühlte ich eine kleine Hand um meinen Knöchel.
Ich drängte ein paar Frauen zur Seite, beugte mich hinunter
und hob ein kleines Mädchen vom Boden auf. Ich tat ein
paar Schritte aus der Menge, und da kam auch schon eine
Frau angelaufen und sagte, das Kind auf meinem Arm sei
ihres. Ich sagte ihr, dies sei ein viel zu gefährlicher Platz, um
ein kleines Kind unbeaufsichtigt alleine zu lassen. Sie igno-
rierte mich jedoch, nahm mir das Mädchen vom Arm und
eilte mit ihm davon.

Die beiden kleinen Engel guckten sehr traurig drein, und
ich sagte zu ihnen: »Diese Mutter hört einfach nicht zu.«

Daraufhin baten mich die beiden, der Mutter mit ihrer
Kleinen hinterherzulaufen und sie im Auge zu behalten.
Die Engelchen blieben ebenfalls an den beiden dran, und
ich sah den Schutzengel der Mutter ihr etwas ins Ohr flüstern.

Ich versuchte nach Kräften, die beiden nicht aus den
Augen zu verlieren, doch wurde das sehr schwierig, weil
mich ständig Hilfe suchende Kunden aufhielten. Es war ein

einziger Tumult. Ich nutzte jede Chance, Mutter und Kind auf den Fersen zu bleiben, und die Engelchen unterstützten mich dabei, indem sie immer wieder einen Lichtstrahl aussandten und auf die beiden richteten. Sein Anblick erleichterte mich jedes Mal. Plötzlich jedoch zupften die beiden wieder an meiner Uniform: »Komm ganz schnell, Lorna. Irgendwas passiert, und wir beide sind vielleicht nicht imstande, es aufzuhalten, wenn die Mutter nicht auf uns hört.«

Ich folgte ihnen so schnell ich konnte und schaute verblüfft auf die glitzernde Lichtspur, die sie hinterließen, als sie ins Gewühl eintauchten. Und ich konnte glatt durch die Menge hindurchsehen, denn plötzlich waren alle Menschen von der Taille abwärts durchsichtig für mich! So konnte ich auch ausmachen, wo das kleine Mädchen stand. Im Näherkommen rief ich laut: »Vorsicht, geben Sie bitte acht auf das Kind!«

Doch die sich um den Ständer drängelnden Frauen waren von ihrer Suche nach Super-Sonderangeboten derart in Anspruch genommen, dass sie keinerlei Notiz von meinen Worten nahmen; sie hörten einfach nicht hin. Ich konnte absehen, was passieren würde, aber nichts mehr dagegen unternehmen. Ich wollte die Arme ausstrecken, ich wollte das Unglück aufhalten. Zahllose Hände zerrten Kleidungsstücke in allen Richtungen von den Bügeln, fuchtelten damit in der Gegend herum, und so konnte es geschehen, dass eine Frau dem Kind versehentlich einen Kleiderbügel ins Gesicht rammte und es so unglücklich im Augenwinkel traf, dass das Auge aus der Höhle gedrückt wurde.

Ich sah, wie eines der Engelchen eine Hand zum Auge des Kindes hob, obwohl es schon aus der Höhle heraushing, dadurch aber verhinderte, dass das Auge ganz im Kleiderbügel hängen blieb und abgerissen wurde. Das Kind schrie los – als die Mutter die Bescherung sah, begann sie ebenfalls zu heulen und riss ihr Kind in die Arme. Ich drängte mich zu den beiden durch, streckte die Hand nach dem Mädchen aus, berührte es und bat Gott, einzugreifen und der Kleinen das Auge zu retten.

Eine Stimme rief: »Jemand soll den Notarzt rufen!«

Der Anblick des kleinen Mädchens mit dem aus der Höhle hängenden Auge war nur schwer zu verkraften. Die kleinen Engel hielten den Augapfel fest, um ein Abreißen der Bänder und Muskeln zu verhindern. Zeuge solcher Fürsorge und Zärtlichkeit zu werden, heißt zu erfahren, dass wir geliebt werden. Auch in schweren Zeiten, wenn man glaubt, niemand nähme Anteil oder liebte einen, sind die Engel andauernd um uns. Denken Sie immer daran: Die Liebe der Engel ist bedingungslos!

Weil das Kind ununterbrochen schrie, stürzte der Abteilungsleiter herbei und brachte die Mutter mit ihrem Kind in sein Büro.

Später habe ich dann erfahren, dass die Ärzte dem kleinen Mädchen das Auge hatten erhalten können.

Joe und ich verliebten uns ineinander und wuchsen immer enger zusammen. Meistens ging ich abends nach der Arbeit zu ihm nach Hause, seine Mutter empfing mich jedes Mal mit großer Herzlichkeit und gab mir das Gefühl, zur Familie zu gehören. Sie war eine hoch gewachsene, gut gebaute Frau mit lockigen Haaren und trug immer ein Lächeln auf den Lippen. Ich unterhielt mich oft und sehr gerne mit ihr; saß am Tisch, während sie in der Küche herumwirtschaftete, denn sie ließ mich nie auch nur einen Handschlag tun. Ein bestimmtes Gespräch beglückte mich besonders: Sie sagte mir, wie froh sie sei, dass ihr Joe eine so reizende junge Frau gefunden habe, dass sie immer darum gebetet habe, und dass sie es liebend gerne sähe, wenn wir beide heirateten und Kinder bekämen. Sie fügte hinzu, ihren Jüngsten mit einer Frau glücklich zu wissen, würde ihr alle Sorgen abnehmen. Sie bat mich, keines ihrer Worte an ihn weiterzugeben, es sollte unter uns bleiben.

Joe kam gewöhnlich eine Stunde nach mir bei seiner Mutter zu Hause an, und dann aßen wir alle gemeinsam Abendbrot. Joes Mutter war eine großartige Köchin – ich liebte ihr Weißkraut mit Räucherspeck* und ihre Apfeltörtchen. Nach dem Essen gingen Joe und ich gemeinsam zur Bushaltestelle, in der Hoffnung, den 22-Uhr-Bus in die Innenstadt noch zu erwischen und von dort den Bus nach Leixlip, heim zu meiner Familie. Wenn ich heute darüber nachdenke, finde ich, dass wir schrecklich viel Zeit in Bussen und mit Herumfahren zugebracht haben.

Ich hatte meinen Eltern immer noch nichts von Joe und mir gesagt, obwohl wir jetzt schon über ein Jahr miteinander befreundet waren. So seltsam das klingen mag – meine Mutter hat nicht ein einziges Mal gefragt, wo ich all die Abende gewesen war, vielleicht ging sie ja auch davon aus, dass ich immer so lange arbeiten musste. Was meinen Vater betraf, machte ich mir einerseits ein bisschen Sorgen, ob er unsere Verbindung wohl billigen würde, andererseits wusste ich, dass er Joe wirklich gerne hatte. Vor

---

* *Bacon with Cabbage* ist ein berühmtes, traditionsreiches irisches Gericht; Anm. d. Ü.

der Reaktion meiner Mutter hatte ich dagegen wirklich Angst.

Tatsächlich mussten wir an ein oder zwei Abenden pro Woche zusätzlich arbeiten, um die Kleiderständer mit neuer Ware zu füllen. Wir machten dazu Zwei-Wochen-Pläne, und ich übernahm meistens den Donnerstag und den Freitag. Gelegentlich kam bei mir auch noch der Mittwochabend dazu. Einige meiner Kolleginnen mochten den Freitagsdienst überhaupt nicht, mir machte es aber nichts aus, denn Joe musste freitags häufig auch länger in der Tankstelle bleiben, und ich traf ihn ohnehin an den meisten anderen Tagen. Oftmals hatte Mark an denselben Abenden Dienst wie ich; der Engel des Todes war nach wie vor bei ihm und versuchte, seine Seele festzuhalten. Mark war so glücklich, er sprühte vor Leben, doch die Engel ließen mich wissen, sie hätten den Kampf um ihn verloren.

Eines Tages, ich stand zusammen mit meiner befreundeten Kollegin Valerie an der Kasse und hatte es übernommen, die verkauften Kleidungsstücke zusammenzulegen und in Tüten zu verpacken, kam Mark zum ersten Mal von sich aus zu uns herüber und unterhielt sich mit uns. Er erzählte uns alles von seiner Freundin, unter anderem, dass sie aus Nordirland war und er sie am kommenden Wochenende wiedersehen würde. Er verriet uns auch, dass er ganz verrückt nach ihr und sie das Beste sei, was ihm in seinem ganzen Leben je passiert war, und dass er hoffe, sie irgendwann zu heiraten.

Ich nahm wahr, wie der herrliche Engel Mark in seinen Armen barg, als sei er das wertvollste menschliche Wesen auf der ganzen Welt – und ich begann zu zittern. Der Engel des Todes wollte den jungen Mann gar nicht mitnehmen, es blieb ihm aber keine andere Wahl, da bestimmte Leute nicht auf ihre Engel hören wollten. Ich konnte den Engel ganz deutlich verstehen, als er zu mir sprach, auch hätte ich die Hände nach ihm ausstrecken und ihn genauso einfach berühren können wie Mark, doch das durfte ich nicht. Dann musste Mark los.

Ich wandte mich um zu Valerie und sagte ihr, ich müsse mal eben verschwinden. Dann rannte ich aus der Abteilung und durch den Hintereingang auf die Toilette. Dort brach ich in Tränen aus. Schließlich nahm ich allen Mut zusammen und kehrte zu meiner Arbeit zurück, hielt aber ständig Kontakt mit meinen Engeln, weil ich mich so bedrückt und hilflos fühlte.

Als ich schon etwa ein Jahr in dem Kaufhaus beschäftigt war, wurde ich gebeten, an einem bestimmten Tag länger zu bleiben, und ich willigte ein. Mir war klar, dass ich da sein musste, denn auch Mark hatte Abenddienst. Während ich meiner Arbeit nachging, beobachtete ich Mark mit seinem Engel und betete. Ich konnte Marks tiefe Freude, sein Glück spüren, die große Liebe, die er zu seiner Freundin empfand. Bestimmt war er inzwischen verlobt und malte sich die Zukunft mit seiner Liebsten aus; dafür lebte er.

Alle waren gegangen, bis auf den Hauptabteilungsleiter in unserem Stockwerk sowie Mark und mich. Der Chef kam herüber zu mir und wollte wissen, ob ich fertig sei. Ich sagte ihm, ich würde noch etwa fünf Minuten brauchen. Als ich mit dem Auffüllen der Kleiderständer durch war, machte ich mich auf den Weg zum Personalraum mit den Garderoben. Ich schaute zurück und sah Mark an der Handtaschenauslage hantieren. Ich beeilte mich, treppabwärts in die Garderobe zu kommen, nahm meinen Mantel an mich und hastete die Stufen wieder hinauf, in der Hoffnung, noch einen Blick auf Mark werfen zu können: Er stand noch da, im Gespräch mit dem Hauptabteilungsleiter. Ich wusste, ich würde Mark nie mehr wiedersehen.

Die Kaufhaustüren schlossen sich hinter mir. Während ich über den Parkplatz und durch die Sträßchen auf der Rückseite des Gebäudes lief, wandte ich mich wieder an die Engel. Ich fühlte mich so hilflos. Urplötzlich erschienen, in einen strahlenden Lichtschein gehüllt, einige Engel, umringten mich, streckten die Hände vor und nahmen meine Seele aus meinem Körper. Von diesem Augenblick an weiß ich gar nichts mehr, ich habe keine Erinnerung daran, wie ich nach Hause gekommen bin oder was sich an diesem Abend sonst noch ereignet hat. Als ich am nächsten Morgen erwachte, war mir klar, dass die Engel meine Seele abgeholt hatten, damit ich auf der geistigen Ebene bei Mark sein konnte; mein Körper und meine Seele waren aber noch durch einen spirituellen Faden miteinander verbunden gewesen.

Als ich dann vom Bett aufstand, schien mein Körper mir so leicht, dass ich kaum den Boden unter meinen Füßen spürte. In mir herrschten große Ruhe und Stille. Langsam zog ich mich an und lief die Treppe hinunter, ich fühlte mich schwach und unwohl. In der Küche fragte meine Mutter, ob mit mir alles in Ordnung sei, ich sei so blass.

Ich goss mir eine Tasse Tee ein, nahm mir eine Scheibe Toast und verzog mich damit in den Garten hinter unserem Haus, offiziell, um nach meinem Kaninchen zu sehen. Das war natürlich nur ein Vorwand, denn ich wollte nicht, dass Mam sich Sorgen machte. Dann verabschiedete ich mich von ihr und lief die Straße hinunter zur Bushaltestelle, als ich rechts und links von mir jeweils einen Engel bemerkte – die beiden trugen mich. Lächelnd meinte ich: »Danke schön, ihr Engel. Bitte macht, dass es mir körperlich bald besser geht, sonst halte ich den Tag heute nicht durch.«

Ich hörte sie in mein Ohr flüstern: »Mach dir keine Sorgen, Lorna, wir werden schon auf dich achtgeben.«

Als ich über die Straße auf die Bushaltestelle zuging, warteten dort schon mehr als ein Dutzend Leute auf den Bus. Als ich bei ihnen anlangte, bat ich die Engel: »Bitte verschafft mir einen Sitzplatz, ich kann heute nicht stehen.«

Ein paar Minuten später kam der Bus, er war zwar voll, doch ich ergatterte ganz hinten noch einen freien Sitzplatz. Ich nickte ein, bis ich von einem Rascheln geweckt wurde – mein Vordermann las die Morgenzeitung. Die Schlagzeile sprang mir ins Gesicht: »Junger Mann in Dublin-City erschossen!« Völlig niedergeschmettert schloss ich wieder die Augen.

Als der Bus den Busbahnhof erreichte, stieg ich mit der Menge aus und nahm den Weg über die Brücke in Richtung Mary Street. Ich lief immer weiter, bis ich an einem Geschäft vorbeikam, aus dem ein Radio plärrte. »Ein junger Mann wurde erschossen«, hörte ich gleich darauf den Nachrichtensprecher sagen.

Ich begann zu rennen, und als ich in die Parallelstraße zu unserem Kaufhaus einbog, liefen mir die Tränen über das Gesicht. Es war niemand dort zu sehen. Zu meinem Entsetzen entdeckte ich Kreidemarkierungen auf dem Asphalt und zerrissenes gelbes Plastikband – es war der Ort, an dem Mark den Tod gefunden, wo man ihn niedergeschossen hatte. Doch außer mir war niemand dort, keine Polizei, keine Menschenseele außer mir! So, als ginge es niemanden etwas an. Ich fror innerlich, und der Ansturm meiner Gefühle überwältigte mich.

Im Kaufhaus gab es natürlich kein anderes Thema. Zwar hielt ich mich abseits, um möglichst wenig mitzubekommen, doch gelang es mir nicht, alles völlig auszublenden.

Der allgemeinen Ansicht nach hatte der Mord an Mark einen konfessionellen Hintergrund, da seine Freundin aus Nordirland stammte. Doch eines weiß ich sicher: Mark ist direkt in den Himmel aufgestiegen. Wie bei meiner ersten Begegnung mit dem Engel des Todes hatte ich Marks Seele gesehen, wie der Engel sich über ihn beugte und sie berührte: Marks Seele war wunderschön, ein makelloser blauer Kristall. Im Augenblick seines Todes waren die Engel um ihn, natürlich auch der Engel des Todes – außerdem einige bereits verstorbene Mitglieder seiner Familie, und sie alle geleiteten Mark direkt zum Himmel hinauf.

In der Mittagspause rief ich Joe an und bat ihn, mich nach der Arbeit am Hintereingang des Kaufhauses abzuholen. Ich erzählte ihm, dass ich mir den nächsten Tag freigenommen hatte und wir den Abend gemeinsam verbringen könnten. Mir war immer noch entsetzlich elend, und ich brauchte seinen Arm um meine Schultern, damit ich mich ein bisschen besser fühlen konnte. Außerdem war ich sehr schwach auf den Beinen und nicht imstande, alleine zur Bushaltestelle zu laufen. Ich habe Mark nie vergessen.

Kapitel 10

Die Bombenleger

Joe und ich liebten die Wochenenden: Alle vier Wochen hatte ich ein freies langes Wochenende, und Joe regelte seine Dienstpläne mit meinem Vater nach Möglichkeit in Übereinstimmung damit. Ich zog ihn gerne deshalb auf, sagte, er habe Glück, bei meinem Vater beschäftigt zu sein. Schon immer lange im Voraus schmiedeten wir Pläne, und zu unseren Favoriten gehörten die Wicklow Mountains und deren Nordausläufer, die Dubliner Berge, und Brittas Bay, ein traumhafter, kilometerlanger Sandstrand entlang der Ostküste, südlich von Dublin.

Als wir, wie so oft, eines Abends gemeinsam mit dem Bus nach Hause fuhren, hatte Joe eine Idee: »Was hältst du davon, nächstes Wochenende zum Sally Gap in den Wicklow-Bergen zu fahren?« Der Sonntagmorgen brach an, und Joe erschien pünktlich um neun Uhr am vereinbarten Treffpunkt in der Nähe unseres Hauses – über die Straße an der nächsten Ecke, wo meine Familie uns nicht sehen konnte. Ich hatte ein Proviantpaket mit Schinken- und Käsebroten sowie Äpfeln und einer Tafel Schokolade für uns vorbereitet. Er gab mir einen dicken Kuss und sagte: »Lass uns gehen.« Dann marschierten wir zur Bushaltestelle, gerade rechtzeitig, denn der Bus kam mit uns dort an.

Als wir die Wicklow-Berge erreichten, stiegen alle anderen Fahrgäste ebenfalls aus und schienen auch denselben Weg einzuschlagen wie wir. Ich war überrascht über diesen Ansturm. Zu Joe meinte ich, ich hätte gar nicht gewusst, was für ein beliebtes Ausflugsziel diese Landschaft sei. An diesem Tag wanderten wir etwa anderthalb Kilometer bergauf, über den Pass in ein hoch gelegenes, von zahlreichen Felsen übersätes Gebiet. Es war einfach herrlich: die Berge um uns herum, die klare frische Luft. Wir kletterten über die großen Felsen, was ich mit Begeisterung tat, wobei mir Joe allerdings ein paar Mal buchstäblich unter die Arme greifen musste, denn ich bin etwas kurz geraten und die Blöcke waren riesig – für Joe alles natürlich kein Problem. Wir hatten jede Menge Spaß.

Auf einem großen Felsen legten wir eine Rast ein, vertilgten unseren Proviant und führten stundenlange Gespräche, saßen da, aalten uns in der Sonne und bewunderten die Schönheit des Bergpanoramas. Schließlich packten wir die Reste unseres Picknicks in die Tasche. Joe nahm sie mir ab und legte seine Arme um mich. Wir waren eben dabei, den Felsen wieder hinunterzuklettern, als etwas für mich völlig Unerwartetes geschah: Joes Engel erschien, einen Schritt weit entfernt, rechts hinter ihm. Ich schenkte ihm ein Lächeln, und er sagte: »Lorna, sieh mal, wie die Sonne auf den kleinen See da drüben scheint. Geht dorthin.«

»Wem hast du gerade zugelächelt?«, wollte Joe wissen.

Ich konnte ihm ja schlecht antworten: »Deinem Engel!« Bislang hatte mir nämlich der Mut gefehlt, Joe zu erzählen, dass ich tatsächlich Engel und andere Erscheinungen sehen konnte. Ich fürchtete mich vor seiner Reaktion.

Und so sagte ich stattdessen: »Schau mal da hinüber, dorthin, wo die Sonne auf die kleine Gruppe von Bäumen und Felsen fällt – ist da nicht ein kleiner See?«

»Weshalb haben wir den nicht schon früher bemerkt?«, wunderte Joe sich.

Wir liefen los in Richtung auf den kleinen See. Dort angelangt trafen wir ein anderes Paar, das gerade beim Picknicken war und uns zu einer Tasse Tee einlud. Wir saßen zusammen am Seeufer, unterhielten uns und lachten miteinander.

Die Engel bescherten mir an diesem Tag Blicke auf wundervolle Dinge. Es wäre befreiend gewesen, mein Geheimnis mit Joe teilen zu dürfen, vor allem, wenn er die später folgenden Ereignisse auch hätte sehen dürfen, doch das ging leider nicht.

Der See lag in der Sonne wie eine Glasscheibe, die Spiegelbilder der Bäume am Ufer tanzten auf dem Wasser, so wie das des Eisvogels, der über den See flog. Im Wasser entdeckte ich einen zweiten Eisvogel, und als er nach oben kam, ließ die Reflexion der Sonne sein Gefieder in allen Regenbogenfarben schillern. Er tauchte auf, schoss durch die Oberfläche des Sees, das Wasser kräuselte sich, bildete Wellen, und er schien mit seinem Schnabel den Schwanz eines weiteren Artgenossen zu berühren: Es war, als flöge ein ganzer Schwarm von Eisvögeln hintereinander her.

Doch jetzt mahnten die Engel: »Lorna, es ist Zeit aufzubrechen.«

Daraufhin sagte ich zu Joe, es werde allmählich dunkel, und wir sollten uns doch besser auf den Heimweg machen. Die beiden anderen meinten, sie besäßen einen Kompass und wüssten eine andere Route zurück, und wir sollten doch gemeinsam gehen.

Also schlossen wir uns ihnen an. Ich habe keine Ahnung, wie lange wir für den Rückweg zur Bushaltestelle gebraucht haben, aber ich war restlos erschöpft, als wir endlich dort anlangten. Joe, Gentleman wie immer, brachte mich noch bis vor unsere Haustür und rannte dann zur Haltestelle der

»Geisterlinie«, um in die Innenstadt von Dublin zurückzu-
fahren. Ich bat die Engel, Joe zu beschützen und ihn sicher
nach Hause zu bringen. Darüber hinaus sollten sie Joe doch
bitte insgesamt bei guter Gesundheit halten. Joe schien
zwar putzmunter und voller Elan, doch ich konnte sehen,
dass seine inneren Organe bereits zu kränkeln begannen;
sie waren schon dabei, leicht einzuschrumpfen, und um sie
herum schien sich eine Art grauer Schatten zu bilden. Noch
waren die Veränderungen geringfügig, doch für mich war
die Sache klar. Ich fürchtete, das waren die ersten Anzeichen der Krankheit, von der Engel Elija gesprochen hatte.

Nie werde ich den Tag vergessen, an dem meine Mutter
hinter mein Geheimnis mit Joe kam. Ich hatte frei, erledigte
ein paar Hausarbeiten und verbrachte einige Zeit mit meinem Kaninchen Isabel. Auch meine ältere Schwester Emer
war an diesem Nachmittag zu Hause, und prompt war ich
wieder mehr oder weniger Luft für meine Mutter. Das
kannte ich schon mein ganzes Leben lang: Wenn eines meiner Geschwister sich mit meiner Mutter unterhielt und ich
hereinkam, trat sofort eine Pause ein. Blieb ich im Zimmer
oder setzte mich gar dazu, verebbte das Gespräch ganz.

Mitunter war ich schon ein bisschen traurig, dass meine
Familie mich so gar nicht miteinbeziehen wollte.

Da Joe und ich für halb sieben verabredet waren, ging
ich am späten Nachmittag vom Garten ins Haus, um mich
ein bisschen herzurichten. Mutter war in der Küche und
erkundigte sich, wo ich denn hinwollte. Ich gab zur Antwort, dass ich mit dem 17-Uhr-Bus in die Stadt fahren wollte, und durchquerte den Flur vollends, um dann die Treppe

zu meinem Zimmer zu nehmen. Oben angelangt, hörte ich meine Mutter und meine Schwester ebenfalls heraufsteigen. Nachdem ich das Zimmer mit Emer teilte, dachte ich, sie würde hereinkommen, doch stattdessen ging sie zusammen mit unserer Mutter in deren Schlafzimmer. Ich konnte sie zwar reden hören, war jedoch viel zu stark von meiner Vorfreude auf den Abend mit Joe erfüllt, um Notiz davon zu nehmen. Heute ist mir klar, dass Mam Emer regelrecht ins Verhör genommen haben muss. Als ich das Zimmer verließ, standen beide auf dem Treppenabsatz, und Emer warf mir einen schuldbewussten Blick zu.

»Stimmt etwas nicht?«, erkundigte ich mich.

Meine Mutter schrie mich an: »Was glaubst du, wohin du gehen wirst?«

Ich war entsetzt! So hatte ich meine Mutter noch nie erlebt. Ich sagte ihr, ich würde in die Innenstadt fahren. Meine Mutter schrie weiter, sie fordere eine Antwort auf die Frage, ob es wahr sei, dass ich mit einem der Tankwarte von Vaters Tankstelle liiert sei. Und dann rastete sie komplett aus: »Du hast etwas mit diesem Joe! Wie lange geht das schon? Ich wünsche das zu wissen! Und ab sofort ist Schluss damit!«

Meine Mutter war völlig außer sich. Ich sah sie an und sprach mit sehr klarer Stimme: »Ich treffe mich schon seit Monaten mit Joe, und daran wird sich auch nichts ändern. Und jetzt gehe ich los, denn ich bin mit ihm verabredet.«

Als ich mich abwenden und die Treppe hinunterlaufen wollte, grapschte meine Mutter nach meinem Arm und begann, daran herumzuzerren, während sie ununterbrochen weiter schrie: »Wie kannst du es wagen, uns eine solche Schande zu machen – mit einem aus der Unterschicht etwas anzufangen!«

Meine Mutter in einem solchen Zustand zu sehen bestürzte mich tief – das war eine Seite an ihr, die ich noch nie zuvor wahrgenommen hatte. In ihren Augen stand Joe sozial unter uns. Ich warf ihr einen Blick zu und ging dann weiter die Treppe hinunter, während sie immer noch an meinem Arm zerrte und schimpfte: »Du wirst nicht zum Bus gehen und den jungen Mann, diesen Joe, treffen!«

Hinter meiner Mutter stand ihr Schutzengel und weinte; einige seiner Tränen tropften dabei auf ihren Kopf. Unser Vater hatte in der Zwischenzeit den gesellschaftlichen Aufstieg geschafft, sie besaßen nun ein eigenes Haus – und Mam hatte darüber vergessen, dass unsere ganze Familie einmal heimatlos gewesen war und sich glücklich schätzte, als uns endlich das Haus aus dem sozialen Wohnungsbau zugewiesen wurde. Wie damals so viele irische Familien, waren auch wir sehr arm gewesen. Die Tatsache, dass sie selbst aus einer wohlhabenden Familie stammte, hatte die Situation für Mam vielleicht nur noch verschlimmert. Ihre Leute gaben ihr zu spüren, dass sie »unter ihrem Stand« geheiratet hatte.

Nachdem sie sich immer noch an mich klammerte, musste ich jetzt einen sehr entschiedenen Ton anschlagen: »Lass meinen Arm los, du tust mir weh. Ich will den Bus nicht verpassen. Du wirst die Tatsache akzeptieren müssen, dass Joe und ich zusammen sind.«

Als Mams wundervoller Engel sich über sie beugte und ihren ganzen Körper in seine Arme schloss, ließ sie meinen Arm los.

Ich zog ihn weg und sagte: »Mam, ich hab dich lieb.«

Dann rannte ich die Treppe hinunter, aus der Tür und die Straße entlang zur Bushaltestelle. Im Bus dachte ich an meine Mutter und ihren Schutzengel.

Joe erwartete mich schon an der Haltestelle in der Innenstadt. Ich war so glücklich ihn zu sehen, dass ich ihm um den Hals fiel, habe ihm aber nie verraten, wie aufgeregt ich war. Und niemals habe ich Joe auch nur ein Sterbenswörtchen davon erzählt, was meine Mutter gesagt hatte – ich wusste, wie sehr es ihn gekränkt hätte.

Wir schlenderten in Richtung Maguire's, ein Pub, wo an diesem Abend Musik gespielt werden sollte – ich habe schon immer leidenschaftlich gerne Musik gehört. Joe trank ein Guinness, ich hielt mich an Limonade, denn ich machte mir nicht viel aus Alkohol. Die Musik und Joes Arm um meine Schultern ließen mich allmählich wieder zur Ruhe kommen – ich dachte kaum noch an die Szene mit meiner Mutter.

Ein paar Tage danach sprach mein Vater mich auf die Sache an: »Ich habe von deiner Mutter erfahren, dass Joe und du, dass ihr ein Paar seid.«

Er fügte hinzu, er habe schon bemerkt, dass da irgendetwas war zwischen uns, sei aber nicht auf die Idee gekommen, dass wir längst befreundet waren. »Du meine Güte, du hast wirklich ein großes Geheimnis daraus gemacht.«

Und dann sagte er mir noch, für ihn zähle allein, dass ich glücklich sei. Und er tat eine Menge für Joe: Vater half ihm, den Beruf in allen Bereichen gründlich zu lernen und unterstützte seine Bemühungen, es im Leben weiter zu bringen – was großartig war für uns. Meine Mutter kam nie wieder auf die Szene an jenem Tag zu sprechen.

Mitunter bereiten die Engel mich auf zukünftige Ereignisse vor; gelegentlich schicken sie mir dazu Visionen. Wenn das geschieht, verschwindet alles um mich herum. Es ist, als würde ich in eine andere Zeit und an einen anderen Ort versetzt. Einmal fühle ich mich, als säße ich vor einem Fernseher, dessen Bildschirm flimmert, ein anderes Mal gleicht das Ganze einem Film im Zeitraffer. Das kann mitunter sehr schwierig für mich werden, weil ich nicht begreife, was geschieht. Wird der »Film« dann vielleicht für einen kurzen Augenblick angehalten, kann ich eventuell eine Person oder einen Ort ausmachen. Visionen verlaufen auf sehr unterschiedliche Arten.

Eines Morgens stand ich auf und machte mich für die Arbeit zurecht, dann zog ich die Schlafzimmervorhänge beiseite und schaute hinaus. Es war Frühling, und das Wetter hätte eigentlich mit jedem Tag heller und sonniger werden sollen – doch an diesem Tag schien über allem ein feiner Grauschleier zu liegen, als hätte jemand im ganzen Kosmos graue Farbe versprüht, die jeden und alles bedeckte. Ich blieb einen Moment lang am Fenster stehen und sah weiter hinaus. Ich beobachtete, wie einer der Nachbarn das Haus verließ, sich an der Tür von seiner Frau verabschiedete, auf seinen Wagen zuging und davonfuhr. Auf ihm selbst, auf dem Auto und allem ringsumher lag ein Hauch von Grau. Ein anderes Auto kam die Straße entlang – es war ebenfalls in Grau gehüllt. Ein junger Mann rannte am Haus vorbei, und obwohl die Luft um ihn herum flirrte, war sie ebenfalls grau.

Ich ging die Treppe hinunter, machte mir Tee und gab Tiger, unserer Katze, ein bisschen Milch. Als ich das Haus verließ, um zur Arbeit zu gehen, rief ich über die Schulter »Wiedersehen« die Stufen hinauf. Auf dem Weg zum Bus wollte ich dann Kontakt zu meinen Engeln aufnehmen, aber sie zeigten sich mir nicht. Also fragte ich sie: »Warum sieht denn heute alles so seltsam aus?«

»Mach dir keine Sorgen, wir passen schon auf dich auf«, flüsterten sie.

An der Hauptstraße angelangt, sah ich den Bus bereits auf die Haltestelle zusteuern und beeilte mich, um ihn noch zu erwischen. Er war zwar ziemlich voll, aber ich konnte mir trotzdem einen Sitzplatz sichern. Ich hatte eine sehr eigenartige Empfindung: Mir schien, als beschlichen mich Schweigen und Lautlosigkeit. Als ich die anderen Fahrgäste betrachtete, schien der Hauch von Grau auch sie zu umgeben. Als der Bus beim Kai am Liffey-Fluss in den Busbahnhof einfuhr, wandte ich mich erneut an meine Engel. Diesmal erhielt ich jedoch keine Antwort.

Beim Betreten des Kaufhauses, wie üblich durch den Hintereingang, fühlte ich mich wie benebelt – es schien sich alles um mich in Zeitlupe abzuspielen. Einige Angestellte und Abteilungsleiter waren bereits bei der Arbeit. Und erst da wurde ich gewahr, dass niemand einen Engel bei sich hatte – im Bus war mir das noch nicht einmal aufgefallen! Ich war entsetzt, begann zu zittern.

Auch das Kaufhaus selbst war grau. In der Hoffnung, wenigstens einige meiner Kolleginnen mit ihren Schutzengeln anzutreffen, eilte ich die Treppe hinunter in den Personalraum. Doch dort bot sich mir kein anderes Bild als oben in den Verkaufsräumen: Keines der Mädchen hatte seinen Schutzengel bei sich – obwohl ich genau wusste, dass sie da sein mussten!

Wieder und wieder versuchte ich, zu meinen Engeln durchzudringen, doch sie antworteten mir noch immer nicht. Ich verließ die Garderoben und nahm die Treppe nach oben zu den Verkaufsräumen. Ich stand in der Abteilung für Damenmoden – neben einem Kleiderständer, dessen Kopfende in Richtung auf den Haupteingang zeigte.

Ich beobachtete, wie die Geschäftsführerin und einer der Sicherheitsleute die Türen öffneten und die ersten Kunden hereinströmten.

Allmählich waren dann doch bei einigen wenigen Menschen Schutzengel zu sehen, doch diese hatten wenig Ähnlichkeit mit ihrem gewohnten Selbst: Ihr Leuchten war verschwunden, sie wirkten stumpf und trübe, schienen in dasselbe Grau gehüllt, welches bereits die ganze Luft erfüllte.

Da fühlte ich jemanden auf meine Schulter tippen: Der Engel Michael stand neben mir und lächelte mir zu. An seinem Strahlen hatte sich nichts geändert. Ich fragte ihn, was denn nicht in Ordnung sei.

»Das macht mir alles solche Angst! Ich habe so etwas noch nie zuvor bei Engeln gesehen! Was hat es bloß mit diesem grauen Belag auf sich? Er ist buchstäblich überall – in allem drin und außen herum.«

»Lorna, das wird für einige Zeit auch so bleiben«, klärte Michael mich auf. »Um dich zu schützen, werden wir dich in einen bestimmten geistigen Zustand versetzen. Du wirst weiter hier arbeiten, nach Hause gehen und auch all deinen sonstigen Aktivitäten nachgehen, aber du wirst das alles nicht als real empfinden.«

»Michael, das ist jetzt schon so! Ich kann die Veränderungen bereits körperlich spüren, ich fühle mich so benommen, in mir ist alles so schweigsam und still. Und es wird von Minute zu Minute stärker. Dieses Grau ist buchstäblich überall. Und draußen auf der Straße ist es auch furchtbar«, bei diesen Worten drehte ich mich zu ihm um und sah ihn an.

»Michael, kannst du und können die anderen Engel nicht alle Menschen hier beschützen, auf dieselbe Weise wie mich?«

»Nein, Lorna, das geht nicht«, gab der Engel zurück. »Manchmal stehst du unter besonderem Schutz. Und das wird ein Mysterium bleiben, bis es an der Zeit ist für uns, deine Seele abzuholen. Und nun: keine weiteren Fragen, Lorna. Hör mir jetzt einfach nur zu, ich habe dir einiges zu sagen. Wenn du morgens zur Arbeit hierherkommst, darfst du das Geschäft bis zum Feierabend nicht mehr verlassen. Und dann gehst du auf direktem Weg zum Bus. Hast du verstanden?«

Im selben Moment rief Valerie nach mir, und Michael verschwand. Ich ging hinüber zur Kasse, wo Valerie mit Pauline und zwei weiteren Mädchen stand. Wir besprachen unsere Arbeitsabläufe, als der Hauptabteilungsleiter unseres Stockwerks zu uns kam.

»Guten Morgen, Mädels, ich will Ihnen keine Angst einjagen, aber die Geschäftsleitung hat mich darüber informiert, dass wir ständig nach verdächtigen Gegenständen, wie Päckchen, Papiertüten oder Zigarettenschachteln Ausschau halten müssen. Gestern Nacht hat in einem anderen Kaufhaus jemand aus der Putzkolonne ein Päckchen gefunden, das nach einer Zigarettenschachtel aussah, tatsächlich aber eine Brandbombe war. Wenn wir heute Abend schließen, möchte ich, dass Sie jeden einzelnen Kleiderständer und die Umkleidekabinen nach verdächtigen Gegenständen absuchen. Bei allem, was irgendwie im Geringsten verdächtig wirkt, rufen Sie mich sofort. Und vergessen Sie bitte auch nicht, in den Taschen der Kleidungsstücke nachzusehen. Wir wollen schließlich nicht, dass das Kaufhaus abbrennt und wir alle unsere Arbeitsplätze verlieren.«

Als der Chef davonschritt, sagte ich zu mir: »Also, das ist es, was hier nicht in Ordnung ist.« Rasch zog ich mich in eine der Damen-Umkleiden zurück und bat den Engel herbei. Und Michael erschien tatsächlich.

»Warum hast du mir nicht von den Brandbomben erzählt?«, wollte ich wissen.

Doch ich bekam nie eine Antwort auf meine Frage, stattdessen streckte der Engel seine Hand aus und legte sie mir auf den Kopf. Mit einem Schlag waren meine Beunruhigung und alle Ängste von mir genommen. An die nächsten paar Wochen erinnere ich mich wirklich nur sehr undeutlich; ich schien in einer Traumwelt zu leben – an einem anderen Ort, in einer anderen Zeit.

Joe machte sich deshalb große Sorgen. Er sagte ständig: »Du bist gar nicht mehr du selbst. Du sprichst kaum noch. Und du scheinst dauernd irgendwo anders zu sein.« Und er fragte immer wieder: »Habe ich etwas falsch gemacht? Liebst du mich nicht mehr?«

Und er erhielt immer dieselbe Antwort: »Ich bin bloß ein bisschen müde. Das ist bald wieder vorbei. Denk nicht weiter drüber nach.«

Es war hart für uns alle beide, dass ich mein Wissen nicht mit ihm teilen durfte – und dann gingen die Bomben hoch. Ich weiß nicht mehr in welcher Woche, geschweige denn, an welchem Tag, ich hatte mein Zeitgefühl verloren. An einem Spätnachmittag, ich stand gerade neben den Kleiderständern, schreckten mich undefinierbare Geräusche auf.

Während ich heute die Ereignisse von damals niederschreibe, durchlebe ich noch einmal, was an jenem Tag geschah:

Ich stehe neben einem Bus und halte einen sterbenden Mann in meinen Armen. Ich beobachte Engel beim Ein-

sammeln von Seelen, die gerade menschliche Körper verlassen; sie sehen kleine Seelen und sprechen mit ihnen, als wäre nichts passiert.

Ich beobachte Engel, wie sie neben Menschen niederknien, sie in ihre Arme nehmen, bei ihnen bleiben und ihnen ins Ohr flüstern, es werde ihnen bald gut gehen.

Ich sehe Menschen aus Geschäften laufen, Engel, die um Hilfe rufen und versuchen, die Aufmerksamkeit der Passanten zu erringen.

Es ist grauenvoll.

Ich kann meinen eigenen physischen Körper nicht spüren, es ist, als wäre ich an zwei Orten gleichzeitig: auf der Straße, wo die Ereignisse stattfinden, und drinnen im Kaufhaus, neben einem Kleiderständer. Ich bewege mich auf der Straße, aber meine Füße scheinen den Boden nicht zu berühren. Überall fliegen Trümmer durch die Gegend, Glasscherben, Menschen schreien und weinen, Seelen verlassen ihre Körper. Im Vorübergehen strecke ich meine Hände aus, lege sie auf Menschen und berühre sie.

An jenem Tag hat sich meine Seele von meinem Körper entfernt, und ich befand mich in einer anderen Welt – draußen auf der Straße bei denen, die litten. Erst allmählich kam ich wieder zu meinem Selbst im Kaufhaus zurück. Meine Hände waren ganz rot angelaufen, und mir wurde bewusst, dass ich mich eisern an die Stange eines Kleiderständers geklammert hatte. Im ganzen Geschäft herrschte Stille.

Im nächsten Augenblick platzte ein Mädchen durch die Eingangstüre herein, tobend und schreiend vor Angst. Sie rannte durch das ganze Erdgeschoss und schrie, es seien

Bomben explodiert, und es lägen überall menschliche Körper verstreut. Sie war auf der Suche nach ihrer Schwester,
die auch in meiner Abteilung arbeitete. Irgendwie liefen
sich die beiden Mädchen in die Arme, und die junge Frau
beruhigte sich ganz allmählich wieder.

Dann eilte jemand von der Geschäftsleitung ins Haupt-
büro und verkündete über die Lautsprecheranlage, dass
sämtliche Angestellten sich binnen fünf Minuten am Hintereingang des Gebäudes einfinden sollten, von wo aus sie
nach Hause gebracht würden.

Ich wusste, jetzt war der ganze Albtraum vorüber! An
diesem Tag würden in Dublin keine weiteren Bomben mehr
hochgehen. Auf meinem Weg hinunter in die Garderobe
flüsterte ein Engel mir ins Ohr, ich solle umkehren und vom
Telefon am Lieferanteneingang aus erst einmal meine Mutter anrufen. Also drehte ich um, lief zurück zum Telefon,
rief Mam an und sagte ihr, mir sei nichts passiert. Dann
rannte ich zurück nach unten, wobei mir die anderen Angestellten auf dem Weg zum Hintereingang schon auf der
Treppe entgegenkamen, und schnappte mir meinen Mantel.

Draußen standen unsere Lieferwagen bereits in Reihe,
und jeder Fahrer rief den Namen des Bestimmungsorts,
den er ansteuern würde. Ich kletterte in den Lkw, der in
Richtung des Hauses von Joes Mutter fahren sollte und
wurde sogar bis vor die Tür gebracht. Drinnen saßen alle
vor dem Fernseher und verfolgten die Nachrichtensendun-
gen. Joes Mutter fiel mir um den Hals und sagte, sie sei in
großer Sorge um mich gewesen. Nach einer guten Tasse
Tee ging es mir allmählich wieder besser. Das Abendbrot
wurde mir direkt vor die Nase gestellt, und ich verspürte
solchen Hunger, als hätte ich schon wochenlang nichts

mehr gegessen. Als Joe heimkam, schloss er mich in seine Arme. Uns allen liefen die Tränen herunter, wir fühlten den Schmerz der Familien mit, die geliebte Menschen verloren hatten und dachten auch an alle, die Verletzungen davongetragen hatten. An jenem 17. Mai 1974 kamen in Dublin 26 Menschen und ein ungeborenes Kind ums Leben – Hunderte wurden verletzt.

Hier bei uns in der Republik Irland hatten wir bis zu jenem Tag wenig Bekanntschaft mit den Gräueln des Krieges gemacht, doch im weniger als 300 Kilometer entfernten Nordirland wurden in den Jahren von 1969 bis 2000 weit über 3000 Menschen getötet. Bis dahin besaßen wir kaum eine Vorstellung davon, was es für die Menschen in Nordirland oder irgendeinem anderen Teil der Welt bedeutete, in der ständigen Angst leben zu müssen, es könnte jeden Moment – ohne die geringste Vorwarnung – wieder eine Bombe hochgehen.

Der Engel Elija sagte einmal zu mir: »Krieg zu führen ist einfach, Frieden zu bewahren das Schwerste von allem. Ihr denkt, wenn ihr einen Krieg anfangt, übernehmt ihr die Kontrolle. Dabei vergesst ihr jedoch, wer euch die Macht gegeben hat und dass er jederzeit die Kontrolle übernehmen kann.«

Noch lange nach den Bombenexplosionen wurden mein Körper und meine Seele immer wieder von Schockwellen getroffen, geistig, körperlich und emotional. Ich konnte die Schrecken der Getöteten und der Verletzten spüren, genauso wie das Entsetzen ihrer Familien und Freunde. Ich vernahm ihre Stimmen, konnte ihr Weinen hören. Noch monatelang erschienen Gesichter vor meinem inneren Auge: Nicht nur die Gesichter der Toten, sondern auch die Gesichter der Schwerverletzten, die sich bemühten, am Leben zu bleiben und die Gesichter der Familien, deren Herzen gebrochen waren. Das Grauen jenes Tages wurde zur Folter für mich.

Die Engel taten alles in ihrer Macht Stehende, um mich gegen diese Schockwellen abzuschotten: Sie packten mich in eine Art riesige Decke – ihr Ausmaß überraschte mich wirklich – sie war schneeweiß und fühlte sich daunenweich an, zudem lief eine elektrische Ladung hindurch, die in einem fort Funken abgab.

Der Engel Elija hielt meinen Kopf in seinen Händen und sprach zu mir: »Lorna, wir wissen, wie furchtbar dir das alles hier zusetzt. Um es dir ein wenig leichter zu machen, haben wir dich in die Decke gewickelt. Das wird helfen, deinen Körper und deine Seele beieinanderzuhalten.«

Dann pustete Elija über mein Gesicht und verschwand, anschließend fühlte ich mich ein wenig stärker.

Die Tage und Wochen vergingen, aber ich zog mich noch immer zum Weinen an verschwiegene Plätze zurück. Manchmal ging ich in meiner Mittagspause auf den Kaufhaus-Parkplatz und versteckte mich in dem Klo-Häuschen, wenn ich wusste, dass gerade keine Toilettenfrau und auch sonst niemand da war. Bei anderen Gelegenheiten suchte ich mir in den Sträßchen und Gassen hinter dem Gebäude eine stille Ecke oder eine Mauer, auf die ich mich setzen konnte. Oftmals bat ich sogar die Engel, mich alleine zu lassen.

Einmal erschien der Engel Elija und ließ sich auch nicht abweisen. Wieder nahm er mein Gesicht in seine Hände, und wir schienen eins zu werden. Es war, als liehe er mir seine Augen – ich konnte alle Schrecken dieser Erde sehen: die Kriege, den Hunger, die Qualen, die Menschen anderen Menschen zufügten. Meine Seele schrie vor Schmerz.

Dann zeigte der Engel mir die andere Seite der Welt: das Wunder der Liebe, Lachen, Freude und all die guten Seiten der Menschheit. Ich lachte, und Tränen des Glücks kullerten über meine Wangen. Als Elija verschwand, weinte ich noch immer vor Freude. Als ich an diesem Tag an meinen Arbeitsplatz zurückkehrte, tat ich das in dem Bewusstsein, dass jeder Mann, jede Frau und jedes Kind dieses Gute, diese Liebe und diese Freude in sich trägt.

Ich glaube fest daran: Eines Tages wird das Gute den Sieg über das Böse davontragen und die Menschheit eine großartige Entwicklung nehmen; Körper und Seele werden vereint sein.

Kapitel 11

Der Engel der Mutterliebe

Alle paar Wochen übernahm ich es, für einen Abend die drei kleinen Töchter meines Onkels Paddy und seiner Frau Sara zu hüten. Die Familie wohnte in Walkinstown, einer der Dubliner Vorstädte. Ich begab mich immer gleich nach Feierabend dorthin, blieb über Nacht und fuhr am nächsten Morgen wieder direkt zur Arbeit. Weil die Mädchen sehr niedlich und einfach reizend waren, gab ich gerne auf sie acht. So hatten mein Onkel und meine Tante ein paar Stunden für sich – und wenn sie bloß ins Kino gingen.

An diesem besonderen Abend war ich gerade auf dem Weg zum Babysitten und saß in Gedanken versunken im Bus, aus denen mich eine alte Dame herausriss, indem sie mir aufs Knie tippte.

»Junge Dame«, sagte sie, »Ihr Lächeln erfüllt mich mit Glück.«

Im selben Moment hatte der Bus Walkinstown erreicht, und alle Fahrgäste erhoben sich von ihren Sitzen, so dass ich der alten Dame nur kurz »Auf Wiedersehen« sagen konnte.

Während ich an diesem Abend bei den schlafenden Kindern saß, klingelte es an der Haustür. Ich erwartete niemanden und hoffte, die Kinder würden nicht wach. Als ich öffnete, stand zu meiner Verblüffung Joe vor mir.

»Mach die Augen zu, und blinzle auch ja nicht!«, befahl er und führte mich den Gartenweg entlang bis zum Tor: »Jetzt darfst du wieder gucken! Überraschung!«

Direkt vor uns war ein schöner dunkelgrüner Ford Escort geparkt und Joe überglücklich: sein erstes eigenes Auto!

»Joe, wo hast du den Wagen her?«, wollte ich wissen.

»Von einem der Autohändler, die immer zur Tankstelle deines Vaters kommen«, antwortete er. »Ich hatte ihm vor zwei Wochen erzählt, dass ich mit dem Gedanken spielte, mir einen Wagen zuzulegen, und heute Morgen kam er dann mit diesem vorbei. Dein Vater und der Mechaniker haben ihn mit mir gemeinsam durchgecheckt und meinten, er sei ein echtes Schnäppchen.«

Ich fiel Joe um den Hals, ich freute mich selbst so über das Auto. Er hielt mir die Beifahrertür auf, und ich setzte mich hinein. Ein wunderbares Gefühl! Dann meinte ich zu Joe: »Du gehst jetzt besser, aber hol mich doch morgen nach der Arbeit vom Kaufhaus ab mit deinem neuen Wagen!«

Bevor ich die Haustür schloss, winkte ich Joe zum Abschied.

Das Auto verschaffte uns große Bewegungsfreiheit, und ich genoss vor allem unsere Unternehmungen an den langen Sommerabenden: Einer unserer Lieblingsplätze war Celbridge House an der Liffey, ungefähr 20 Kilometer von Dublin entfernt. Wir schlenderten am Flussufer entlang, setzten uns ins Gras und beobachteten Angler beim Fischen, Kinder beim Schwimmen und Kleinkinder, die an der Hand ihrer Eltern im flachen Wasser herumplanschten.

Ich konnte außerdem Engel aus dem Wasser steigen sehen – sah, wie das Wasser noch an jedem von ihnen haften blieb, wenn er sich wieder in die Lüfte erhob, um dann wieder herabzusteigen und im Wasser, nahe bei einem Kind, zu landen. Manche Engel besaßen Flügel, andere nicht, und auf mich wirkte das Ganze, als hätten die Engel beim Herumwirbeln um die Kleinen ebenso viel Spaß wie diese selbst.

Besonders entzückte es mich, wenn ein Kind Wasser in Richtung auf einen der Engel spritzte, ihn traf, und das Wasser wieder zurückspritzte – dann konnte ich hören, wie sich das Lachen der Engel in das Gelächter der Kinder mischte. Oder wenn ein Kind ein bisschen unter Wasser schwamm oder tauchte, und ein Engel es ihm im selben Moment gleichtat – das zu beobachten war einfach herrlich! Einmal bildeten die Engel einen Kreis um eine Gruppe von Kindern und sandten helle Lichtstrahlen aus: in Silber, Gold und Weiß. Dann verwandelten die Strahlen sich plötzlich in Bälle aller Größen, die unter und auf dem Wasser sowie durch die Luft tanzten. Auf einem der Bälle saß rittlings ein Engel – mit seinen Flügeln, von denen das Wasser troff, und dem klatschnassen Goldhaar bot er einen wirklich erstaunlichen Anblick. Ein andermal schwangen die Engel ihre Köpfe rasch hin und her, bewegten dazu im Takt die Flügel und versprühten glitzernde Regentropfen in Silber und Gold.

Bei anderer Gelegenheit, wir saßen wieder am Fluss, erlebte ich an einem wundervollen Beispiel, wie gut die Engel uns behüten: Ich beobachtete eine Mutter mit ihrem etwa 18 Monate alten Jungen am Ufer. Der Kleine war hell begeistert von dem Wasser, das über seine Füße floss, die Mutter hielt ihn um die Taille fest, versuchte ihm beizubringen, das Gleichgewicht zu halten und alleine zu stehen. Manchmal nahm sie die Hände weg, um zu sehen, wie lange er sich schon auf den eigenen Füßchen halten konnte, ohne hinzufallen. Im Wasser unter dem Kind sah ich dessen Schutzengel sitzen. Die Beine des Kindes wackelten ein bisschen, gaben nach, und der Kleine kippte um, schneller, als die Mutter ihn auffangen konnte – doch der Engel griff rechtzeitig zu: Als der Kleine ins Wasser platschte, kam er direkt im Schoß seines Engels zu sitzen. Und anstatt loszuweinen, spritzte er mit Wasser und lachte. Als auch ich schmunzelte, erkundigte Joe sich: »Worüber bist du denn so glücklich?«

Ich lächelte ihm zu und sagte nichts, ließ wieder eine Möglichkeit ungenutzt verstreichen, Joe ein wenig in das einzuweihen, was ich sehen konnte. Er war der Mensch in meinem Leben, mit dem ich alles teilte, und doch hatte ich Angst, ihm von den Engeln zu erzählen und ihn damit womöglich auf die Idee zu bringen, ich wäre nicht ganz bei Trost.

»Lass uns ein bisschen auf der Uferböschung entlanglaufen«, schlug Joe vor.

Er stand auf und ging vor mir her, währenddessen wisperte ein Engel mir ins Ohr, die Engel stünden uns bei in allem, was wir im Leben täten. Ob Laufen, Atmen, Sprechen oder Lachen, sie unterstützen uns bei jeder körperlichen Aktivität, bei allem, was wir mit unseren menschlichen Körpern anstellen. Und sie helfen uns, die geistigen Probleme zu lösen, Antworten auf alle unsere Fragen zu finden. Die ganze Zeit über flüstern sie uns etwas ins Ohr, geben uns Gedanken und Antworten ein, doch wir sind meist viel zu sehr damit beschäftigt, Fragen zu stellen, um uns ihre Antworten in Ruhe anhören zu können. Als ich Joes Ruf: »Beeil dich!« vernahm, beschleunigte ich meine Bewegung und holte ihn ein.

Bei einem unserer Spaziergänge auf der Uferböschung in Celbridge hatten wir ein älteres Paar kennengelernt, John und Mary, denen wir dann öfter begegneten, weil sie hier mit Vorliebe ihren Hund ausführten: Toby, eine hinreißende Promenadenmischung. John und Mary hatten ihr ganzes Leben in Celbridge verbracht und vor kurzem ihren 30. Hochzeitstag gefeiert; ihre Kinder waren erwachsen und längst aus dem Haus, was den beiden nun endlich Zeit für sich ließ – ein Zustand, den sie sehr genossen.

Eines Abends trafen wir die beiden wieder und blieben auf ein Schwätzchen bei ihnen stehen. Zum Schluss meinte John mit spitzbübischem Grinsen zu Joe: »Und wann wirst du dieser jungen Dame endlich einen Heiratsantrag machen?«

Ich lief feuerrot an und wusste vor lauter Peinlichkeit nicht mehr, wo ich meine Augen lassen sollte. Joe anzusehen, traute ich mich am allerwenigsten, deshalb kann ich auch nicht sagen, wie er reagierte.

Mary ermahnte ihren Mann: »Du bringst die jungen Leute in Verlegenheit!«, dann nahm sie Johns Hand und zog ihn mit sich.

Joe und ich liefen in der anderen Richtung weiter am Fluss entlang und ließen uns auf ein paar großen Gesteinsbrocken nieder. Ich streifte Schuhe und Strümpfe ab und streckte meine Füße ins Wasser.

Plötzlich erhob sich Joe auf seinem Felsen, richtete sich zu seiner vollen Länge auf, sprang in voller Montur ins Wasser und kniete auf einem Bein nieder. Der Fluss war an dieser Stelle etwa 30 Zentimeter tief und Joe mit seinem Bein in einer starken Strömung gelandet. Er war pitschenass. Ich musste grinsen.

»Ich versuche ernst zu sein«, erklärte er. »Ich möchte dich bitten, meine Frau zu werden!« Um das Gleichgewicht nicht zu verlieren, hielt er sich mit einer seiner Hände an einem meiner Knie fest. »Willst du, Lorna, diesen meinen Heiratsantrag annehmen?«

Ich konnte nicht anders – ich platzte heraus und musste so lachen, dass ich von meinem Stein herunter ins Wasser plumpste. Joe fing mich ebenfalls lachend in seinen Armen auf, und wir wurden beide völlig durchweicht. Nachdem Joe mir wieder auf die Füße geholfen hatte, sagte ich: »Ja«, denn zu mehr war ich vor lauter Lachen nicht imstande.

Unter Gelächter kletterten wir zurück auf die Böschung und wrangen unsere klatschnassen Sachen aus – Gott sei Dank war es ein warmer Abend ... Als wir auf der Böschung zurückliefen, hielt Joe mit einem Mal an: »Ich werde deinen Vater um deine Hand bitten müssen – was mach ich, wenn er nein sagt?«

Ich dachte einen Augenblick lang nach und rief mir die Worte der Engel ins Gedächtnis zurück, erinnerte mich daran, dass sie mehrmals wiederholt hatten, Joe und ich würden heiraten, und gab zurück: »Mach dir keine Sorgen, Paps wird nicht nein sagen. Ich weiß, er wird sich für uns freuen.«

Auf unserem Rückweg am Ufer entlang warfen uns die Vorübergehenden seltsame Blicke zu, und ich hörte ein Kind zu seiner Mutter sagen: »Schau mal, Mami, die beiden sind bestimmt ins Wasser gefallen, sie haben ganz nasse Kleider.«

Eine Gruppe Angler rief uns lachend zu, ob wir nicht noch mal eine Runde schwimmen wollten? Wir müssen ausgesehen haben wie gebadete Mäuse. Ebenfalls lachend winkten wir zu ihnen hinüber. Und plötzlich durchzuckte mich ein Gedanke: »Hoffentlich sind die Wagenschlüssel noch in deiner Tasche und nicht etwa auf dem Grund des Flusses!« Joe fuhr sofort mit der Hand in die Tasche und schüttelte dann den Kopf. Wir mussten die Schlüssel dort hinten an der Stelle verloren haben, wo er mir seinen Antrag gemacht hatte.

»In Ordnung, lass uns um die Wette rennen und zusehen, wer die Schlüssel als Erster findet«, sagte ich und schoss los.

Joe rief mir nach, ich stoppte und schaute zurück zu ihm: Und da stand er, ließ die Schlüssel aus der Hand baumeln und lachte mich aus. Ich spurtete zu ihm hin, schnappte mir die Schlüssel und stieß im Weiterrennen hervor: »Wer zuerst am Auto ist!« Joe war natürlich schneller, kein Wunder, schließlich waren seine Beine gut doppelt so lang wie meine.

Auf der Heimfahrt redeten Joe und ich über unsere Hochzeit. Wir kamen überein, vorläufig niemandem etwas zu sagen, bis Joe mit Vater gesprochen hatte. Als wir bei mir zu Hause anlangten, wollte Joe nicht mit hineinkommen, es wäre ihm unangenehm gewesen, sich in nassen Kleidern zu zeigen. Wir gaben uns einen Gutenachtkuss, und er fuhr davon.

Am nächsten Tag tauchte meine Tante Sara bei mir im Kaufhaus auf, direkt vor der Mittagspause, und fragte mich, ob ich am selben Abend auf ihre drei kleinen Mädchen achtgeben könnte. Es sah ihr gar nicht ähnlich, einfach im Geschäft zu erscheinen und mich so kurzfristig um Hilfe zu bitten. Aber ich erklärte mich bereit zum Babysitten, obwohl Joe genau an diesem Abend das bewusste Gespräch mit meinem Vater führen wollte.

Tante Sara war selig – sie erzählte mir, Onkel Paddy und sie wollten schick Abendessen gehen und hinterher in eine Show. Ich versprach, nach Feierabend so schnell wie möglich zu ihnen nach Walkinstown zu kommen. Wir verabschiedeten uns voneinander, und als ich meiner Tante nachschaute, sah ich, wie sie beim Hinausgehen vor Glück innerlich leuchtete und auch um sich herum einen Lichtschein trug.

In der Mittagspause rief ich von der Telefonzelle am Hintereingang des Kaufhauses in der Tankstelle an. Als mein Vater an den Apparat ging, sagte ich zu ihm: »Grüß dich, Paps, kann ich bitte Joe sprechen?«

»Joe ist draußen, ich werde ihn rufen«, antwortete er. Ich bemerkte einen freudigen Unterton in seiner Stimme und meinte: »Du klingst sehr glücklich heute.«

Mit einem leisen Lachen reichte mein Vater den Hörer an Joe weiter. Ich unterhielt mich ein paar Minuten mit Joe und erzählte ihm, dass Tante Sara mich an diesem Abend als Babysitter brauchte. Dann fragte ich ihn, ob er wegen unserer Hochzeit schon mit Paps gesprochen habe.

»Nein«, gab Joe zurück, »dann lass uns das auf morgen verschieben; ich hole dich gleich nach der Arbeit ab, wir unterhalten uns ein Weilchen, und um neun Uhr gehen wir dann zu dir nach Hause, ich rede mit deinem Vater und bitte ihn um deine Hand.«

»Joe, als ich gerade mit ihm sprach, habe ich einen Unterton von Begeisterung in Paps' Stimme herausgehört, bist du ganz sicher, dass er nichts ahnt?«, fragte ich weiter.

»Weder ich noch sonst jemand hat ihm irgendwas gesagt«, antwortete Joe, »aber dein Vater ist heute tatsächlich großartig gelaunt. Vielleicht gibt es ja gute Neuigkeiten.«

»Bist du sicher, dass er dich nicht hören kann?«, meinte ich etwas besorgt.

»Ja, er ist gerade mit dem Mechaniker nach draußen gegangen.«

Und weil dann jemand ins Büro kam, machten wir Schluss und hängten ein. Ich hatte eine ganze Stunde Mittagspause und wollte sie draußen im herrlichen Sonnenschein verbringen. Als ich die Telefonzelle verließ, prallte ich gegen eine Engelfrau, und dann trat ich auch noch regelrecht in sie hinein. Sie umgab mich ringsherum, war schier unglaublich groß, wunderschön und lud zum Umarmen ein: der »Engel der Mutterliebe«. Als ich noch klein war, hatte sie mich schon zigmal umarmt, doch diesmal war das Gefühl stärker denn je.

Der Engel der Mutterliebe ist rund wie die Sonne und besitzt gewaltige Dimensionen. Normalerweise hat sie ihre Flügel angelegt, doch wenn sie sie ausbreitet, gleicht sie ein wenig einer Gluckhenne. Ihre Arme sind jederzeit bereit, einen liebevoll zu umfangen. Ihre Farbe changiert zwischen Weiß und Creme, diesmal mit einem Hauch von Rosa. Sie ist durchscheinend, und man kann ein sehr helles Licht aus ihr herausstrahlen sehen, aber nicht wirklich durch sie hindurchschauen.

Ihr Gesicht ist reine Liebe, aus ihren riesengroßen runden Augen leuchtet die Mutterliebe, und ihren Kopf zieren wundervolle weiche Locken in Cremeweiß. Sie versprüht förmlich Umarmungen der Liebe und das in einem fort; sie ist die Umarmung selbst, man möchte ihr um den Hals fallen und sie umarmen oder selbst von ihr umarmt werden. Ganz gleich, wie viel Liebe Sie von Ihrer eigenen Mutter empfangen, wenn Sie (noch) eine Mutter haben: Diese Engelfrau verstärkt die Mutterliebe immer weiter.

An diesem Tag machte ich mir Sorgen wegen der Reaktion meiner Mutter auf Joes und meine Hochzeitspläne, und der Engel der Mutterliebe wusste, dass es in diesem Moment für mich wichtig war, Mutterliebe zu fühlen: mehr Liebe zu bekommen, als meine eigene Mutter mir vielleicht geben konnte.

Vor lauter Glück und Seligkeit über unsere Verlobung trug ich ständig ein Lächeln auf den Lippen. Neugierig fragte meine Kollegin Valerie: »Was ist los mit dir? Du siehst so glücklich aus.« Und sie löcherte mich den ganzen Tag lang, wollte unbedingt hinter mein Geheimnis kommen. Gegen Abend, wir brachten gerade eine Kleiderstange mit Hosen in Ordnung, platzte sie plötzlich heraus: »Jetzt hab ich es! Joe und du, ihr habt euch verlobt! Das ist es!«

Rot geworden bat ich sie: »Pssst, das ist ein Geheimnis und soll es auch noch bleiben! Bitte erzähl es nicht weiter!« Ich wollte nicht, dass sich unsere Verlobung herumsprach, bevor ich offiziell einen Ring trug, andererseits war ich happy, endlich mit jemandem darüber sprechen zu können.

»Wo ist dein Ring?«, wollte Valerie wissen.

»Wir haben noch keinen, das ist es, was ich dir beizubringen versuche. Joe und ich haben noch keinen ausgesucht. Wahrscheinlich tun wir das irgendwann in den kommenden Wochen, aber genau weiß ich's selber nicht. Wir haben noch so viele andere Dinge zu erledigen. Und überhaupt muss Joe als Erstes einmal mit meinem Vater reden. Versprich mir, es den anderen Mädchen nicht weiterzuerzählen, ja? Dafür wirst du die Erste sein, die den Ring zu sehen bekommt und das Wunschritual vollführen darf.«

Valerie willigte ein. Wir standen noch ein Weilchen zusammen, sortierten Kleidungsstücke und unterhielten uns dabei, dann ging Valerie, um die Kasse zu machen. Dabei sah sie ständig mit einem wissenden Lächeln zu mir herüber, hielt aber allen anderen gegenüber dicht.

Nach der Arbeit nahm ich den Bus nach Walkinstown zu meinen Verwandten. Unterwegs bat ich meine Engel, dafür zu sorgen, dass man mir meine innerliche Beschwingtheit nicht anmerkte, weil ich nicht wollte, dass Onkel Paddy und Tante Sara irgendwelche Fragen stellten. Und tatsächlich brachten die Engel mich so zur Ruhe, dass niemandem etwas auffiel. Am nächsten Morgen fuhr ich mit dem Bus zur Arbeit. Der Vormittag schien sich mir gewaltig in die Länge zu ziehen, und in der Mittagspause machte ich einen Spaziergang durch die Sträßchen und Gassen hinter dem Kaufhausgebäude.

Diese kleinen Straßen waren für mich schon lange wie eine Oase: Hier konnte ich meine Gedanken sammeln, zu mir selbst finden, mitunter für einen kurzen Augenblick allem entkommen, was die Engel mir in dieser Zeit auftrugen; meistens setzte ich mich auf eine Mauer, eine Kiste oder sogar auf irgendwelche Treppenstufen. Nur eine Straße mied ich immer: den Ort, wo Mark den Tod gefunden hatte.

Als es endlich Feierabend war, rannte ich die Treppe hinunter in die Garderobe, griff mir meinen Mantel und eilte die Stufen wieder hinauf und hinaus auf den Parkplatz. Joe saß schon wartend im Wagen. Sein Anblick machte mich so glücklich! Wir fuhren zum Phoenix-Park, stellten das Auto ab und suchten uns einen Platz zum Reden. »Wenn du magst, könnten wir uns an diesem Wochenende nach einem Verlobungsring umschauen«, schlug Joe vor. Ich meinte, das wäre fein, doch sollten wir erst mal nur gucken, aber noch keinen Ring kaufen. Die Engel hatten mir nämlich geflüstert, Joe würde einen Ring für mich finden – allerdings nicht auf dem üblichen Weg.

Dann wollte Joe noch wissen, ob ich seiner Mutter von unserer Verlobung erzählen wollte, aber ich meinte, ich wolle damit lieber warten, bis ich einen Ring hätte. Diese Idee gefiel uns beiden. Joe sagte: »Wenn wir zu meiner Mutter nach Hause kommen und du trägst einen Verlobungsring am Finger, wird sie mit und für uns glücklich sein.«

Außerdem beschlossen wir, uns nach einem Haus umzusehen, obwohl wir unsere Hochzeit erst in ungefähr einem Jahr feiern wollten.

Als wir bei mir daheim eintrafen, stand die Haustür offen. Mein Vater kam heraus und winkte uns zu, um dann ins Haus zurückzukehren. Die Tür ließ er offen. Daraufhin fühlte Joe sich ein wenig leichter, ein wenig mehr willkommen. Wir gingen geradewegs in die Küche zu meiner Mutter. Joe begrüßte sie, und ich begann, alles für die Teestunde vorzubereiten.

»Was gibt's?«, erkundigte Mam sich.

»Joe möchte mit Vater sprechen«, entgegnete ich.

»Auf diesen Tag habe ich gewartet«, sagte meine Mutter, wobei ihr Gesicht ihre Missbilligung deutlich zum Ausdruck brachte.

»Dein Vater ist im Wohnzimmer und liest Zeitung«, setzte sie abweisend hinzu, »ich werde ihm sagen, dass Joe ihn sprechen möchte.«

Meine Mutter ging ins Wohnzimmer und zog die Tür hinter sich zu. Das machte Joe noch nervöser. »Warum kann das nicht einfacher gehen?«, fragte er.

Mam erschien nach ungefähr einer Minute wieder in der Küche und ließ Joe wissen, er könne nun zu meinem Vater ins Wohnzimmer.

Mam blieb bei mir in der Küche, während ich Tee aufbrühte und Marmeladenbrote herrichtete, sprach aber kein Wort. Sie verließ die Küche und ging ins Wohnzimmer.

Ungefähr fünf Minuten später hatte ich mein Teetablett fertig und trug es hinüber. Ich spürte, dass Joe Unterstützung brauchte, deshalb wartete ich nicht ab, bis er herauskam; und außerdem brannte ich darauf, die Antwort meines Vaters zu erfahren.

Als ich die Tür öffnete, fiel mein Blick auf Paps und Joe, die einträchtig nebeneinander auf dem Sofa saßen, während Mam daneben stehen geblieben war. Ich lächelte beim Anblick von Paps und Joe, beide wirkten sehr zufrieden und glücklich auf mich. Paps strahlte über das ganze Gesicht, stand auf, drückte mich ganz fest und gratulierte mir. Damit waren all meine Sorgen verflogen und ich nur noch glücklich. Selbst die Reaktion meiner Mutter besaß nicht die Macht, diesen Glücksmoment zu beeinträchtigen.

Paps war ganz überwältigt davon, dass ich heiraten würde, und noch dazu so einen liebenswürdigen, zuverlässigen Mann. Möglicherweise verspürte er auch eine gewisse Erleichterung darüber, nun bald nicht mehr für mich verantwortlich zu sein, und meiner Mutter ging es ebenso, das fühlte ich, auch wenn sie Schwierigkeiten hatte, es zu zeigen. In einem etwas fortgeschritteneren Stadium dieses Abends gab Paps zu: »Ich habe nicht geglaubt, dass ich diesen Tag noch erleben würde.«

Doch obwohl ich nun verlobt war und heiraten würde, machten sie sich immer noch Sorgen meinetwegen – ich spürte das an der Art, wie sie mich ansahen. Mein Vater fing an, Joe und mich mit Fragen über unsere Zukunftspläne zu überhäufen. Meine Mutter, die bisher geschwiegen hatte, wollte wissen, ob wir schon ein Hochzeitsdatum ins Auge gefasst hätten, und wir beide antworteten wie aus einem Mund: »Nein.«

»Vielleicht nächstes Jahr im August«, schlug Joe dann vor.

»Wir werden den Hochzeitsempfang hier im Haus geben«, verkündete Mam.

Dazu schwieg ich lieber, denn allein die Vorstellung schreckte mich schon gewaltig. Vater meinte: »Das können wir alles auch noch später besprechen.«

Doch dazu kam es nicht. Nachdem wir unseren Tee getrunken hatten, verabschiedete Joe sich von meinen Eltern, und ich begleitete ihn hinaus zum Wagen. »Mach dir keine Gedanken«, meinte Joe, »wenn du den Empfang nicht zu Hause haben möchtest – wir finden schon ein geeignetes Hotel.«

An diesem Wochenende machten Joe und ich uns auf die Suche nach einem Verlobungsring, wurden aber in keinem der Juwelierläden fündig, es gab einfach nichts, was mir gefiel: »Weißt du, Joe, ich möchte wirklich etwas anderes, etwas ganz Besonderes; die Verlobungsringe sehen doch alle mehr oder weniger gleich aus, egal, in welchem Geschäft man sich umschaut. Ich bin bereit zu warten, bis der Ring auf mich zukommt, den ich wirklich haben will.«

Und Joe fragte nur: »Bist du sicher?«

Ungefähr sechs Wochen später hatte ich Spätschicht und erwartete nicht, Joe zu treffen, weil er eigentlich in der Tankstelle Inventur machen sollte. Umso größer war mein Erstaunen, als ich beim Verlassen des Kaufhauses, auf dem Weg zum 16-Uhr-Bus nach Hause, plötzlich Joe auf dem Parkplatz neben seinem Wagen stehen sah.

»Hallo du, lass uns ein Eis essen gehen«, begrüßte er mich.

»Du machst mir Spaß – ich hab doch noch meine Uniform an, wie soll ich denn da Eis essen gehen?«, gab ich zurück.

»Das ist doch ganz unwichtig«, meinte Joe beschwichtigend, »für mich bist du wunderschön. Lass uns lieber losgehen, damit wir zu unserem Eis kommen.«

Hand in Hand schlenderten wir in die Eisdiele und ergatterten einen unserer Lieblingstische, wo wir uns einander gegenüber niederließen. Ich bestellte ein Bananensplit, Joe wollte einen einfachen Eisbecher. Als wir jeder etwa die Hälfte vertilgt hatten, griff Joe in die Brusttasche seines Jacketts und zog mit den Worten: »Ich habe eine große Überraschung für dich!« ein Schmuckschächtelchen hervor. Als er es öffnete, traute ich meinen Augen nicht: Vor mir lag ein Verlobungsring in Form einer Rose, mit goldenen Blütenblättern und einem Diamanten in der Mitte – bezaubernd schön und völlig anders als alle anderen Verlobungsringe, die ich je gesehen hatte. Joe nahm meine Hand, streifte mir den Ring über den Finger und sagte dabei: »Ich liebe dich. Ich möchte dich heiraten und mit dir alt werden.«

Als er das sagte, traten mir die Tränen in die Augen. Ich war so glücklich, und jetzt kamen mir – nach vielen Jahren – die Worte des Engels Elija wieder in den Sinn: dass wir heiraten würden, dass Joe krank würde, dass ich würde für ihn da sein müssen und dass wir nicht miteinander alt würden.

»Wein doch nicht«, sagte Joe und küsste meine Finger. Ich sah ihm in die Augen, sah das Glück darin und dachte nicht länger an die Zukunft. Ich lehnte mich quer über den Tisch, gab Joe einen dicken Kuss und fragte ihn, wie er denn zu diesem Ring gekommen sei.

»Du wirst es nicht glauben«, fing er an zu erzählen, »in der Tankstelle! Es war viel Betrieb, also ging ich raus und half an den Zapfsäulen mit, als ein Auto mit einem Platten in den Hof geschoben wurde. Ich wechselte den Reifen und brachte den kaputten zur Reparatur nach hinten in die Werkstatt. Dann ging ich zu dem Wagen und seinem Fahrer zurück, um ihm zu sagen, der Reifen würde in 20 Minuten fertig sein. Und während ich mit ihm sprach, fielen mir die vielen Kästen auf dem Rücksitz ins Auge, die aussahen wie klitzekleine Kommoden.«

Neugierig geworden hatte Joe nach dem Zweck der ungewöhnlichen Kästchen gefragt und erfahren, dass der Fahrer des Wagens Juwelier war. Joe fuhr fort: »Ich erzählte dem Mann, ich sei auf der Suche nach einem Verlobungsring, der ganz anders sein sollte als die üblichen. Der Mann antwortete mir, er habe eine kleine Kassette bei sich mit verschiedenen Schmuckstücken nach völlig neuen Entwürfen, darunter auch Ringe. Als er die Kassette öffnete, sah ich als Erstes diesen Ring und wusste sofort, das ist er – der perfekte Ring für dich! Ich bat ihn, mir den Ring zu verkaufen. Er meinte, das müsse er zuvor mit seinem Chef abklären. Also gingen wir ins Büro und er rief seinen Boss an. Währenddessen zeigte ich deinem Vater den Ring, und er meinte, ich hätte eine sehr gute Wahl getroffen, der Ring sei wunderhübsch und würde dich bestimmt glücklich machen. Dann kam der Mann zurück und sagte, sein Chef sei einverstanden, ich könne den Ring kaufen.«

Freudestrahlend meinte ich zu Joe: »Erzähl mir aber nicht, was er gekostet hat. Das will ich gar nicht wissen. Und ich danke dir, dass du diesen himmlischen Verlobungsring für mich gefunden hast.«

Ich war außer mir vor Glück und ging den Weg zum Parkplatz zurück wie auf Wolken. »Ich brenne darauf, den Ring Mam und meinen Geschwistern vorzuführen!«, verkündete ich. An die Heimfahrt habe ich keine Erinnerungen, aber ich weiß noch sehr gut, wie ich mit Joe im Schlepptau durch die Hintertür direkt in unsere Küche ging – und dort niemanden antraf. Also versuchte ich es im Wohnzimmer. Paps fragte: »Was hat euch denn so lange aufgehalten?«

»Na, gut. Dir brauche ich meinen Verlobungsring ja nicht mehr zu zeigen, du kennst ihn ja schon!«, gab ich zurück. Mein Vater kam lachend zu mir herüber und drückte mich fest. Als ich meiner Mutter den Ring zeigte, bat ich sie, sich etwas zu wünschen. Sie umarmte mich auch und sagte: »Dieser Ring hat etwas sehr Anmutiges!«

Joe trank noch Tee mit uns, bevor er heimfuhr, und ich legte ihm ans Herz: »Bitte sag deiner Mutter noch nichts von unserer Verlobung. Lass uns morgen nach Geschäftsschluss so wie immer zum Abendessen zu dir nach Hause gehen und sie damit überraschen. Schau'n wir doch mal, ob sie den Ring an meinem Finger bemerkt.«

Am nächsten Tag machten wir es ganz genau wie gerade beschrieben: Wir saßen am Tisch, Joes Mutter stellte meinen Teller vor mich hin und stieß einen Freudenschrei aus: »Lorna, du trägst ja einen Verlobungsring! Steh auf, damit ich meine zukünftige Schwiegertochter in die Arme schließen kann.« Joes Mutter gab mir immer das Gefühl, hochwillkommen zu sein.

Zu meinem Entzücken umringten uns – schon nach ein paar Minuten, wie es mir schien – alle Mitglieder von Joes Familie, die in der Nähe wohnten, und wünschten uns Glück. Innerhalb der nächsten Stunde trudelten auch diejenigen ein, die eine größere Entfernung zurückzulegen hatten. Und ich bildete den Mittelpunkt des ganzen Geschehens – eine seltene Erfahrung für mich. Ich genoss es in vollen Zügen.

Gegen elf Uhr bat ich Joe, mich nach Hause zu bringen, weil ich am nächsten Morgen ja zur Arbeit musste. Als ich mich von Joes Mutter verabschiedete, nahm sie mich wieder in die Arme, ließ mich ihre Freude und ihr Glück spüren. Nun, da sie ihren Traum in Erfüllung gehen und ihren jüngsten Sprössling verlobt sah, war sie ihrem inneren Frieden ein Stück näher gekommen. Ihre Umarmung war so kräftig, dass ich ihren Schutzengel sehen und seine gleichzeitige Umarmung spüren konnte. Als wir aufbrachen, stellte sie sich in die Eingangstür und winkte uns nach. Daneben stand ihr Schutzengel, der ebenfalls winkte und einen Lichtschein aussandte.

Während Joe die Straße hinunterfuhr, wandte ich mich so weit es ging in meinem Sitz nach hinten, um Joes winkende Mutter und ihren Engel möglichst lange im Auge zu behalten. Schließlich war nur noch das Licht des Engels zu sehen. Joe lachte mich an: »Was machst du da? Willst du dich auf dem Sitz einmal ganz rumdrehen?«

»Ich wollte nur einen möglichst langen Blick auf deine Mutter werfen«, erklärte ich.

Nach einer Weile meinte Joe: »Du bist ja so still.«

»Ich denke gerade an morgen und wie ich dann mit meinem Verlobungsring in der Arbeit erscheinen werde. Wenn die Aufregung der anderen Mädchen ungefähr so ausfällt, wie heute Abend bei deiner Familie, dann wird mich das, glaube ich, in große Verlegenheit bringen. Andererseits kann ich es kaum erwarten, den Mädchen meinen Ring vorzuführen.«

Im Nu war ich daheim. Und erst als ich aussteigen wollte, sagte Joe: »Komm wieder her und gib mir einen Kuss. Und genieß die Situation in der Arbeit morgen, wenn du den anderen Mädchen deinen Ring zeigst. Ich hol' dich dann abends ab.« Wir verabschiedeten uns, und ich ging hinein. Alles war dunkel. Langsam stieg ich die Treppe hinauf, um keinen Lärm zu machen, und legte mich ins Bett. Besonders gut geschlafen habe ich nicht in jener Nacht, dazu war ich viel zu aufgeregt. Ich glaubte schon, es würde nie mehr Morgen …

Ich stand früher auf als sonst, um den früheren Bus zu erwischen, weil ich vor den anderen Mädchen meiner Abteilung im Kaufhaus sein wollte. Außerdem hoffte ich, Valerie schon dort anzutreffen, um meine Aufregung mit ihr teilen und ihr den Ring als Erster präsentieren zu können. Zugleich hatte ich große Hemmungen. Bevor ich hineinging, holte ich am Hintereingang des Kaufhauses erst noch einmal tief Luft.

Dann stieg ich die Treppe hinunter zum Personalraum und steckte meine Karte in die Stechuhr. Der Personalraum war quadratisch, an seinen Wänden und einmal querdurch reihten sich abschließbare Spinde. Als ich um den Raumteiler herumging, fand ich Valerie tatsächlich schon vor. Kaum dass sie mich sah, sprang sie von ihrem Stuhl und rief: »Ich seh's dir an der Nasenspitze an! Los, zeig mir deinen Verlobungsring!«

»Siehst du, ich halte Wort«, sagte ich, »genau wie du auch. Du hast den ersten Wunsch.«

Valerie zog mir behutsam den Ring ab, steckte ihn sich selbst auf den Finger, schloss die Augen und drehte ihn drei Mal in Richtung auf sich selbst, dabei bewegte sie lautlos die Lippen. Ich konnte ihren Engel hinter ihr ganz deutlich sehen, meinen aber nur zum Teil, denn mein Schutzengel stand hinter mir. Als ich aufblickte, sah ich die Köpfe der beiden Engel einander berühren, und als ich hinunterschaute, war es dasselbe mit ihren Füßen – mit einem Mal begannen die beiden Engel sich – und damit auch uns – zu umschlingen. Mein Schutzengel streckte seine Flügel in Richtung auf die Flügel von Valeries Engel aus, sie legten sie übereinander und bildeten damit ein Oval. Der Boden unter unseren Füßen verschwand. Ich beobachtete, wie Valerie ihre Augen wieder öffnete. Ich verspürte himmlische Ruhe und Frieden, wobei ich mich fragte, ob sie wohl dasselbe empfand. Sie holte tief Luft und schenkte mir ein wunderschönes Lächeln: »Danke, Lorna.«

Nun trafen allmählich die anderen Mädchen ein, ich fand mich umgeben von Kolleginnen, die mir gratulierten und die Hände nach dem Ring ausstreckten, um ihn sich genau anzusehen und ihre Wünsche zu sprechen. Vor allem Pauline war sehr aufgeregt, sie hatte viel Sinn für Romantik und schöne Liebesgeschichten. Sie war Joe bisher nur ein Mal begegnet, fand ihn sehr anziehend und war sehr glücklich für mich.

So viel allgemeine Beachtung zu genießen fand ich sehr aufregend. Ich bat die Engel, möglichst viele Wünsche zu erfüllen, insbesondere die meiner Freundinnen, denn wie ich wusste, hatten sie zahlreiche Wünsche – nicht nur für sich, auch für ihre Familien und Freunde.

Die Abteilungsleiterin betrat den Personalraum und erkundigte sich: »Was ist denn das hier für eine Aufregung? Lasst mich mal durch.«

Dann bahnte sie sich ihren Weg durch die Mädchen, die immer noch anstanden, um ihr Wunschritual durchführen zu können und wollte wissen: »Wer von euch hat sich verlobt?«

»Lorna«, ertönte es von allen Seiten gleichzeitig.

»Ich darf mir als Nächste etwas wünschen, Mädels«, verkündete sie und schnappte sich von einem Mädchen den Ring, ohne die Warteschlange der anderen zu beachten. Sie steckte sich den Ring an und bewegte lautlos die Lippen. Anschließend sagte sie dann: »Herzlichen Glückwunsch, Lorna! Und nun alle Mädels in die Verkaufsräume.«

Die Mädchen schnitten hinter ihrem Rücken Grimassen und sie meinte lachend: »Das ist ein wunderschöner Ring, Lorna. Wie heißt denn der Glückliche?«

»Joe«, gab ich zurück.

»Ich wünsche dir und Joe alles Glück dieser Erde. Wann ist denn der große Tag?«

»Wir haben dafür den August nächstes Jahr schon mal ins Auge gefasst, sind aber noch nicht sicher«, antwortete ich.

»Ich kann euch nur raten, nichts zu überstürzen«, meinte die Abteilungsleiterin, »lasst euch so viel Zeit wie möglich. Und jetzt gehen wir besser alle an die Arbeit.«

Später am Tag, als ich mir in der Kantine Tee holen wollte, hatte sich die Neuigkeit sogar schon bis zu den Mädchen dort hinter dem Tresen herumgesprochen: »Lorna, wir haben von deiner Verlobung gehört. Herzlichen Glückwunsch!«

Die Kantinenleiterin machte ebenfalls eine Bemerkung darüber, so dass sämtliche weiblichen Wesen in der Pause an meinen Tisch kamen, um meinen Ring zu bestaunen und mir ihre Glückwünsche auszusprechen. Und das ging noch die ganze nächste Woche so! Mich machte es glücklich, dass alle für Joe und mich glücklich waren. Selbst der Wachmann auf dem Parkplatz gratulierte Joe, als er mich am selben Abend von der Arbeit abholen kam.

Zum ersten Mal in meinem Leben stand ich im Mittelpunkt der allgemeinen Aufmerksamkeit. Nur meine Eltern setzten sich nie mit Joe und mir zusammen, um über unsere Hochzeitspläne zu diskutieren. Tatsächlich schien meine Familie sich für meine Heirat nicht übermäßig zu interessieren.

Nachdem ich es vorher mit Joe abgesprochen hatte, wollte ich meine Kollegin und Freundin Pauline bitten, meine Brautjungfer zu werden. Ich wusste, sie würde begeistert und an diesem Tag eine große Unterstützung für mich sein. In ihrer eher ruhigen Art war sie mir ähnlich, denn während die anderen Mädchen aus der Modeabteilung nach Dienstschluss gerne miteinander ins Pub gingen, hatten Pauline und ich dafür kaum etwas übrig.

Am nächsten Tag erzählte ich meiner Mutter, dass ich Pauline als Brautjungfer haben wollte, obwohl ich sie noch nicht einmal gefragt hatte. Mam schien überrascht und meinte, für diese Aufgabe wäre doch mein Bruder Barry am besten geeignet. Am Abend schmiedeten Joe und ich Pläne für unsere Hochzeit und Joe, der wusste, wie unglücklich ich mit der Situation war, wollte meine Eltern darauf ansprechen. Aber ich war dagegen: »Nein, Joe, bitte, ich möchte, dass unsere Hochzeit die Familie so wenig Geld wie möglich kostet.« Und da wir selbst nach Kräften auf ein Haus sparten, wollten wir auch unsererseits nicht allzu viel Geld dafür ausgeben.

Joe umarmte und drückte mich kräftig, dann schlug er vor: »Lass uns einen Termin mit dem Gemeindepfarrer vereinbaren und dann das Hochzeitsdatum festlegen.«

Joes Familie war völlig anders als meine – jedenfalls soweit es unsere Hochzeit betraf. Joes Mutter fragte, welche Freunde wir einladen wollten, und ich erzählte ihr, dass ich gerne meine Kolleginnen Pauline, Valerie und Mary dabeihaben wollte, aber nicht recht wüsste, was sie von mir denken würden, wenn der Hochzeitsempfang in meinem Elternhaus stattfände. Des Weiteren sagte ich: »In der Zeit, in der ich dort im Kaufhaus arbeite, haben schon ein paar Mädchen geheiratet, und alle hatten sie ihre Empfänge in Hotels. Mam hat uns damit überrumpelt, dass sie den Empfang bei uns Zuhause geben will, und ich möchte sie nicht kränken, indem ich ihr ins Gesicht sage, dass ich für diese Idee wenig übrig habe. Joe und ich sind übereingekommen, dass unsere Hochzeit meine Eltern möglichst wenig kosten soll.«

Joes Mutter meinte nur: »Mach dir deswegen keine Gedanken, wir alle werden auch etwas dazu beisteuern.«

Und dann ergaben sich die Dinge eines nach dem anderen: Ein paar Wochen darauf verbrachte ich die Mittagspause in der Kaufhauskantine gemeinsam mit Valerie und Mary; als sie mich auf den Hochzeitstermin ansprachen, nannte ich ihnen den 18. August und lud sie auch gleich beide ein.

Sie waren hocherfreut und fragten, wo denn der Empfang stattfinden würde, doch da wich ich aus und antwortete, das stehe noch nicht fest – ich wollte ihnen nicht sagen, dass es in meinem Elternhaus sein würde.

Am selben Tag noch bat ich Pauline, meine Brautjungfer zu werden, und sie erklärte, es sei ihr eine Ehre. Ich fügte noch hinzu, Joes Schwester Barbara würde ihr das Kleid schneidern.

Kapitel 12

Das Häuschen auf dem Land

Als Nächstes redete ich Joe zu, sich eine andere Arbeitsstelle zu suchen, um von meiner Familie unabhängig zu werden. »Wir müssen uns auf unsere eigenen Füße stellen, Joe. Bitte sprich mit meinem Vater, er wird dir ganz sicher ein gutes Zeugnis ausstellen.«

Und Joe fand ohne Schwierigkeiten einen neuen Job, diesmal bei der CIÉ (Córas Iompair Éireann), der irischen öffentlichen Personentransport-Gesellschaft. Allerdings konnte er mich nun nicht mehr so häufig wie gewohnt von der Arbeit abholen, deshalb nahm ich an den meisten Abenden den Bus nach Hause. An einem bestimmten Abend, ich lief gerade ums Haus herum zum Hintereingang, spürte ich, dass etwas in der Luft lag.

Vaters Zeitung The Irish Press lag auf dem Wohnzimmertisch. Als die Engel mich aufforderten, einen Blick hineinzuwerfen, kam ich dem nur zögerlich nach, zog mir aber dann doch einen Stuhl heran und begann, die Seiten umzublättern. Mir zitterten die Hände, ich muss mich in Zeitlupe bewegt haben, da ich fürchtete, die Engel könnten etwas in der Zeitung anleuchten, das mir Kummer bereiten würde.

»Sei unbesorgt, Lorna«, flüsterten meine Engel mir zu, »blättere einfach weiter, wir sagen dir schon Bescheid, wenn du auf der richtigen Seite angelangt bist.«

Langsam wendete ich Blatt für Blatt um. Ich fühlte die Hand von Engel Hosus auf meiner Schulter ruhen.

»So«, wisperte er mir ins Ohr, »und jetzt guck mal in die Spalten mit den zum Verkauf stehenden Häusern.«

Als ich das tat, musste ich feststellen, dass Hunderte von Häusern angeboten wurden und nichts auf der Seite einen Sinn für mich ergab: Alles stand entweder auf dem Kopf oder war spiegelbildlich angeordnet. Ich sah auf und entdeckte eine ganze Schar Engel um den Tisch herum sitzen. Was für ein Anblick – da musste ich einfach lachen!

»Hallo«, begrüßte mich Engel Elija, der direkt mir gegenüber Platz genommen hatte. Er streckte seine Hand nach der Zeitung aus, und seine Fingerspitzen berührten die Seite. Und mit einem Mal wurde alles lesbar. »So, Lorna, und jetzt guck noch mal!«, sagte er. Ich entzifferte die Worte: »Cottage in Maynooth zu verkaufen.«

»Lorna, das ist ein Häuschen mit Garten«, verriet mir Elija, »es ist ideal für dich und Joe. Lies weiter!«

Es war eine kleine Anzeige von nur drei Zeilen. Ich las weiter: »Verkauf im Rahmen einer Auktion, und eine Telefonnummer.«

»So, Lorna, und jetzt nimmst du einen Stift, ziehst einen Kreis um das Inserat, und dann reißt du die Seite raus«, kommandierte Elija. Ich folgte und verwahrte die Seite in meiner Tasche. »Zeig deinem Vater die Anzeige, wenn du dazu bereit bist«, fuhr Elija fort, »er kann dir helfen.«

Vor Glück traten mir Tränen in die Augen. Engel Elija erhob sich, streckte den Arm aus und berührte mit den Fingerspitzen meine Tränen. »Glückstränen«, lächelte er. Und dann waren die Engel verschwunden.

Am nächsten Tag gingen Joe und ich am Kanal spazieren, und ich zeigte ihm die Anzeige für das Häuschen.

»Ich werde mit Paps darüber reden, wenn er heute Abend vom Fischen heimkommt«, kündigte ich an.

Ich faltete die Zeitungsseite wieder zusammen und steckte sie zurück in meine Handtasche. Spät am Abend, Joe war schon fort, kam mein Vater nach Hause. Er legte seine sämtlichen Angelsachen auf den Boden und zog voller Stolz nacheinander zwei frisch gefangene, große, prachtvolle Bachforellen aus seiner Angeltasche und deponierte sie auf dem Küchentisch. Meine Mutter war hocherfreut. Nachdem er seine Angelsachen weggeräumt hatte, ließ er sich auf seinem angestammten Platz im Wohnzimmer nieder.

»Paps«, begann ich das Gespräch, »in der Zeitung habe ich eine Anzeige für ein Häuschen in Maynooth gefunden. Es soll versteigert werden. Wie würdest du so etwas angehen?«

Voller Überraschung sah er mich an, offensichtlich hatte er nicht damit gerechnet, dass ich mich auf die Suche nach einem Haus begeben würde. Ich wusste nicht recht, was ich von seinem Gesichtsausdruck halten sollte, doch Paps antwortete ohne Zögern: »Zeig mir das Inserat.«

Ich zog das Zeitungsblatt aus der Tasche, entfaltete es und legte es auf den kleinen Tisch. Mein Vater wollte wissen, welche Anzeige ich meinte.

»Es ist die mit dem schwarzen Kreis außen herum, schau, da unten rechts auf der Seite«, erklärte ich ihm.

Und wieder sah er mich überrascht von unten herauf an – ich stand, er saß; dann studierte er das Inserat in aller Ruhe. Plötzlich erschien ein Lächeln auf seinem Gesicht, und er sagte: »Gut gemacht, Lorna. Weiß Joe schon davon?«

»Ja«, erwiderte ich, »ich hab's ihm heute Abend bei unserem Spaziergang erzählt. Wir sind beide sehr begeistert davon, wissen aber nicht, wie wir es anstellen sollen.«

»Zuallererst müsst ihr einen Kredit aufnehmen«, lautete Vaters Antwort.

»Joe und ich haben Geld auf der Bank, sollen wir dorthin gehen?«, erkundigte ich mich.

»Ja«, antwortete mein Vater, »außerdem gibt es noch andere Stellen, an die ihr euch wenden könnt. Zum Beispiel gewährt auch die Stadtverwaltung Darlehen für Wohneigentum, zu günstigeren Bedingungen als die Bank. Überlass mir das mit der Auktion, ich werde euch die nötigen Informationen telefonisch beschaffen.«

»Danke, Paps«, sagte ich glücklich. Ich freute mich so, dass mein Vater uns helfen wollte, und war sehr aufgeregt bei dem Gedanken, das Cottage vielleicht wirklich kaufen zu können.

Den folgenden Tag hatte ich frei und lief hinüber zur Telefonzelle, von wo aus ich bei der örtlichen Stadtverwaltung anrief und nach einem Darlehen für Jungvermählte fragte. Ich sagte, noch seien wir zwar nicht verheiratet, wären es aber bald. Die junge Frau versprach, uns die Formulare zuzuschicken. Ich dankte ihr und hängte dann ein. Als Nächstes telefonierte ich mit meinem Vater, der mir sagte, er habe die Einzelheiten über die Auktion herausbekommen. Sie würde schon in zwei Tagen stattfinden, weshalb wir das Häuschen unbedingt bald besichtigen sollten, falls es uns ernst sei damit. Er schlug dafür gleich denselben Abend vor. Ich hinterließ an Joes Arbeitsplatz eine Nachricht für ihn, mit der Bitte, er möge nach Feierabend direkt zu uns hinaus nach Leixlip kommen. Ich war so aufgeregt, dass ich nach Hause rannte und meiner Mutter erzählte, was Paps gesagt hatte. »Mach dir keine allzu großen Hoffnungen«, entgegnete sie, »es ist nicht einfach, ein Darlehen zu bekommen, und du und Joe, ihr beide habt nicht viel Geld.«

Joe und mein Vater trafen im Fünf-Minuten-Abstand nacheinander ein. Vater meinte, die Zeit reiche nicht mehr zum Abendessen, da in dem Häuschen der Strom abgeschaltet sei und wir deshalb das Tageslicht für die Besichtigung nutzen müssten.

Wir stiegen alle in den Wagen meines Vaters, meine Mutter kam auch mit, und fuhren in einer Viertelstunde hinüber nach Maynooth zu dem Häuschen.

Als wir bei der angegebenen Adresse hielten, bekamen wir erst einmal nichts von dem kleinen Cottage zu Gesicht, weil es hinter einer hohen Hecke versteckt lag. Das Tor war verschlossen, und mein Vater lief zu den Nachbarn hinüber und holte die Schlüssel, wie der Auktionator es ihm gesagt hatte. Er öffnete das Tor und gab die Schlüssel dann an Joe weiter. Der Garten war groß und verwildert – sehr verwildert ...Wir folgten dem Pfad zu dem Häuschen. Joe steckte den Schlüssel ins Schloss und drehte ihn herum. Als er die Tür öffnete, schlug uns eine Wolke abgestandener Luft entgegen. Es roch feucht und muffig – klar, hier hatte ja auch über längere Zeit niemand mehr gewohnt. Das Häuschen war wirklich klein, doch Joe und ich störten uns nicht daran – wir hofften nur, es auch kaufen zu können.

Während wir um das Cottage herumwanderten, ließen Joe und ich meinen Vater wissen, dass wir uns Gedanken machten wegen der Versteigerung: Was würde geschehen, wenn wir das Häuschen tatsächlich ersteigern könnten – würde der Auktionator eine Anzahlung von uns verlangen? Und in welcher Höhe? Sollten wir uns rechtzeitig im Voraus Bargeld bei unserer Bank besorgen, weil wir ja kein Scheckbuch besaßen? Paps nahm uns diese Sorge ab, indem er meinte, wenn alles nach Plan liefe, würde er die Anzahlung erst mal für uns leisten, und wir könnten ihm den Betrag später erstatten.

Ein paar Mal zog ich mich alleine ins Haus zurück, in eines der kleinen Zimmer, um ungestört zu sein und mit meinen Engeln in Ruhe über alles, was mir so durch den Kopf ging, sprechen zu können.

Als ich gemeinsam mit Joe und meinen Eltern durch die Räume ging, hörten die Engel nicht auf, mich an den Haaren zu ziehen, und Mam wollte wissen, weshalb ich mir denn dauernd durch die Haare fuhr – ob ich sichergehen wollte, dass keine Spinnweben darin seien? Diese Frage brachte mich innerlich zum Schmunzeln.

Wir hielten uns nicht lange in dem Häuschen auf, dann verließen wir das Grundstück wieder, und Joe warf die Schlüssel in den Nachbarbriefkasten, nachdem er die Torflügel zugeklinkt hatte. Auf der Heimfahrt bemerkte meine Mutter: »Es ist in einem schrecklichen Zustand.«

Mein Vater warf ihr einen kurzen Blick zu und wollte dann von uns wissen, ob wir immer noch an dem Cottage interessiert seien, als Antwort bekam er von uns ein einstimmiges »Ja!« zu hören.

An dem bewussten Mittwoch, dem Tag der Auktion, holten meine Eltern und ich erst einmal Joe ab. Paps hielt vor Joes Elternhaus und sagte zu mir: »Geh du mal hin und klingle.« Joe öffnete, kam heraus, ging zu meinen Eltern hin und bat sie, doch einen Augenblick hereinzukommen, um seine Mutter wenigstens kurz kennenzulernen. Sie lehnten ab. Doch ich ging hinein und begrüßte sie. Sie wünschte uns alles Glück und meinte: »Ein andermal werde ich deine Mam schon treffen, wir werden deine Eltern an einem der nächsten Sonntage zum Abendessen einladen.« Joes Mutter brannte nämlich darauf, meine Eltern kennenzulernen. Sie winkte uns von der Haustür aus zum Abschied hinterher.

Im Auto nahm ich Joes Hand. Beide sprachen wir kein Wort, uns war richtig bange, und ich betete unablässig. Bevor es mir richtig klar wurde, waren wir schon da, und Paps stellte den Wagen ab.

Die Versteigerung wurde in einem alten Hotel abgehalten. Da wir so früh dran waren, blieb uns noch Zeit, in der Halle Tee zu trinken und ein bisschen zur Ruhe zu kommen. Ich erkannte in einer Gruppe von Leuten, die ebenfalls in der Hotelhalle Platz genommen hatten, Kunden meines Vaters: unter ihnen einen Bauunternehmer namens Murphy. Paps stand auf und ging hinüber zu ihnen. Ich beobachtete, wie er Hände schüttelte und etwas sagte. Sie luden ihn auf einen Drink ein, und dem Gelächter nach zu schließen, schienen sich alle prächtig zu verstehen. Paps wandte sich um und lächelte mir zu. Sein Gesichtsausdruck verriet mir, dass alles gut lief.

Ich fragte Joe nach der Uhrzeit; es war 10.45 Uhr und um 11 Uhr sollte die Auktion beginnen. Im selben Moment kehrte mein Vater an unseren Tisch zurück. Wir warteten alle sehr gespannt darauf, was er uns erzählen würde. Er fragte uns, welche Nachricht wir zuerst hören wollten: die gute oder die schlechte.

»Die gute bitte«, antwortete ich.

Und Paps begann: »Vor etlichen Jahren gab es doch diesen Benzinstreik. Damals habe ich den Murphys einen Gefallen getan und dafür gesorgt, dass ihnen der Treibstoff nicht ausging – weder Diesel noch Benzin; und jetzt ist die Reihe an ihnen, mir einen Gefallen zu tun. Ich habe also offen mit ihnen geredet und ihnen erklärt, dass euer beider Herz an diesem Cottage hängt.«

Allerdings sollte neben dem Häuschen auch noch ein Grundstück mit direkter Anbindung an die Landstraße versteigert werden. Und darauf hatten die Murphys es hauptsächlich abgesehen. Das Häuschen wollten sie allerdings auch, sozusagen als Dreingabe. Da es ebenfalls an der Straße lag, würde es sich gut für Büros eignen, und man könnte davor einen Abstellplatz für Baustellenfahrzeuge errichten. Doch nach dem Gespräch mit meinem Vater waren die Murphys bereit, selbst nicht auf das Häuschen zu bieten und stattdessen alles zu tun, damit es an uns ginge.

Allmählich leerte sich die Lounge, und die Leute durchquerten die Halle in Richtung des Raumes, wo die Versteigerung abgehalten werden sollte. Es war nicht sehr hell dort, man hatte eine große Anzahl Stühle und an der Stirnseite ein erhöhtes Pult mit einem Bürosessel dahinter aufgestellt. Rund 20 Interessierte hatten sich zu der Auktion eingefunden. Wir saßen auf der rechten Seite ungefähr in der Mitte, die Murphys links vom Gang. Vor »unserem« Häuschen kamen erst noch einige andere Objekte unter den Hammer, eines davon war das Grundstück mit der Straßenanbindung, das die Murphys auch tatsächlich ersteigerten.

Und nach einer ganzen Ewigkeit kam endlich die Reihe an das Cottage. Als das Bieten begann, hob eine Frau die Hand und nannte einen Preis, daraufhin hob Paps die Hand und ging höher, schließlich beteiligten sich auch die Murphys, und mein Vater hielt dagegen; so ging das eine Weile hin und her, bis die Frau aufgab. Paps bot weiter, die Murphys hielten noch einmal mit, um dann auszusteigen. »2500 £«, sagte mein Vater und war plötzlich der einzige Bieter. Erst als der Hammer fiel und der Auktionator sagte: »verkauft!«, bekam ich wieder Luft.

Der Auktionator bedeutete meinem Vater, zu ihm heraufzukommen; Paps wandte den Kopf zu Joe und mir und meinte: »Ihr beide kommt am besten auch gleich mit, denn schließlich seid ihr ja die wirklichen neuen Eigentümer.«

Der Auktionator fragte meinen Vater nach seinem Namen und der antwortete stolz, er habe nur das Bieten übernommen, die eigentlichen Käufer des Hauses seien Joe und ich. Der Mann trug unsere Namen ein und fragte nach der Anzahlung. Ohne mit der Wimper zu zucken, sagte Paps, die übernähme er.

Ich weiß noch, wie ich die Augen auf meinen Vater gerichtet hielt, als er sein Scheckbuch aus der Tasche zog – 10 Prozent von 2.500 £ waren für mich damals eine gewaltige Summe. Ich empfand so große Liebe und Zuneigung zu meinem Vater, als ich ihm so über die Schulter guckte, während er den Scheck ausstellte; ich war tief beglückt, dass er das für uns tat und wäre ihm gerne sofort um den Hals gefallen.

Meine Eltern brachten uns zurück zum Haus von Joes Mutter. Als wir dort vorfuhren, stand sie am Gartenzaun und unterhielt sich mit einer Nachbarin. Wieder lud Joe meine Eltern ein, mit hineinzukommen, und wieder lehnten sie die Einladung ab. Also stiegen nur wir beide aus und trafen am Gartentor mit Joes Mutter zusammen. Meine Eltern winkten zum Abschied und fuhren davon. Und wir überfielen Joes Mam sofort mit unserer guten Nachricht.

»Lasst uns erst mal reingehen«, lächelte sie, »und dann erzählt ihr mir die Geschichte in aller Ausführlichkeit bei einer guten Tasse Tee: Ich will jede Einzelheit hören! Und außerdem habe ich gerade Apfeltörtchen aus dem Backofen geholt.«

Wir liefen in die Küche, und Joes Mutter setzte Wasser auf. Ansonsten war der Tisch schon zum Tee gedeckt, mit allem, was dazu gehörte, auch die Apfeltörtchen warteten schon. Kaum war der Tee aufgegossen, setzten wir uns alle drei hin. Joes Mutter war derart neugierig auf jedes noch so kleine Detail unserer Erlebnisse am Vormittag, dass die Erzählung längere Zeit in Anspruch nahm. Außerdem war in Joes Familie immer etwas los, es herrschte ein ständiges Kommen und Gehen, und dabei wollte jeder wieder die glückliche Geschichte von unserem Häuschen hören. Ein paar von Joes Leuten meinten: »Maynooth – das ist doch mitten in der Pampa. Wir werden uns nur schwer daran gewöhnen, dass ihr irgendwo abgeschieden draußen auf dem Land lebt.« Ich lachte los und meinte: »Ich tut ja gerade, als zögen wir Millionen Meilen weit weg – dabei trennen uns gerade mal 35 Kilometer von hier.«

Joes Mam machte uns ein sehr nettes Angebot: »Wann kann ich mit rausfahren und beim Großputz helfen?«

Joe sah mich an, und ich antwortete: »Übernächstes Wochenende ist mein freies langes Wochenende.« Joe meinte, er habe an diesem Samstag auch frei, und so vereinbarten wir, uns alle drei an dem betreffenden Samstag morgens beim Häuschen zu treffen. Kurz darauf brachte Joe mich heim. Wir waren beide immer noch sehr aufgeregt.

Ein paar Tage nach dem Kauf des Cottage beschlossen Joe und ich, zu Fuß von Leixlip nach Maynooth hinüberzulaufen und schon mal mit dem Putzen anzufangen. Als wir dort ankamen, stand das Tor offen. Wir suchten nach den Schlüsseln, und es dauerte eine Weile, bis Joe sie endlich unter einem Stein am Hintereingang des Häuschens entdeckte.

Unsere unmittelbaren Nachbarn mussten uns kommen gehört haben, denn es erschien eine Dame am Tor und rief uns zu: »Hallo, Sie beide, ich wohne nebenan.«

»Guten Tag«, gab ich im Näherkommen zurück, »ich heiße Lorna, und wir wollen in sechs Monaten hier einziehen – vorher wollen wir allerdings erst noch heiraten.«

»Das ist ja wundervoll«, strahlte sie. »Es wird großartig sein, wieder Nachbarn zu haben. Ich heiße Elizabeth.«

Ich bat Elizabeth herein, und wir gingen gemeinsam über die völlig überwucherte Zufahrt und wandten uns dann nach rechts, an der Hauswand entlang, zum Vordereingang des Cottage. Joe stand schon dort, und ich stellte ihn als meinen Verlobten vor. Sie war sichtlich entzückt, ihn kennenzulernen.

»Ihr beiden seid ein schönes Paar«, meinte sie.

Ich lud Elizabeth zu einem Hausrundgang ein, und Joe schloss auf. Wir unterhielten uns weiter, während wir hineingingen.

»Ich habe mich vor dem Moment gefürchtet, wenn Sie sehen, in welch schrecklichem Zustand das Häuschen innen ist«, verriet uns Elizabeth, »es hat ja auch eine Ewigkeit leer gestanden. Die alte Dame, die hier wohnte, Mrs. Costello, ist schon vor langer Zeit gestorben.«

»Wir haben damit kein Problem«, antwortete ich, als wir durch die einzelnen Räume gingen.

»Wir werden es uns hier in kürzester Zeit richtig schön machen«, verkündete Joe. »Wir werden es putzen, die Tapetenreste von den Wänden reißen und das Linoleum von den Fußböden, und natürlich auch die alten Möbel hinausräumen.« Er sah sich um. »Vielleicht können wir sogar ein paar davon retten: Der Küchentisch sieht doch noch gut aus und vielleicht diese Armstühle und die Kommode.«

In Wahrheit besaßen wir kein einziges Möbelstück und auch wenig Geld, um uns Mobiliar zu kaufen. Wir waren erst einmal auf das angewiesen, was wir weiterverwenden und was wir vielleicht von anderen »erben« konnten.

»Etwas hergerichtet und gesäubert, werden die Möbel fast wie neu aussehen«, meinte Elizabeth. »Und bei den schweren Sachen wird mein Mann gerne mit Hand anlegen.«

Noch bevor Joe und ich auch nur ein Wort erwidern konnten, war sie schon zur Tür hinaus und auf der Suche nach ihrem Gatten. Wir brachen in Gelächter aus. Sie war reizend, ich würde sie als »kleine, rundliche Person mit einem bezaubernden Lächeln« beschreiben. In ihrem Energiefeld konnte ich viel Liebe und Fürsorge ausmachen. Sie war das Salz der Erde.

Im Nullkommanichts war sie zurück, an der Hand einen hoch gewachsenen, hageren Mann mit sehr blassem Teint und tief gefurchten Gesichtszügen. Ein wirklicher Charakterkopf. »Guten Tag, Sie beide! Schön, Sie kennenzulernen!«, begrüßte er uns.

»Das ist John, mein Mann«, stellte Elizabeth ihn vor und erklärte ihm, wir würden bald heiraten und dann in das Cottage einziehen.

»Lieber Joe, da habt ihr aber einen Haufen Arbeit vor euch«, kommentierte John. »Einen ganz schönen Haufen Arbeit!«

»Da haben Sie völlig recht«, bestätigte Joe. »Wie wär's, wenn wir beide mal nach hinten in den Garten gingen, um nachzugucken, wie es mit den Schuppen aussieht?«

Elizabeth und ich befanden uns im Hauptraum des Häuschens, der allerdings auch eher klein war, dafür aber einen Kamin besaß. Von dort aus begaben wir uns ins Schlafzimmer und nahmen es sehr gründlich in Augenschein. Es stank darin.

»Du meine Güte, schauen Sie mal, die Vorhänge! Die sind ja völlig vergammelt, sie sehen ja verheerend aus! Und wir haben kein Geld für neue«, entfuhr es mir.

»Lassen Sie das meine Sorge sein, Lorna«, beruhigte mich unsere Nachbarin, »ich werde die Gardinen in den nächsten Tagen mal abnehmen und in die Waschmaschine stecken. Ich hab im Moment wirklich nichts Wichtigeres zu tun.«

Ich traute meinen Ohren kaum: »Aber Elizabeth, das ist eine Unmenge Stoff zum Waschen!«

»Ich werde sie waschen, plätten und wieder aufhängen – und während ich damit beschäftigt bin, kann John ja inzwischen die Fenster putzen.«

Unser Häuschen besaß ein Schlafzimmer, das kleine Zimmer nach vorne hinaus, eine kleine Küche und ein anderes Zimmer, das wir auch als Schlafzimmer nutzen konnten – aber keine Spur von einer Toilette oder einem Bad.

»Die Küche hat gerade die richtige Größe für eine junge Familie, die noch am Anfang steht«, meinte Elizabeth, »aber aus dem kleinen Schlafzimmer solltet ihr ein Bad machen, denn das braucht ihr einfach. Ihr werdet ja wohl irgendwann Kinder haben.«

»Natürlich werden wir das«, antwortete ich mit Bestimmtheit, denn schließlich hatte mir Engel Elija auch das vorhergesagt.

»Aber die Außentoilette muss für den Anfang erst mal reichen. Ich bin bloß gespannt, in welchem Zustand sie ist.«

Also machten wir uns ebenfalls auf den Weg hinters Haus, um das Klo zu inspizieren. Ringsum war alles zugewachsen, wir konnten kaum etwas erkennen. Doch Elizabeth wusste, wo das Klohäuschen stehen musste – auf unserem Weg dorthin kämpften wir uns durch hohes Gras, Unkraut, Brennnesseln und stechende Brombeerranken, die mir bis zur Taille reichten.

Wir sahen keine Spur von Joe oder John, aber wir fanden das Klo – in einem langgezogenen Schuppen mit Tür. Es gab zwar keinen Toilettensitz, aber das Ganze war durchaus benutzbar und in nicht allzu schlechtem Zustand. Ich fragte Elizabeth nach dem Holzhäuschen direkt neben dem Klo.

»Das ist ein anderer Schuppen, wir haben drüben bei uns auch so einen«, erwiderte sie.

Dann hörten wir die Stimmen von Joe und John. »Da guckst du besser nicht rein«, warnte Joe mich. Und natürlich konnte ich daraufhin schon gar nicht widerstehen. »Ich werde nur einen winzigen Blick riskieren«, gab ich zurück. Als ich vorsichtig in den Schuppen hineinlinste, ragte vor mir ein Berg Gerümpel aller Arten auf. »Und was ist mit den anderen Schuppen?«, wollte ich weiter wissen.

»Besser, Sie sehen sich das jetzt noch nicht an«, meinte John. »Da drüben steht noch ein großer Schuppen und dahinter ist ein Schweinekoben – ein kleiner Schuppen mit einem Hof hinten dran, einer Mauer außen herum und einer Tür drin. Ideal für eine Hühnerzucht. Das alles ist jetzt natürlich voll Dreck und Mist, aber ich werde Joe dabei helfen, das Zeug auf einen Haufen zu schichten und zu verbrennen, wenn er das nächste Mal hier ist.«

»Oh, John, es ist unheimlich nett von Ihnen, uns zu helfen«, sagte ich dankbar.

Daraufhin wandte John sich seiner Frau zu und meinte: »Wir sollten jetzt besser gehen und die beiden sich selbst überlassen, Elizabeth.«

Im Gehen drehte Elizabeth sich noch einmal nach uns um und fragte: »Hättet ihr Lust, vor dem Heimfahren noch einen Sprung auf eine Tasse Tee bei uns hereinzuschauen? Wir würden uns freuen.«

»Magst du?«, fragte ich Joe. Er nickte bestätigend. »Wir kommen gerne, in etwa fünf bis zehn Minuten; vorher möchten wir uns hier nur noch ein bisschen genauer umsehen und ein paar Dinge klären.«

Danach gingen die beiden. Joe und ich, wir waren beide richtig glücklich. »Ist es nicht wundervoll, dass das Cottage nun wirklich uns gehört? Es liegt zwar eine Menge Arbeit vor uns, aber ich weiß, dass wir es schaffen werden.«

Gemeinsam gingen wir zurück ins Haus, und Joe begann, ein paar Stücke von der Tapete herunterzureißen, um auszuprobieren, wie schwer es ging. Wie sich herausstellte, war es gar nicht so schlimm. Das Linoleum auf dem Boden war völlig hinüber, und wir versuchten mit vereinten Kräften, es hochzuheben und waren irgendwann leicht geschockt, denn unter jeder Schicht Linoleum lag noch mal eine. Unter der wirklich allerletzten Schicht stießen wir dann auf eine dicke Lage aus Zeitungspapier: Hunderte von Doppelseiten und alle zusammengeklebt. Wir sahen einander an.

»Lass uns nach etwas suchen, womit wir das aufhebeln können«, schlug Joe vor.

Wir fanden einen stabilen Stock und – unter all den Zeitungsseiten – eine Schicht Lehm und Stroh. Und darunter, als allerallerletzte Schicht, kamen Dielenbretter zum Vorschein, und die waren wirklich ganz passabel. Wie wir später von Elizabeth erfuhren, hatten die zahlreichen Fußbodenbeläge der Wärmeisolierung des Zimmers gedient.

Im Anschluss verbrachten wir eine reizende Teestunde mit Elizabeth und John. Sie erzählte mir ein bisschen von der Vorbesitzerin des Cottage, Mrs. Costello, die hier gelebt und eine gewisse Ähnlichkeit mit Mrs. Tiggy-Winkle, der Igel-Waschfrau aus Beatrix Potters gleichnamigem Märchen, besessen hatte. Sie trug stets einen Hut mit Krempe, einen weiten Mantel und eine große Tasche. Außerdem lebte sie völlig zurückgezogen und empfing niemals Besuch.

John lud Joe ein, ihr Haus und ihren Garten zu besichtigen. Beim Blick durchs Fenster nach draußen auf die zwei sah ich um sie herum Engel – spielende Engel. Ich lächelte vor mich hin.

»Sie wirken so glücklich mit Ihrem Lächeln«, freute sich Elizabeth.

»Ich bin auch sehr, sehr glücklich«, antwortete ich. Es war schön, bei ihnen zuhause zu sein, überhaupt, ein Haus mit glücklichen Menschen darin in unmittelbarer Nachbarschaft zu haben und das Licht um die beiden herum zu sehen. Zudem hatten sie einen kleinen Sohn von etwa zehn Jahren, einen reizenden Jungen.

»Wann immer ihr unsere Hilfe braucht, greift zum Telefon«, ermutigte Elizabeth mich. Wir dankten den beiden, verabschiedeten uns und schlenderten Hand in Hand die Straße hinunter.

Am folgenden Samstag brachte Joe seine Mutter mit hinaus zum Häuschen. Ich wartete dort schon auf die beiden. Als sie aus dem Auto stieg, umarmte sie uns beide, sah sich um und meinte dann: »Du meine Güte, da habt ihr aber ganz schön was vor!« Dann bat sie Joe, den Kofferraum zu öffnen: Er war randvoll mit allem, was man so zum Großputz braucht. Wir trugen die ganze Ladung erst einmal ins Haus. Sie kam hinter uns her.

»Ich sehe schon«, meinte sie dann, »dieses kleine Häuschen hat das Zeug zu einem echten Zuhause.«

Während der nächsten beide Tage putzten wir das ganze Haus durch, und ich nutzte die damit verbundene Gelegenheit, Joes Mam richtig gut kennenzulernen: Wir hatten großen Spaß miteinander. Die zwei Tage waren herrlich, und wir kamen im Cottage wirklich gut voran. Joes Mutter hatte einfach großartig mit angepackt. Und als das Hochzeitsdatum näher rückte, war unser Häuschen bewohnbar – jedenfalls so ziemlich.

Kapitel 13

Der »ungläubige« Joe

Ein paar Tage später hockten Pauline und ich eines Morgens im Personalraum zusammen und diskutierten über Brautkleider. Pauline fragte die Abteilungsleiterin, ob sie uns nicht bitte beide für dieselbe Pausenschicht einteilen würde, denn dann könnten wir gemeinsam die Stoffgeschäfte abklappern. Sie kam der Bitte nach, und so aßen Pauline und ich erst hastig in der Kantine Mittag und stürmten dann die Läden. Dort bekamen wir Hunderte von Schnittmustern und Aberhunderte Stoffballen vorgelegt. Es war wirklich sehr aufregend. Und endlich – nach zig solchen Mittagspausen! – stand ich denn vor dem Stoff für mein Hochzeitskleid: cremefarben mit willkürlich verteilten dunkelroten Wildblümchen. Und Pauline fand ebenfalls einen wunderschönen Stoff, der sich sehr gut mit meinem geblümten vertrug. Aber ich kaufte noch nichts, da ich wusste, dass meine Mutter Wert darauf legte, den Stoff für mein Brautkleid mit mir gemeinsam auszusuchen.

Und obwohl wir auf unserer Suche nach schönen Stoffen so viel Zeit miteinander verbracht hatten, war ich bei Pauline immer noch nicht damit herausgerückt, dass der Hochzeitsempfang bei uns zuhause gegeben würde. Mir graute vor dem Augenblick, wo ich ihr und den beiden anderen Mädchen gegenüber würde Farbe bekennen müssen. Eines Tages fragte ich die Engel, welcher Zeitpunkt dafür denn am besten geeignet sei, und bekam zur Antwort: »Jetzt gleich.«

»Ihr meint, in der Teepause?«

»Ja!«, gaben meine Engel zurück. Als ich die Kantine betrat, saßen Valerie und Mary schon an unserem gewohnten Tisch. Kaum hatte ich mich zu ihnen gesellt, nahm Valerie mich auch schon ins Gebet: »Lorna, wir sterben langsam vor Neugier, wo wird denn nun der Hochzeitsempfang stattfinden?« Beide strahlten über das ganze Gesicht und konnten es kaum erwarten.

»Er wird in Leixlip, im Haus meiner Eltern sein«, kam ich endlich mit der Wahrheit heraus. Ich konnte an ihren Gesichtern ablesen, wie entsetzt sie waren.

»Machst du Witze, Lorna?« Mary konnte es kaum fassen.

»Nein«, erwiderte ich, »nicht mit so wichtigen Dingen wie meiner Hochzeit.«

Daraufhin löcherten die beiden mich mit Fragen, warum und wieso, und weshalb meine Eltern denn den Empfang unbedingt bei uns zuhause geben wollten. Ich erklärte ihnen, in der Familie meiner Mutter sei das eine Art Tradition, die meiner Mutter sehr am Herzen liege. Dann wollten sie noch wissen, wer die anderen Hochzeitsgäste sein würden.

»Hauptsächlich Familie. Meine Eltern und Geschwister, einige Onkel und Tanten, Joes Familie natürlich, ihr beide und Pauline, meine Brautjungfer. Beim Essen werden wir insgesamt etwa 30 Leute sein. Und einige unserer Nachbarn werden wohl auch in die Kirche kommen.«

Ein paar Tage später aß ich wieder gemeinsam mit meinen Freundinnen in der Kantine zu Mittag, als Valerie plötzlich meinte, sie habe ein paar Vorschläge für meinen Hochzeitsempfang.

»Lorna, was hältst du davon, wenn wir alle zusammen nach dem Essen in ein Pub gehen und dort mit Musik und Tanz deine Hochzeit weiterfeiern?«

»Das ist eine großartige Idee«, meinte ich, »Joe wird sie bestimmt auch gefallen. Vor allem, wenn man bedenkt, dass wir bei uns daheim ja nicht tanzen können.« Dann erkundigte ich mich: »Wie kommt ihr denn am Morgen zur Kirche in Leixlip?«

»Wir werden uns in der Innenstadt treffen und dann gemeinsam mit dem Bus zu euch rausfahren«, erwiderte Valerie. »Lasst uns die Daumen halten, dass es nicht regnet, wir haben nämlich keine Lust, uns die schönen Kleider unter den Mänteln zu zerknautschen. Und ich kann nur hoffen, dass es vom Bus zur Kirche nicht weit ist – wir werden nämlich alle hohe Absätze tragen!«

»Es sind nur zwei Minuten«, versicherte ich ihr, »und seht zu, dass ihr ja alle rechtzeitig da seid!«

Sie lachten herzlich und meinten, sie freuten sich wirklich sehr auf diesen »Ausflug«.

Noch am selben Tag, es war gegen Abend, und Pauline half mir gerade, die Kleiderständer für den Geschäftsschluss in der Modeabteilung herzurichten, wandte ich mich zu ihr: »Ich denke, ich sollte dir jetzt auch sagen, wo der Empfang stattfinden wird.«

»Die anderen Mädchen haben mir schon erzählt, dass er im Haus deiner Eltern ist«, antwortete Pauline. »Mir gefällt die Idee.«

Ich sagte ihr, wie nett ich diese Äußerung fand.

Als ich an diesem Abend heimkam, schlug meine Mutter vor, wir sollten doch am nächsten Tag Stoff und Schnitt für mein Hochzeitskleid besorgen. Ich freute mich auf den Einkaufsbummel in der Innenstadt mit Mam – selbst wenn längst alles ausgesucht war und ich genau wusste, was ich kaufen würde. Natürlich hatte ich das für mich behalten, denn ich kannte ja ihre Freude am Herumschlendern und -stöbern in den verschiedensten Geschäften.

Der Zug durch die einzelnen Stoffgeschäfte und -abteilungen am nächsten Morgen machte mir Spaß, auch wenn Mam etwas genervt wirkte, weil mir so gar nichts gefiel, auch die Sachen nicht, die ihrer Ansicht wunderbar zu dem Anlass gepasst hätten.

Also erklärte ich ihr: »Ich möchte kein herkömmliches Hochzeitskleid! Und schon gar nicht in Weiß!« Ich schlug vor: »Lass uns doch noch in den Stoffladen in der Seitenstraße neben Clerys gehen, du weißt schon, den du mir mal gezeigt hast.«

Nach einer Teepause führte meine Mutter mich zu dem bewussten Geschäft. Dort sahen wir Unmengen von Stoffen in großen Ballen durch, manche standen in Gestellen, andere waren auf den langen Ladentischen gestapelt. Als wir uns endlich zu dem von mir ausgewählten vorgearbeitet hatten, sagte ich zu Mam: »Sieh doch mal, Mam, ist dieser Stoff nicht wunderhübsch? Ich mag den hellen Cremeton und die weinroten, darauf verstreuten Blümchen – und schau mal, der Stoff daneben, würde der nicht gut dazu passen und ein schönes Kleid für meine Brautjungfer abgeben?«

Meine Mutter nickte bestätigend: »Ja, wirklich sehr schön. Und sie passen beide auch wirklich sehr gut zusammen.« Bei diesen Worten erschienen plötzlich rings um uns herum lauter Engel. Als meine Mutter sich erkundigte: »Wie teuer sind diese beiden Stoffe denn?«, wäre ich beinahe in lautes Gelächter ausgebrochen, denn ich konnte die Engel beinahe wie im Chor singen hören: »Kahein

Preisschihild drahan, kahein Preisschihild drahan.« Mir
war natürlich klar, dass niemand anderer als sie selbst die
Etiketten hatten verschwinden lassen.

Also beschloss meine Mutter, eine der Angestellten nach
dem Preis zu fragen. Sofort beendeten die Engel ihre sämtlichen anderen Aktivitäten und signalisierten mir durch
eindeutiges Abwinken ihr klares »Nein!«. Meine Aufgabe
bestand nun darin, meine Mutter zu stoppen, bevor sie auf
den Gedanken kam, die Stoffe wären zu teuer und versuchen würde, mich zu bewegen, etwas Preiswerteres auszusuchen. Das käme für mich nicht in Frage, andererseits
wollte ich sie auch nicht kränken.

»Mach dir keine Gedanken, Mam, die Stoffe, die Schnitte
und alles, was sonst noch anfällt, möchte ich selbst bezahlen. Lass uns jetzt doch mal zu den Schnittmusterbüchern
gehen!«

Die Engel führten meine Mutter am Arm zur rückwärtigen Wand, wo die Schnittmusterbücher auflagen. Sie öffnete das erste und begann, es durchzuschauen. Ich schlug vor,
mir gleich ein zweites vorzunehmen, um Zeit zu sparen. Fünf
Bücher musste ich durchblättern, um den Schnitt wiederzu-
finden, der es mir so angetan hatte. Ich rief zu Mam hinüber:
»Schau doch mal, dieses Modell würde doch bestimmt wunderbar mit dem Blümchenstoff harmonieren!«

Meine Mutter war eine sehr geschickte Schneiderin und
verstand sich auch sehr gut auf das Entziffern der Angaben auf der Rückseite der Schnittmusterbogen, anhand
derer man den Stoffverbrauch für das jeweilige Modell in
der gewünschten Größe errechnen konnte. Als sie das für
beide Kleider getan hatte, suchten wir uns eine Angestellte
und baten sie, uns die Stoffe abzumessen. Sie holte die Ballen und wickelte das Material sorgfältig ab, Meter um

Meter, bis es sich auf dem Ladentisch türmte. Dann faltete sie die Stoffe fein säuberlich zusammen und legte sie in Tüten, dazu packte sie die Schnitte und das gesamte Nähzubehör.

»Das macht dann insgesamt 25,99 £«, verkündete sie.

Doch als ich ihr das Geld entgegenhielt, wandte meine Mutter ein, sie wolle den Stoff für mein Hochzeitskleid übernehmen. Ich freute mich über das Angebot, antwortete jedoch: »Nein danke, Mam. Das ist zu viel.« Doch da sie weiter darauf bestand, gab ich schließlich nach. Sie wirkte sehr glücklich und stolz, als sie der jungen Frau das Geld reichte. Wir verabschiedeten uns dankend, und als wir den Laden verließen, sah ich einen der Engel an der Tür stehen. Ich flüsterte ihm Dankesworte zu und dann machten wir uns, mit den Tüten beladen, auf in Richtung Bushaltestelle. Unterwegs dankte ich meiner Mutter.

Ich war wie ein Kind, aufgeregt und ungeduldig, wollte meinem Bräutigam den Stoff zeigen, und ihn auch zu seiner Mutter mit hinübernehmen. An diesem Abend sagte Joes Mutter zu mir: »Jetzt wird es aber wirklich Zeit, dass ich deine Eltern kennenlerne. Fragst du sie bitte, ob sie am Sonntag zum Abendessen kommen können?«

Als Joe mich an diesem Abend zu Hause absetzte, ging ich wie gewöhnlich zur Hintertür hinein. Zu meiner Überraschung fand ich meine Eltern noch im Wohnzimmer sitzen – und ergriff die Gelegenheit gleich beim Schopf: »Guten Abend, ich hätte nicht gedacht, dass ihr noch auf seid. Übrigens, Joes Mutter möchte euch beide am Sonntag zum Abendessen einladen, ist euch 17 Uhr recht?«

Meine Mutter schien nicht allzu beeindruckt, aber Paps sagte: »Natürlich werden wir kommen. Sag Joes Mutter, sie kann am Sonntag um 17 Uhr mit uns rechnen.« Ich war entzückt und erbot mich, den beiden noch eine Kanne Tee zu machen. Doch mein Vater lehnte ab. »Geh ins Bett«, meinte er. Und so wünschte ich den beiden eine gute Nacht.

Am nächsten Abend fuhr ich gleich nach Arbeitsschluss mit dem Bus zu Joes Mutter hinaus und teilte ihr mit, meine Eltern würden am kommenden Sonntag zum Abendessen kommen. Sie war ebenfalls entzückt, aber zugleich ein bisschen nervös. Mir war klar, dass sie keine Mühen scheuen würde, um am Sonntagabend ein perfektes Menu auf den Tisch zu bringen.

Als es dann Sonntag war und ich zusammen mit meinen Eltern vor der Tür von Joes Elternhaus stand, klingelte mein Vater, und zu meiner Freude öffnete uns Joe. Er hieß meine Eltern willkommen und umarmte mich zur Begrüßung. Wir traten ins Wohnzimmer: Der Tisch war gedeckt wie für den Besuch einer Königin und sah phantastisch aus. Joe machte meine Eltern mit seiner Mutter bekannt, dann stellte er seine Schwester Barbara mit Mann und Kindern vor. Gleich zu Beginn gab es für mich noch etwas zur Erheiterung, weil Barbara meine Mutter immer wieder aufforderte, doch den Mantel abzulegen und Mam jedes Mal antwortete: »Nein, danke, es ist alles bestens so.«

Ich zog Joe am Arm in die Küche und flüsterte ihm ins Ohr: »Du, das, was Mam anhat, ist kein Mantel, sondern ein Mantelkleid. Sag Barbara bitte, sie soll Ruhe geben, sonst platze ich noch vor Lachen.«

Joe meinte, von einem Mantelkleid habe er noch nie etwas gehört, und als er ins Wohnzimmer zurückkehrte, war Barbara gerade wieder dabei, Mutter zu bedrängen, ihr doch den vermeintlichen Mantel auszuhändigen. Joe ging dazwischen und zog dann auch gleich einen Stuhl für Mam heran.

Das Abendessen war einfach grandios, es gab Roastbeef mit Bratkartoffeln, Weißkraut und Mohrrüben. Zum Nachtisch servierte Joes Mutter ihren sagenhaften gedeckten Apfelkuchen mit Schlagsahne. Ich habe nie einen besseren bekommen. Joes Mutter hatte uns wirklich großartig bewirtet, und der Abend war ein voller Erfolg.

Während des Sommers vor unserer Hochzeit hatten die Engel mich immer wieder dazu aufgefordert, Joe ein wenig von meinem Geheimnis preiszugeben. Und ich hatte ihnen ebenso oft geantwortet, dass ich noch davor zurückschreckte. Dabei hätte ich mein Geheimnis sehr gerne mit jemandem geteilt, und am liebsten mit Joe, doch ich hatte Angst vor seiner Reaktion. Was, wenn er mir schlicht nicht glaubte?

»Du sollst ihn ja auch nur ein Stück weit einweihen«, erklärten die Engel, »jedes Mal nur ein kleines bisschen, nicht mehr. Und denk immer dran, Lorna, du wirst niemals dein ganzes Geheimnis mit einem anderen Menschen teilen können: Es gibt da Dinge, die gar nicht weitergegeben werden dürfen. Aber bei der nächsten passenden Gelegenheit werden wir dir helfen.«

Ein paar Abende danach, wir waren eigentlich schon auf dem Weg zu mir nach Hause, schlug Joe vor, noch schnell einen Abstecher in die Berge zu unternehmen.

»Es sieht nach einer wundervollen Nacht aus, mit Vollmond und hoffentlich auch einem großen Sternenhimmel. Ich kenne einen Platz, da können wir das Auto abstellen und haben von dort aus einen herrlichen Blick über Dublin bis hin zum Meer.«

Als wir auf der Aussichtsterrasse ankamen, standen dort schon zahlreiche andere Autos. Daher schlug ich Joe vor: »Lass uns doch einen kleinen Spaziergang machen und uns vielleicht für ein Weilchen dort drüben auf die Mauer setzen.«

Die Mauer war eigentlich nur eine Ansammlung verstreut liegender Felsbrocken, aber wir ließen uns darauf nieder, und Joe legte seine Arme um mich. Wir küssten uns, und ich fühlte mich geborgen. Ich weiß nicht mehr, wie lange wir so dort gesessen haben, doch mit einem Mal bemerkte ich, dass in der Zwischenzeit zahllose Sterne am Himmel zu sehen waren. Dann schienen einige in Bewegung zu geraten und vom Himmel zu fallen – als sie näher zur Erde kamen, erkannte ich sie als Engel. Und ich konnte ihre Stimmen hören, sie flüsterten mir zu: »Lorna, nun ist es an der Zeit, ein Stückchen von deinem Geheimnis mit Joe zu teilen.«

Ich drehte mich in Joes Armen herum und verkündete, ich hätte ihm etwas zu sagen. Er sah mich an und wollte wissen, ob es etwas mit unserer Hochzeit zu tun hätte.

»Nein«, erwiderte ich. »Es betrifft mich selbst. Ich möchte dir gerne etwas erklären: Ich kann Dinge sehen, die andere Menschen für gewöhnlich nicht sehen. Manchmal sehe ich Engel.«

Auf seinem Gesicht zeichnete sich völliger Unglaube ab. Dann schaute er mich an und sagte lachend: »Lorna, soweit ich weiß, können nur Nonnen und Priester Engel sehen. Das ist doch albern! Normalsterbliche wie du und ich sehen keine Engel.«

Ich wurde nervös – das lief ja genauso ab, wie ich befürchtet hatte! Lautlos rief ich: »Hilfe!«, denn es waren Hunderte von Engeln um mich herum.

Joe nahm mich fest in die Arme und ließ das Thema fallen. Stattdessen meinte er: »Lass uns nach Hause fahren. Es ist schon spät, und wir müssen beide morgen arbeiten.«

Von wenigen Worten abgesehen, verlief unser Heimweg in Stillschweigen. Joe warf mir während der Fahrt immer wieder Seitenblicke zu, so, als wollte er sagen: »Was habe ich mir denn da eingehandelt?«

Ich wandte mich an die Engel und jammerte: »Joe nimmt das alles nicht gerade gut auf.«

Als wir vor meinem Elternhaus stehen blieben, sagte Joe: »Lorna, du hast mich gebeten, an etwas zu glauben, was ich mir vorher noch nicht einmal in Gedanken vorgestellt habe.«

Als er mich zum Abschied liebevoll umarmte und küsste, war ich dennoch ein klein wenig beruhigt.

Auf dem Weg zur Hintertür sandte ich weitere Klagen an die Engel, die mich trösteten: »Sei unbesorgt, Lorna, Joe hat doch gerade erst angefangen, dich wirklich kennenzulernen.«

Ich zerbrach mir den Kopf, womit ich Joe überzeugen könnte, mir zu glauben, und bekam tatsächlich bald Gelegenheit dazu.

Joe arbeitete zwar nicht mehr bei meinem Vater in der Tankstelle, half aber gelegentlich noch dort aus. An einem Donnerstag, es war schon nach Feierabend, überkam mich plötzlich eine Vision: Ich sah Unmengen Glas, riesige Fenster; es schien Licht darauf zu fallen und meine Vision zu blockieren, dann schien es dunkel zu werden. »Was hat das alles zu bedeuten?«, wollte ich von meinen Engeln wissen.

»Erzähl es Joe«, lautete die Antwort.

»Dazu habe ich nicht die geringste Lust«, gab ich zurück.

»Hol dir deine Vision ins Gedächtnis zurück, Lorna«, verlangten die Engel, »siehst du jetzt, wo sie sich abspielt?«

»Ja, es ist in der Tankstelle.«

Am selben Abend erzählte ich Joe, was ich gesehen hatte, doch er winkte ab: »Das bedeutet gar nichts.«

Wir sprachen nicht weiter davon, aber ich war beunruhigt und wandte mich wieder an die Engel. Am Freitag hatte ich erneut eine Vision, diesmal sah ich Joe in einem Wagen sitzen und diesen vor die Zapfsäulen lenken. Dann tauchten Männer bei dem Wagen auf, und Joe kurbelte die Fensterscheibe herunter. Damit endete die Vision.

Und ich berichtete Joe, ich hätte abermals eine Vision gehabt und beschrieb detailliert alles, was mir vor Augen gestanden hatte. »Ich will nicht, dass dir etwas zustößt. Das ist eine Warnung.«

»Ich glaube einfach nicht an solche Dinge«, erwiderte Joe. »Dein Vater hat angerufen und mir die Nachricht hinterlassen, dass er mich dieses Wochenende braucht. Der Mann, der die Nachtschicht gemacht hat, ist weg, und deshalb soll ich am Wochenende ab Mitternacht den Dienst übernehmen, bis um 7 Uhr, wenn die Frühschicht losgeht.«

Dann sah ich ein drittes Bild – und diesmal wurde mir noch mehr gezeigt: Ich sah Joe das Wagenfenster herunterkurbeln, und einer der Männer schlug ihm mit der Faust mitten ins Gesicht. Dann sah ich Joe auf der Polizeiwache, doch die Beamten glaubten dem anderen Mann und nicht Joe. Ich kam nicht dahinter, was das alles zu bedeuten hatte, und beunruhigte mich noch mehr. Wieder fragte ich meine Engel.

Sie beschwichtigten mich: »Joe wird sich eine blutige Nase holen, aber sonst passiert ihm nichts weiter. Behalte die Vision gut in Erinnerung; die Polizisten werden Joe zwar nicht

glauben, aber zu guter Letzt wird sich doch alles aufklären.«
Nach der Arbeit fuhr ich hinüber zu Joe, und wir drehten zu
Fuß eine Runde um die Siedlung. Ich flehte Joe an, mir endlich Glauben zu schenken. Dann wurde ich wütend auf ihn
und fragte: »Warum willst du mir nicht zuhören?«

Die ganze Zeit über hatte sein Schutzengel Joe etwas ins
Ohr geflüstert. Und ich hätte Joe am liebsten angeschrien:
»Dein Schutzengel versucht die ganze Zeit, dir etwas mit-
zuteilen, aber du willst ja nicht mal hinhören!« Da ich so
erregt war, versprach Joe mir dann wenigstens, an diesem
Wochenende sehr gut auf sich achtzugeben.

Und die Vision wurde Realität – genau an diesem Wochenende, und es spielte sich auch alles genauso ab, wie ich es
vorhergesehen hatte.

An einem der beiden Abende hatte Joe gerade das Auto
eines Kunden zur Reparatur und fuhr es vor die Zapfsäulen, um es vollzutanken. Ein Freund des Besitzers kam
zufällig vorbei und glaubte, Joe hätte den Wagen gestoh-
len. Er brüllte Joe an, und nachdem Joe die Scheibe herun-
tergekurbelt hatte, schlug er ihm die Faust ins Gesicht.
Dann rief er die Polizei. Die Beamten glaubten Joe seine
Geschichte nicht und nahmen ihn fest. Mein Vater bürgte
für ihn, und der ganze Irrtum klärte sich auf – und mit diesem Abend gewann Joe einen tieferen Einblick in meine
Person.

Zwei Wochen vor unserer Hochzeit wollten Pauline, Valerie und Mary den traditionellen »Hennenabend« mit mir
feiern. Ich war noch nie vorher nach der Arbeit mit ihnen
aus gewesen. Zuerst schleppten sie mich ins Smyth's, das

Pub, wo Valerie ihre meisten Freitagabende verbrachte und wo es vor lauter Angestellten unseres Kaufhauses nur so wimmelte. Valerie und Mary schienen jeden dort zu kennen, und es gab ein großes Hallo. Im Gegensatz zu mir waren sie an Alkohol gewöhnt. Sie redeten mir zu, ein Glas Wein zu trinken, der mir prompt in den Kopf stieg, was meine Freundinnen rasend komisch fanden. Dieses eine Glas Wein war mehr als genug für mich, da ich seine Wirkung wirklich deutlich spürte, anschließend hielt ich mich lieber an Limo. Wir pilgerten von einem Pub ins nächste, bis wir schließlich in Marys Lieblingskneipe endeten, dem Murphy's. Dort herrschte eine ausgelassene Stimmung. Der Fußboden bestand aus Beton mit Schlaglöchern, Tische gab es keine, nur Barhocker am Tresen, und der Laden war voll mit Leuten, die irische *Rebel Songs* zum Besten gaben. Mir gefielen Musik und Gesang, und so kehrten wir dort auch noch ein. Irgendwann landeten wir dann in Marys Wohnschlafzimmer in der Innenstadt und ließen bei Tee und Gebäck den Abend Revue passieren. Meine Freundinnen zogen mich auf, indem sie mir mit allerhand Streichen drohten, die sie Joe und mir an unserem Hochzeitstag spielen würden. Wir amüsierten uns köstlich. Es war ein sehr gelungener Abend, aber irgendwann war ich dann doch froh, nach Hause und in mein Bett gehen zu dürfen.

Unser Hochzeitstag rückte immer näher, die Vorbereitungen waren nahezu abgeschlossen, auch die Hochzeitstorte war bereits da. Eine meiner Tanten hatte das dreistöckige Kunstwerk gezaubert und mir zur Hochzeit geschenkt. Den Tortenschmuck besitze ich heute noch, die Teile ruhen wohlbehalten in irgendeiner Schachtel.

Zwei Tage vor dem Ereignis war das Häuschen blitzblank, beide Familien mit allem fertig, und am Vorabend der Hochzeit klingelten die Nachbarn bei uns, um zu sehen, ob es in allerletzter Minute irgendwo noch irgendetwas zu helfen gab. Anne, unsere unmittelbare Nachbarin in Leixlip, versicherte mir, sie würde am nächsten Morgen frühzeitig da sein und meine Hochzeitsfrisur übernehmen.

Es ist wundervoll, das Glück zu spüren, das so eine Hochzeit für die ganze Familie, die Freunde und sogar die Nachbarn mit sich bringt – und diese ganze freudige Erregung aus dem Inneren jedes Menschen an die Oberfläche steigen zu sehen. Immer, wenn irgendwo eine Heirat ansteht, bitte ich alle Engel im gesamten Universum, die Hochzeit mit Glück und Fröhlichkeit für alle Beteiligten zu verbinden.

Und endlich brach er an, mein großer Tag! Ich hatte in der Nacht kaum ein Auge zugetan und war schon sehr früh auf den Beinen – wie alle anderen auch. Vor Aufregung brachte ich beim Frühstück keinen Bissen herunter und hielt mich nur an den Tee. Zu den kostbarsten Augenblicken gehörte der, als mein Vater nach und nach alle anderen Hochzeitsgäste vor mir zur Kirche brachte und ich in Gesellschaft einer Nachbarin im Flur unseres Hauses auf seine Rückkehr wartete. Dann geleitete er mich zum Wagen und nahm neben mir auf dem Rücksitz Platz. Wortlos griff er nach meiner Hand und behielt sie in der seinen. Als wir vor dem Haupteingang der Kirche eintrafen, sagte er: »Bleib bitte sitzen!« und stieg aus dem Auto aus. Der Fahrer war ebenfalls ausgestiegen und kam um den Wagen herumgelaufen, um mir den Schlag zu öffnen, doch mein Vater bestand darauf, das selbst zu übernehmen. Als ich ausstieg, lag ein Lächeln auf Paps' Gesicht, das mich glücklich machte. Er reichte mir seinen Arm, und während wir Seite an Seite durch den Mittelgang der Kirche zum Altar schritten, sprach er mit weicher Stimme davon, wie stolz er sei, mit seiner schönen Tochter an ihrem Hochzeitstag den Mittelgang der Kirche entlangzuschreiten.

Und während ich an Vaters Arm auf den Altar zuschritt, fühlte ich, wie mein Schutzengel mir durch die Frisur wuschelte, auf die unsere Nachbarin am Morgen so viel Zeit und Mühe verwendet hatte. Am Ende des Ganges wartete mein Joe und sah mir entgegen. Und wie fabelhaft er aussah! Neben ihm stand sein Schutzengel und lachte über das ganze Gesicht. Und dann erschienen die anderen Engel auf dem Altar: Michael, Hosus, Elija, Elisa – alle Engel, die mich und mein Leben über die Jahre hin begleitet hatten. Es gab ein mächtiges Gedränge dort oben ...

Auch der Pfarrer hatte seinen Platz bereits eingenommen. Joe und ich gingen langsam zum Altar und stellten uns vor ihn hin. Dann begann der Hochzeitsgottesdienst. Als Joe mir den Ehering über den Finger streifte, zupfte Engel Hosus an meinem Kleid und sprach gemeinsam mit mir: »Ja, ich will.«

Nach der Zeremonie wurden draußen vor der Kirche Unmengen von Fotos geschossen, dann fuhren wir zurück in mein Elternhaus, wo wir zusammen mit all unseren Freunden und Familienmitgliedern um eine riesige Hochzeitstafel saßen und ein hervorragendes Essen genossen.

Später am Abend wollten Joe und ich mit unseren Freunden noch auf einen Drink in das Pub im Ort gehen. Doch das war schon gerammelt voll und bot einer Braut mit ihrem Bräutigam nebst Hochzeitsgesellschaft keinen Platz, deshalb wechselten wir in ein Lokal in der Innenstadt von Dublin. Joe und ich blieben aber nicht allzu lange und fuhren dann nach Maynooth, wo Joe mich in den frühen Morgenstunden über die Schwelle unseres Häuschens trug.

Kapitel 14

Ich wusste nicht, dass ich einen Schutzengel habe!

Manchmal warnen mich die Engel auch nicht vor, wenn ein Ereignis ansteht. Als Joe und ich etwa drei Monate verheiratet waren, geschah eines Abends etwas Seltsames: Es war gegen 23 Uhr, Joe lag schon im Bett und las ein Buch, während ich mich wusch und dann für die Nacht zurechtmachte. Weil wir noch kein Badezimmer im Haus hatten, benutzte ich eine Waschschüssel vor dem Ofen. Nachdem ich vielleicht fünf Minuten im Bett gelegen hatte, musste ich noch einmal auf die Toilette und kletterte über das Fußende aus dem Bett.

Ich wollte aus der Schlafzimmertür treten und bekam einen Heidenschreck – denn beinahe wäre ich in jemanden hineingelaufen!

»Oh, mein Gott, was machen Sie denn hier?«, entfuhr es mir.

Denn da stand niemand anderes als Mrs. Costello, die alte Dame, die das Cottage vor uns bis zu ihrem Tod bewohnt hatte. Mit dem weiten Mantel, der großen Tasche unterm Arm und dem entzückenden Kapotthut mit Schleier und Früchten auf der Krempe glich sie Elizabeths Beschreibung aufs Haar.

»Leben Sie wohl«, sagte sie, »ich geh dann jetzt.«

Sie lächelte mir zu. Sie sah sehr schön aus, vollkommen, genau wie Mrs. Tiggy-Winkle. Ich weiß nicht, weshalb sie das Bedürfnis hatte, mir Lebewohl zu sagen, aber wenn das so sein musste, dann war es auch für mich in Ordnung – obwohl sie mir zunächst einen gehörigen Schreck eingejagt hatte!

Ich drehte mich um und krabbelte zurück ins Bett.

»Ich wäre beinahe in sie hineingelaufen«, berichtete ich Joe, wobei ich für den Moment etwas Entscheidendes vergessen hatte: Joe konnte ja noch gar nicht wissen, dass ich auch die Geister Verstorbener sehen konnte! »Ich meine die alte Dame, die vor uns hier gewohnt hat, ich bin ihr gerade begegnet«, erzählte ich weiter. »Sie kam nur noch mal vorbei, um Lebewohl zu sagen.«

Joe fuhr im Bett hoch und starrte mich entsetzt an. Dann riet er mir, ins Bett zurückzukommen und mich gut zuzudecken.

Ich tat es stillschweigend und hoffte dabei, er würde nicht allzu viel über diesen Vorfall nachdenken. Was er auch prompt nicht tat. Er drehte sich um und schlief wieder ein. Sonnenklar, dass ich das meinen Engeln verdankte! Joe kam übrigens nie wieder auf dieses Ereignis zu sprechen.

Ich dagegen lag noch wach und redete mit meinen Engeln, wollte wissen, weshalb Mrs. Costello mich beinahe hätte in sich hineinlaufen lassen. Ich mag das gar nicht – in einen Toten hineinlaufen, dessen Geist noch nicht im Himmel angelangt ist, denn er sendet elektrische Schläge aus, und das ist recht unangenehm. Er wurde auch noch nicht gereinigt und fühlt sich daher völlig anders an als ein Geist, der bereits im Himmel gewesen, aber wieder auf die Erde zurückgekehrt ist, wie beispielsweise mein Bruder Christopher. Bei vom Himmel zurückgekehrten Geistern spüre ich die Lebenskraft ihrer Seele.

Daraufhin erläuterten mir die Engel, Mrs. Costello sei aus bestimmten Ursachen (über die ich allerdings nichts erfuhr) nicht in der Lage gewesen, das Cottage zu verlassen, bevor sie nicht Kontakt mit mir aufgenommen hätte. Sie habe diese Berührung mit mir gebraucht, um die Himmelspforten durchschreiten zu können. Ich besitze auch keine wirkliche Erklärung dafür, aber mir begegnen häufig Seelen, die unsere Erde noch nicht verlassen haben und nach einer Begegnung mit mir in den Himmel auffahren können. Aus mir unbekannten Gründen habe ich bei ihrem Übergang eine bestimmte Funktion.

Schon wenige Monate nach unserer Hochzeit wurde ich schwanger. Joe beschloss, das Auto zu verkaufen, um die Extraausgaben für das zu erwartende Baby bestreiten zu können. So stiegen wir wieder auf den Bus um und lachten beide darüber.

Ich fand meine Schwangerschaft anstrengend und beklagte mich andauernd bei den Engeln und bei Gott. Aber die Engel lachten nur und meinten, ich solle mich doch einfach ausruhen.

Mein Kind hatte beschlossen, sein Erscheinen ein paar Wochen vorzuverlegen – ein entzückendes Baby von beinahe sieben Pfund. Wir waren überglücklich. Ich hatte Joe schon lange vorher von meinem als Baby verstorbenen Bruder Christopher erzählt und von meinem dringenden Wunsch, unseren ersten Sohn nach ihm zu benennen. So stand der Name unseres Erstgeborenen also bereits fest.

Nicht erzählt hatte ich Joe dagegen von meinen Begegnungen mit dem Geist meines Bruders, denn darüber auch nur ein Wort zu sagen, war mir bis zum heutigen Tag, da ich dieses Buch schreibe, nicht erlaubt. Ich bat Joe, meinen Eltern gegenüber nicht zu erwähnen, weshalb ich unseren Sohn Christopher taufen lassen wollte. Als die frischgebackenen Großeltern mich nach seiner Geburt im Krankenhaus besuchten, meinte Mam, wir sollten unseren Sohn doch Christopher nennen – nach ihrem Vater, meinem Großvater, seinem Urgroßvater. Ich lächelte Joe an und antwortete, wir hätten uns bereits entschieden – für eben diesen Namen. Joe drückte meine Hand.

Als ich mit unserem Baby nach Hause kam, verhielt ich mich wie jede andere junge Mutter auch: ängstlich und überfürsorglich. Der Kleine war gesund und kräftig, doch einmal, als ich gerade nach ihm sah, tauchten die Engel um mich herum auf und erklärten mir, Christopher habe ein kleines Problem.

»Er verdaut die Milch nicht richtig, stimmt's?«, erkundigte ich mich.

»Ja«, lautete die Antwort der Engel. »Pack Christopher schön warm ein, leg ihn in den Kinderwagen und lauf mit ihm hinüber zur Telefonzelle.«

Ich tat wie geheißen und war erleichtert, die Telefonzelle leer zu finden. Ich rief den Kinderarzt an und bat ihn, bei uns vorbeizukommen, um nach Christopher zu sehen. Er kam am Nachmittag, es war sehr kalt, und der Regen peitschte. Ich hatte den Schlüssel in der Eingangstür stecken lassen und der Arzt rief beim Eintreten: »Jemand daheim?« Ich saß mit Christopher auf dem Schoß neben dem warmen Ofen und war dabei, ihn zu füttern. Ich lächelte dem Doktor entgegen, denn sämtliche Engel folgten ihm auf den Fersen! Er nahm sich einen Stuhl und meinte, wir hätten es ja sehr nett und gemütlich hier. Dann wärmte er seine Hände über dem

Ofen und spielte einen Moment lang mit dem Baby. Anschließend wollte er wissen, was mit Christopher nicht in Ordnung sein sollte. Ich erklärte ihm, dass Christopher meiner Meinung nach die Milch nicht richtig verdaute. Daraufhin warf der Arzt mir einen seltsamen Blick zu. Die hinter ihm stehenden Engel warnten mich, bloß vorsichtig zu sein, mit allem was ich sagte.

»Er spuckt so viel davon wieder aus«, setzte ich hinzu.

»Aber Lorna«, gab er lachend zurück, »das tun alle Babys!«

Dann zog er seinen Stuhl näher heran, um Christopher gründlicher zu untersuchen – im selben Moment drückte einer der Engel meinem Sohn aufs Bäuchlein, und er gab seine Milch in hohem Bogen von sich: Sie spritzte quer durch den Raum. Daraufhin sah der Arzt mich an und meinte: »Das ist allerdings nicht normal.«

Er zog ein Stethoskop heraus und horchte Christophers Bäuchlein damit ab. Dabei erklärte er, jedes Mal, wenn er bei einem Baby ein Verhalten erlebt habe wie gerade eben bei Christopher, sei Zöliakie die Ursache gewesen. Dann schrieb er mir eine Überweisung an einen Spezialisten im Temple Street-Kinderkrankenhaus in Dublin aus.

Tatsächlich wurde bei Christopher Zöliakie festgestellt, und seine Ernährung musste von nun an ganz und gar auf diese Krankheit ausgerichtet werden. Außerdem brachte sie zahlreiche Besuche im Kinderkrankenhaus mit sich – manchmal musste der Kleine sogar ein paar Tage zur Beobachtung dort bleiben, was für uns alle drei hart war.

Joe verwandte jeden freien Augenblick auf unseren Garten, und der begann tatsächlich bald Gestalt anzunehmen. Eines Tages, ich schaute Joe gerade bei der Gartenarbeit zu, wurde sein Schutzengel für einen kurzen Augenblick sichtbar, dann erschienen andere Engel und bildeten einen Kreis um Joe, als wollten sie ihn beschützen. Mir fiel auf, dass das Licht um Joe nur sehr schwach leuchtete.

Ich brach in Tränen aus und sprach zu mir selbst: »Nein! Das ist nicht gerecht!«

Die Engel wollten mir damit zeigen, dass Joe allmählich krank wurde – das war klar.

Und er wurde krank, sehr krank: Kurze Zeit später bekam er ein Magengeschwür, das ihn sehr viel stärker schlauchte als andere Menschen, die unter derselben Erkrankung litten. Und das sollte sich als Grundmuster bei Joe herausstellen: Aus Gründen, die ich nie wirklich begriffen habe, nahm jede Krankheit bei ihm einen sehr viel dramatischeren Verlauf als bei anderen Leuten.

Trotz spezieller Diät und vieler Medikamente war Joe sehr krank und volle sechs Monate lang arbeitsunfähig. Als Folge davon verlor er seinen Job bei der Personentransport-Gesellschaft, und wir waren auf Sozialhilfe angewiesen, um zu überleben.

Es war eine schwierige Zeit für uns und bildete – was ich damals noch nicht ahnte – auch das Grundmuster von Joes Leben bis zu seinem Ende.

Eines Tages, Christopher war damals etwa 18 Monate alt, setzte ich ihn zum Spielen in den Vorgarten, schloss das Gartentürchen und ging zurück ins Haus, um die Betten zu machen; den Vordereingang ließ ich offen. Da erschien Engel Elisa für einen Augenblick:

»Hallo, Lorna«, begrüßte sie mich, »ich will dir bloß sagen, dass du bald Besuch bekommst.«

Und bevor ich einen Ton sagen konnte, war sie schon wieder fort. Lachend meinte ich: »Das war aber ein kurzes Gastspiel.«

Doch Elisa ließ sich einstweilen nicht mehr blicken. Ich dachte nicht weiter darüber nach und brachte das Schlafzimmer in Ordnung, wobei ich immer wieder durchs Fenster ein Auge auf Christopher hatte. Als ich dann unser kleines Vorderzimmer betrat, gewahrte ich ein Blinken auf der Türstufe und hörte ein leises Lachen: Der Geist eines kleinen Mädchens kam in den Flur gelaufen. Es hatte langes schwarzes, gewelltes Haar und dunkelblaue Augen. Es trug einen Mantel mit schwarzem Kragen, dazu ein Hütchen, Kniestrümpfe und schwarze Schuhe. Es tanzte in die Küche und lächelte mich an. Ich folgte ihm.

Dieser kleine Geist hatte seinen Schutzengel bei sich. Das ist selten, denn normalerweise bleiben die Schutzengel nach dem Tod nur noch eine kurze Weile bei uns, weil ein Geist die Hilfe seines Schutzengels nicht mehr benötigt, wenn er erst einmal die Pforten dessen durchschritten hat, was wir »Himmel« nennen.

Das kleine Mädchen schien aus Fleisch und Blut zu sein, gerade so wie Sie und ich. Irgendwann in der Vergangenheit hatte die Kleine einmal gelebt, und wie sie zu Tode gekommen war, wusste ich zu diesem Zeitpunkt noch nicht. Ihr Schutzengel war durchscheinend, voller Leben, wie ein Regentropfen – er reflektierte sämtliche Farben und umgab sie ganz. Alle Schutzengel ähneln sich stark, tragen aber dennoch individuelle Züge – ein bisschen wie Geschwister, die sich zwar gleichen, aber dennoch eigenständige Persönlichkeiten sind. Für mich lassen sich Schutzengel ohne Weiteres von anderen Engeln jeglicher Art unterscheiden.

Ich konnte den Schutzengel der Kleinen um sie herum agieren sehen, als wolle er sie vor dieser Welt und allem darin behüten. Er ließ nicht einmal zu, dass ihre kleinen Füße den Boden berührten. Manchmal drehte er sich zu mir um und lächelte, legte dann jedoch den Finger an die Lippen und signalisierte mir damit, mich still zu verhalten.

Plötzlich änderte das Kind die Richtung, hüpfte aus der Küche in den Korridor, dann durch die Eingangstür, woraufhin beide in einem Lichtblitz verschwanden. Während der nächsten Monate tauchte das Mädchen zu verschiedenen Gelegenheiten auf, und immer in Begleitung seines Schutzengels. Die Kleine kam nur herein, wenn die Eingangstür offen stand, doch das war ohnehin fast immer der Fall. Als sie das erste Mal mit mir sprach, erzählte sie mir, sie sei im Tod alleine gewesen. Dann blickte sie ihren Schutzengel an und setzte hinzu: »Ich habe wirklich nicht gewusst, dass ich einen Schutzengel habe, ich wusste nicht, dass du da warst.«

Als die Augen des Mädchens sich mit Tränen zu füllen schienen, wischte der Schutzengel sie ihr mit der Hand fort. Ich war tief berührt, weshalb auch mir die Tränen in die Augen stiegen. Die Kleine sagte nichts weiter und sprang aus der Tür.

Bei anderer Gelegenheit ließ sie mich wissen, ihr Name sei Annie. Ich sollte wohl niemals die Möglichkeit bekommen, sie etwas zu fragen, denn immer wieder bedeutete mir ihr Schutzengel, sie nicht anzusprechen.

Eines Morgens erschien Engel Elisa wieder bei mir. »Wage es ja nicht, dich noch einmal einfach so davonzumachen wie beim letzten Mal«, hielt ich ihr gleich entgegen.

»Setzen wir uns zusammen auf die Treppe«, schlug Elisa vor.

»Elisa, weshalb besucht mich das kleine Mädchen mit seinem Schutzengel immer wieder?«, wollte ich wissen.

Darauf sagte sie mir: »Lorna, Annie muss erfahren, dass es jemanden gab, der sie liebte, während sie noch am

Leben war. Sie ist alleine gestorben und glaubte, niemand hätte sie lieb, nicht einmal ihre Eltern – denn Mutter und Vater waren nicht bei ihr, als sie starb. Deshalb hat ihr Schutzengel sie zu dir gebracht – du sollst die Stelle ihrer Eltern einnehmen. Das ist viel von dir verlangt, Lorna.«

»Engel Elisa, du weißt, dass es sich machen lässt; ich freue mich darauf, Annie hier zu haben, auch wenn sie eine Seele ist und nicht aus Fleisch und Blut. Ich fühle mich ihr irgendwie verbunden. Und ich weiß, ihr Schutzengel wird dafür sorgen, dass aus dieser Verbundenheit zwischen uns beiden Liebe erwächst. Ich danke dir, Engel Elisa.«

Diesmal sagte sie zum Abschied: »Auf Wiedersehen, Lorna.«

Von da an kam Annie immer öfter – beinahe täglich. Und eines Tages sprach sie mich dann mit meinem Namen an: »Lorna, du weißt, ich bin bei einem Brand umgekommen. Und niemand war bei mir; obwohl ich gerufen habe, hat mich keiner gehört. Wo waren Mutti und Vati? Sie haben sich nicht um mich gekümmert, sie hatten mich nicht lieb. Ich weiß noch, wie ich dalag und weinte, und als ich aufwachte, war ich im Himmel.«

Darauf sagte ich ihr: »Annie, wenn du zurückkehrst in den Himmel, wirst du dort deine Eltern wiedersehen, und du wirst erkennen, wie sehr sie dich immer noch lieb haben.«

Als ich geendet hatte, streckte Annie die Ärmchen nach mir aus und umschlang mich für einen Augenblick. In dieser kurzen Umarmung spürte ich ihren physischen Körper.

»Das ist alles, was ich wissen muss«, sagte sie, »dass ich in der Menschenwelt geliebt worden bin.« Dann machte sie gemeinsam mit ihrem Schutzengel kehrt und rannte aus der Tür.

Und ich dankte Gott. Ich war glücklich, Annie nun im Himmel mit ihren Eltern vereint zu wissen.

Manchmal, so scheint es, gelingt es weder den Engeln noch Gott selbst, einen Geist davon zu überzeugen, dass er während seines Lebens auf der Erde geliebt wurde. Deshalb sandte Gott Annie mitsamt ihrem Schutzengel in unsere Menschenwelt, damit ihr jemand sagen konnte, dass sie in ihrem Leben hier geliebt wurde. Es ist schwer verständlich, aber sie musste erfahren, dass sie geliebt worden war.

Kapitel 15

Die Kraft des Gebets

Als ich 25 und Christopher zweieinhalb Jahre alt war, wurde ich erneut schwanger. Dieses Mal fühlte ich mich während der ersten drei Monate meiner Schwangerschaft großartig, die gewohnte Morgenübelkeit blieb völlig aus. Eines Morgens beschloss ich, mit Christopher zusammen im Bett zu bleiben, nachdem Joe zur Arbeit gegangen war. Als ich ungefähr eine Stunde später wieder erwachte, schlief Christopher fest. Ich drückte ihm ein Küsschen auf und schlüpfte leise aus dem Bett. Dann ging ich in unser kleines Vorderzimmer und traf dort auf Engel Hosus, der es sich in einem Sessel bequem gemacht hatte. Er forderte mich zum Hinsetzen auf.

»Engel Hosus, sag mir jetzt bitte nicht, dass irgendwas nicht stimmt«, bat ich ihn.

»Nein, Lorna, es ist nichts Ernstes«, beruhigte er mich, »dein Baby trägt ein Mal auf der linken Seite. Die Ärzte werden sich dafür interessieren und einen Spezialisten aus einem anderen Krankenhaus hinzuziehen. Merk dir eines: Dein Baby ist völlig in Ordnung, nur wird es große Eile an den Tag legen. Dieser kleine Mensch kann es nämlich schon jetzt kaum mehr erwarten, endlich in deinen Armen zu liegen. Wir anderen Engel und dein Schutzengel werden tun, was immer wir können, Lorna, damit das Baby so lange wie irgend möglich da bleibt, wo es jetzt ist: in dir.«

Nach diesen Worten streckte Engel Hosus seine Hand aus, berührte meinen Bauch, und ich spürte, wie sich das Kind in mir bewegte.

»Mein Baby weiß, dass du meinen Bauch berührt hast«, erklärte ich Hosus, »ich konnte schon in der sechsten Schwangerschaftswoche Bewegungen meines Kindes spüren, obwohl der Arzt behauptet hat, das könnte gar nicht sein. Kann es aber sehr wohl. Wenn ich vor dem Spiegel stehe, bitte ich Gott bisweilen darum, mir einen winzigen Blick nach innen zu erlauben, und dann kann ich die Energie sehen – sie wirbelt spiralförmig rundherum. Manchmal öffnet sich der Wirbel für einen Moment, und Gott zeigt mir, dass an meinem Kind auch wirklich alles dran ist.

Sag mir, Engel Hosus, weshalb will mein Baby vor der Zeit kommen?«

Er antwortete nicht auf meine Frage, sondern erklärte mir stattdessen: »Jetzt beginnt eine schwierige Phase deiner Schwangerschaft, und du wirst die meiste Zeit davon im Krankenhaus liegen.«

Ein paar Tage später gingen Joe und ich ins Krankenhaus zur Ultraschalluntersuchung und konnten unser Kind sehen.

»Ihr Baby scheint sehr aktiv zu sein«, meinte der Gynäkologe zu uns. »Und es scheint auch alles in bester Ordnung zu sein. Es bewegt schon seine Arme und Beine. Eben hat es sogar die Augen geöffnet und seine Däumchen zum Mund geführt.«

Der Arzt entschied, ich sollte lieber ein paar Tage im Krankenhaus bleiben, um mich auszuruhen, also wurde ich auf eine Station gebracht. Joe fuhr erst einmal wieder heim, kam aber am Abend mit Wäsche und Toilettensachen für mich zurück. Es lief dann doch darauf hinaus, dass ich eine ganze Woche im Krankenhaus lag, und als der Arzt mich entließ, war ich glücklich und fühlte mich wohl.

Schon nach zwei Wochen zu Hause musste ich wieder in die Klinik. Meine Mutter übernahm Christopher, so dass Joe in dieser Zeit weiter zur Arbeit gehen konnte – er hatte erst kürzlich eine Stelle bei der örtlichen Gemeindeverwaltung angetreten. Meine Mam hatte es nicht leicht mit Christopher, er weinte viel und ließ sich nur schwer trösten. Immerhin kam Joe jeden Abend vorbei, um nach seinem Sohn zu sehen, bevor er mich im Krankenhaus besuchte, und an den Wochenenden nahm er den Kleinen mit nach Hause.

Zurück in der Klinik wurde ich an den Tropf gehängt und musste strenge Bettruhe einhalten. Die Ärzte rätselten, weshalb ich jetzt schon Wehen bekam. Die folgenden Schwangerschaftsmonate verbrachte ich im Krankenhaus. In der Woche vor Weihnachten, ich war damals im siebten Monat, leerten sich die Stationen, und bei wem auch immer es vertretbar schien, der wurde über die Feiertage nach Hause geschickt. Bei mir sah es nicht danach aus, aber ich betete immer wieder zu Gott, und bat ihn, mich an Weihnachten heim zu lassen zu Joe und Christopher. Der Weihnachtstag brach an, und gegen Mittag erschien ein Arzt an meinem Bett, um mir mitzuteilen, ich dürfe für zwei bis drei Tage nach Hause zu meinen Lieben, aber nur unter der Bedingung, dass ich augenblicklich zurückkäme, sollte ich mich irgendwie unwohl fühlen.

Gegen Abend kam mein Vater mit Joe und Christopher im Auto an, um mich abzuholen, und mir ging es großartig. Zu Hause war alles ganz heimelig. Unsere wundervolle Nachbarin Elizabeth hatte dafür gesorgt, dass das Feuer im Kamin nicht ausgegangen war. Bevor er wieder nach Leixlip fuhr, lud mein Vater uns alle für den Tag des Hl. Stephan, den zweiten Weihnachtsfeiertag, zum Mittagessen bei meinen Eltern ein und kündigte an, er werde uns gegen 12 Uhr abholen. Christopher ging gemeinsam mit seinem Vater hinaus, um das Gartentor hinter seinem Großvater zu schließen, und als beide zurückkamen, hatte ich es mir vor dem Kamin gemütlich gemacht. Christopher kletterte auf meine Knie, und ich hielt die Arme fest um ihn geschlungen, während Joe Tee für uns aufbrühte. Ich habe nur undeutliche Erinnerungen an dieses spezielle Weihnachtsfest und weiß auch nicht mehr, wie Joe es geschafft hat, alles im Griff zu behalten. Nur der Weihnachtsabend vor dem Kamin mit Christopher in meinen Armen ist mir im Gedächtnis geblieben – und der zweite Weihnachtsfeiertag bei meinen Eltern, als mir komisch wurde und ich meinen Vater bat, mich möglichst rasch ins Krankenhaus zurückzubringen.

Er tat das natürlich sofort, und zwei Wochen später, in meinem achten Schwangerschaftsmonat, kam unser Sohn Owen zur Welt. Und – ob Sie es glauben oder nicht – der Kleine wog fast acht Pfund, obwohl er gute fünf Wochen zu früh dran war!

Auf welche Weise meine Eltern mit Gebetsgruppen in Berührung kamen, weiß ich nicht, aber es geschah und hatte große Wirkung auf meinen Vater: Er begann, sich für andere Menschen einzusetzen. Das war an sich nichts Neues, er hatte schon immer gerne geholfen, doch jetzt verstärkte er seine Bemühungen deutlich. Wenn ihm zu Ohren kam, dass jemand in einer Klemme steckte, leistete er Beistand, wo er konnte.

Eines Abends erschien mein Vater bei uns draußen und fragte, ob wir nicht am selben Abend in die örtliche Gebetsgruppe im Maynooth College mitgehen wollten.

Ich sah Joe an, und wir nickten beide. Die Aussicht, einmal aus dem Haus zu kommen, erfüllte mich mit freudiger Erregung, und der Gedanke, mit anderen Menschen gemeinsam zu beten, hatte etwas Faszinierendes. Ich habe mich immer gerne in Kirchen aufgehalten und Gottesdienste besucht, so oft ich konnte.

»Wie geht es denn in einer solchen Gebetsgruppe so zu?«, erkundigte ich mich.

»Wir haben einen Raum auf dem Gelände des Maynooth College zur Verfügung, dort beten wir zusammen, lesen aus der Bibel vor, und anschließend kann jeder die Gruppe bitten, ein Gebet für seine Familie zu sprechen oder für irgendjemand anderen, der in Schwierigkeiten geraten ist. Nach dem Gebet trinken wir gewöhnlich Tee, essen Kekse dazu, unterhalten uns miteinander und lernen uns dabei besser kennen.«

»Und gewinnen neue Freunde«, meinte ich.

Elizabeth erbot sich, unsere Kinder zu hüten, was sie von diesem Abend an immer tat, wenn wir zur Gebetsgruppe gingen.

Ich fühlte mich in dieser ersten Gebetsgruppe sofort zu Hause, obwohl ich ausgesprochen nervös war. Ehrlich gestanden war ich derart nervös, dass ich nur wenig mitbekommen habe. Dennoch wurden wir Mitglieder und versuchten, so oft wie möglich teilzunehmen.

Gebete sind über die Maßen machtvoll: Wenn wir beten, beten wir ja nicht alleine, denn unser Schutzengel und jeder andere Engel, der gerade in der Nähe ist, betet mit uns. Und auch geliebte Verstorbene, die schon im Himmel sind, schließen sich unseren Gebeten an.

Nichts ist zu klein oder zu trivial, um dafür oder darum zu beten, und kein Gebet zu kurz – es kommt nicht darauf an, ob es nur ein Wort ist oder viele. Und ein Gebet lässt sich überall sprechen: beim Autofahren, beim Spazierengehen, während einer Versammlung oder Sitzung, inmitten einer Menschenmenge oder ganz still für uns. Mitunter beten wir, ohne dass wir es überhaupt wahrnehmen, vor allem dann, wenn wir an einen geliebten Menschen denken, der krank ist oder an einen Freund in Nöten. Ein Gebet, das aus tiefstem Herzen kommt, besitzt eine schier unglaubliche Kraft, und dabei spielt die Religion oder das Glaubensbekenntnis eines Menschen keine Rolle: Gott erhört die Gebete aller seiner Kinder gleichermaßen.

Gebete erhalten auch dann eine besondere Kraft, wenn eine Schar von Menschen am selben Ort miteinander betet, so wie wir in der Gebetsgruppe, oder wenn Menschen überall auf der Welt zur selben Zeit für etwas ganz Bestimmtes beten. Solch ein Gebet intensiviert die geistige Energie, die spirituelle Kraft, ganz außerordentlich.

Wir genossen schon immer den Hinweg zur Gebetsgruppe sehr, Joe erzählte mir dann von verschiedenen Begebenheiten in seiner Arbeit bei der Gemeindeverwaltung, und natürlich sprachen wir auch von der Gebetsgruppe. Eines Mittwochs, wir waren gerade wieder auf dem Weg dorthin, meinte ich zu Joe, ich hoffte auf eine große Anzahl von Betenden an diesem Abend – normalerweise waren wir etwa zehn Personen, manchmal weniger, vor allem während des Sommers. Nach den großen Ferien nahm die Zahl der Teilnehmer wieder zu, weshalb wir gelegentlich vom einen Ende des College-Campus zum anderen umziehen mussten.

Mein Vater ging in viele Gebetsgruppen, doch in May-nooth war er seit unserem ersten Mal, als er uns dorthin brachte, nur selten dabei gewesen. Deshalb freute ich mich ganz besonders, ihn an diesem Abend auf dem Gelände zu sehen, und lief rasch hinüber, um ihn zu begrüßen. Gemeinsam gingen wir die Treppe hinauf und in einen der Räume auf der linken Seite. Darin standen etwa 20 Stühle im Kreis, und ein paar davon waren bereits besetzt. Wir sagten Guten Abend und nahmen ebenfalls Platz. Bald war der Kreis beinahe geschlossen, und ich meinte zu Joe: »Das ist ja großartig.«

Dann erschienen noch mehr Leute, gefolgt von einem Priester, der sich als Father David vorstellte und uns fragte, ob die Gruppe etwas dagegen hätte, wenn sich ihr an diesem Abend einige Nonnen und Theologiestudenten anschlössen. Wir sagten im Chor, uns seien Gäste willkommen. Als die Zahl der Laien-Teilnehmer zu guter Letzt dann doch auf rund 20 gestiegen war, schlug Father David vor, sich nach einem größeren Raum umzusehen. Er war in kürzester Zeit zurück und sagte, er habe einen größeren Raum gefunden, in einem Gebäudeflügel, der nicht direkt zum College selbst gehörte. Unsere Stühle sollten wir mitnehmen, auch die an der Wand entlang aufgestapelten. Wir fassten alle mit an.

Der neue Raum war um einiges größer als der vorige. Kurz darauf trafen nacheinander etliche junge Männer ein, Angehörige des Priesterseminars, und ein paar Priester, ich glaube es waren sieben. Dann kamen die Nonnen und ein junges Mädchen, das im Nonnentrakt auf dem Campus wohnte, und schließlich erhöhte sich auch noch die Zahl der Laien.

Der ganze Saal schien sich immer stärker mit Leben und Licht zu füllen. Ich nahm eine Menge Engel wahr, aller-

dings nur verschwommen, und verspürte innerlich eine so
große freudige Erregung, dass meine Seele hüpfte. Meine
Engel flüsterten mir ins Ohr, es werde jemand ganz Besonderes kommen. »Ich weiß«, antwortete ich, »und ich weiß,
wer das sein wird.« Vor lauter Glück wäre ich am liebsten
zu allen Leuten hingelaufen und hätte es ihnen erzählt,
doch die Engel »klebten« – wieder einmal – meine Füße am
Boden fest und geboten mir Einhalt: »Nein«, hieß es, »sie
würden dir nicht glauben.«

Ich stand wie festgewurzelt rechts in der Tür und schaute auf die Stühle. Ursprünglich waren sie in konzentrischen
Kreisen aufgestellt worden, doch als die Gruppe ständig
Zuwachs bekam, erkannte ich, dass die Ursprungsidee mit
den Kreisen nicht mehr funktionieren konnte; stattdessen
wurden nun von der Mitte aus konzentrische Ovale gebildet, fünf oder sechs, die sozusagen mitwuchsen, als immer
noch mehr Menschen mit Stühlen hereinströmten.

Joe rief mir zu, ich solle herüberkommen und mich
neben ihn setzen. Inzwischen füllten sechs volle, in weiten
Ovalen angeordnete Stuhlreihen den Saal. Die Engel ließen
meine Füße los, und ich musste mich zu dem freien Platz
neben Joe erst mühsam durchdrängen, wobei mir einige
Menschen zu Hilfe kamen, indem sie aufstanden und ihre
Stühle ein wenig nach hinten schoben. Endlich saß ich
neben meinem Mann.

Eines der Laienmitglieder der Gebetsgruppe, ein Mann
namens John, begrüßte die Teilnehmer des Abends. Dann
begannen wir mit den Lobpreisungen Gottes: jeder auf seine Weise, mit seinen eigenen Worten, wie es ihm selbst
und seinem Empfinden entsprach. Die Atmosphäre ballte
sich immer stärker zusammen, wurde elektrisch aufgela-
den – und durch die Flügelschläge der Engel nahm auch

die Lichtintensität zu. Ich fand es herrlich, Gott aus vollem Herzen und tiefster Seele zu rühmen, weshalb ich die Augen schließen wollte, was mir die Engel jedoch verwehrten. Aber sie beschatteten meine Augen, und auch unter dem Kinn konnte ich Engelshände fühlen, die meinen Kopf hochhoben. Allmählich geriet ich in religiöse Verzückung. Um mich herum hielten alle die Köpfe gesenkt, waren in Gebet und Lobpreis versunken. Vor, hinter und zu den Seiten jedes Menschen schimmerten Engel. Der Saal war vom Boden bis zur Decke voll mit Engeln – ich glaube nicht, dass es noch einen einzigen »engelfreien« Kubikzentimeter gab.

Dann wisperte ein Engel mir ins Ohr: »Hör jedem Einzelnen genau zu, Lorna.«

Ich tat wie geheißen, und es war einfach unglaublich: Ich konnte unterscheiden, was jeder Einzelne sagte! Die einen beteten in freier Sprache, andere wiederholten bestimmte Gebete immer aufs Neue, wieder andere sangen Hymnen und priesen Gott aus den Tiefen ihres Seins, aus ihrer Seele heraus.

Nach und nach ließen mich die Engel den Kopf ein wenig herabneigen, und ich fühlte den Stuhl unter mir nicht länger. Ich bat die Engel, meine Augen nicht ganz zu schließen, während ich Gottes Lob sprach und ihm dankte. Die Engel flüsterten zurück, sie würden mir die Augen nur ein klein wenig zuhalten. Dann kehrte Stille im Saal ein, auch die Engel verfielen in Schweigen.

Allmählich begann eine Wolke aus strahlend weißem, vor Lebensenergie sprühendem Licht den Saal zu erfüllen: bis es jeden und alles umgab, jeden und alles auf seinem Weg geläutert und gereinigt hatte. Und dann entstieg Gott in Gestalt eines jungen Mannes der Wolke in unserer Mitte

und wurde langsam sichtbar. Ich erkannte in dieser überaus machtvollen Erscheinung jene Präsenz wieder, der ich
schon einmal begegnet war – als kleines Mädchen in
Mountshannon, auf dem Rückweg zum Haus meiner Großmutter.

Der junge Mann – Gott – trug ein weißes Gewand und
stand nun vor uns, ich sah Seine golden leuchtenden Zehenspitzen. Seine Arme lagen an den Seiten, Seine nach vorne
geöffneten Hände zeigten nach unten, Seine Finger sandten
goldene Strahlen aus. Sein Antlitz leuchtete, und Seine
Augen schienen hell, strahlten die Ewigkeit des Lebens aus.
Sein gelocktes Haar war bronzefarben und fiel Ihm bis auf
Seine Schultern. Doch wie kann ich Worte finden für ein
strahlend hell leuchtendes Licht – die Essenz des Lebens
selbst – voll der Liebe, des Mitgefühls und der Hoffnung?

Gott drehte sich langsam herum, um jedermann ins
Gesicht zu schauen und begab sich dann, sozusagen ohne
eine Bewegung im Sinne unseres Verständnisses auszuführen, in das innerste Oval zu den dort Sitzenden. Die Menschen befanden sich im Zustand tiefer Versunkenheit, im
Gebet, in der Meditation, sie priesen und dankten Gott in
aller Stille ohne Seiner Anwesenheit gewahr zu sein. Als
Gott sich durch die Reihe der hinter mir Sitzenden »bewegte«, konnte ich Ihn fühlen. Seine Präsenz war unendlich
machtvoll. Mich erfüllte der in Ihm wohnende Friede. Ich
betete darum, dass Er doch alle Zeit bei uns bleiben und so
unter uns weilen könnte wie in diesem Augenblick.

Als ich mein Gebet beendet hatte, fühlte ich, wie Seine
Hand meine Schulter berührte. Gott tauchte meine Seele in
diese strahlende Helligkeit. Wie könnte ich beschreiben,
was meine Seele in diesem Licht sah? Grenzenlose Reinheit, vollendete Klarheit.

Dann zuckte ein Lichtblitz, und Gott war fort und alles im Saal zur Normalität zurückgekehrt. Ich hatte die Augen weit geöffnet und sah, dass die Wolke aus herrlicher, strahlender Lebensessenz – die Strahlkraft der göttlichen Anwesenheit, als Er buchstäblich unter uns wandelte – verschwunden war. Ich lächelte unter Tränen.

Kurze Zeit später hatten alle ihre Gebete beendet und hoben wieder die Köpfe. Jemand meldete sich zu Wort und sagte, das Gebet und die Meditation in der Gruppe erfüllten ihn mit unaussprechlicher Freude und Frieden. Dann ging das Wort an einen jungen Priester – vielleicht war er auch noch nicht geweiht und studierte noch. Ein mittelgroßer Mann mit hellbraunem Haar, der einen Anflug von Bart trug. Er hatte seinen Stuhl in der innersten Runde.

»Hat es jemand gespürt?«, wollte er wissen.

Da ich sehr genau wusste, was er sagen würde, fragte ich die Engel: »Darf ich sagen, dass ich es auch gespürt habe? Würde ihm das helfen?« Doch sie erlaubten es mir nicht.

»Ich fühlte die Anwesenheit Gottes unter uns«, bekannte der junge Mann, »und ich fühlte, wie Er mich berührt hat. Hat Er das auch bei jemand von euch anderen getan?«

Ach, wie gerne hätte ich gesagt: »Ja, bei mir auch!«, doch ich durfte ja nicht, sollte darüber Schweigen bewahren. Das Traurige war nur, dass keiner der anderen den Mut hatte, öffentlich zu bekennen: »Ja, Gott hat mich berührt.« Denn Gott hatte die Menschen wirklich berührt! Wir haben so viel Angst davor, zuzugeben, dass Gott Bestandteil unseres Lebens ist. Wir haben so viel Angst, uns öffentlich zu Gott zu bekennen, öffentlich von ihm zu sprechen.

Ich weiß nicht, wer die anderen waren, die Gott noch berührt hat, aber den jungen Mann habe ich im Gedächtnis behalten – und ich hoffe, dass er bis heute, ganz gleich, was er inzwischen macht, zu dieser wundervollen Begebenheit steht.

Als die letzten Gebete verklungen waren, tranken wir – wie üblich – gemeinsam Tee und aßen Kekse dazu. Als alle versorgt waren, schlüpfte ich aus dem Saal und ging hinaus auf den Parkplatz, meine Tasse hatte ich mitgenommen. Ich lief hinüber zu einer Reihe kleiner Bäume und wanderte darunter umher, noch immer zitternd vor Aufregung. Engel umgaben mich und liefen mit mir.

»Ich weiß, dass der junge Mann verzweifelt auf Beistand gehofft hat«, sagte ich zu all den Engeln um mich herum, ohne dabei einen direkt anzusprechen. Ich bat sämtliche Engel und ganz besonders seinen Schutzengel, dem jungen Mann dabei zu helfen, an seinem Glauben festzuhalten, seinem Glauben an Gott, unabhängig davon, ob er nun Priester würde oder nicht. Außerdem wollte ich noch etwas wissen: »Darf ich es Joe erzählen und mit ihm teilen, dass Gott unter uns war und einige von uns berührt hat?«

»Nein, Lorna, das ginge weit über sein Verständnis«, erwiderten die Engel. »Die Zeit wird kommen, wo du mehr mit Joe teilen darfst, aber denk immer daran: nicht alles! Und dieses Ereignis gehört zu jenen Dingen, die du niemals mit ihm teilen wirst.«

Ich war ein wenig traurig. Als ich zurückging Richtung Eingang, erschien Engel Elisa und hielt mir die Tür auf, sie lächelte: »Sei nicht traurig«, und bei ihren Worten verging meine Traurigkeit.

Auf dem Korridor lief ich meinem Vater in die Arme, der meinte, er sei nun abfahrbereit. Ich versprach ihm, Joe zu suchen und ihn dann gleich am Wagen zu treffen. Innerhalb weniger Minuten waren wir zu Hause angekommen, und da keiner der beiden Männer irgendetwas Besonderes über den Abend in der Gebetsgruppe äußerte, ging ich davon aus, dass den beiden auch nichts Besonderes aufgefallen war.

Kapitel 16

Der Tunnel

Nachdem wir mittlerweile vier Jahre in unserem Häuschen in Maynooth wohnten, hatte auch der Garten Form angenommen: Wir bauten Unmengen von Gemüse an und hielten uns ein paar Hühner – unsere einzige Schwierigkeit bestand im Auffinden ihrer Eier! Schließlich zäunten wir den Teil des Gartens mit dem großen Schuppen ein und nutzten ihn als Hühnerstall – schon hatte sich das Problem erledigt. Außerdem spannte Joe mir eine lange Leine für unsere reichliche Wäsche. Ich kann mich noch an den Tag erinnern, als wir die Konstruktion zusammen errichteten: Joe stand mit dem Vorschlaghammer auf der Stehleiter, und ich hielt die Pfosten. Wir amüsierten uns köstlich dabei.

Eines Nachmittags kamen Christopher und Owen auf die Idee, aus den Pfosten, einem Seil und einer Decke ein Zelt für sich zu bauen und spielten mit großer Begeisterung darin, während ich weiter oben die Wäsche aufhängte. Plötzlich landete ein großer Lichtstrahl direkt vor meinen Füßen und traf mich wie ein kleiner Schlag – ich kippte beinahe hintenüber. Natürlich war das kein anderer als – Engel Hosus! Ich lachte, denn ich wusste ja, so etwas machte er gerne.

»Lorna, ich muss dir etwas sagen«, begann er, »etwas Schönes und zugleich Trauriges. Gott wird dir die Seele eines Babys senden. Du wirst im neuen Jahr wieder schwanger, aber dieses kleine Baby wird nicht bei euch bleiben: Es wird zu Gott zurückkehren.«

»Ich bin jetzt schon traurig«, erwiderte ich, »weshalb erzählst du mir das, Engel Hosus? Warum lässt du es nicht einfach geschehen und sagst nichts dazu? In solch einem Fall wäre es einfacher für mich, nicht Bescheid zu wissen.«

»Joe wird entzückt sein über deine Schwangerschaft, Lorna«, erklärte Hosus, »und wenn dieses kleine Wesen zu Gott zurückkehrt, wird Joe dabei eine kleine Rolle spielen, die es ihm erleichtert, deine besonderen Gaben zu verstehen.«

»Und du glaubst, dass er wirklich etwas davon begreifen wird?«

»Ja, das wird er«, bekräftigte Hosus, »er wird einiges verstehen – in mancher Hinsicht wird er es zwar für ziemlich unglaublich halten, doch mit der Zeit wird ihm – ausgelöst durch andere Ereignisse in eurem Leben – klar werden, dass alles wahr ist. Jetzt ist der Moment für das nächste Gespräch mit Joe da, Lorna.«

»In Ordnung«, meinte ich, »dann werde ich nachher vielleicht einen Spaziergang mit ihm machen und ihm dabei einiges erzählen.«

Als Joe an diesem Arbeit von der Arbeit heimkam, rannten die Kinder, die gerade noch in ihrem Zelt gespielt hatten, ums Haus und quer durch den Vorgarten ihrem Vater entgegen. Er öffnete das Gartentor, Christopher und Owen liefen auf ihn zu, und er nahm sie beide zugleich in die Arme und trug sie ins Haus. Später am Abend bat ich Elizabeth, die Kinder zu hüten, damit Joe und ich uns ein Weilchen draußen die Füße vertreten konnten.

Wir wanderten hinunter zum Kanal, unterhielten uns über alles Mögliche, bis ich zu Joe sagte: »Es gibt etwas, das ich mit dir teilen möchte. Etwas, das die Engel mir zeigen.«

Also erzählte ich Joe ein paar Dinge von der Energie, die ich um Pflanzen herum sah, während wir gerade auf der Uferböschung entlangliefen, vorbei an den dort wild wachsenden Blumen.

»Nimm meine Hand, vielleicht werden die Engel dir dazu verhelfen, die Energie um diese Blumen herum zu sehen«, sagte ich und hielt seine Hand fest. »Schau mal auf die Blume dort drüben, kannst du die Unmengen Energie-Kugeln sehen, die aus ihr heraussteigen? Die Blume wirft ihre eigene Energie ab. Erkennst du die verschiedenen Farben – Gelb, Weiß und Blau?«

Ich drehte mich um, seine Hand immer noch in der meinen und bat die Engel im Stillen, uns nicht zu enttäuschen.

»Guck doch mal, der Klatschmohn dort: Kannst du die Spiralen sehen, die vom Fuß der Pflanze bis in etwa 30 Zentimeter Höhe hinaufschießen? Sie sind wie kleine Feuerwerkskörper, die hintereinander explodieren, und jeder verglüht schon nach wenigen Sekunden.«

Joe schaute zwar hin, aber ihm stand deutlich im Gesicht geschrieben, dass er überhaupt nichts sehen konnte und sogar erheblich daran zweifelte, dass es überhaupt etwas zu sehen gab. Mich überkam Enttäuschung.

»Komm, Lorna, lass uns heimgehen«, bat Joe.

Und mit einem Mal waren Engel da, so, als wären sie geradewegs aus der Luft über dem Kanal gekommen. Sie bliesen zart in die Richtung der Blumen. Joe war schon dabei umzukehren. Ich ergriff wieder seine Hand und sagte: »Schau mal, Joe, da weht ein Lufthauch über die Blumen. Siehst du es jetzt?«

Vor lauter Verblüffung blieb Joe stocksteif stehen: »So etwas habe ich noch nie zuvor gesehen!«

Dann schilderte er mir, was er sah. Ich lächelte tief beglückt: Zum allerersten Mal erhielt ich eine Bestätigung dafür, dass ein anderer Mensch dasselbe sah wie ich.

Auch Joe lächelte und staunte mich an: »Manche Dinge sind wirklich schwer zu glauben, aber ich weiß, ich sollte nicht an deinen Worten zweifeln.«

Er wandte sich um, schaute wieder zu den Blumen hinüber – und wirkte ein wenig enttäuscht, als er feststellen musste, dass die Energie verschwunden war.

»Ich verstehe das selbst auch nicht«, vertraute ich ihm noch an, »es ist, als würde die Energie nur zu bestimmten Zeiten für das menschliche Auge physisch sichtbar sein, so als ginge sie an und dann wieder aus.«

Tief befriedigt schlenderten wir Hand in Hand nach Hause. Nachdem wir gemeinsam die Kinder ins Bett gebracht hatten, saßen wir später noch zusammen und sprachen miteinander. Joe stellte mir viele Fragen, darunter auch einige, auf die ich keine Antworten geben konnte.

Im Lauf der Zeit war mein Vater Mitglied mehrerer Gebetsgruppen in Dublin und der Umgebung von Leixlip geworden, darunter befand sich auch die der »Wiedergeborenen Christen«. Mitunter trafen die Kinder und ich zu einem Zeitpunkt bei meinen Eltern ein, wo ein Besucher aus der Gebetsgruppe gerade das Haus verließ. Eines besonderen Tages, wir waren eben beim Gartentor angelangt, öffnete sich die Eingangstür, und ein Mann trat heraus. Er schaute auf uns, wandte sich dann zu meiner Mutter um und fragte: »Wer ist das?«

Mam antwortete: »Meine Tochter und meine Enkelkinder.« Daraufhin machte der Mann meiner Mutter den Vorschlag, uns doch alle an einem Sonntag in die Gebetsgruppe mitzubringen. Ich sagte zwar Guten Abend zu dem Mann, lief aber weiter mit den Kindern ums Haus zum Hintereingang. Hinterher fragte ich meine Mutter nach dem Fremden. Sie sagte mir, er sei einer der Prediger der Gebetsgruppe der »Wiedergeborenen Christen« in Dublin. Ich fragte nicht weiter nach, und sie gab mir von sich aus auch keine näheren Auskünfte.

Später fuhren die Kinder und ich mit dem Bus zurück nach Maynooth. Ich erledigte in der Küche den Abwasch und behielt dabei Christopher im Auge, der mit seinen Spielsachen im Esszimmer auf dem Boden saß, während Owen auf einer Decke lag und schlief. Ich musste an die Einladung in diese Gebetsgruppe in Dublin denken – eine Einladung für die ganze Familie. Im selben Moment gab die Küchentür ein leises Knarren von sich und sprang auf. Ich wusste sofort, das konnte nur Engel Michael sein.

Normalerweise greifen Engel nicht in rein materielle Vorgänge auf dieser Welt ein – doch bei mir tun sie das sogar ziemlich häufig, warum auch immer. Oft beschränkt sich diese Unterstützung auf Kleinigkeiten, so hilft mir Michael etwa dabei, schwere Dinge hochzuheben, und Hosus bläst meine Wäsche trocken. Mir sind aber auch schon Geschichten zu Ohren gekommen, wo Engel – unter außergewöhnlichen Umständen – auf der materiellen Ebene tatsächlich aktiv eingreifen durften. Einmal kam eine Frau zu mir und erzählte, sie habe draußen vor dem Haus ihrer Mutter vor verschlossener Tür gestanden und nicht hineingekonnt, obwohl die alte Dame ihre Hilfe gebraucht hätte, weil sie es nicht fertig gebracht habe, den Türschlüssel im Schloss umzudrehen. Voller Verzweiflung habe sie es immer und immer wieder versucht. Schließlich sandte sie ein Gebet zu Gott und bat ihre Engel um Hilfe. Und plötzlich öffnete sich die verschlossene Tür, ohne dass sie diese auch nur berührt hätte. Wir bezeichnen derartige Geschehnisse als Wunder. Wir besitzen keine Erklärung für ein Ereignis, wissen aber, dass wir selbst es nicht bewirkt haben konnten. Das kommt nicht oft vor, geschieht aber immer häufiger, wenn Menschen sich spirituell weiterentwickeln und Kontakt zu den Engeln aufnehmen.

»Bist du das, Michael?«, rief ich vom Spülbecken aus, ohne mich dabei umzudrehen. Nachdem er in die Küche hereingekommen war, berührte er meine Schulter.

»Du hast nach mir gerufen, Lorna!«, behauptete der Engel.

»Davon weiß ich nichts, Michael«, gab ich zurück.

»Lorna, dir ist das noch nicht bewusst, aber lange Zeit brauchtest du uns nicht beim Namen zu rufen, wenn du etwas von uns wolltest. Alle Engel Gottes sind bei dir – die ganze Zeit.«

»Engel Michael, woher wusstest du denn dann, dass ich ausgerechnet dich sprechen wollte?«, erkundigte ich mich.

»Lorna, dein menschlicher Geist und deine Seele sind miteinander verbunden«, begann Michael mir zu erklären, »deine Seele weiß es längst vor deinem Bewusstsein, wenn dein menschlicher Teil ein Gespräch mit mir sucht.«

Die Idee, meine Seele sei mir wissensmäßig immer voraus, brachte mich zum Lachen, woraufhin Christopher rief: »Mami, warum lachst du?« Dann stand er auf und kam in die Küche, wobei er sich eine Hand über die Augen legte und fragte: »Mami, woher kam das helle Licht gerade?«

Ich kitzelte ihn, beantwortete allerdings seine Frage nicht und schickte ihn wieder hinaus zum Spielen.

Dann wandte ich mich erneut an den Engel: »Michael, du weißt doch, dass ich so gerne an der Gebetsgruppe in Maynooth teilnehme. Ich habe dort so wundervolle Menschen kennengelernt.«

Engel Michael schenkte mir ein breites Lächeln und meinte dann: »So, und jetzt erzähl mir, was du wirklich auf dem Herzen hast.«

Ich holte tief Luft und berichtete Michael von unserem Zusammentreffen mit dem Prediger auf der Schwelle meines Elternhauses, und dass er unsere ganze Familie zur Gebetsgruppe der »Wiedergeborenen Christen« in Dublin eingeladen hatte. »Du weißt ja, wenn ich irgendwo zum ersten Mal hingehen muss, bin ich immer so nervös«, erklärte ich ihm. Und Michael lachte mich aus.

»Aber Lorna, du sollst doch dort keinen Kopfstand vollführen oder sonst etwas in dieser Art«, beruhigte er mich, »mach dir also keine Gedanken.« Jetzt lachten wir beide. Dann setzte der Engel hinzu: »Denk daran, wenn du zu der Gebetsgruppe nach Maynooth gehst, sollst du beten und Gott ehren. Woanders ist es genauso; fühl dich frei in deinen Gebeten und in deinem Lobpreis Gottes. Ihr werdet dort eine Menge Familien treffen – in dieser Hinsicht wird es tatsächlich anders sein als in Maynooth. Wenn die Zeit gekommen ist, werdet ihr alle, du und deine Familie und deine Eltern, dorthin gehen, Lorna, aber bis dahin ist es noch ein weiter Weg.«

Wie immer sollte Michael recht behalten. Wir sind erst viele Jahre später alle gemeinsam dorthin gegangen – dieses Ereignis bildete einen Wendepunkt in meinem Leben und brachte mich meinem Vater sehr nahe.

Da linste Christopher durch die Küchentür: »Mami, ich kann das Licht wieder sehen.«

Der Engel Michael verschwand; ich packte meinen Sohn an den Beinen und spielte ein Weilchen »Schubkarre« mit ihm.

Im neuen Jahr erfüllte sich die Vorhersage der Engel, und ich wurde wieder schwanger. Joe und ich waren sehr glücklich darüber, obwohl mir das Herz schwer wurde bei dem Gedanken, dass das Baby nicht bei uns bleiben würde.

Wenn eine Frau schwanger wird, weiß die Seele des betreffenden Kindes schon, ob seine Mutter eine Fehlgeburt haben oder abtreiben wird, ob es tot zur Welt kommt oder mit Missbildungen. Doch völlig unabhängig davon liebt die Seele des Babys seine Eltern und wird immer an ihrer Seite bleiben – wird ihnen durchs Leben helfen. Sollten Sie schon ein Kind verloren haben, denken Sie immer daran, dass die Seele dieses Kindes sich gerade Sie als Mutter oder Vater ausgesucht hat. Es hat diese Wahl schon getroffen, bevor es überhaupt zu einer Empfängnis kam. Diese kleine Seele liebt Sie und fühlte große Freude, dass Sie imstande waren, das Kind zu empfangen.

In der Bibel lesen wir an mehreren Stellen, dass Gott uns schon vor unserer Empfängnis kannte.

Dafür gibt es eine sehr einfache Erklärung: Wir alle waren bereits im Himmel, als geistige Wesen, und haben uns dann alle bereitgemacht, den Himmel zu verlassen und auf der Erde geboren zu werden.

Die Zahl der Abtreibungen ist weltweit sehr, sehr hoch. Doch man muss dabei auch wissen, dass selbst wenn eine

Mutter sich zur Abtreibung entschließt, die kleine Seele schon vorher wusste, wie seine Mutter handeln würde und sich trotzdem – im vollen Bewusstsein, was geschehen würde – gerade diese Frau als seine Mutter ausgesucht hat. Selbst wenn das bedeutet, empfangen, aber niemals geboren zu werden. Die betreffende kleine Seele hat sich diese Mutter ausgesucht und wird sie immer lieben, ganz gleich, was geschieht. Das ist bedingungslose Liebe. Ich möchte diese Gedanken allen Frauen ans Herz legen, und ganz besonders denen, die bereits eine Abtreibung hinter sich haben. Manches junge Mädchen entscheidet sich für eine Abtreibung, aus Angst vor dem Leben, vor der Welt dort draußen, oder aus Angst vor den Eltern oder weil es niemanden hat, dem es sich anvertrauen könnte. Denken Sie immer daran, die Seele Ihres Kindes liebt Sie und wird Ihnen auch nicht eine Sekunde lang deswegen Vorhaltungen machen, weil Sie es nicht zur Welt gebracht haben. Es wusste bereits, was geschehen würde, und wird seine Liebe über Sie ausschütten.

Einige Jahre später, als schon viele Menschen meinen Rat suchten, kam eine Frau zu mir und bat um Führung. Ich erinnere mich noch, wie sie an einem bestimmten Punkt zu mir sagte: »Ich hatte mehrere Fehlgeburten.«

»Ja, das erfahre ich gerade von den Engeln«, erwiderte ich und weiß noch, dass ich mich in diesem Moment umdrehte und in Richtung meiner Küchentür schaute, wo mein Blick auf fünf kleine Kinder fiel, die auf dem Boden saßen. Fünf kleine Seelen, umgeben von Licht – wunderschön alle, die kleinen Kinder und die Seelen. Sie wandten sich zu ihrer Mutter und lächelten sie an. Sie konnte das zwar nicht mit eigenen Augen sehen, aber ich habe ihr beschrieben, was ich sehen konnte, und sie war von tiefer Freude erfüllt. Ich

konnte ihr sogar sagen, welche ihrer Kinder Jungen oder
Mädchen waren und ihr das Aussehen beschreiben. Das
machte sie unendlich glücklich. Die kleinen Seelen baten
mich noch, ihre Mutter wissen zu lassen, dass sie immer um
sie herum und immer bei ihr gewesen waren.

»Sie wissen ja, ich habe in der Vergangenheit schon
immer gefühlt, dass sie in meiner Nähe waren«, sagte ihre
Mutter. »Manchmal habe ich sogar geglaubt, ihre kleinen
Händchen auf meinem Bein zu spüren. Ich kann sie auch
jetzt fühlen, spüren, dass sie mich berühren.«

Ich musste schmunzeln, denn die Kinder hatten sich in
dieser Minute tatsächlich um den Sessel ihrer Mutter pos-
tiert und streckten auch tatsächlich die Händchen nach ihr
aus.

»Ja, das tun sie wirklich«, meinte ich lächelnd, »und es ist
ein Segen, dass Sie die Berührungen Ihrer eigenen kleinen
Kinder spüren dürfen, Gott hat sie Ihnen gleichsam zu
Besuch geschickt. Und noch etwas sollen Sie wissen: Wenn
für Sie der Moment des Übergangs gekommen ist, werden
diese fünf kleinen Seelen ihre Hände genauso nach Ihnen
ausstrecken und Sie in den Himmel geleiten.«

»Ich danke Ihnen sehr«, antwortete die Frau, »noch nie
habe ich zu jemandem auch nur ein Wort davon gesprochen, dass ich die Anwesenheit meiner Kinder um mich
herum und sogar ihre Berührungen fühlen konnte. Ich hatte Angst davor, viel zu viel Angst, dass ich für überge-
schnappt gehalten würde.«

Dazu sollte man eines wissen: Tatsächlich machen Millionen Menschen Erfahrungen auf der spirituellen Ebene,
doch wagen sie nicht, darüber zu sprechen. Viele, viele
Menschen glauben daran, dass die Engel ihnen Beistand
leisten, mitunter können sie sie sogar fühlen, doch dann

tun sie das ab mit Worten wie: »Ach, vielleicht stimmt das ja doch nicht, vielleicht habe ich mir das Ganze ja bloß eingebildet.« Dabei ist es so wundervoll zu sagen: »Ja, ich glaube an Engel. Ja, ich glaube an Gott.« Damit erkennen wir ihre Existenz an. Sehr oft sprechen wir diese Worte erst dann aus, wenn wir einen Menschen verloren haben, krank oder verzweifelt sind. Erst dann wenden wir uns an Gott und beten. Häufig scheuen wir davor zurück, die Existenz Gottes und seiner Engel anzuerkennen. Je weiter Sie auf Ihrem spirituellen Weg voranschreiten, desto deutlicher wird Ihnen bewusst werden, dass Sie keinerlei Angst davor zu haben brauchen, die Existenz Gottes und seiner Engel anzuerkennen, wie auch die jedes anderen Geistwesens, das aus den Himmeln herabgekommen ist.

Während der ersten paar Wochen meiner Schwangerschaft ging es Joe auch wieder nicht gut. Er klagte viel über Bauchschmerzen und wurde von seinen Ärzten zu weiteren Untersuchungen ins Krankenhaus geschickt. Dort hieß es, Joe habe eine Blinddarmreizung, es sei aber nicht so schlimm, dass man ihn operieren müsse. Also bekam er Medikamente mit und wurde wieder entlassen. Doch Joe kämpfte weiter mit starken Schmerzen, konnte sein Essen nicht bei sich behalten, verlor drastisch an Gewicht, weit mehr, als er sich hätte leisten können.

Und ich konnte den fortschreitenden Verfall in Joes Innerem sehen: Der graue Schatten um seine inneren Organe, den ich schon vor unserer Hochzeit entdeckt hatte, wurde immer dunkler, und rund um seinen Blinddarm lag eine Art geschwollene rote Masse.

Ich beklagte mich bei den Engeln, sagte ihnen, es sei ungerecht, Joe dermaßen leiden zu lassen, und das seit

Monaten ohne absehbares Ende. Ich flehte sie an, ihm zu helfen. Der Arzt bat Joe um Entschuldigung dafür, dass er selbst nichts unternehmen konnte und setzte hinzu, die Ärzte im Krankenhaus würden ihm erst dann den Blinddarm herausnehmen, wenn sein Zustand kritisch geworden sei.

Im dritten Monat erlitt ich eine Fehlgeburt. Ungefähr eine Woche, bevor mein kleines ungeborenes Kind mich verließ, berührten die Engel immer wieder meinen Leib, und es schossen Lichtstrahlen steil daraus empor. Immer wieder fragte ich: »Kann mein Baby nicht doch bei mir bleiben?« Doch jedes Mal hieß es: »Nein.« Wenn Joe wissen wollte, weshalb ich traurig war, sagte ich etwas von Hormonen und dass er sich nichts daraus machen solle. Ich habe ihm nie erzählt, was die Engel mir vorausgesagt hatten.

Ganz gleich, wie elend es ihm ging, Joe versuchte immer, mich bei allen Arbeiten im und ums Haus zu unterstützen. An jenem schicksalhaften Tag hatte ich ihm gerade beim Aufstapeln von Torf im Schuppen geholfen und dann gesagt, ich wolle ins Haus zurückgehen und mich ein bisschen auf die Couch legen, ich sei müde. Ich habe dann auch ein Weilchen geschlafen, bis Joe kam und erklärte, die Arbeit sei erledigt und der ganze Torf im Schuppen. Die Kinder waren noch draußen im Garten beim Spielen. Als ich aufstehen wollte, um Tee zu kochen, nahm Joe mir das ab.

Er war höchstens eine Minute in der Küche, als mich ein furchtbarer Schmerz überfiel. Ich konnte fühlen, wie das Leben aus meinem Körper wich. Ich schrie nach Joe, der augenblicklich angerannt kam, sich zu mir auf die Couch setzte und sagte, ich sähe sehr blass aus. Dann ging er ins

Schlafzimmer, um ein Kissen zu holen, das er mir unter den Kopf schob.

Ich nahm wahr, wie meine Seele die des Babys hielt und meinen Körper verließ, um auf ein wundervolles Licht zuzufliegen. Ich wusste, dass mein Baby nun gestorben war und ich mit ihm sterben würde.

Ich stieg auf zu dem Licht, mein Baby im Arm. Der Schmerz war vorüber. Ich durchquerte einen Tunnel in Silber und Gold: einen Tunnel aus strahlend weißen Engeln. Ich konnte keinen Ausgang erkennen, da der Tunnel eine Biegung machte. Und ohne es vorhergesagt bekommen zu haben, wusste ich, dass ich auf meinem Weg in den Himmel war. Ich empfand keine Angst, nur unsagbare Freude.

In diesen Momenten konnte ich auch andere Seelen auf ihrer Reise in den Himmel sehen: Sie hatten Menschengestalt und trugen leuchtend weiße Gewänder. Ich nenne diese Farbe »leuchtend weiß«, weil ich keine treffendere Bezeichnung dafür habe, doch war sie unendlich viel strahlender als alles, was wir weiß nennen. Durch die Gewänder hindurch schien das Licht ihrer Seelen, es leuchtete aufwärts und durch ihre Gesichter, ließ sie reiner und strahlender erscheinen, als sie es auf dieser Erde jemals gewesen waren.

Ich gelangte an einen bestimmten Punkt, wo plötzlich eine herrliche Engelfrau vor mir stand und mich aufhielt. Aus meinem inneren Gefühl heraus wusste ich, weshalb sie sich mir in den Weg stellte, doch als sie mich ansprach, geschah das mit der denkbar sanftesten, liebenswürdigsten und mitfühlendsten Stimme:

»Lorna, du hättest nicht mit deinem Baby kommen sollen. Du musst zurück.«

»Ich will aber nicht zurück«, erwiderte ich der wunderschönen Engelfrau – doch meine Seele sagte mir, dass ich noch nicht in den Himmel hineindurfte, für mich war es noch nicht an der Zeit.

»Wende dich um, Lorna, und schau zurück durch den Tunnel«, sagte die Engelfrau.

Ich tat es und erblickte Joe, der sich an meinem reglosen Körper auf der Couch festhielt, versuchte, meinen Puls zu finden, ein Atemgeräusch zu hören, der mich schüttelte und mich beschwor: »Komm zurück, komm zurück, du kannst mir doch nicht einfach wegsterben!« Dabei betete er.

Ich drehte mich wieder zu der Engelfrau um: »Ganz gleich, wie sehr ich Joe und die Kinder liebe, ich möchte immer noch nicht zurück in die Welt der Menschen. Wozu auch? Hier bin ich bei Gott, hier bin ich in jeder Hinsicht vollkommen. Ich fühle mich unbeschreiblich lebendig, empfinde weder Schmerz noch irgendeine Traurigkeit. Warum kann ich nicht bleiben?«

»Dir bleibt keine andere Wahl«, erklärte die wunderschöne Engelfrau, »du musst zurück.«

Ich blickte hinunter auf die Seele meines kleinen Jungen in meinem Arm. Er lächelte mich an; seine blauen Augen und er selbst sprühten vor Leben. Die wunderschöne Engelfrau streckte die Hände nach dem Kleinen aus.

Eine machtvolle Autorität ergriff Besitz von meiner Seele. Da wurde mir bewusst, dass ich keine andere Wahl hatte und zurückmusste, dass ich nicht hätte hier sein dürfen.

Also küsste ich meinen Kleinen, drückte ihn noch einmal fest an mich und überließ ihn dann sehr zögerlich den Armen der schönen Engelfrau. Ich wollte ihn wirklich nicht hergeben, obwohl ich wusste, dass ich ihn eines Tages wiedersehen und diese herrliche schneeweiße Engelfrau in der Zwischenzeit für ihn sorgen würde.

Sowie ich mein Kind aus den Armen gelassen hatte, schien Gott selbst meine Seele zu führen, er geleitete sie behutsam zurück durch den Tunnel, in das Häuschen in Maynooth, zu der Couch, auf der mein Körper lag.

Zwar schlüpfte meine Seele sehr vorsichtig in meinen Körper zurück, doch der Schmerz war grauenvoll: Ich fühlte jede Pore meiner Haut, jedes Organ, jedes winzige bisschen Fleisch und jede Faser meiner Muskeln. Das Leben kehrte zurück in einen Körper, der bereits einige Minuten lang tot gewesen war. Ich litt entsetzliche Schmerzen, doch aus mir nicht verständlichen Gründen konnte ich sie nicht herausschreien – ich brachte keinen einzigen Laut über meine Lippen.

Irgendwann erreichte mich Joes Stimme: »Lorna, Gott sei Dank, du bist am Leben, ich dachte schon, du wärest tot.«

Mir gelang es immerhin, ihm ein winziges Lächeln zu schenken.

Dann lag ich stundenlang so da, während die Engel mich festhielten, und ließ Joe nicht eine Sekunde von mir weggehen, nicht einmal, um einen Arzt oder einen Krankenwagen zu rufen. Tief in meinem Inneren wusste ich, ich würde am Leben bleiben, mir war bestimmt zu leben. Ich habe Joe damals nicht erzählt, dass ich wirklich bereits ein paar Minuten lang tot gewesen war, es hätte ihn nur noch mehr verängstigt.

Irgendwann ging Joe dann doch zum Telefon und verständigte meine Eltern, die auch sofort angefahren kamen.

Ich bat Joe, ihnen nichts von den Ereignissen zu erzählen. Ich selbst sagte nur, dass ich mich schon den ganzen

Tag nicht wohl gefühlt und Blutungen bekommen hätte. Joe und mein Vater brachten mich ins Krankenhaus, während meine Mutter in Maynooth blieb und sich um Christopher und Owen kümmerte.

In der Klinik vermerkte man mit großer Sorge, dass ich überaus schwach war – natürlich habe ich auch hier nichts von den Ereignissen ein paar Stunden zuvor preisgegeben. Sie machten Ultraschall-Untersuchungen und konnten nichts sehen – keine Spur von unserem Baby.

Mein Arzt kam, um nach mir zu sehen und mir mitzuteilen: »Es tut mir sehr leid – Sie haben Ihr Kind verloren. Es muss passiert sein, bevor Sie hierher ins Krankenhaus gebracht worden sind.«

Als der Doktor wieder ging, betrat Paps von sich aus das Zimmer und kam an mein Bett: »Es tut mir so leid, dass du das Kind verloren hast. Ich weiß, wie viel es dir bedeutet hat.« In seinen Augen standen Tränen. Noch nie hatte ich meinen Vater im Zusammenhang mit mir derart bewegt gesehen.

Die Ärzte wollten mich im Krankenhaus behalten, und nachdem ich gut auf der Station untergebracht war, fuhren Joe und mein Vater wieder heim. Ein paar Tage darauf wurde eine Ausschabung bei mir vorgenommen.

Joe besuchte mich jeden Abend in der Klinik. Er war in großer Sorge um mich und sehr traurig über den Verlust unseres Babys. Nach zwei Wochen wurde ich entlassen, fühlte mich allerdings noch sehr schwach und verbrachte viele Stunden im Bett. Aber ich war unendlich glücklich, wieder zuhause zu sein und meine Kinder in die Arme nehmen und mit ihnen schmusen zu können.

Jahre später schilderte ich Joe mehr von den Geschehnissen an jenem Tag, davon, wie ich gestorben war und schon eine gewisse Strecke auf dem Weg in den Himmel hinter mich gebracht hatte und dann wieder zurückgeleitet wurde. Ich habe ihm das zum Trost während seiner letzten Lebensmonate erzählt.

Viele Menschen fürchten sich vor dem Tod, doch das ist ganz unnötig. Im Augenblick des Todes hören alle Schmerzen, alle Beschwerden auf; manche Menschen leiden vielleicht wirklich bis zum letzten Moment Schmerzen, doch wenn es dann so weit ist, hat das alles ein Ende: Angst und Furcht ebenfalls – man geht befreit. Auch wenn Ihnen das vielleicht seltsam vorkommen mag – der Tod gleicht der Geburt: Man wird in ein neues Leben hineingeboren. Man stirbt nicht wirklich, man lässt nur seine körperliche Hülle zurück, wie einen Kokon.

Ich weiß, dass ein Ort namens Hölle existiert, doch hat Gott mir niemals jemanden gezeigt, der dorthin geschickt worden wäre. Ich kann mich nur an das halten, was ich selbst kennengelernt habe – und da gab es nur Vergebung: Gott vergibt jedem Menschen, ganz gleich, was er getan haben mag. Ich weiß, wie mühevoll es ist, das verstehen zu wollen – schließlich machen wir uns sehr viele Gedanken um Gerechtigkeit und Vergeltung. Deshalb können wir das nur sehr schwer verstehen; doch wenn unsere Seelen nach dem Tod eines Tages im Angesicht Gottes stehen, wird jede davon so viel Liebe zu Gott und so viel Sehnsucht nach ihm fühlen, dass sie unbedingt in seiner Nähe bleiben möchte und ihn deshalb aus tiefstem, ehrlichstem Herzen um Verzeihung bittet. Verzeihung für alles, was hier auf Erden als Folge menschlicher Schwäche geschehen ist.

Und in Seiner unendlichen Barmherzigkeit vergibt Gott Seinem Kind. In der Gegenwart Gottes, der unser aller Vater ist, sind wir alle nur Kinder.

Ihre Seele ist vollkommen, und wenn sie von Ihrem Körper »befreit« ist, kann sie durch das gesamte Universum reisen, bis an Orte, die Sie sich nicht einmal in Ihren kühnsten Phantasien vorstellen können. Wie kann ich Ihnen nur dabei helfen, das Wunder dieses Gefühls zu verstehen? Doch es lässt sich nicht in Worte fassen, nicht weitererzählen, man muss es selbst erfahren haben. Und die meisten Menschen müssen darauf bis zum Augenblick ihres Todes warten.

Und dann sind Sie nicht alleine – Sie haben ständige Begleiter: die Engel und die Geister derjenigen, die vor Ihnen gegangen sind. Und Sie werden sich nicht zurücksehnen! Weshalb auch: Wenn Sie keine Schmerzen mehr leiden, keine Tränen mehr weinen, keine Traurigkeit mehr empfinden – würden Sie dann in einen menschlichen Körper zurückwollen? Deshalb wollen Seelen nach dem Tod ihres Körpers nicht mehr zurück, und das Einzige, was eine Seele in einen menschlichen Körper zurückbringt, ist der Wille Gottes: Wenn er eine Seele zurückschickt, weil ihre Lebenszeit auf der Erde noch nicht abgelaufen ist. In unserer Gesellschaft spielt das Materielle eine zunehmend größere Rolle, und wenn wir auf den Tod schauen, fragen wir uns vielleicht: »Soll das alles gewesen sein? Verwesung und das war's dann?« Da kann ich Sie beruhigen und Ihnen versichern, das war es noch lange nicht! Noch lange, lange nicht! Ich hoffe, diese Botschaften mit meinen Büchern verbreiten und damit möglichst vielen Menschen zu einem besseren Verständnis verhelfen zu können. Schenken Sie meinen Worten ruhig Glauben, glauben Sie mir – auch wenn ich es Ihnen jetzt weder beweisen noch vorführen kann – da ist viel, viel mehr: Und jeder Mensch wird es im Moment seines Todes erfahren. Manchen Menschen erscheint das zu lange – bis zum Tod auf den Beweis warten zu müssen. Wir bekommen aber auch schon viele Beweise, solange wir am Leben sind, müssen aber mitunter sehr genau hinsehen oder hinhören, um sie als solche zu erkennen.

Kapitel 17

Drei Klopfzeichen am Fenster

Wenige Tage nach meiner Krankenhaus-Entlassung begann es kalt zu werden. Joe arbeitete wieder bei der Gemeindeverwaltung. Man hatte ihm zwar nur einen Zeitvertrag gegeben, aber immerhin. Ich war im Gartenschuppen und holte Torf für unser Kaminfeuer, als jemand meinen Namen rief. Ich wandte mich um, entdeckte aber niemanden. Ich schleppte den Torf-Eimer ins Haus, und dort, im Stuhl neben dem Kamin, hatte ein Engel Platz genommen.

Er erschreckte mich, weil er so auffallend anders war als die anderen Engel, denen ich bisher begegnet war. Er wirkte wie aus gezacktem Glas zusammengesetzt, aus identisch großen, perfekt angeordneten Glassplittern, die allesamt Licht reflektierten. Sein Gesicht war markant, die Züge scharf geschnitten. Als er später aufstand, dürfte er etwa 3,60 Meter Höhe erreicht haben, denn sein Kopf stieß beinahe an die Zimmerdecke. Am ungewöhnlichsten erschien mir jedoch, dass aus seiner ganzen Gestalt heraus Musik erklang – bezaubernde, weiche, sanfte Töne, anders als alles, was ich bis dahin je gehört hatte. Und sicher nicht von dieser Welt, eher die Art Musik, wie man sie mit dem Himmel in Verbindung bringen würde.

»Hallo, Lorna«, auch seine Stimme war überaus sanft: »Mein Name ist Kaphas. Es steht euch ein besonderes Ereignis bevor, euch beiden, aber vor allem Joe.«

»Engel Kaphas, kannst du mir sagen, wann das sein wird?«, erkundigte ich mich.

»Bald schon, Lorna, du wirst es wissen, wenn die Engel auf euer Haus herabsteigen.« Mit diesen Worten erhob er sich aus dem Sessel und war verschwunden.

Die Wochen gingen ins Land, ich weiß nicht mehr wie viele, und es wurde ständig kälter. Joe trauerte immer noch sehr um unser verlorenes Kind, genau wie ich, nur tat ich mich ein bisschen leichter damit, weil ich es ja schon vorher gewusst und mich an den Gedanken hatte gewöhnen können. Das Wetter wurde zunehmend schlechter, draußen war es bitterkalt – es herrschte richtige Eiseskälte – und es schneite ungewöhnlich heftig.

Nachdem er an einem Abend von der Arbeit heimgekommen war, beschloss Joe, zusätzliche Lebensmittel einzukaufen. Ich werde nie vergessen, wie er mit Einkaufstüten beladen wieder vor der Tür stand. Beim Hereinkommen wollte er gerade sagen: »Oh, Gott, ist das kalt …«, doch als er eben das Wort »Gott« aussprach, stiegen Engel auf unser Häuschen herab.

Es war, als gelangten sie von überallher ins Haus: durchs Dach, durch die Wände und sogar durch die Fußböden. Jeder winzigste Bestandteil unseres Cottage schien voller Engel. Das war mir schon vorher begegnet – und geschieht auch noch heute –, wenn ein ganz besonderes Ereignis angekündigt werden soll. Ich wusste sofort, das war es, worauf Engel Kaphas angespielt hatte – etwas ganz Spezielles für Joe.

Nun setzte Joe seinen angefangenen Satz fort: »… man weiß ja nie, vielleicht können wir bei dem Schnee morgen gar nicht vor die Tür.« Er lag tatsächlich schon beträchtlich hoch; das Radio brachte Meldungen über starke Verkehrsbehinderungen und gesperrte Straßen, so war beispielsweise die Straße nach Leixlip wegen ihrer Schnee- und Eisdecke gar nicht mehr befahrbar.

An diesem Abend ließen wir das Feuer im Kamin nicht mehr ausgehen – denn nach einem Stromausfall war dieses auch noch unsere einzige Lichtquelle. Ich weiß noch, wie wohlig warm und angenehm wir es in unserem Häuschen hatten. Die Kinder schliefen schon, wir besaßen reichlich Heizmaterial und Lebensmittelvorräte – das vermittelte ein trautes Gefühl, ein Gefühl von Sicherheit und Geborgenheit. Gegen 22 Uhr hatten Joe und ich es uns vor dem Kamin gemütlich gemacht, wir tranken unseren Tee, verspeisten die Sandwiches und sprachen von unserem verlorenen Kind. Und als wir so miteinander dasaßen, gaben wir dem Kleinen einen Namen.

Der Raum erglänzte im Licht der Engel, und ich bemerkte, dass einige davon in unser Schlafzimmer gingen. Als sie in unser kleines Wohnzimmer zurückkamen, hörte ich sie über Christopher und Owen sagen: »Die beiden schlafen ganz friedlich, wie kleine Engel.«

Alles wurde still; es war kein Laut zu vernehmen. Ich stand von meinem Sessel auf und lugte aus dem Fenster, draußen war es pechschwarze Nacht, nur der frisch gefallene Schnee sorgte mit seinem milden Leuchten für ein wenig Helligkeit. Ich war ein wenig ängstlich und aufgeregt: Zwar wusste ich nicht, welches Ereignis die Engel zulassen würden, aber es war ganz klar eines der besonderen Art.

In der nächsten Minute ertönten drei Klopfzeichen am Fenster. Joe und ich gerieten buchstäblich ganz aus dem Häuschen. Er sagte: »Du lieber Himmel, es ist jemand draußen.«

Als er sich gerade aus seinem Sessel erhob, klopfte es im selben Moment drei Mal an die Vordertür. Ich sagte: »Denen muss sehr kalt sein. Vielleicht sind es Mam und Paps, die aus irgendeinem Grund zu uns herübergekommen sind.«

»Die müssen den Verstand verloren haben – in einer solchen Nacht draußen herumzufahren!«, entgegnete Joe.

Joe war von einer ganzen Engelsschar umgeben, doch er bemerkte das – natürlich! – nicht. Plötzlich wurde mir klar, was vor sich ging, und ich lachte hell auf. Und Joe wollte wissen: »Weshalb lachst du?«

»Da draußen an der Tür ist niemand«, gab ich ihm zur Antwort, »aber ich weiß, wer da war.«

»Und wer?«, fragte Joe.

»Es war unser Baby, es hat uns auf Wiedersehen gesagt«, erklärte ich ihm. »Der Kleine wollte dir mit einem hörbaren Zeichen helfen, zum Glauben zu finden, deshalb das Klopfen.«

»Hör auf damit! Und erzähl nicht solchen Unsinn!«, wehrte Joe ab.

»Na, dann geh doch raus, und sieh nach, ob du Fußstapfen im Schnee findest!«

Auf Joes Gesichtsausdruck hin musste ich noch mal lachen. Das Zimmer war nun voller Engel. Ich weiß, sie hatten die Seele meines Kindes hierher zurückgebracht, damit sie ans Fenster klopfen konnte, und nun war sie im Geleit anderer Engel wieder auf dem Rückweg in den Himmel.

Ich selbst brauchte kein sicht- oder hörbares Zeichen unseres kleinen Sohnes – er hatte das für seinen Vater getan, damit dieser glauben lernte.

Als Joe die Vordertür öffnete, lag der Schnee etwa 30 Zentimeter hoch davor und kippte um auf die Matte im

Eingang, dazu kam auch noch ein Schwall eiskalter Luft mit herein. Joe sah sich draußen um und wollte es nicht wahrhaben: Es waren keinerlei Fußspuren im Schnee zu finden – weder von Tieren, von Vögeln oder sonstigen Lebewesen. Er trat hinaus in den Schnee. Sein Gesicht wurde ganz blass, er konnte es einfach nicht glauben. Er sah mich an und meinte kopfschüttelnd: »Du lieber Himmel, das ist jetzt aber wirklich zu viel!«

Endlich kam er wieder herein und schloss die Eingangstür. Ich sagte leise: »Beunruhige dich nicht, setz dich her ans Feuer, und wärm dich auf. Das war wirklich unser Baby, unser Sohn, der sich von uns verabschiedet hat. Nun ist er fort, zusammen mit allen Engeln auf dem Weg in den Himmel, wo er hingehört. Jetzt kannst du ihn loslassen.«

Joe saß am Kamin und weinte; dann hielten wir einander in den Armen und weinten beide. Und zugleich war ein großer Friede in uns.

»War es nicht wundervoll, dass unser Baby das für uns getan hat?«, fragte ich Joe. »Dass die Engel das erlaubt haben, um uns wissen zu lassen, es geht unserem kleinen Sohn gut, es ist alles in Ordnung mit ihm. Damit hat uns unser Kind dafür gedankt, dass wir seine Eltern sind.«

Mein Vater hatte es sich zur Gewohnheit gemacht, aufs Geratewohl ohne Vorankündigung bei uns hereinzuschneien, und das meistens am Abend. Und ich freute mich jedes Mal sehr. Eines solchen Tages arbeitete ich gerade im Garten – wir bauten inzwischen das meiste Obst und Gemüse selbst an –, jätete Unkraut und hackte die Erde zwischen den Kartoffelreihen auf, mit tatkräftiger Unterstützung von

Christopher – obwohl gerade erst fünf Jahre alt, bestand er immer darauf mitzuhelfen.

Als ich meines Vaters Auto vorne am Tor hörte, drehte ich mich herum. Die beiden Jungen schrien laut: »Opa, Opa!« Christopher rannte voraus, mitten durch die Kartoffelreihen, und wollte seinem Großvater das Gartentor öffnen. Owen wackelte hinterher. Das Tor war mit einem Strick gesichert, deshalb nahm ich Owen auf den Arm und half Christopher, den Strick zu lösen. Das Tor schwang auf, und Owen wand sich in meinem Arm, weil er dringend wieder herunterwollte. Christopher begrüßte seinen Opa, als der aus dem Wagen stieg. Er trug seine Anglersachen und dazu seinen Lieblingshut, ein mit farbenprächtigen Köderfliegen bestecktes Tweedgebilde.

Er besaß ihn schon seit vielen Jahren, setzte ihn bei jeder passenden Gelegenheit auf und pflegte ihn mit liebevoller Sorgfalt.

Paps begrüßte seine Enkel wie immer mit einem Kopftätscheln, was mich gelegentlich zu der Bemerkung veranlasste: »Paps, das sind doch keine Hunde, denen man den Kopf tätschelt!«, woraufhin er mich jedes Mal auslachte.

»Der Garten sieht großartig aus«, meinte mein Vater, als Christopher ihn an der Hand Richtung Kartoffelacker zog.

»Wenn die Kinder dir all unser selbst angebautes Gemüse gezeigt haben, dann komm rein, bis dahin ist auch der Tee fertig.«

Owen war damals etwa drei und als Erster zurück in der Küche, er kam stolpernd und purzelnd an. Da er ja einen guten Monat zu früh auf die Welt gekommen war, hatte er nicht vollständig ausreifen können, was sich darin bemerkbar machte, dass sich seine Hüftgelenke infolge der Reifungsstörung viel weiter drehen konnten als normal. Er bewegte sich derart schnell, dass mir der Atem stockte, wenn ich ihn beobachtete, und er konnte drei oder gar vier Purzelbäume schlagen, um am Schluss dann doch wieder auf seinen Füßen zu landen. Es war, als wäre er von der Taille abwärts übergelenkig. Oft, wenn ich Owen sich überschlagen sah und vor Schreck die Luft anhielt, bemerkte ich in jeder Richtung um ihn herum wirbelnde Lichtblitze von Engeln, die ihn beschützten. Wenn man ihn so beim Herumkugeln beobachtete, hätte man meinen können, er würde sich jeden Moment alle Knochen brechen, doch es passierte nichts dergleichen! Die Kinderärzte in der Klinik meinten, Owens Hüftgelenke würden vor seinem siebten Lebensjahr nicht vollständig nachgereift sein, woraufhin ich oft zu Joe sagte, ich sei ganz wild darauf, endlich Owens siebten Geburtstag zu feiern, um dann endlich wieder frei atmen zu können.

»Lorna«, fragte mein Vater, »was meinst du, würdet ihr, du, Joe und die Kleinen, im Sommer gerne mit Mam und mir verreisen – in das Häuschen in Mullingar?«

Ich war hell entzückt. Joe und ich hatten noch nie Ferien gemacht – nicht einmal in den Flitterwochen. Der Gedanke an einen Tapetenwechsel begeisterte mich.

»Das wäre großartig«, antwortete ich, »wir kommen natürlich sehr gerne! Ich hoffe nur, dass Joe in der Zeit Urlaub kriegt.«

Joe hatte sich zwar von seiner Blinddarmentzündung erholt, aber ich konnte an dem roten Energiefeld um den Appendix herum ablesen, dass sie wieder aufflackern würde. Er hatte erst vor kurzem einen Job in der ortsansässigen Teppichfabrik angetreten: Wolle waschen und färben – harte körperliche Arbeit unter stressigen Bedingungen –, und die meiste Zeit hatte er Nachtschicht. Diese

Tätigkeit war seiner Gesundheit sicher nicht zuträglich, aber wir brauchten das Geld.

Einer der Vorteile seiner neuen Stelle – neben dem geringen, aber regelmäßigen Lohn – war die Tatsache, dass Joe sehr günstig an ungefärbte Wolle herankam. Als Kind hatte ich zwar nur wenig gestrickt, aber jetzt, wo wir sozusagen an der Quelle saßen, strickte ich ohne Ende, auch wenn meine Pullover alle dieselbe Farbe hatten: schafwollweiß! Ich strickte Aransweater für die Kinder, für Joe und Paps. Mein Vater liebte seinen Aranpullover sehr und trug ihn außer im Dienst sehr häufig.

An diesem Tag saßen mein Vater und ich ein paar Minuten zusammen, tranken Tee und unterhielten uns. Die Kinder freuten sich auch gleich riesig auf die Reise und fragten ihrem Opa Löcher in den Bauch: zum Beispiel wo und wie denn das Häuschen sei, und ob es im Garten Bäume gebe.

»Der Garten ist verwildert, mit vielen Bäumen und Gras so hoch wie ihr selbst. Und dann verläuft dort auch noch eine schmale Landstraße, alles überwachsen wie im Dschungel. Es wird euch großartig gefallen.«

»Wann können wir denn dorthin?«, wollten sie immer wieder wissen und ich antwortete ebenso häufig: »Nicht, bevor euer Opa und euer Vater freihaben werden.«

Paps trank seinen Tee, und dann ging er für ein Weilchen mit den Kindern hinaus in den Garten. »Bis bald, Lorna, ich geh jetzt«, rief er etwas später zum Abschied.

Der letzte Tag vor unserem Urlaub war ein richtig schöner, warmer Sonnentag; es wehte kaum ein Lüftchen, doch als ich meine Wäsche draußen aufhängte, kam plötzlich ein starker Wind auf. Ich wusste, dass es sich hier nicht um eine normale frische Brise handelte und lachte los.

»Ich wette, das bist du, Engel Hosus«, rief ich. »Was hast du vor? Willst du mir meine Wäsche von der Leine pusten?«

Auf einen Schlag war er da: Wie immer vollführte er seine Spielchen und Kunststückchen, um mich zum Lachen zu bringen. Mit einem Mal verschwand er wieder, wie ein Licht, das sich im Dunst verliert. Er ist ein wundervoller Engel. Und an diesem Tag »ertappte« ich meinen Sohn Christopher dabei, wie er dastand und starr in diese Richtung blickte – ich konnte an seinen Augen ablesen, dass er dasselbe gesehen hatte wie ich. Er hat nie ein Wort darüber verloren, bis heute nicht; vielleicht hat er den kleinen Vorfall vergessen, vielleicht aber kehrt er ihm beim Lesen dieser Zeilen auch ins Gedächtnis zurück. Ich weiß es nicht und werde in Ruhe abwarten.

Als unser erster Ferientag anbrach, zermarterte ich mir den Kopf, wie wir denn bloß alle im Auto meines Vaters Platz finden sollten. Der Wagen war nicht groß, und wir hatten eine Menge Gepäck. Die Kinder standen schon im Garten und warteten sehnsüchtig auf ihre Großeltern. Als sie dann am Gartentor vorfuhren, stießen die Jungen Freudenschreie aus.

Christopher und Owen kletterten sofort ins Auto, mitsamt ihren Spielsachen, während Paps und Joe es irgendwie fertig brachten, alles andere im Kofferraum zu verstauen. Und los ging's nach Mullingar im County Westmeath, gute 70 Kilometer von Maynooth entfernt. Joe versuchte, ein Gespräch in Gang zu halten, aber ich zog mich lieber in mich zurück und spielte mit den Kindern.

Wir trafen erst gegen Abend beim Häuschen in Mullingar ein, es dunkelte schon, doch am Himmel stand ein prächtiger Vollmond, und später funkelten tausend Sterne dazu. Das kleine Steinhäuschen war reizend, nett und gemütlich – und ich war sehr glücklich, dort zu sein. Meine Eltern schliefen im Untergeschoss und wir vier oben. Schon in dieser ersten Nacht schlief ich richtig gut.

Während unserer Ferien gingen mein Vater und Joe oft zum Fischen an die umliegenden verschiedenen Seen, und Paps fuhr auch mit den Kindern und mir aufs Wasser hinaus. Die Jungen waren ganz außer Rand und Band vor Vergnügen, auf dem Wasser zu sein, das Boot tanzte auf den Wellen, obwohl wir nur eine kurze Strecke vom Ufer hinaus- und wieder zurückgerudert waren.

Mein Vater hatte ein paar Jahre zuvor in der Tankstelle einen Unfall gehabt und konnte seitdem keine schwere körperliche Arbeit mehr verrichten. Und obwohl Joe selbst auch körperlich nicht sonderlich gut beieinander war, nahm er meinem Vater in diesen Ferien eine Menge Arbeiten ab, die Paps selbst nicht bewältigen konnte. Ich half auch mit. Wir verkleideten die Mauern mit Dämmplatten aus Gips, um sie vor der Feuchtigkeit zu schützen, was sich als nicht einfach herausstellte, denn eine der Mauern war sehr hoch und die Dämmplatte sehr schwer. Einige Tage lang arbeiteten wir von früh bis spät, doch am Ende der Ferien hatten wir es geschafft: Das Häuschen war isoliert.

Ein paar Mal fuhren Vater und Joe abends zum Fliegenfischen. An einem anderen Abend bat ich Joe, bei den Kindern zu bleiben, weil mir der Sinn nach einem Spaziergang allein stand. Ich wollte ganz für mich sein und ungestört ein Zwiegespräch mit den Engeln führen können – und zwar nicht im Flüsterton, sondern laut, so dass sie Menschengestalt annehmen und Seite an Seite mit mir gehen konnten. Ich verließ das Haus gegen 20 Uhr und wusste, dass um diese Zeit unten am See kaum mehr Menschen sein würden. Ich überquerte die Hauptstraße, bog dann links in eine kleinere Straße ein, die mich auf den Feldweg zum See brachte. Doch anstatt links hinunter zum See zu gehen, hielt ich mich geradeaus und sagte zu den Engeln: »Ab hier könnt ihr neben mir gehen. Ich weiß, dass ihr geistig bereits um mich seid, aber ich brauche euch in Menschengestalt, um mit euch reden zu können.«

Engel Michael erschien neben mir und schloss sich meinem Schritttempo an. Er legte mir die Hand auf die Schulter, was sich gut anfühlte. Als wir die Straße entlanggingen, sagte er zu mir: »Etwas weiter vorne an dieser Straße ist rechts ein Waldstück, lass uns dort ein bisschen herumlaufen.«

Wir erreichten den Wald, er wirkte völlig zugewachsen und sehr dunkel. »Ich kann nicht in diesen Wald gehen«, protestierte ich. Michael nahm meine Hand, und als wir uns auf das Gebüsch zubewegten, wichen die Dornenranken zur Seite und gaben uns einen Pfad frei. Wir kamen auf eine kleine Lichtung mit Blick über die Felder und auf den See. Mitunter laufe ich sehr gerne einfach so los, weiß die Engel in unmittelbarer Nähe und auch, dass ich keine Angst zu haben brauche. An diesem Abend mit Michael im Wald hatte ich allerdings das vage Gefühl, dass mich irgendetwas beobachtete. Doch beschäftigte ich mich nicht weiter mit diesem Gedanken und bat auch Michael nicht um eine Erklärung.

Am nächsten Morgen gleich nach dem Frühstück lud Paps Joe wieder zum Fischen ein, und im Nu waren die beiden mit ihren Angelsachen aus der Tür. Ich rief ihnen noch nach, sie sollten etwas Ordentliches fangen und zum Abendessen mitbringen. Paps rief zurück, er werde sich Mühe geben, könne aber nichts versprechen. Dann machten sie sich auf den Weg zum See. Mam war draußen im Garten mit ihren Blumentöpfen beschäftigt. Nachdem ich die Küche aufgeräumt hatte, wanderte ich mit den Kindern das schmale, überwucherte Landsträßchen entlang bis zu einer Baumgruppe; es war ein verwildertes Stückchen Erde, wo es den Kindern sehr gut gefiel.

Später spazierten Mam und ich mit den Kindern hinunter zum See, wir genossen unseren letzten Ferientag nach Kräften. Auf dem Weg unterhielten wir uns mit Leuten, die uns dort begegneten: Manche waren Urlauber wie wir, andere Ortsansässige, mit denen Mam Bekanntschaft geschlossen hatte. Unten am Seeufer hatten sich schon etliche Familien eingefunden. Ich spielte mit meinen Söhnen im Wasser. Sie liebten es, Steine aufzusammeln und dann ins Wasser zu werfen. Dabei beobachteten sie vergnügt den »Plumps« und genossen es, die dadurch entstehenden sanften Wellen um ihre Beine zu spüren. Bei unserem Aufbruch gab es Tränen.

Kurz nach uns trafen Paps und Joe zu Hause ein – und hatten eine Forelle gefangen. Paps zog den Fisch aus seiner Angeltasche und zeigte den Kindern, wie man ihm fachmännisch Kopf und Schwanz abtrennt und ihn dann ausnimmt. »Igitt«, machten meine beiden Söhne, »igittigitt!«

»Das ist doch ganz einfach«, meinte ich, »ich hab schon als kleines Mädchen gelernt, wie man Fische ausnimmt und dann zubereitet. Es ist wirklich prima zu wissen, wie das geht, vor allem, wenn man die Fische dann über einem Lagerfeuer grillen kann.«

Kaum waren die Worte aus meinem Mund, da wollte Christopher sofort ein Lagerfeuer haben, um die Forelle darüber zu grillen. Leider mussten wir ihn enttäuschen, weil wir noch am selben Abend nach Maynooth zurückfahren wollten. Aber wir ließen uns die ausgezeichnete Forelle noch schmecken, nur eben in der Küche und gedünstet. Nach unserem Abendtee mussten wir aufräumen und unsere Siebensachen ins Auto packen. Wir erreichten Maynooth – meine Eltern fuhren weiter, heim nach Leixlip – und unsere Ferien waren vorüber.

Wir waren ständig knapp mit Geld, daher fragte ich Gott immer wieder: »Wie in aller Welt sollen wir bloß überleben?« Doch irgendwie schafften wir es. Ich wirtschaftete äußerst sparsam, drehte jeden Penny drei Mal um und zog Gemüse im Garten, um besser über die Runden zu kommen. Von neuer Kleidung für Joe und mich war natürlich nie die Rede. Ab und zu brachte mir meine Mutter eine Tasche voll gebrauchter Sachen, keine Ahnung, woher sie stammten, aber sie passten und standen mir nie, waren immer zu weit, und ich sah darin aus wie meine eigene Großmutter. Gelegentlich fand sich darunter auch einmal ein Pullover oder eine Hose für Joe, die wenigstens passte. Dann lachten wir beide: »Man kann es sich halt nicht immer aussuchen!«

Oftmals bot mein Verlobungsring die Rettung. Pfandleihen waren ein Segen für uns, und nicht nur für uns, viele Familien in Irland waren damals darauf angewiesen, Dinge zu versetzen, deshalb stand man vor den Leihhäusern auch fast immer Schlange. Ich kann mich noch an Gelegenheiten erinnern, bei denen wir ins Leihhaus gingen und mit etwas Geld in der Hand und dem Gefühl, Millionäre zu sein, wieder herauskamen ... Wenn es bei uns nicht einmal mehr für Brot und Butter reichte, fuhr Joe, meinen Verlobungsring in der Tasche, per Autostopp in die Dubliner Innenstadt ins Pfandleihhaus. Dort erhielt er dafür etwa zehn Irische Pfund, und wir mussten längere Zeit sparen, um ihn wieder auslösen zu können. So wurde der Ring immer wieder zu unserem Lebensretter!

Dann bekam Joe ein Fahrrad, von einem Nachbarn, einem alten Mann aus unserer Straße, der Joe gebeten hatte, ihm beim Aufräumen in Haus und Garten behilflich zu sein, und ihm aus Dankbarkeit sein altes Fahrrad schenkte – dabei hatte es sich nur um ein bisschen Saubermachen und ein paar kleine Reparaturen gehandelt. Ich dankte Gott und den Engeln für diese Gabe und dem alten Mann dafür, dass er auf seine Engel gehört hatte. Von da an konnte Joe wenigstens auf einem Drahtesel in die Teppichfabrik fahren.

Doch trotz unserer ständigen Finanzmisere waren diese Jahre damals wundervoll: Herrliche Zeiten, in denen es ein Glück war, am Leben zu sein, es Freude machte, die Kinder lächeln zu sehen und wo auch Joe das Leben immer einmal eine Weile genießen konnte.

In jenem Sommer, der auf den Verlust unseres Babys folgte, hatte Joe eine geniale Idee. Er ging in den Fahrradladen in Celbridge und schloss einen Handel ab: Als Gegenleistung für zwei Wochen allabendliches Saubermachen im Fahrradladen plus Aufräumen der Fahrräder sowie der Einzel- und Ersatzteile im Hof sollte er zwei Fahrräder erhalten – ein großes und ein Kinderrad. Owen würde bei Joe auf dem Gepäckträger mitfahren und wir hätten endlich die Möglichkeit, alle gemeinsam Ausflüge zu unternehmen.

Also fuhr Joe zwei Wochen lang jeden Abend nach der Arbeit zum Fahrradladen und kam meist erst nach Mitternacht heim. Aber die Plackerei war die Sache wert: Am Ende der ersten Woche brachte er schon das Kinderrad mit nach Hause. Es bot in einiger Hinsicht einen ziemlich jämmerlichen Anblick und hatte einige Reparaturen dringend nötig. In der Hälfte der zweiten Woche übergab der Ladenbesitzer Joe dann das Erwachsenenfahrrad, das einen bedeutend besseren Eindruck machte.

Christopher war hell begeistert von der Idee, ein Fahrrad zu besitzen und half beim Überholen aller Räder kräftig mit. Er war damals ein sehr magerer kleiner Junge und ganz versessen darauf, seinem Vater zur Hand zu gehen und zu lernen, wie man die Fahrradketten ölte, Speichen einzog und all die anderen Dinge. Außerdem wurde ein richtig guter Radfahrer aus ihm.

Nie werde ich den Tag unseres ersten Familien-Fahrradausflugs vergessen: Als Ziel hatten wir uns den rund acht Kilometer entfernten Donadea-Waldpark ausgesucht, um dort ein Picknick zu machen. Joe meinte, acht Kilometer seien eine ziemliche Strecke für einen Fünfjährigen, weshalb wir schauen müssten, wie lange unser Sohn durchhielt, bevor er zu müde wurde. Joe hatte einen Kindersitz für Owen auf seinem Gepäckträger, auf meinem waren die Picknicktaschen festgebunden.

Ich war ein wenig in Sorge wegen Christopher, denn ich kannte die Länge der Strecke, doch hätte ich mir das getrost sparen können, denn er hielt sich glänzend. Trotzdem legten wir hin und wieder kleine Pausen ein oder schoben die Räder ein Stückchen.

Nach diesem ersten Mal radelten wir zum Picknick nach Donadea so oft wir konnten und genossen die Stunden dort sehr. Es war eine stille und friedvolle Anlage, insbesondere abends, wenn sich die anderen Besucher bereits auf den Heimweg begeben hatten. Und dann gab es dort noch den sogenannten See – in meinen Augen eher ein Teich – mit Enten darauf und einer kleinen Insel darin, zu der eine Brücke hinüberführte. Auf der Insel standen vier Bäume und ein paar Picknicktische, aber Gras wuchs dort keines.

Jedes Mal errichteten wir gleich nach unserer Ankunft ein kleines Lagerfeuer dort und kochten Tee. Die Kinder hatten großen Spaß daran, auf der kleinen Insel am Lagerfeuer zu sitzen, mit all dem Wasser um sie herum und den Enten, die auf der Suche nach Brotstückchen herumwatschelten. Wir tranken unseren Tee, aßen die Brote dazu und betrachteten den Sternenhimmel. Ich weiß wohl, dass wir dort eigentlich kein Feuer hätten anzünden dürfen, wegen des nahen Waldes, aber wir passten immer äußerst sorgfältig darauf auf. Von meinem Vater hatte ich schon als Kind eine Menge über Lagerfeuer gelernt und andere wichtige Verhaltensweisen in der Natur: So hatte er mir beigebracht, wie man Feuer macht, wie man sicher auf einer Uferböschung entlangläuft, hatte mich Schwimmen und auf Strömungen achten gelehrt – und er hatte dazugesagt, es gebe Regeln für alles.

Eines Abends waren wir wieder in Donadea: Der Vollmond schien hell, und die Sterne funkelten mit ihm um die Wette. Außer uns und den Enten war niemand mehr dort. Wir hatten ein kleines Feuer gemacht, die Kinder futterten ihre Brote und vergnügten sich auf ihre Weise, sie spielten, was kleinen Jungen eben Spaß macht. Ich sagte Joe, ich hätte gerne ein paar Minuten für mich allein und bat ihn, währenddessen auf die Kinder achtzugeben. Ich wollte eine kleine Runde drehen und mit den Engeln Kontakt aufnehmen, denn ich hatte schon seit einiger Zeit gespürt, dass mich irgendetwas aus großer Entfernung beobachtete.

Joe wandte ein, dass es dunkel sei. »Ich steck die Taschenlampe ein«, gab ich zurück.

Ich überquerte die kleine Holzbrücke und nahm den Pfad in Richtung auf das alte Schloss, wandte mich dann wieder nach rechts und gelangte auf eine große baumumstandene Lichtung. Ich stellte mich hinter eine dicke Eiche, um mich Joes Blicken zu entziehen. Denn ich wollte wirklich alleine sein und wusste zugleich, dass er mich im Auge behalten würde.

Engel Elija erschien, ein funkelndes Leuchten unter den Bäumen, er betrat die Lichtung und rief meinen Namen. Als er seine Arme nach mir ausstreckte, erhob ich die Hände zu ihm, und er nahm sie in die seinen.

Wir kommunizierten miteinander, jedoch ohne Worte. Denn Elija übermittelte mir: »Lorna, er wandert in der Dunkelheit herum. Aber hab keine Angst, er kann nur mit dem Einverständnis Gottes näher kommen. Weißt du, von wem die Rede ist?«

»Ja, Engel Elija«, erwiderte ich. »Du meinst Satan. Ist er es, der mich im Dunkeln beobachtet? Ich empfinde die Anwesenheit von jemandem oder etwas in den ›Außenbezirken‹, an den Rändern meines Lebens – jenseits des Lichts, das mich umgibt, Millionen Kilometer entfernt in einem anderen Kreis, dem der Dunkelheit, wo er sich verborgen hält. Schon die ganzen letzten sechs Monate habe ich Angst, obwohl ich doch weiß, dass Gott selbst und all ihr Engel mich beschützt.«

»Lorna, dies geschieht, weil Gott dich eines Tages prüfen wird, indem er dich der Gegenwart Satans aussetzt«, erklärte Elija.

»Und wo wird Gott währenddessen sein?«, fragte ich.

»Gott wird zu deiner Rechten und Satan zu deiner Linken sein«, antwortete Elija.

»Gott wird bei mir sein, um mir Kraft zu geben«, sagte ich, »und nur das zählt.« Doch mein Inneres war von furchtbarer Angst und Schrecken erfüllt. Dann gab Engel Elija meine Hände frei, und als sie zu meinen Seiten herabfielen, überkam mich das Gefühl von Liebe und Frieden. Elija bedeutete mir lächelnd, nach rückwärts zu schauen, und verschwand.

Joe war mit den Kindern von hinten herangekommen. Christopher schob sein Rad, und Joe hatte neben Owen auch noch unsere beiden Räder im Griff.

»Lorna, wir müssen jetzt aufbrechen. Es ist wirklich schon sehr spät.« Er sprach mit leiser Stimme, so, als wollte er keines der im Wald schlafenden Geschöpfe aufwecken.

»Ich habe gar nicht bemerkt, wie die Zeit vergangen ist«, sagte ich zu ihm.

Ich übernahm mein Rad, und wir gingen über die Pfade bis zur Straße. Ich war ganz still, in mich gekehrt, spürbar getrennt von der Menschenwelt und von meiner Familie. Von diesem Moment an, dessen war ich mir gewiss, würde Satan auf dem Weg zu mir sein. Auch wenn es Monate oder gar Jahre dauern würde, bis er mich erreichte, ich war sicher, irgendwann würden wir einander begegnen.

Kapitel 18

Hat Lorna nicht ein Glück ...?

Eines Winterabends gingen Joe und ich wieder zur Gebetsgruppe in Maynooth; dort hatten sich bereits rund 25 Menschen versammelt, darunter überwiegend junge Männer.
Nachdem ein sehr spiritueller Mann namens Johnny alle
Teilnehmer begrüßt hatte, begannen wir gemeinschaftlich
zu beten und zu singen, was ich immer besonders gerne
mochte. Dann versanken alle, auch ich, in stillem Gebet –
man hätte eine Stecknadel auf den Boden fallen hören. Ein
Engel flüsterte mir ins Ohr: »Lorna, öffne deine Augen, und
heb den Kopf. Siehst du den jungen Mann rechts neben
dir?«

»Ja«, gab ich ebenso leise zurück.

»Lorna, du wirst nun die Vision des jungen Mannes mit-
verfolgen. Senk den Kopf, und schließ die Augen«, wisperte der Engel.

Und sofort war ich in der Vision: Ich lief neben dem jungen Mann auf einer stark gewundenen, staubigen Straße,
voller Steine und Schlaglöcher. Die Sicht nach vorne war
sehr eingeschränkt, weil die Straße ständig ihre Richtung
änderte. Er war schon einige Zeit unterwegs, schaffte es
aber immer, die Steine und Schlaglöcher zu umgehen. Er
schien die Orientierung verloren zu haben, doch das stimmte nicht, denn nach der nächsten Kurve tauchte am Straßenrand ein Gebäude auf, zu dem linker Hand eine Treppe

hinaufführte. Der junge Mann nahm sie voller Schwung, doch schienen die Stufen mit jedem seiner Schritte steiler zu werden. Langsam näherte er sich dem Eingang.

Während ich die Vision beobachtete, schien das Bauwerk ins beinahe Unermessliche gewachsen zu sein. Von der Straße aus wirkte es normal groß, doch jetzt war es immens. Vor Verblüffung trat der junge Mann einen Schritt zurück. Auch das Portal vor ihm ragte nun mächtig in die Höhe: Es war riesengroß und schwer, er selbst im Vergleich dazu ein Zwerg. Er wollte dort hinein, doch das bedeutete eine enorme Kraftanstrengung. Unter Einsatz seines vollen Körpergewichts gelang es ihm endlich, den Torflügel einen Spaltbreit aufzudrücken und sich dann hindurchzuquetschen, woraufhin er in einer gewaltigen, nur von strahlendem Licht erfüllten Halle stand. Er ließ sich auf dem Fußboden nieder und versank in einer Gebetsmeditation – ein winziger Punkt in diesem gigantischen Raum.

Dann berührte die Hand des Engels meinen Scheitel, und die Verbindung zu dem jungen Mann brach ab.

»Und jetzt sollten wir uns einander mitteilen«, verkündete Johnny.

Und einer nach dem anderen ergriffen die Anwesenden das Wort. Endlich kam auch die Reihe an den jungen Mann neben mir: Er beschrieb die Vision aus seinem Erleben heraus – und zwar genau so, wie ich sie auch wahrgenommen hatte. Für mich war dies das erste Mal, dass ich auf solche Weise an der Vision eines anderen Menschen teilhaben durfte – und ich war restlos begeistert. Ans Ende seiner Schilderung stellte der junge Mann die Bemerkung, er wisse nicht, was seine Vision ihm sagen solle.

Die Engel forderten mich auf, zu sprechen und dem jungen Mann die Bedeutung seiner Vision zu entschlüsseln, um ihm Mut zu machen, den bereits eingeschlagenen Weg weiterzugehen.

Ich wurde so nervös – war regelrecht verängstigt!

»Das kann ich nicht«, erklärte ich den Engeln, »die anderen werden mir gar nicht zuhören wollen – ich bin doch nur eine ganz normale Hausfrau.«

Der junge Mann war zum Ende gekommen, und die Engel setzten mir weiter zu, ich solle sprechen, und ich führte weitere Gründe ins Feld, weshalb ich es lieber nicht tun sollte. Dann meldete sich ein anderer junger Mann zu Wort, und die Engel hießen mich, genau achtzugeben und zuzuhören, was er sagen würde.

»Hier ist jemand im Raum, zu dem Gott spricht, und dieser Mensch ist nervös und ängstlich«, war alles, was er sagte. Auf diese Weise gab Gott mir zu verstehen, dass ich mich nicht länger verstecken sollte. Ich holte tief, tief Luft, und währenddessen meinte Johnny: »Wenn wir in der Runde durch sind, sollten wir gemeinsam ein Gebet sprechen.«

»Nein, bitte, ich habe noch etwas zu sagen«, mit diesen Worten wandte ich mich dem jungen Mann rechts neben mir zu und erklärte ihm, seine Vision nehme Bezug auf seine Furcht vor dem Priesteramt. Ich fügte hinzu, er werde tatsächlich einige Hindernisse auf seinem Weg nehmen müssen, Hindernisse, die Gott selbst ihm in den Weg gelegt habe, die er aber überwinden werde. Und er werde etwas bewegen, nicht direkt hier in Irland, aber in anderen Teilen der Welt. Was er benötige, seien der Glaube und das Vertrauen in Gott wie auch in sich selbst – und er solle seine Tasche nehmen und die Reise antreten. Am Schluss sagte ich noch, die Engel hätten mir diese Botschaft an ihn aufgetragen.

Dann stimmte Johnny ein Gebet an, und wir anderen sangen und priesen Gott. Diesen Teil unserer Treffen mochte ich besonders. Dann ließen mich die Engel wissen, ich würde bei zukünftigen Gebetsabenden mehr zu tun bekommen – ich gab zurück, schon allein der Gedanke daran, was sie beim nächsten Mal vielleicht von mir verlangen würden, jage mir Angst ein.

Dann war die offizielle Zusammenkunft beendet; bevor Joe und ich heimgingen, tranken wir mit den anderen noch Tee und aßen Kekse. Joe gab keinerlei Kommentar zu meinen Worten vor der Gruppe ab.

Zwischen diesem und einem anderen für mich bedeutsamen Abend mit der Gebetsgruppe in Maynooth lagen ein paar Monate. Johnny forderte uns alle auf, zu beten und um das Heil zu bitten, das in allen unseren Familien, für unsere Freunde oder andere Menschen irgendwo auf der Welt dringend gebraucht wurde.

Und jeder trug seine Bitten vor: Einige hatten Schwierigkeiten innerhalb ihrer Familien oder baten für Freunde in Notsituationen, andere um Gesundheit für Familienmitglieder und Freunde oder um Erfolg bei einer Prüfung für die Tochter. Jemand anderer brauchte zur Erholung dringend einen Urlaub und wieder ein anderer Unterstützung bei der Entscheidung für ein Auto. Etliche baten auch um Wunder: zur Sicherung des Weltfriedens, für Regierungen, zur Unterstützung der Arbeit von Priestern und Nonnen sowie wohltätiger Einrichtungen – und viele Dinge mehr. Allem Anschein nach bedurfte es einer ganzen Menge Wunder ... Und die ganze Zeit über tippten mir die Engel auf die Schulter und flüsterten: »Jetzt, Lorna. Du weißt, was du zu sagen hast.«

Ich holte noch einmal tief Atem und begann: »Eine Frau in diesem Raum braucht viele Gebete für ihre Familie. Ihr

Bruder ist verheiratet, hat ein Alkoholproblem und misshandelt Frau und Kinder. Diese Frau liebt ihren Bruder sehr. Außerdem steht ihnen aus anderen Gründen noch ein Gerichtsverfahren ins Haus, und das alles zusammen ergibt eine Unmenge Stress. Gott sagt Ihnen, Sie brauchen sich nicht zu schämen. Kommen Sie, und sprechen Sie mit ihm. Haben Sie Vertrauen, und bitten Sie im Gebet um alles, was in Ordnung kommen soll.«

Ich endete. Kein Wort von den anderen.

Manchmal geschieht es in Gebetsgruppen, dass bestimmte Menschen nach alter Sitte anderen die Hände auflegen und mit ihnen oder über ihnen beten – mitunter auch laut – und sie Gottes Schutz anempfehlen. Johnny erkundigte sich nun, ob jemand eine solche Fürbitte benötigte und nannte die Namen derer, die über anderen beten würden.

Meiner war nicht darunter – war es nie –, doch nahm der Abend einen anderen Verlauf. Gott hatte andere Pläne.

Nun erhoben sich einige Teilnehmer von ihren Stühlen und liefen im Raum umher, unterhielten sich, wieder andere gingen hinaus, um Tee zu kochen. Eine Nonne kam auf mich zu; ich lächelte ihr entgegen und sagte: »Guten Abend.« Ich hätte mir nicht träumen lassen, dass sie mich bitten würde, mit ihr zu beten. Doch genau das tat sie.

»Würden Sie vielleicht mit mir beten, Lorna? Ihre Worte vorhin waren an mich gerichtet, und ich muss dringend mit Gott sprechen – durch Sie.«

Mir versagte beinahe die Stimme. »Ja, natürlich«, brachte ich mühsam heraus, »aber nicht hier vor allen Leuten. Können wir nicht rausgehen und uns nach einem stillen Plätzchen umsehen, wo wir ungestört sind?«

»Selbstverständlich«, antwortete sie. Wir traten auf den Korridor und fanden drei Türen weiter ein leeres Zimmer.

Dort setzten wir uns miteinander hin, nur wir beide; von meinem Zittern bekam sie nicht viel mit. »Oh, mein Gott, was tust du?«, fragte und betete ich innerlich in einem fort.

Um uns herum erschienen lauter Engel und wisperten mir ins Ohr: »Du bist in Gottes Hand, Lorna.«

Dann betete ich über der Nonne und dankte Gott für all die Dinge, die sich in ihrem Leben nun zum Besten wenden würden.

Die Nonne begann zu sprechen, und das dauerte etwa eine Stunde. Zum Schluss beteten wir gemeinsam. Ab und an flüsterten die Engel mir zu, ich solle die Augen öffnen und zu ihr hinüberschauen. Die Nonne hatte ihren Schutzengel bei sich, er war wunderschön. Ich nannte ihn den »Engel der Ruhe und des Friedens«. Ich habe ihr nie erzählt, dass ich ihren Schutzengel sehen konnte und dass diese Engelfrau ihre Arme um sie gelegt, sie in ihre ausgebreiteten Flügel gehüllt hatte und so mit ihr eins geworden war. Ich lächelte und schloss erneut die Augen, um Gott noch mehr zu lobpreisen. Dann forderten die Engel mich auf, die Nonne in den anderen Raum zurückzubegleiten.

Dort waren die anderen beinahe alle schon gegangen. Auch Joe und ich machten uns auf den Heimweg. Er meinte, er sei sehr überrascht gewesen, mich vor allen sprechen zu hören, und ich erzählte ihm, dass es mir wegen meiner großen Nervosität sehr schwergefallen sei, aber ich mit Hilfe der Engel tun müsse, worum Gott mich bitte. Damals habe ich zum ersten Mal »über« jemandem gebetet. Natürlich hatte ich vorher schon für viele andere Menschen Gebete gesprochen, aber immer still für mich, insgeheim, ohne deren Wissen.

Joes Schichtdienst in der Teppichfabrik brachte es mit sich, dass er die meisten Nächte nicht zu Hause war. So kam es, dass ich es mir an vielen Abenden, wenn die Kinder im Bett waren, vor dem Kamin gemütlich machte, tief atmete und dabei die Augen schloss; wenn ich sie dann wieder aufschlug, fand ich mich im Kreis zahlreicher Engel wieder. Ich konnte immer und über alles mit ihnen reden. So sagte ich ihnen auch gerne, es sei eines der wundervollsten Dinge in meinem Leben, mit ihnen sprechen zu können, ganz gleich, wo ich gerade war, und dass sie meine Worte hörten. Ich stand in ständigem Kontakt zu den Engeln – sie waren meine Gefährten, meine besten Freunde.

Zu vorgerückter Stunde bat ich die Engel dann, sich zurückzuziehen, weil Joe bald heimkommen würde und ich noch einiges vorzubereiten hätte. Dann verschwanden sie – aber nur als physische Erscheinungen, denn ich konnte ihre geistige Anwesenheit weiter fühlen. Manchmal spürte ich sogar, wie ein Engel mich streifte. An einem besonderen Abend passierte wieder genau das, ich stieß mit einem Engel zusammen, und er wurde für einen kurzen Augenblick sichtbar. Er lächelte mir zu, berührte dann meinen Bauch und sagte: »Gott hat dein Verlangen nach einem weiteren Kind erfüllt.« Dann verschwand er wieder.

Kurze Zeit danach stellte ich fest, dass ich wieder schwanger war. Joe war hellbegeistert und meinte, diesmal wäre doch ein kleines Mädchen ganz entzückend ... Und es sah alles nach einer unproblematischen Schwangerschaft aus, wofür ich Gott dankte.

Als das Weihnachtsfest vorüber war, begannen wir, uns einen Namen für das ungeborene Kind zu überlegen. Joes Ansicht nach konnten wir die Jungennamen dabei ruhig außen vor lassen, denn er war restlos davon überzeugt,

Vater einer Tochter zu werden. Wir entschieden uns für Ruth. Diesmal setzten die Wehen zehn Tage zu früh ein, und ich wurde ins Krankenhaus gebracht, wo sie zunächst einmal wieder aufhörten. In dieser Phase besuchten mich meine Eltern und brachten mir eine Tüte Obst mit. Als mein Vater meinte, er freue sich auf einen weiteren Enkelsohn, klärte Joe ihn auf: »Diesmal ist es kein Junge! Diesmal ist es ein Mädchen, wart nur ab, du wirst schon sehen!«

Meine Eltern waren gerade aus dem Zimmer, als ich beschloss, mit Joe bis zum Haupteingang zu gehen. Sie liefen vor uns, und im selben Moment betraten meine Großeltern, Mutters Eltern, die Klinik. Mam und Paps hielten inne, um ein paar Worte mit ihnen zu wechseln, während Joe und ich nur »guten Tag« sagten. Wir standen vielleicht einen halben Meter von meinen Eltern entfernt und hörten meine Großmutter zu meiner Mutter sagen: »Hat Lorna nicht ein Glück, dass ihre Söhne nicht so zurückgeblieben sind wie sie selbst oder gar schlimmer! Wir gehen allerdings davon aus, dass dieses Kind es sein wird.«

Hinter ihr erschien ihr Schutzengel, Tränen in den Augen – er streckte die Hände nach mir aus und berührte mich, gab mir Kraft. Dennoch war ich am Boden zerstört. Und ich konnte spüren, dass es auch Joe schockierte, diese Äußerung so unmittelbar mitzubekommen. Meine Großeltern hatten sich meinen Eltern gegenüber verhalten, als wären wir gar nicht vorhanden. Ich wollte nur noch weg, Joe hatte seinen Arm um mich gelegt und versuchte mich zu trösten: »Nimm dir das alles nicht zu Herzen, die wissen doch gar nicht, wovon sie reden.«

Er geleitete mich zurück auf die Station. Ich weinte, weil ich jetzt wusste, wie sie über mich dachten. Überall rund um mein Bett herum erschienen Engel, sie erfüllten Joe und mich mit Frieden und Liebe. Ich bat Joe, meinen Eltern gegenüber nicht zu erwähnen, was wir auf dem Krankenhausflur mitangehört hatten.

Was mich an der ganzen Angelegenheit mit am meisten aus der Fassung brachte, war die Tatsache, dass mein Vater kein Wort zu meiner Verteidigung gesagt hatte. Ich war tief bestürzt darüber, dass er meine Großeltern nicht zurechtgewiesen hatte, obwohl ich den Grund dafür zu kennen glaube. Er wusste nur zu gut, dass die Eltern meiner Mutter ihn auch nicht in vollem Umfang billigten – ihrer Ansicht nach hatte meine Mutter »unter ihrem Stand geheiratet« – trotz meines Vaters beruflichen und gesellschaftlichen Fortkommens. Paps liebte Mam sehr, er wusste, dass er für eine Entfremdung zwischen ihr und ihren Eltern gesorgt hatte, und deshalb war er sehr darauf bedacht, sie nicht zu vergrößern.

Obwohl ich verstand, weshalb mein Vater mich nicht in Schutz genommen hatte, tat es erbärmlich weh, und ich weinte mir an diesem Abend beinahe die Augen aus dem Kopf.

Jahre später erfuhr ich durch Zufall, dass die Mutter meiner Mutter, meine Großmutter, die diese ungeheuerliche Äußerung getan hatte, ein Baby mit Down-Syndrom zur Welt gebracht hatte. Die Kleine hatte ein schwaches Herz und blieb nur sechs oder sieben Jahre am Leben. Und diese ganze Zeit über wurde sie in ihrem Zimmer im Obergeschoss des Hauses hinter verschlossenen Türen gehalten, so dass kein Nachbar sie je zu Gesicht bekam. Mir wurde berichtet, meine Großeltern hätten sich für ihr »zurückgebliebenes« Kind geschämt.

In den frühen Morgenstunden des nächsten Tages kamen die Wehen wieder, und unsere kleine Tochter Ruth erblickte das Licht der Welt – am 25. März, meinem eigenen Geburtstag und in jenem Jahr der Muttertag! Hätte man sich ein schöneres Geschenk wünschen können?!

An Ruths und meinem Entlassungstag aus der Klinik kam Joe mit Christopher und Owen, um uns abzuholen. Die Jungen stürmten auf mein Bett zu, während Joe sich nur langsam bewegte. Sein Schutzengel schlüpfte an ihm vorbei zu mir und flüsterte mir ins Ohr, Joe gehe es gar nicht gut. Ich hätte am liebsten losgeweint, musste aber nach außen hin lächeln. Christopher und Owen machten einen Riesenwirbel um ihre neue kleine Schwester, wollten sie beide unbedingt einmal in den Armen halten. Joe nahm unsere Kleine aus ihrem Bettchen und ließ ihre »großen« Brüder die Arme um sie legen. Ich fragte Joe, ob mit ihm alles in Ordnung sei, und er antwortete mit Ja – und wir wussten beide, dass das keineswegs der Wahrheit entsprach. Ich wandte mich an die Engel, sagte, ich sei in großer Sorge um meinen Mann, und bat sie, alles in ihrer Macht Stehende zu tun, um ihm zu helfen.

Etwa zwei Monate später – Joe hatte gerade Nachtschicht – überfielen ihn üble Schmerzen in der Magengegend. Er ging zu seinem Chef und teilte ihm mit, er fühle sich schlecht, und fragte, ob ihn jemand nach Hause bringen könne.

»Nein, für mich sehen Sie prima aus«, erwiderte der und schickte Joe zurück an die Arbeit.

Das Problem dabei war, dass Joe durch seine Größe und seine ganze Ausstrahlung eigentlich immer stark und kaum jemals krank wirkte. Schließlich sagte er aber doch zu seinem Chef, er sei zu krank zum Arbeiten und gehe jetzt heim. Gegen 2 Uhr in der Früh weckten mich die Engel und sagten: »Lorna, steh auf, Joe geht es nicht gut, er ist auf dem Weg nach Hause. Wir schicken ihm Hilfe.«

Ich sprang sofort aus dem Bett, knipste überall das Licht an, stellte den Wasserkessel auf und fuhr in die Kleider. Dann wartete ich am Fenster und betete zu Gott, er möge Joe irgendwie heil heimbringen.

Joe erzählte mir später, er sei ungefähr auf halbem Weg zwischen Celbridge und Maynooth am Straßenrand zusammengebrochen. Er erinnerte sich daran, wie er wieder zu sich gekommen und auf allen vieren weitergekrochen sei, als er ins Scheinwerferlicht eines Autos geriet. Es war ein Nachbar aus Maynooth, der anhielt, seinen Wagen wendete und ausstieg, um zu helfen. Zuerst glaubte er, einen Betrunkenen vor sich zu haben, und traute seinen Augen nicht, als er Joe erkannte. Joe erklärte ihm, er habe furchtbare Magenschmerzen, und der Mann erbot sich, ihn nach Hause zu fahren.

Plötzlich tippte mir ein Engel auf die Schulter: »Lorna, geh hinaus, und mach die Tore auf, Joe ist schon fast hier.«

Als ich die Tore öffnete, fuhr der Wagen auch schon ein. Gemeinsam brachten der Nachbar und ich Joe ins Haus und legten ihn auf sein Bett. Der Mann versprach mir, den Arzt zu verständigen.

»Wie kann ich je wieder gutmachen, dass Sie sich so großartig um meinen Mann gekümmert haben?«, fragte ich.

Der Nachbar erzählte, er habe nicht schlafen können und deshalb noch eine Runde mit dem Wagen drehen wollen, und jetzt sei er sehr froh, genau das getan zu haben. Dann verabschiedete er sich und fuhr davon. Ich machte Joe eine Tasse Tee und zehn Minuten später, als der Arzt gerade eintraf, saß er schon wieder aufrecht im Bett und fühlte sich deutlich besser. Der Doktor lachte ihn aus, als er ihn so sah.

»Ich hoffe doch, dass Sie mich nicht ohne Grund aus dem Bett geholt haben! Ich habe gehört, Sie hatten Schmerzattacken und sind auf allen vieren am Straßenrand entlanggekrochen.«

»Die Schmerzen sind weg«, erwiderte Joe darauf, »mir geht's wieder gut.«

Sie unterhielten sich ein paar Minuten und witzelten sogar herum, dann sagte der Arzt: »Strecken Sie sich gerade aus, vielleicht ist es wieder Ihr Blinddarm, der da rumort hat.« Dann legte er seine Hände auf Joes Magengegend – und im selben Augenblick schoss Joe, vor Schmerzen schreiend, mit einem einzigen Ruck kerzengerade im Bett hoch.

»Sie haben da ein echtes Problem, Joe«, stellte der Arzt fest, »ich werde einen Rettungswagen kommen lassen und schreibe Ihnen einen kurzen Bericht für das Krankenhaus.«

Die Engel versetzen mich immer wieder in Erstaunen: Was glauben Sie wohl, in wessen Ohr sie in dieser Nacht eine Botschaft geflüstert haben? Es war niemand anderer als mein Vater! Sie hatten ihm eingegeben, er solle aufstehen und zu uns herüberfahren. Er lenkte seinen Wagen gerade hinter den des Doktors, als dieser nach der nächstgelegenen Telefonzelle fragte.

Paps betrat das Haus mit den Worten: »Was ist los?«

Der Arzt klärte ihn darüber auf, dass Joe unbedingt ins Krankenhaus müsse und dass er soeben auf dem Weg sei, eine Ambulanz anzufordern. Paps bot an, Joe in die Klinik zu bringen, doch der Arzt erwiderte, Joe benötige einen regulären Krankentransport. Daraufhin fuhr mein Vater sein Auto auf die Seite, und der Arzt machte sich auf zu der weiter unten an der Straße gelegenen öffentlichen Telefonzelle. Binnen zwei Minuten war er zurück und verkündete, die Ambulanz sei bereits unterwegs zu uns. Dann ging er wieder hinaus zu seinem Wagen und schrieb dort einen Kurzbericht über Joe für das Krankenhaus. Ich ging in die Küche und überließ Joe kurzfristig der Obhut meines Vaters.

Ich füllte gerade erneut den Wasserkessel, als ich mich von den sanften Händen der Engel gestreichelt fühlte, sie zogen die Angst aus meinem Körper und wisperten mir ins Ohr, Joe werde wieder gesund, er habe zwar eine schwere Zeit vor sich, aber er werde sie überstehen.

Dann kam der Doktor wieder herein, um uns mitzuteilen, der Rettungswagen sei eben eingetroffen. Paps sagte mir, er werde in seinem Auto hinterherfahren und dann in der Klinik nach Joe sehen. Ich musste natürlich bei den Kindern bleiben, zumal ich ja Ruth noch stillte. Ich legte meine Arme um Joe.

»Mach dir keine Sorgen, ich bin im Nullkommanichts wieder zu Hause«, versprach er mir.

Als sie alle fort waren, schaute ich im Schlafzimmer nach den Kindern: Sie schliefen alle tief und fest, ihre Schutzengel wachten über sie. Ich lächelte zurück, wohl wissend, dass sie die Kinder während der ganzen Aufregung im Schlaf gehalten hatten. Ich dankte ihnen und wandte mich dann um. Engel Hosus stand vor mir.

»Lorna, geh jetzt ins Bett«, sagte er, »wir werden dafür sorgen, dass du schlafen kannst.«

Folgsam legte ich mich hin – und als ich aufwachte, war es bereits 10 Uhr vormittags! Die Kinder schliefen immer noch. Während ich das Frühstück bereitete, kam Christopher in die Küche und fragte nach seinem Vater. Ich erklärte ihm, dass sein Dad ins Krankenhaus gemusst habe und wir sofort nach dem Frühstück beim Arzt anrufen würden, um zu erfahren, wie es ihm ging.

Ich war gerade dabei, Ruth zu stillen, als mein Vater auftauchte. Die Kinder waren entzückt, ihren Opa zu sehen. Ich dankte Paps für seinen Beistand in der letzten Nacht und fragte ihn, wie es Joe gehe und wie lange er denn noch bei ihm geblieben sei. Wie sich herausstellte, hatte mein Vater die ganze Nacht in Joes Nähe verbracht. Joe hatte eine Notoperation über sich ergehen lassen müssen, sie hätten zwar kurzzeitig um sein Leben fürchten müssen, doch jetzt sei alles gut überstanden.

»Ich werde dich heute Abend ins Krankenhaus hinüberfahren, dann kannst du ihn besuchen«, bot er mir an.

Ich protestierte und meinte, das sei zu viel verlangt von ihm, doch er blieb hartnäckig und meinte, Mam würde so lange die Kinder hüten.

Joe bot an diesem Abend wirklich einen schlimmen Anblick. Er musste zwei Wochen im Krankenhaus bleiben und nach ein paar Wochen schon wieder für zehn Tage dorthin, weil er sich eine Infektion zugezogen hatte. Danach war er für sechs Monate arbeitsunfähig.

Eines Tages, ich war in unserem örtlichen Supermarkt gerade auf dem Weg zur Kasse, da rief mich ein Schutzengel beim Namen, es war der Schutzengel eines kleinen Mädchens, das in einem Einkaufswagen saß. Ich kannte seine Mutter zwar vom Sehen, wusste aber nicht, wie sie hieß.

Ich sagte »Hallo« zu der Kleinen, und ihr Schutzengel erklärte mir, das Mädchen sei nicht wohlauf und bat mich, es zu berühren. Also nahm ich kurz seine kleine Hand in meine, begrüßte dann auch die Mutter und sagte ihr, was für ein bezauberndes Kind sie doch habe. Dann verabschiedete sich die Mutter und fuhr den Einkaufswagen mit ihrem Töchterchen weiter.

Später erklärten mir die Engel, es habe eine Verbindung zwischen mir und dem Kind hergestellt werden müssen, damit die Kleine gesund werden könne. So etwas passiert mir häufiger, obwohl ich es immer noch nicht ganz begreife. Ungefähr ein Jahr danach wäre ich beim Einkaufen beinahe in die beiden hineingelaufen: Es war wieder die Mutter mit ihrem Kind, und der Schutzengel der Kleinen rief mich erneut beim Namen. Die Mutter erzählte mir, ihrer Kleinen sei es nicht gut gegangen, sie habe ins Krankenhaus gemusst, sei jetzt aber auf dem Weg der Besserung.

Als sich die Mutter mit ihrer kleinen Tochter ein Stück weit entfernt hatte, flüsterten die Engel mir zu: »Das kleine Mädchen wird sehr krank werden, Lorna, doch deine Berührung hat ein spirituelles Band zwischen dir und dem Kind geknüpft, das ihm die nötige Kraft geben wird, die Krankheit zu überleben. Von jetzt an wirst du dauernd das lächelnde Gesicht des kleinen Mädchens direkt vor Augen haben, so lange, bis es ganz geheilt ist.«

Während der folgenden Monate erschien das lächelnde Gesicht der Kleinen regelmäßig vor mir, und ich fühlte ihr Kranksein und ihre Tränen mit. Ich sprach dann immer ein Gebet für sie und rief Gott und ihren Schutzengel um Hilfe an. Ich wusste, dass die Krankheit des Kindes lebensbedrohlich und ich sein Rettungsanker war; irgendwie hielt ich das Mädchen auf der spirituellen Ebene am Leben. Im Geist stand ich jedes Mal am Bett der Kleinen, wenn ich dort gebraucht wurde, und ließ nicht zu, dass ihre Seele aus dem Körper entwich. Ich fühlte die physischen Symptome ihrer Krankheit mit ihr, wie ich es auch schon bei vielen anderen Menschen erlebt habe. Doch von einem Tag auf den anderen erschien mir das Gesicht nicht mehr, und ich wusste, sie war gesund. Ich dankte Gott und den Engeln, dachte dann aber nicht weiter daran. Jahre später sah ich Mutter und Tochter die Hauptstraße von Maynooth entlangschlendern, und mit ihnen Hand in Hand liefen ihre Schutzengel. Aus dem zarten kleinen Mädchen von damals war ein gesunder, kräftiger Teenager geworden. Ich lächelte, dann dankte ich Gott und den Engeln.

Eines schönen Sommertags war ich mit der damals erst ein paar Monate alten Ruth unterwegs, schob ihren Kinderwagen und genoss den Sonnenschein, als ich plötzlich eine Veränderung der Atmosphäre wahrnahm. Um mich herum breitete sich eine unglaubliche Stille aus. Auch die Luft stand still, und es war, als werde sie immer heller. Da wusste ich, es stand die Ankunft eines Engels bevor. Ich setzte meinen Weg fort, doch meine Füße schienen den Boden nicht mehr zu berühren. Ich hatte das Empfinden, mich selbst noch zu bewegen, während um mich herum alles bereits zum Stillstand gekommen war. Ich fühlte eine Präsenz hinter mir. Ich hielt inne und wandte mich um, konnte jedoch niemanden entdecken. Also wollte ich weiterlaufen, doch schon beim nächsten Schritt fühlte ich diese Präsenz wieder.

»Wer auch immer hinter mir hergeht, möge sich bitte zu erkennen geben«, sagte ich laut.

Keine Antwort.

»Tu das nicht, ich kann das nicht ausstehen!«

Wieder ging ich weiter – sehr, sehr langsam, dann fühlte ich ein leises Tippen auf meiner Schulter. Ich drehte mich nach der Seite um und erblickte einen Engel. Nicht in Menschengestalt, sondern als ein Licht – dasselbe Glitzern und Funkeln, das man bei Sternen sieht, nur viel, viel heller. »Hallo«, begrüßte ich ihn, erhielt aber keine Antwort. Manchmal verspüre ich eine gewisse Scheu, die Engel anzusprechen, und ich glaube, ihnen ergeht es mir gegenüber bisweilen auch nicht anders. Kommunikation ist in der geistigen Welt ebenso wichtig wie in der physischen, und mitunter ebenso schwierig. Deshalb erklärte ich dem Engel, ich würde leichter mit ihm ins Gespräch kommen, wenn er sein Äußeres ein bisschen menschenähnlicher herrichten würde. Und erst, als er meiner Bitte nachkam, wurde mir bewusst, dass ich es mit Engel Michael zu tun hatte. Er hatte sich in einen sehr anziehenden Mann von etwa 40 Jahren verwandelt, mindestens 1,80 Meter groß, mit blitzblauen Augen und langem, dunklem, bis auf seine Schultern reichendem Haar.

»Alle Achtung«, meinte ich bewundernd, »diesmal hast du dir aber wirklich Mühe gegeben mit deinem Aussehen!« Und wir lachten beide.

Dann schlenderten wir die Straße hinunter, ich schob den Kinderwagen mit der schlafenden kleinen Ruth. Michael erläuterte mir, er sei gekommen, um mit mir über ein Buch zu sprechen – ein Buch, als dessen Verfasserin mich die Engel brauchten, und in dem ich bestimmte Themen behandeln sollte. Ich erwiderte, tief in meinem Inneren hätte ich schon seit geraumer Zeit gewusst, dass ich ein

Buch schreiben sollte, gab aber auch zu, dass ich aus Angst vor Gespött davor zurückschreckte.

»Lorna, eines Tages wirst du es für uns tun«, erwiderte Michael. Seitdem sind viele, viele Jahre vergangen, doch der Tag ist wirklich gekommen und dieses hier ist mein erstes Buch.

Seit jener Zeit, ich war noch ganz klein, als ich Michael, den wunderschönen Engel, zum ersten Mal in meinem Schlafzimmer wahrgenommen habe, ist er mir immer wieder erschienen. Er kommt und geht in meinem Leben – manchmal taucht er auf, um mich ein Stück auf meinem Weg zu begleiten, dann wieder nimmt er an meinem Küchentisch Platz oder vor dem Kamin, und behauptet, er müsse es warm haben. Sage ich ihm dann mit einem Lächeln, Engel könnten doch gar keine Kälte fühlen, gibt er mir jedes Mal zur Antwort, er habe so viel mit Menschen zu tun, dass er sich ein Kältegefühl gut vorstellen könne.

Wir reden miteinander, als wäre er ein Freund aus Fleisch und Blut. Gelegentlich sprechen wir über ganz normale, alltägliche Dinge, dann wieder über sehr wichtige Themen. So habe ich von Michael erfahren, dass zunehmend weniger Menschen die Engel um ihren Beistand bitten – was zu dem denkwürdigen Tatbestand geführt hat, dass Millionen Engel buchstäblich beschäftigungslos herumstehen.

Deshalb ist dieses Buch entstanden, damit den Menschen bewusst wird, dass Engel neben uns gehen, dass sie immer um uns sind und dass wir nur die Hände nach ihnen auszustrecken und uns von ihnen helfen zu lassen brauchen.

Doch, es ist wirklich so einfach! Ich höre Michael zu, und er sagt mir, was ich schreiben soll. Und er sagt mir, ich solle es aus meinem Herzen heraus tun.

Gott überschüttet die Erde geradezu mit seinen herrlichen Engeln, und immer noch ignorieren viele von uns sie einfach. Dabei brauchen wir wirklich nur die Hände auszustrecken und sie um Hilfe zu bitten. Doch, so einfach ist es wirklich!

Kapitel 19

Ich bin hier, ich bin hier —
hier bin ich!

Eines Morgens war ich mit meiner kleinen, erst ein paar Monate alten Ruth zur Routineuntersuchung im Gesundheitszentrum. Zurück daheim stillte ich sie und spürte, wie sich eine Präsenz, ein Geist, langsam unserem Häuschen näherte. Ich sprach ein kleines Gebet und dachte dann nicht weiter darüber nach.

Im Verlauf der nächsten Tage fühlte ich die Anwesenheit dieses Geistes immer öfter – und immer näher. Ich fühlte etwas an meinem Körper, das mich mächtig nach unten zog. Es war, als drückte er mich auf den Boden hinunter, bisweilen mit aller Kraft. Ich betete immer wieder und bat Gott, ihn zu sich in den Himmel zu nehmen, diesen Geist, wer auch immer er sein mochte. Eines Tages schließlich, ich stand in der Küche am Spülstein und hatte die Haustür offen gelassen, sah ich den Geist in den Flur hereinkommen. Seine Erscheinung war sehr blass, und ich nahm ihn nur verschwommen wahr, hatte aber den Eindruck, einem männlichen Wesen, das größer war als ich, gegenüberzustehen – wobei ich mir aber keine wirkliche Vorstellung von seinem Äußeren machen konnte. Ich ließ mein Geschirr stehen. Bevor ich ihn körperlich spüren konnte, fragte ich meinen »Besucher«: »Was ist nicht in Ordnung? Wie kann ich dir helfen?«

Der Geist klammerte sich an mich und sagte: »Ich bin hier, ich bin hier, hier bin ich!« Er wiederholte die Worte unaufhörlich, immer und immer wieder, doch ich konnte nicht verstehen, weshalb. Mir war klar, er wollte mir nichts Böses, war aber so verzweifelt, dass er sehr stark an mir zerrte, mich körperlich zu Boden zog. Für einen Moment lang versank alles um mich her, und als ich zu mir kam, fand ich mich an einer Seite der Spüle wieder, ich hielt mich eisern daran fest, um mich aufrecht zu halten. Unvermittelt ließ der Geist los – im selben Moment rief ich nach meinen Engeln und begann erneut zu beten. Dann klopfte es an der Eingangstür, obwohl sie offen stand. Als ich mich umwandte, fiel mein Blick auf drei meiner Engel: Michael, Hosus und Elija. Hosus imitierte beim Hereinkommen einen Clown mit Riesenlatschen an den Füßen und brachte mich damit zum Lachen. Ich dankte ihm, denn das Lachen hatte ich gerade wirklich nötig.

»Was hat es mit diesem Geist auf sich?«, wollte ich wissen.

Engel Michael trat auf mich zu und ergriff meine Hände. Hosus postierte sich zu meiner Linken, während Elija die rechte Seite übernahm.

»Michael, dieser Geist hat mich eben beinahe auf den Fußboden gezerrt!«, sagte ich.

Er antwortete: »Lorna, wir werden dir emotionale und körperliche Kraft spenden – genug für dich und den Geist, aber wir können dir nicht mehr darüber sagen – noch nicht. Denk dran, wir sind allezeit bei dir, du wirst nie alleine sein.«

»Michael, ich kann es nicht leiden, wenn du dich so verhältst. Warum geht es nicht ein bisschen einfacher?«

»Tut mir leid, Lorna, wir können dir jetzt nicht mehr sagen, weil du dann nicht mehr in der Lage wärest, dem Geist zu helfen.« Bei diesen Worten löste er meine Hand von seiner.

Von da an erschien der Geist täglich. Ich wusste nur vorher nie wann – es konnte genauso gut morgens wie abends sein. Und jedes Mal zerrte er mich zu Boden, wobei er mit Verzweiflung in der Stimme schrie: »Ich bin hier, ich bin hier, hier bin ich!«

Die folgenden Monate hindurch nahm meine Erschöpfung zu. Joe arbeitete wieder in der Teppichfabrik und schien nie zu bemerken, wie müde ich war. Er war wohlauf in dieser Zeit, doch die grauen Schatten ließen mich den schleichenden Verfall seiner inneren Organe verfolgen.

Schließlich konnte ich mit Hilfe von Visionen erkennen, dass der Geist ein junger Mann zwischen 17 und 20 Jahren war und den Namen Peter trug; er war irgendwie von Wasser eingeschlossen und kämpfte, um herauszukommen. Er schien unfähig, seine Hände zu gebrauchen – er konnte sich an nichts festhalten. Bisweilen wirkte das Wasser trüb, und es schien etwas über ihm zu sein, das einem Brett aus Erde glich. Der Geist dieses jungen Mannes zog und zerrte, kämpfte. Er versuchte es immer aufs Neue. »Ich bin hier, ich bin hier, hier bin ich!«, stieß er dabei unaufhörlich hervor, wieder und wieder. Irgendwie geschah es, dass mein Körper sich mit seinem Geist verband und ich seinen ganzen Kampf um sein Leben physisch und emotional mitempfand: Er wollte gefunden werden; er wollte nach Hause; er wollte seine Eltern und Familie wissen lassen, wo er war. Ich betete zu Gott, dass man den Ort, wo er war, und ihn selbst finden würde.

Ich fragte meine Engel, ob ich Joe davon erzählen dürfe, und sie erlaubten es mir. Eines Abends kam Joe aus dem Garten herein, warf mir einen Blick zu und erkundigte sich: »Was ist los? Du siehst ja schrecklich aus! Bist du krank?«

»Nein, Joe, aber ich muss etwas mit dir besprechen«, erwiderte ich. Nach wie vor erzählte ich Joe nur wenig von der spirituellen Seite meines Lebens, doch diesmal würde ich – nach den Worten der Engel – wirklich seine Unterstützung benötigen.

Wir setzten uns zusammen, und ich berichtete ihm: »Der Geist eines jungen Mannes kommt immer hierher zu mir, weil er meine Hilfe braucht. Das Ganze nimmt mich sehr mit, körperlich und emotional; deshalb brauche ich deine Unterstützung, deine Hilfe – bitte kümmere dich einfach um mich, wenn es notwendig ist. Manchmal muss ich einfach deinen Arm um meine Schultern spüren.« Daraufhin legte Joe mir seinen Arm um die Schultern und sah mir ins Gesicht. Natürlich verstand er überhaupt nichts von dem, was da vor sich ging – wie denn auch?

»Ich werde mein Bestes tun«, versprach er mir.

Während eines der Besuche des Geistes wurde mir eine Vision zuteil: Mir wurde gezeigt, was ihm widerfahren war, es war, als blickte ich durch seine Augen, durch Wasser hindurch, anscheinend von unterhalb einer Wasserlinie aus. Er lief auf einer Art Pfad neben einem Flussufer entlang. Er war mit zwei oder drei anderen Leuten zusammen, die ihn herumstießen. Er hatte große Angst. Sie bezichtigten ihn irgendeiner Tat, die er nicht begangen hatte, folglich wusste er auch nicht, wovon die Rede war. Er versuchte, mit Worten zu ihnen durchzudringen, sagte ihnen, sie würden einen Fehler machen.

Einer der anderen brüllte ihn an: »Nein, wir machen ganz sicher keinen Fehler!«

Sie schlugen auf ihn ein, traten ihn nieder und verletzten ihn ernstlich. Er wurde für die Handlung eines anderen bestraft. Plötzlich endete die Vision, und ich sah nichts mehr.

Eines Sonntagmorgens – Ruth war damals etwa acht Monate alt, und meine Verbindung zu dem Geist bestand noch – klopfte es an der Tür. Es war Sally, die frischgebackene Ehefrau meines Bruders Cormac. Ich kannte sie noch kaum, denn zum Zeitpunkt ihrer Heirat lag ich im Krankenhaus, und Joe war alleine mit den Kindern auf das Hochzeitsfest gegangen. Ich begrüßte sie und lud sie ein, sich am Kamin ein bisschen aufzuwärmen. »Bist du ohne Cormac unterwegs?«, fragte ich.

»Ja«, erwiderte sie und bat um Entschuldigung, dass sie nicht lange würde bleiben können. »Ich wollte nur kurz reinschauen, Guten Tag sagen und euch ein paar Hochzeitsfotos bringen.«

Joe machte ihr einen Tee, dann setzten wir uns um den Kamin, und sie meinte, sie freue sich sehr, uns und unsere kleine Tochter zu sehen. Erst kurz bevor sie wieder ging, schon auf dem Weg zur Tür, hielt sie inne, um uns mitzuteilen, ihr Bruder werde vermisst. Sie war ganz überrascht, dass wir noch nichts davon wussten, dass niemand es uns gegenüber erwähnt hatte. Sie sagte, er sei jetzt schon geraume Zeit von niemandem mehr gesehen worden: Seit dem Abend, als er auf dem Weg zu seiner Freundin gewesen, jedoch niemals dort angekommen war. Weiter berichtete Sally, ihre Eltern seien in großer Sorge um den Sohn, sie hielten es für möglich, dass er nach England gegangen sei, und hätten deshalb Kontakt zur dortigen Heilsarmee und allen Wohnheimen aufgenommen. Der junge Mann stand auf der Liste der vermissten Personen; doch war niemandem begreiflich, weshalb er sich einfach so abgesetzt haben sollte.

»Ich bin sicher, er wird bald wieder in der Tür stehen«, meinte ich tröstend und verabschiedete sie mit den Worten: »Du gehörst zur Familie, Sally, du bist hier jederzeit willkommen.«

Manchmal bin ich wirklich ein bisschen langsam, denn in diesem Fall ist mir erst durch eine ganze Reihe merkwürdiger Zusammentreffen bewusst geworden, dass ich dem jungen Mann einige Jahre zuvor schon einmal begegnet war.

Wir statteten damals meiner Schwester Aoife und ihrem Mann Alan einen Nachmittagsbesuch in ihrem neuen Haus ab. Das Haus lag in der Stadtmitte und besaß einen kleinen Vorgarten mit silberbronzenem Zaun. Joe hatte das Tor geöffnet, war mit Christopher vorausgegangen und hatte ihn zum Türklopfer hochgehoben. Aoife öffnete auf sein Klopfen und begrüßte uns sehr herzlich.

Wir traten ins Esszimmer und wurden dort mit Aoifes Schwiegermutter bekannt gemacht, einer reizenden älteren Dame, die uns mit offenen Armen entgegenkam. Das Haus wirkte sehr klein, vielleicht lag das aber auch an den herrlichen alten Möbeln, die überall verteilt waren und einem kaum Bewegungsfreiheit ließen. In einer der Esszimmerecken befand sich ein Kamin mit zwei Stühlen, der eine rechts und der andere direkt davor. Das Feuer ließ den Raum sehr heimelig wirken. Vom Flur aus führten schmale Durchgänge zwischen all den Möbeln zum Kamin und dahinter hinaus in die kleine Küche.

Ich setzte mich neben den Kamin, nahm Owen auf meinen Schoß und fütterte ihn. Alle anderen Besucher standen – wir waren zu siebt in dem kleinen, damit schon fast überfüllten Esszimmer und der kleinen Küche. Dann klopfte es an der Tür, und noch mehr Gäste zwängten sich hinein. Ich konnte nicht sehen, wer es war und fütterte Owen weiter. Es war mein Bruder Cormac mit seiner Freundin Sally, seiner späteren Ehefrau. Doch nachdem alle herumstanden und mit ihren kleinen Gesprächsgrüppchen den Raum noch mehr zu überfüllen schienen, bekam ich weder meinen Bruder noch seine Freundin zu Gesicht. Einen winzigen Moment lang bemerkte ich ein Licht und versuchte herauszufinden, wo es herkam. Doch es wurde kein Engel für mich sichtbar, und ich entdeckte auch sonst nichts Ungewöhnliches. Es geschah alles sehr schnell. Das Gelächter und die Gespräche um mich herum gingen weiter, dadurch konnte ich natürlich nicht offen mit den Engeln reden und versuchte es deshalb mit einer Verständigung ohne Worte. Doch ich erhielt keine Antwort.

Dann schaute ich ein zweites Mal hoch und sah das Licht durch die Körper der stehenden Gäste hindurchfallen, als sende jemand innerhalb der Gruppe es aus, jemand, der allerdings von den anderen halb verdeckt wurde. Diese anderen schienen ein wenig zu verblassen, und jeder von ihnen hatte den Kopf entweder ein bisschen nach links oder nach rechts zur Seite gedreht, so dass eine Art schmaler Sichtkorridor entstand, wodurch ich den Raum übersehen konnte. Mein Blick blieb am Profil eines mir unbekannten Jungen haften. Er wandte den Kopf und sah in meine Richtung. Seine Augen leuchteten, und ich sah ihn noch einen Sekundenbruchteil länger an. Dann bewegten sich die Umstehenden wieder und blockierten meine Sicht.

Im nächsten Moment kehrte alles zur Normalität zurück. Später fragte ich meine Schwester Aoife nach dem Jungen, und sie erzählte mir, das sei Peter, Sallys jüngerer Bruder, gewesen. Ich dachte nie wieder an diesen kleinen Vorfall.

Auch Joe kam nicht darauf, dass es sich bei »meinem« Geist um Sallys jüngeren Bruder handelte. Vielleicht durften wir das zu diesem Zeitpunkt auch noch gar nicht wissen. Es muss Gottes Werk gewesen sein, dass Joe die Verbindung nicht herstellte, denn er war geistig ungeheuer wach und schaltete schnell, normalerweise hätte er mir unmittelbar nach Sallys Weggang auf den Kopf zugesagt, der Geist müsse ihr jüngerer Bruder sein. Doch Gott hatte offenbar andere Pläne.

Der Geist des jungen Mannes führte seinen furchtbaren Kampf unter Wasser weiter, um jeden Atemzug ringend, nicht wissend, wo er sich befand, und nicht wissend, was über ihm war: diese Dunkelheit mit dem gelegentlich schwach aufflackernden Licht. Er versuchte, Luft in seine Lungen zu pumpen, stattdessen kam Wasser – er war am Ertrinken. Auch hatte er den verzweifelten Wunsch, seine Eltern wissen zu lassen, dass er nicht aus freien Stücken fortgelaufen war; er wollte unbedingt gefunden werden und seinen Eltern mitteilen, dass er sie liebte. Er besuchte mich weiterhin. »Ich bin hier, ich bin hier, hier bin ich!«, lautete seine Botschaft, immer und immer wieder. Ich bat Gott und die Engel viele Male um Kraft. Ich betete andauernd ganz dringend darum, dass der junge Mann gefunden werden und damit auch sein Geist Freiheit und Frieden finden möge. Ich betete darum, dass seine Familie den Körper heimbringen und über ihren Verlust trauern könne – im Bewusstsein dessen, dass er nicht einfach auf und davon gegangen war und dass er sie liebte.

Eines Abends, wir saßen vor dem Kamin, und ich war sehr erschöpft, als Joe mich ansah und sagte: »Mein Gott, wie blass du bist! Der Geist des jungen Mannes war also wieder hier. Das kostet dich einfach zu viel Kraft – du siehst aus, als wärest du selbst am Sterben, genau wie der junge Mann. Das Ganze muss ein Ende haben!« Joe war sehr zornig und wütend auf Gott.

»Joe, bitte sei nicht so böse«, bat ich, »ich halte das nicht aus, wenn du so wütend bist wie jetzt. Hilf mir jetzt lieber, und tröste mich. Bitte lieber Gott, mach, dass der junge Mann bald gefunden wird!«

Joe nahm mich in die Arme, und dann muss ich eingeschlafen sein, denn als ich später aufwachte, lag ich noch immer in meinem Sessel am Feuer und hatte eine Decke um mich. Die Kinder waren alle schon im Bett. Joe lächelte mir zu, stand dann auf und machte mir einen Tee.

Als ich vor dem Kamin saß, mit meiner Teetasse in der Hand, bat ich Joe: »Du darfst nicht wieder so böse werden, Joe. Ich brauche deine Unterstützung und deinen Trost. Und das ganz besonders dann, wenn Gott und die Engel mir erlauben, solche Dinge mit dir zu teilen – ich meine die übernatürlichen Dinge, die Gott in meinem Leben geschehen lässt. Ich brauche deine Hilfe, Joe, vor allem dann, wenn ich so kaputt bin.«

Als Antwort schloss Joe mich in seine Arme und gab mir einen Kuss. Dann beteten wir gemeinsam für den Geist des jungen Mannes, dass man ihn bald finden möge, dass er frei werden möge und damit auch ich. Dann kniete Joe vor meinen Sessel nieder, nahm meinen Kopf zwischen seine Hände und sagte: »Wenn Gott mich darum bäte, all das zu tun, was du tust, dann müsste ich Nein sagen, denn ich hätte weder den Mut noch die Kraft dazu und auch nicht deinen starken Glauben.«

Unser Familienleben ging wieder seinen gewohnten Gang, als es ganz unvermittelt geschah: Ich war frei! Keine Ahnung, an welchem Tag oder zu welcher Stunde, ich weiß nur noch das eine: Ich fühlte mich plötzlich wieder ganz normal, einfach normal menschlich! Vor lauter Glück vollführte ich Freudensprünge. Ich wusste, der Körper des jungen Mannes musste gefunden worden sein. Ich rannte zu Joe und rief: »Man hat ihn gefunden, Joe! Ich bin mir sicher, denn er hat mich losgelassen!« Während ich ums Haus tanzte, pries ich Gott und dankte ihm. Joe umarmte mich, später gingen wir gemeinsam in die Kirche und zündeten eine Kerze an; ich dankte Gott dafür, dass Peters Geist nun frei war und zu ihm in den Himmel aufsteigen konnte.

Gott hatte Peters Geist erlaubt, bis zur Entdeckung seines Körpers hier auf der Erde zu bleiben, und ich diente als Bindeglied zwischen der geistigen und der physischen Welt. Ohne diese Verbindung hätte man ihn – so glaube ich – wohl niemals gefunden. Und diese Verbindung war lange zuvor geknüpft worden, seinerzeit in dem kleinen Haus meiner Schwester Aoife in der Dubliner Innenstadt, etliche Jahre, bevor Peter in Gefahr geriet.

Wunder ereignen sich zu allen Zeiten, und wenn das geschieht, dann tritt das Prinzip von Ursache und Wirkung außer Kraft – bisweilen sind die Wunder bereits Jahre im Voraus auf den Weg gebracht worden. Und auch bei diesem Wunder hatten Gott und die Engel »vorgearbeitet«. Ich weiß, dass Peters Schutzengel und die Schutzengel derer, die an seinem Tod beteiligt waren, alles darangesetzt haben, zu verhindern, dass dieses junge Leben durch eine Unrechtstat, einen Racheakt, ausgelöscht wurde – doch die Männer, die Peter töteten, haben nicht auf ihre Schutzengel gehört. Und das machte mich besonders traurig.

Peter war ein wunderschöner Geist, und als sein Körper gefunden und sein Geist in den Himmel aufgestiegen war, tat er etwas für mich völlig Unerwartetes: Er schickte seine Schwester zu mir.

Ein paar Tage, nachdem Peters Geist mich so deutlich fühlbar losgelassen hatte, erschien Sally bei uns. Sie wirkte, als sei sie gerannt, schien sehr erregt und außer sich; sie sagte, sie habe das dringende Bedürfnis verspürt, uns mitzuteilen, dass der Körper ihres Bruders gefunden worden sei, er habe im Kanal gelegen, mit gefesselten Händen, unter einem Brett in der Uferböschung des Kanals.

Erst dann ging mir auf, dass der wunderschöne Geist tatsächlich Sallys Bruder war, jener Junge, mit dem ich vor all den Jahren den kurzen Augenkontakt hatte.

Sally war sehr traurig, doch zugleich glücklich darüber, dass die Suche und die Ungewissheit nun ein Ende hatten, dass die Familie ihn nun zur letzten Ruhe betten konnte. Ich sah Sally an, während sie vor mir stand und mir all dies berichtete – und sah Peters Geist vor mir. Er hatte seine Schwester zu uns geschickt – ganz eilig und ohne dass sie eine Ahnung davon hatte, dass er dahintersteckte –, um uns wissen zu lassen, dass er gefunden worden war. Das war seine Art, mir zu danken. Sally fungierte als spirituelle Botschafterin zwischen Peter und mir. Seit jenem Tag, als sie da war und uns vom Verschwinden ihres Bruders berichtet hatte, war Sally mich nämlich nicht mehr besuchen gekommen.

Kapitel 20

Die goldene Kette

Eines kalten Wintermorgens, Joe war gerade aus seiner Nachtschicht zurück, aber noch nicht ins Bett gegangen, sagte er den Kindern, sie würden jetzt alle miteinander zum Kanal hinunterlaufen und nach den Enten gucken, um so der Mami ein bisschen Zeit für sich selbst zu lassen. Noch nie waren die beiden Jungen und ihre kleine Schwester Ruth derart fix fertig angezogen gewesen: Mantel an, Mütze auf, und los ging's.

Kaum hatten sie die Tür hinter sich geschlossen, überkam mich blitzartig eine Vision, bei der meine Eltern den Mittelpunkt bildeten: Sie standen im Gespräch beieinander, während ihnen zugleich eine kräftige Brise um die Ohren zu wehen schien. Es schien, als stünden sie zwar zusammen, doch war mein Vater nicht wirklich anwesend, er sah aus wie ein Geist. Ebenso schnell, wie sie gekommen war, war die Vision auch wieder vorüber. Aber ich wusste, was sie mir sagen sollte: Paps' Leben ging seinem Ende entgegen. Es traf mich wie ein Keulenschlag.

Ich weinte. Ich beklagte mich bei Gott und den Engeln, denn ich liebte meinen Vater. Als Joe mit den Kindern zurückkehrte, schienen mir nur ein paar Minuten vergangen zu sein. Die Kinder waren hellbegeistert und erzählten mir, was sie unten am Kanal alles gesehen hatten. Ich kochte Tee und Joe fragte: »Was ist los? Du bist sehr blass, und du hast geweint.«

»Ich hatte eine Vision«, erklärte ich ihm, »mein Vater wird sterben.«

»Vielleicht hast du da aber etwas falsch verstanden«, meinte Joe, »was haben die Engel denn gesagt?«

»Gar nichts. Sie haben gar nichts gesagt. Ich habe nur die Vision gesehen und mich dann bei Gott und den Engeln beschwert«, gab ich zurück. »Ich war viel zu aufgeregt, um verstehen zu können, was sie sagten. Und dann kamt ihr auch schon alle zurück. So, als wäret ihr nur ein paar Minuten weg gewesen.«

Joe nahm mich in seine Arme, und danach fühlte ich mich ein wenig besser. Ich versuchte, die Vision in den Hintergrund meines Bewusstseins zu drängen. Wie gerne wäre ich auf der Stelle hinübergefahren, um nach meinem Vater zu schauen, aber es war einfach nicht möglich: Ich hatte drei kleine Kinder zu versorgen, und außerdem besaßen wir kein Auto. Glücklicherweise kam mein Vater am nächsten Tag von sich aus bei uns vorbei. Ich freute mich ganz besonders, ihn zu sehen, konnte ihm aber – natürlich – nicht erzählen, weshalb.

Es passiert sehr häufig, dass ich eine Krankheit im Körper eines Menschen wahrnehme: Manchmal leuchten Knochen auf und machen sich auf diese Weise für mich bemerkbar, oder das Herz schiebt sich in der Brust nach vorne, mitunter legt sich auch ein dunkler Schatten um ein Organ herum.

Also nahm ich Paps' Inneres auf der spirituellen Ebene sehr gründlich unter die Lupe, konnte aber nichts Ungutes oder Ungewöhnliches feststellen, was mich ein wenig verwunderte.

Ein paar Wochen danach war das Wetter besser geworden, und ich unternahm einen Spaziergang über das Gelände des Maynooth College, Joe hütete derweil die Kinder. Während ich durch den Apfelbaumgarten und die kleinen Wäldchen wanderte, dankte und pries ich Gott. Ich genoss meinen kleinen Ausflug sehr, auch den leichten Wind, der mir kalte, frische Luft um die Ohren blies. Beim Anblick der Vögel und Eichhörnchen lächelte ich, denn ich sehe all diese kleinen Geschöpfe nicht einfach nur wie sie körperlich erscheinen, sondern auch das Energiefeld jedes Einzelnen.

Ich grüßte die Vorübergehenden, einen Priester und eine Mutter mit ihrem Baby im Kinderwagen. Plötzlich fiel Engel Michael neben mir in Gleichschritt. Er legte mir die Hand auf die Schulter und berührte dann meine Hand. Im selben Moment erfüllte mich tiefer Friede. »Danke dir, Michael«, sagte ich, »das tut gut.«

Michael lief in Menschengestalt neben mir her. Für gewöhnlich erschien er als hoch gewachsener Mann mit langen, dunklen Haaren, doch diesmal trug er das Haar kurz – mit seinem schwarzen Anzug und dem schwarzen Mantel darüber hätte man ihn leicht mit einem Priester verwechseln können. Ich sah auf zu ihm und meinte schmunzelnd: »Ich bewundere deine priesterliche Aufmachung!«

Er schüttelte sich leicht, stellte dann den Kragen seines Jacketts auf und wollte wissen: »Und wie ist das jetzt?« Wir lachten beide.

Ein paar Priester mit Gebetbüchern in der Hand gingen an uns vorüber und grüßten; Michael nickte dankend. Ich lächle heute, wenn ich daran denke, dass eine Nachbarin, die ich nicht besonders gut kannte, sagte, sie habe mich mit meinem Freund gesehen! Ich weiß, dass ich sonst immer nur mit Familienangehörigen zusammen spazieren ging – es war der Engel Michael, den sie gesehen hatte. (Ich erinnere mich an drei Gelegenheiten, bei denen ich alleine unterwegs war, mir aber hinterher Leute erzählten, sie hätten mich mit jemandem gesehen – es muss sich jedes Mal um einen Engel in Menschengestalt gehandelt haben. Vielleicht ist es – ohne mein Wissen – auch noch öfter vorgekommen.)

Engel Michael sagte zu mir: »Lass uns ein paar Minuten dort hinüber zu der großen Eiche gehen, solange niemand sonst dort ist, dann werde ich dir die Vision mit deinem Vater näher erläutern.«

»Michael, bevor du irgendetwas sagst, nimm bitte zur Kenntnis, dass ich stinkwütend bin.«

Michael lachte los und gab zurück: »Oh, Lorna, du bist mir wirklich eine!«

Darauf erwiderte ich: »Ich habe manchmal den Eindruck, ihr alle – ich meine Gott und ihr Engel – vergesst bei alledem, dass ich ein Mensch bin. Wozu muss ich über den Tod meines Vaters Bescheid wissen? Michael, das möchte ich lieber nicht!«

Der Engel sah mich an, Traurigkeit lag in seinen Augen; dann nahm er meine Hand und erklärte mir: »Dein Vater braucht dich, er braucht deine Hilfe, um hinüberzugehen.«

Ich holte tief Atem: »Ich liebe meinen Vater!«

»Lass uns ein paar Schritte gehen«, schlug Michael vor. Er hielt noch immer meine Hand, während wir weiterliefen, und setzte seine Erklärung fort: »Erinnerst du dich an den Tag, als Joe mit den Kindern am Kanal war und du die Vision von deinem Vater hattest? An diesem Tag hat Gott die Seele deines Vaters mit der deinen verbunden – eure Seelen sind verflochten, Lorna. Es wird in wenigen Tagen losgehen: Das Leben deines Vaters wird vom Moment seiner Empfängnis an vor dir ablaufen – wie auf einem

Fernsehschirm vor deinen Augen und in deinem Geist, jeden Tag, ohne Pause. Wenn dieser »Film« stoppt, wirst du eine plötzliche Erschütterung spüren, denn in diesem Augenblick löst sich die Seele deines Vaters von deiner. Das wird der Moment sein, wo sie seinen menschlichen Körper verlässt, um in Begleitung der Engel zu Gott aufzusteigen.«

Ich lief neben Michael her und weinte haltlos.

»Lorna, lass mich deine Tränen trocknen.« Als Engel Michael seine Hände zu meinen Augen erhob, wurde mir bewusst, dass wir nicht mehr in Bewegung waren, sondern in einem Lichtkreis standen. Zwischen Schluchzen und Schlucken brachte ich heraus: »Das wird wirklich ganz schlimm werden.«

»Lorna, denk daran, Gott und wir Engel werden dir zur Seite stehen«, tröstete Michael mich und fuhr mit seiner Hand in meine Tasche, um meine Hand zu berühren. »Ich werde dich noch bis zum Ende dieses Weges begleiten, dann muss ich fort.«

Schweigend gingen wir weiter, es war nur eine kurze Strecke, und ich konnte fühlen, wie der Engel mir Kraft gab. Dann drückte er meine Hand und war verschwunden. Ich lief weiter nach Hause und erwähnte diese Begegnung mit Engel Michael Joe gegenüber niemals mit einem Wort.

Wie Michael mir angekündigt hatte, begann nach ein paar Tagen der »Lebensfilm« meines Vaters vor meinen Augen und in meinem Geist abzulaufen: ununterbrochen – mal sehr schnell, dann wieder langsam –, aber er blieb nie stehen. Ich sah die Szenen immer wieder: Paps als kleines Kind mit einem anderen Kind beim Spielen im Matsch, dann als zaundürrer Junge in einer Schulbank, dann als junger

Mann mit pechschwarzem Haar am Flussufer sitzend – zusammen mit einer hübschen jungen Frau, in der ich meine Mutter erkannte; Paps beim Reparieren von Fahrrädern in der dunklen Werkstatt in Old Kilmainham, die Verzweiflung auf seinem Gesicht beim Anblick unseres eingestürzten Häuschens, die Einsamkeit um ihn, als er das Schiff nach England bestieg, wo er sich Arbeit suchen wollte ...

Mein Vater hatte begonnen, uns nun häufiger zu besuchen, manchmal erschien er sogar schon in aller Frühe. Er pflegte zu sagen, er sei nur für ein paar Minuten, auf eine Tasse Tee und ein Schwätzchen, herübergekommen. Am liebsten hätte ich meinem Vater gesagt, was ich wusste – aber wie hätte ich das fertigbringen sollen? Man kann doch nicht einem anderen Menschen zu verstehen geben, dass man weiß, er werde diese Welt bald verlassen, und dass die Seelen beider miteinander verbunden seien, um ihm den Übergang zu erleichtern. Das würde dem anderen viel zu viel Angst einjagen, für solche Dinge sind wir spirituell noch nicht weit genug entwickelt.

Mein Vater war auf dem Weg, Gott zu erfahren; er hatte in den letzten Jahren eine enorme spirituelle Entwicklung gemacht. Ich werde nie vergessen, wie er ein paar Jahre vorher einmal zu mir sagte: »Weshalb habe ich bloß so lange gebraucht, um Gott zu finden?« Er hatte begonnen, sich der Faszination Gottes hinzugeben, und es war wundervoll, die Seele meines Vaters wachsen zu sehen. Er hatte seine Reise zu Gott angetreten, er stand vor dem Übergang von der irdischen in die geistige Welt. Diese Reise steht uns allen bevor, ganz gleich, ob man religiös ist und an Gott glaubt oder nicht. Für manche wird es eine kurze Reise werden, bei anderen kann sie sehr viel länger dauern – Jahre, oder gar ein Leben lang.

Bei einem seiner Besuche lud Paps uns ein, am folgenden Sonntagmorgen mit den Kindern zur Familien-Gebetsgruppe der »Wiedergeborenen Christen« nach Dublin mitzukommen. Joe und ich nahmen die Einladung gerne an, und mein Vater verkündete, er werde uns abholen.

Am selben Tag unternahm ich später noch einen Spaziergang an den Ufern des Kanals entlang. Die Kinder rannten voraus, weil sie spielen wollten, so dass mir ein bisschen Zeit für ein Zwiegespräch mit den Engeln blieb. Ich sagte: »Guten Tag, ihr Engel«, und musste lachen, als sie mich kitzelten, an den Haaren zogen und mir dadurch ein Kribbeln verursachten. Dann wollte ich von den Engeln wissen, warum so viel Zeit vergangen war von der allerersten Einladung bis zum jetzigen Zeitpunkt, wo wir nun wirklich zu dieser Gebetsgruppe gehen würden. Es war Jahre her, dass der Prediger der Gebetsgruppe der Wiedergeborenen Christen in Dublin meine Mutter auf der Türschwelle unseres Hauses in Leixlip dazu angeregt hatte, uns alle doch einmal am Sonntag mitzubringen.

Die Engel antworteten mir unisono: »Vergiss nicht, Lorna, du teilst etwas sehr Spirituelles mit deinem Vater: Ihr seid Seelenpartner. Dein Vater verspürt in seinem Inneren das Bedürfnis, dich in dieser Gebetsgruppe dabeizuhaben. Und jetzt ist der Zeitpunkt dafür gekommen.«

Dann rief Owen: »Mami!«, und die Engel verschwanden in einem Lichtblitz.

Meine beiden Buben standen beieinander und lächelten, als ich näher kam, und Ruth schlief in ihrem Buggy. Ich konnte ihnen von den kleinen Gesichtern ablesen, dass sie etwas gesehen hatten.

»Sagt nichts«, sagte ich.

»Ich werde nichts sagen«, gab Christopher zur Antwort.

Wir hatten noch eine Menge Spaß zusammen an diesem Tag, wir fütterten die Enten und marschierten dann nach Hause.

Am Sonntagvormittag gegen dreiviertel 12 Uhr fuhren meine Eltern bei uns vor, und wir kletterten alle zu ihnen in den Wagen. Während der Fahrt in die Innenstadt saß ich auf dem Rücksitz und beobachtete meinen Vater: Ein goldener Lichtschein umgab ihn – es zerriss mir beinahe das Herz.

An die Kirche selbst kann ich mich noch erinnern – ein riesiges Bauwerk, mehr eine Kathedrale –, aber viel mehr von ihr habe ich nicht im Gedächtnis behalten. Es hatten sich etliche Familien dort eingefunden, Kinder rannten herum, und es gab Essen. Ich fühlte mich sehr leicht, spürte, wie die Engel mich trugen; es war mir, als wäre ich in einer Art Trance-Zustand: außerhalb meiner selbst, als Beobachterin des Geschehens. So sah ich etwa, dass Paps zu mir herüberkam und sagte: »Komm, das Gebetstreffen fängt gleich an.«

Er ging mir voraus und nahm in der zweiten Reihe vorne Platz, der Sitz neben ihm war frei. Ich wusste, dass ich ihm dorthin folgen sollte, doch die Engel hatten andere Pläne. Etwa drei Reihen weiter hinten bewegte sich ein Mann auf seinem Stuhl und lud mich ein, mich neben ihn zu setzen, was ich auch tat. Da dieser Stuhl ein wenig abseits der anderen Stuhlreihen stand, etwa 30 Zentimeter weiter, hatte ich von dort aus eine ungestörte Sicht auf meinen Vater.

Die Veranstaltung fing mit einem Gebet an, und dann sangen alle Hymnen zu Gottes Lob. Wie alle anderen hatte sich auch Paps erhoben und stellte sich vor seinen Stuhl – in diesem Moment wusste ich, dass es das war, was ich mit meinem Vater teilen sollte: Ich sollte ihn im Gebet erleben. Ich spürte die Kraft der Engel, die mich ganz umgaben.

Mir fehlen die Worte, um wirklich schildern zu können, was da vor meinen Augen geschah, es war so himmelsschön und von solcher Reinheit: Paps begann zu leuchten, wurde immer heller und heller, bis er golden erstrahlte – und auch dieses Strahlen nahm noch zu. Sein Menschenkörper stand vorne in der Kirche, und etwa einen Meter über seinem Kopf schwebte sein Schutzengel.

Und dann sah ich die Seele meines Vaters aus seinem Körper aufsteigen. Ich stand nur da und staunte. Zwar hatte ich zuvor schon andere Seelen auf diese Weise erscheinen sehen, doch dies hier war die meines Vaters! Sie hatte die Konturen seines physischen Körpers, doch bestand sie aus purem Licht und schien ihrerseits in Umhänge aus goldenem Licht gehüllt. Paps' Seele stieg auf, begleitet von seinem Schutzengel, und wuchs dabei immer weiter, bis sie etwa die vierfache Größe eines Menschen erreicht hatte – eine gewaltige Erscheinung aus hell erstrahlendem Licht, die schimmerte und die ganze Zeit über in sanfter Bewegung war.

Dann wandte sie sich um, blickte mir aus der Entfernung in die Augen und lächelte voller Liebe auf mich herab. Ich konnte diese Liebe spüren. Und dann sah ich etwas wie eine goldene Kette von der Seele meines Vaters herabhängen, von oben den Kopf meines Vaters durchdringen und seinen gesamten Menschenkörper einschließen. Zu meinem Erstaunen kam mit einem Mal ein anderer Teil dieser goldenen Kette aus dem physischen Körper meines Vaters heraus und bewegte sich durch die Luft auf mich zu. Als ich unter den Händen der Engel den Kopf neigte, sah ich die goldene Kette auf Brusthöhe in meinen Körper hineingleiten – sie verband Paps' Seele mit der meinen.

Dann hoben die Engel mir den Kopf, und ich durfte zusehen, wie die Seele meines Vaters sachte herabstieg und in seinen Körper zurückkehrte. Normalerweise befindet sich die Seele eines Menschen als Ganzes innerhalb seines physischen Körpers, doch nicht so bei Paps: Ein Teil seiner Seele blieb draußen, zum Teil über seinem Kopf, für die kurze Lebensspanne, die ihm noch blieb. Wie ich erkennen konnte, empfand meines Vaters Seele große Liebe zu den menschlichen Seiten seines Lebens, sie war voll Mitgefühl.

Plötzlich tippte mir jemand auf die Schulter mit der Bitte, mich doch wieder hinzusetzen. Erst da fiel mir auf, dass ich als Einzige noch stand – die ganze übrige Gemeinde, Paps eingeschlossen, saß längst wieder. Allmählich fühlte ich mich wieder normal-menschlich und holte tief Luft. Plötzlich spürte ich die Berührung aller meiner Engel und dankte ihnen in aller Stille. Ich war zwar traurig, doch zugleich von tiefer Freude erfüllt.

Es überrascht mich immer wieder, wenn Gott und die Engel mir erzählen, ein bestimmter Mensch stehe am Beginn seines Übergangs von diesem Leben durch den Tod dorthin, was wir Menschen bisweilen als die »Welt des Übernatürlichen« bezeichnen. Das kann jemand sein, dem ich vor Jahren zufällig einmal begegnet bin, oder jemand, den ich überhaupt nur vom Hörensagen kenne, genauso gut aber auch jemand aus der Öffentlichkeit. Wenn ich beobachte, wie ein Mensch sein Leben ändert und seinen Glauben wechselt, muss ich lächeln. Denn uns wird offenbar nicht bewusst, dass dies den Beginn der Reise zur Wiedergeburt markiert. In diesem Zusammenhang werde ich die Frage meines Vaters: »Warum habe ich so lange gebraucht, um Gott zu erkennen?«, nie vergessen.

Eines Morgens im März, ich hatte meine beiden Jungen gerade zur Schule gebracht und war mit Ruth im Buggy schon wieder bei unserem Gartentor angelangt, als ich jemanden auf unserer Türschwelle sitzen sah: Dieser Jemand war kein Geringerer als Engel Michael! Entzückt über seinen Besuch, öffnete ich das Gartentor und rief ihm zu: »Engel Michael, du scheinst wie die Sonne.« Kaum waren die Worte gesprochen, da stand er auch schon an meiner Seite.

»Hallo, Lorna.«

Im selben Moment bewegte Ruth sich, wollte die Augen aufschlagen, und Michael legte mit einem strahlenden Lächeln seinen Zeigefinger an die Lippen. Dann berührte er Ruths Wange mit den Fingerspitzen seiner rechten Hand: Lichtstrahlen schossen heraus, Ruths Augen schlossen sich langsam, und sie war gleich wieder eingeschlafen. Als Michael seine Hand wegzog, sah ich, dass die Energie meines Kindes und die des Engels verflochten gewesen waren und sich sachte wieder voneinander lösten. Dann sagte Michael: »Lorna, wie du weißt, rückt der Zeitpunkt immer näher, zu dem dein Vater diese Welt verlassen wird.«

»Ja, Michael, das weiß ich« erwiderte ich, »deshalb war ich bei deinem Anblick auf unserer Türschwelle glücklich, dich zu sehen, und zugleich traurig, denn mein Herz wusste schon, weshalb du diesmal gekommen bist.«

Als ich zu Ruth hinübersah, schlief sie nach wie vor. Michael lachte: »Sie wird erst aufwachen, wenn ich wieder verschwinde.« Dann streckte er seine Hand nach meiner aus, und ich begann zu weinen. Er drückte sanft meine Hand, und ich sah zu ihm auf: Er war ein einziges Licht, sein herrliches strahlendes Leuchten hüllte mich ein und beschützte mich. Eine Welle der Ruhe überkam mich.

Michael sagte nun: »Lorna, lass dir jetzt von deiner Liebe zu deinem Vater helfen. Im Verlauf der nächsten beiden Wochen werden sich eure Seelen langsam und behutsam voneinander lösen; die goldene Kette, die von der Seele deines Vaters zu deiner hinüberreicht und euch beide verbindet, wird schwächer werden und schließlich brechen.«

Sehr aufmerksam lauschte ich Engel Michaels Worten, wenn auch unter reichlichen Tränen.

»Sie wird jetzt schon schwächer, Michael, ich kann es fühlen«, sagte ich ihm.

»Lorna, du musst das begreifen, und wenn der Augenblick da ist und die Kette bricht, dann darfst du nicht versuchen, sie festzuhalten.«

»Ich weiß, Michael, und ich werde es auch nicht tun«, erwiderte ich.

»Lorna, vergiss nie, alle deine Engel sind bei dir, zu jeder Zeit, auch wenn du uns nicht sehen oder hören kannst. Du hältst uns alle auf Trab«, tröstete der Engel mich.

Dann hob Engel Michael seine Hände zu meinen Augen und sagte: »Lass mich dir die Tränen fortwischen. Und weine nicht mehr! Sei von jetzt an glücklich für deinen Vater.«

»Michael, bevor du gehst, muss ich dich noch etwas fragen«, bat ich.

»Was möchtest du wissen, Lorna?«

»Du weißt doch, wie ich diesen ›Film‹ von Paps' Leben vor mir ablaufen sehe, vom Moment seiner Empfängnis an und wie ich seine Gefühle und seinen Schmerz teile und alles von ihm mitbekomme? Dient das dazu, um seine Seele zu reinigen? Ist es das, was ich tue – seine Seele reinigen?«

»Ja«, antwortete der Engel, »und nun keine weiteren Fragen, ich muss gehen.«

Im selben Moment, als Michael verschwand, erwachte meine kleine Tochter.

»Zwei Wochen!«, sagte ich zu mir selbst, »das ist wirklich nicht viel«, und holte tief Luft.

Und in mir lief der »Film« von Paps' Leben ohne Unterbrechung weiter, er hielt nie an, war endlos, dauernd, herzzerreißend für mich. Und Paps selbst schaute jeden Tag bei uns herein. Er pflegte seinen Tee zu trinken und mir Dinge zu erzählen; während ich ihm zuhörte, lächelte ich in mich hinein. Meist berichtete er von der Vergangenheit, mitunter davon, wie das Leben in seiner Jugend gewesen war, von seinen Eltern oder seinem besten Freund Arthur Mason, der schon vor einigen Jahren gestorben war. Gelegentlich sprach er auch von der Zeit, als er meine Mutter schon kannte, sie aber noch nicht verheiratet waren.

Mit jedem Tag, der verging, fühlte ich mich elender. Es war einfach entsetzlich: Zu wissen, dass uns nur noch eine kurze Spanne blieb, bis Paps diese Erde verlassen haben würde. Eines Nachmittags, bevor ich mich auf den Weg machte, um die Jungen von der Schule abzuholen, wandte ich mich mit meinem Leid an die Engel: Ich weinte aus tiefster Verzweiflung. Daraufhin erschienen die Engel Michael, Hosus, Elija und Elisa gleich alle miteinander direkt vor mir, und hinter ihnen wurde noch eine ganze Schar anderer Engel sichtbar. Sie hüllten mich ein in ihre Liebe, die mir Kraft und den Mut gab, die Seele meines Vaters loszulassen und mich nicht daran zu klammern.

Sanft sprachen sie zu mir: »Lorna, du bist nicht alleine. Geh jetzt zur Schule, und hol deine Söhne ab.« Joe hatte an diesem Tag frei und war draußen im Garten. Er kam gerade herein, sah mich an und sagte: »Lorna, du bist sehr blass.« Ich erwiderte, mit mir sei alles in Ordnung, doch Joe meinte, er würde die Kinder von der Schule abholen, und ich könnte mich so lange ein bisschen ausruhen.

»Nein, danke«, gab ich zurück, aber wir könnten doch zusammen gehen.« Ich war zwar müde und aufgeregt, erinnerte mich aber daran, dass die Engel gesagt hatten, ich solle die Jungen von der Schule abholen. Und auf dem Heimweg auf der Hauptstraße von Maynooth erlebte ich eine Riesenüberraschung: Mein Vater lief uns über den Weg! Bei uns draußen in Maynooth war ich ihm überhaupt noch nie zufällig begegnet, und mir wurde klar, dass die Engel ihn zu uns geschickt hatten. Mein Vater trug seinen Tweedhut mit den Köderfliegen und seinen geliebten Aranpullover, den ich ihm gestrickt hatte. Er wirkte ein wenig orientierungslos, als wisse er nicht recht, wo er sich befand. Auch sah er deutlich älter aus als seine 56 Jahre. Aber er freute sich sehr, uns zu sehen, und ich drückte ihn kräftig.

Paps schlug vor, in die nahe gelegene Teestube zu gehen. Als wir dort Platz genommen hatten und ich meinen Vater betrachtete, bemerkte ich, dass das Licht um ihn herum kaum mehr sichtbar war, nur ein leises Flackern, wie von einem in tausend Stücke gebrochenen Lichtfaden. Hinter ihm stand sein Schutzengel, viel größer als er, stützte ihn und hielt seinen physischen Körper fest – hielt Körper und Seele zusammen.

Während unserer Teestunde erwähnte Paps, ihm sei nicht wohl, das Atmen falle ihm schwer, und zeigte damit zum ersten Mal Anzeichen gesundheitlicher Schwierigkeiten. Von dem Moment an war jede Sekunde mit meinem Vater kostbar. Wir begleiteten ihn zurück zu seinem Wagen, und ich umarmte ihn wieder liebevoll. Dabei bewegte mich der Gedanke, dass ich ihn wohl nicht lebend wiedersehen würde.

Am nächsten Tag, ich war gerade damit beschäftigt, in der Spüle Gemüse zu waschen, als mir ein Engel ins Ohr flüsterte: »Lorna, dein Vater ist auf dem Weg hierher, um dich ein letztes Mal zu sehen.« Ich schaffte es nicht einmal mehr, meine Engel zu rufen, da ertönte auch schon das vertraute Hupsignal am Gartentor. Alles lief in Zeitlupe ab. Ich war überrascht, Paps schon am Gartentor stehen zu sehen, wobei mir schien, als wolle er es nicht öffnen, als wolle er gar nicht hereinkommen.

Mein Herz schlug sehr schnell. Paps rief mir zu, er sei sehr müde, habe aber das dringende Bedürfnis gehabt, mir den Staubsauger vorbeizubringen. Ich lief los, um ihm das Tor zu öffnen, doch er winkte ab: »Nein, Lorna, lass mal, ich hab so ein Stechen in den Lungen, ich muss nach Hause.« So stand er draußen vor dem Gartenzaun und ich drinnen. Ich ließ das Tor zu. Sein Schutzengel hielt Paps in den Armen, und ich machte nur mehr eine ganz dünne Lichtspur um ihn herum aus.

Sie werden sich jetzt vielleicht fragen, weshalb ich das Gartentor nicht doch geöffnet habe: Ganz einfach, aus Respekt vor meines Vaters Wunsch, das nicht zu tun. Eine Verbindung musste durchtrennt werden, damit unsere Seelen sich voneinander lösen konnten. Und deshalb wollte mein Vater nicht, dass ich das Gartentor öffnete – er wusste, wir hatten jeder auf seiner Seite zu bleiben. Auf der spirituellen Ebene wusste mein Vater, dass das Tor geschlossen bleiben musste, doch ich habe keine Ahnung, wie viel mehr er zu diesem Zeitpunkt schon wusste. Ich schenkte meinem Vater ein Lächeln und streckte meine Hand über den Zaun hinweg nach der seinen aus. Wir verabschiedeten uns voneinander, und Paps fuhr heim. Später an diesem Abend habe ich Joe dann erzählt, dass mein Vater uns sehr bald verlassen würde. Er sagte kaum etwas dazu, nahm mich aber in seine Arme.

Zwei Tage darauf trennten sich die Seele meines Vaters und meine eigene vollständig voneinander. Es war der Morgen des St Patrick's Day, des 17. März, unseres Nationalfeiertags zu Ehren von St Patrick, des ersten irischen Missionars. Da Joe sich nicht gut fühlte, meinte ich, er solle sich den Gedanken an den gemeinsamen Besuch der Parade aus dem Kopf schlagen und lieber im Bett bleiben. Nachdem wir alle zusammen gefrühstückt hatten, zog ich die Kinder für die Parade bei uns in Maynooth an. Unten im Ortszentrum war schon alles in vollem Gange. Die Kinder bekamen Süßigkeiten und schüttelten den Clowns die Hände – alle amüsierten sich großartig. Um der Kinder willen und um ihnen den Spaß nicht zu verderben, lächelte ich so gut ich konnte und versuchte, glücklich auszusehen, auch wenn ich mitunter das Gefühl hatte, die Parade würde nie ein Ende nehmen.

Als ich mich endlich mit den Kindern auf den Heimweg machen konnte, erschien zu meiner Erleichterung Engel Michael an meiner Seite und legte mir zum Trost seine Hand auf die Schulter. »Lorna, du bist nicht alleine«, wisperte er mir ins Ohr. Ich riss mich zusammen, um nicht loszuweinen, weil ich die Kinder nicht durch Tränen beunruhigen wollte.

»Ich fühle mich so leer«, flüsterte ich zurück, »und mein Paps ist gegangen! Ich habe keine Verbindung mehr mit ihm. Er ist gegangen.«

»Dein Vater wird auf der spirituellen Ebene zu dir zurückkehren, irgendwann in der Zukunft«, ließ Michael mich noch wissen, »aber nicht für lange Zeit. Denk daran, was ihr beide miteinander teilt – die Verbindung, die Partnerschaft eurer Seelen.«

»Ich weiß, Michael«, sagte ich, »aber dem menschlichen Teil von mir tut es so weh.«

Engel Michael spazierte dann noch eine Weile schweigend neben mir her, die beiden Jungen liefen voraus, und

Ruth saß in ihrem Buggy, weil sie müde Beinchen hatte. Unweit unseres Gartentors ließ Michael seine Hand in meine gleiten und sagte: »Lorna, du weißt, die Verbindung zwischen dir und Gott und deinen Engeln ist für alle Zeit unzerstörbar.«

Ich hielt inne und sah meinen Engel an: »Danke dir, Michael, genau das musste ich jetzt hören.«

Dann fuhr ein Auto die Straße entlang, und Michael verschwand. Die Kinder und ich waren kaum eine halbe Stunde zu Hause, als mein Bruder Cormac bei uns erschien. Ich schaute aus dem Fenster und sah Cormac am Gartentor stehen. Ich lächelte, denn auch er öffnete es nicht selbst, vielmehr wartete er, bis ich das für ihn tat. Meinem Bruder war natürlich nicht bewusst, dass er dadurch eine Rolle bei einer spirituellen Segnung für unseren Vater innehatte, dass er in dem Moment, als er das Gartentor durchschritt, die Stelle unseres Vaters einnahm. In diesem Augenblick zuckte ganz kurz ein Lichtstrahl auf, und ich wusste, das war Paps, der »danke!« sagte.

»Ich weiß schon, Cormac«, sagte ich zu ihm, »unser Paps ist tot.«

»Das wollte ich dir gerade beibringen«, gab Cormac zurück.

»Komm herein und trink eine Tasse Tee mit uns«, lud ich ihn ein. Etwa eine Stunde später fuhren wir dann alle nach Leixlip zu Mam.

Kapitel 21

Ich brauche ein paar Wunder!

Selbst wenn Joe Arbeit hatte, schien unser Geld nie sehr weit zu reichen. Zigmal wurde uns der Strom abgestellt, weil wir die Rechnung nicht bezahlt hatten. Zudem war Christopher wegen seiner Zöliakie auf eine glutenfreie Ernährung angewiesen, weshalb ich bei Nahrungsmitteln nicht auf Billigmarken zurückgreifen konnte. So dankte ich den Engeln immer wieder für unseren Garten, denn das selbst gezogene Gemüse half uns ein großes Stück weiter.

Ganz weit hinten in meinem Bewusstsein existierte immer noch dieses vage Empfinden, beobachtet zu werden, und von Zeit zu Zeit dachte ich voller Angst an die Worte von Engel Elija an jenem Picknick-Abend im Waldpark von Donadea, dass Gott mich durch Satan prüfen lassen werde. Ich versuchte nach Kräften, die Erinnerung aus meinen Gedanken zu verbannen und darauf zu hoffen, es würde nichts dergleichen geschehen, aber in meinem tiefsten Inneren wusste ich, es würde natürlich so kommen.

Zu guter Letzt wurde Joe von den Inhabern der Teppichfabrik entlassen, wobei es hieß, sie müssten auch noch anderen kündigen, aber ich glaube, es war wegen seiner labilen Gesundheit und der langen Fehlzeiten. Er bekam dann wieder einen Job auf Zeit bei der CIE, der Irischen Personentransport-Gesellschaft. Um seine Arbeitsstelle zu erreichen, postierte Joe sich meistens an der Hauptstraße und versuchte es per Anhalter, doch gelang ihm das nicht immer, und dann hatte er einen stundenlangen Fußmarsch vor sich, weshalb er morgens immer sehr früh aufbrechen musste.

Eines Morgens nahm ihn ein Fahrer mit, der dann einen Unfall baute, wobei er selbst unverletzt blieb, Joe jedoch eine schwere Gehirnerschütterung davontrug. Er musste damals ein paar Tage im Krankenhaus bleiben, wo man bei ihm dann auch noch Diabetes feststellte.

Alles, was Engel Elija mir vorausgesagt hatte, begann sich zu erfüllen. Joe kehrte nie mehr an seinen Arbeitsplatz in der Transport-Gesellschaft zurück.

Ende November jenes Jahres hatten wir kaum noch genug Geld, um etwas Essbares auf den Tisch zu bringen und das Kaminfeuer am Brennen zu halten. Eines Tages stand ich im Garten, schnitt Rosenkohl von den Stielen und packte ihn in eine Tüte. Es goss wie aus Kübeln, ich war völlig durchgeweicht, fühlte mich hundeelend und wurde richtig wütend auf die Engel. »Wir können nicht ausschließlich von Gemüse leben!«, schrie ich sie an, in Tränen aufgelöst. Plötzlich sah ich eine Hand aus Licht in die Tüte kriechen. Ich sah auf und entdeckte Engel Hosus, der genauso klatschnass war wie ich selbst, woraufhin ich ein bisschen lachen musste und mich ein bisschen besser fühlte.

»Hosus, merkt ihr denn nicht, wie schlecht wir dran sind?«, wollte ich von ihm wissen. »Ich habe nicht ein einziges Weihnachtsgeschenk für die Kinder. Ich brauche gleich ein paar Wunder: Zum Essen haben wir nur noch Gemüse, und der Strom ist auch schon wieder abgestellt. Ich habe nicht mal mehr meinen Verlobungsring zum Versetzen, weil er nämlich schon versetzt ist! Außerdem sehe ich keinen Weg, wie Joe und ich jemals an genug Geld kommen sollten, um den Ring wieder auslösen zu können.«

Engel Hosus streckte die Arme aus und nahm mein Gesicht in seine Hände. Als ich ihm in die Augen sah, meinte ich direkt in den Himmel zu blicken.

»Lorna, wir flüstern wirklich vielen Menschen Botschaften ins Ohr, aber manchmal ist es sehr schwer, sie zum Zuhören zu bewegen.«

»Warum können andere Leute eure Stimmen nicht genauso hören wie ich?«, wollte ich wissen.

Und Hosus antwortete: »Die anderen Menschen hören die Stimmen der Engel durchaus, aber sie halten unsere Bitten häufig für dumme Ideen und ignorieren sie. Wenn Menschen auch nur durch die geringsten Anzeichen erkennen lassen, dass sie uns zuhören, wenn wir ihnen den Gedanken an Hilfe für jemand anderen eingeben, auch wenn es sich nur um ganz einfache Aufgaben handelt, dann werden wir diese Menschen mit Vertrauen erfüllen. Denn Menschen haben immer Angst davor, sich lächerlich zu machen, dabei kann das bei einem Werk der Hilfe für einen anderen gar nicht passieren.«

»Hosus«, meinte ich dann, »ich werde darum beten, dass die Menschen auf ihre Engel hören.«

Hosus verschwand, und ich ging zurück ins Haus.

Zwei Wochen später waren es nur noch zwei Wochen bis Weihnachten, und ich lief gerade den Hügel hinunter, um die Jungen von der Schule abzuholen, als ein Auto erst an mir vorbeifuhr, dann jedoch anhielt. Darin saßen ein Mann und eine Frau, der Mann kurbelte die Scheibe herunter und sagte: »Guten Tag.« Zuerst dachte ich, die beiden wollten mich nach dem Weg fragen, dann jedoch entdeckte ich im Wageninneren die schemenhaften Gestalten ihrer Schutzengel.

»Sie haben doch zwei kleine Jungen«, setzte der Mann hinzu.

Daraufhin stieg seine Frau aus, öffnete den Kofferraum, nahm eine große weiße Tasche heraus und reichte sie mir mit den Worten: »Einen schönen Gruß vom Weihnachtsmann! Unsere Buben sind inzwischen zu groß dafür.«

Ich war überwältigt – vollkommen sprachlos. Ich konnte es nicht glauben! Doch bevor ich überhaupt ein Wort herausbrachte, war sie schon wieder eingestiegen, und der Wagen fuhr davon. Laut rief ich ihnen mein »Dankeschön!« hinterher.

Als das Auto den Hügel hinauffuhr, sah ich es für einen Moment aufleuchten. Ich lachte und hüpfte vor Freude in der Gegend herum und sagte zu den Engeln: »Danke, liebe Engel. Diese beiden Menschen haben auf euch gehört!« Ach, ich war so glücklich! Und als ich die Tasche öffnete, fand ich darin eine ganze Reihe verschiedener Spielsachen für kleine Jungen.

Für den Rest des Weges beeilte ich mich, damit ich noch auf einen Sprung bei Jim, unserem Metzger, hereinschauen und ihm die Tasche anvertrauen konnte. Schließlich sollten die Kinder sie ja noch nicht zu Gesicht bekommen. Auf dem Schulhof wartete ich dann auf meine beiden, stand da, aufgeregt und begeistert, und konnte es natürlich kaum erwarten, jemandem haarklein zu erzählen, was mir passiert war – allen voran natürlich Joe!

Bei der ersten sich bietenden Gelegenheit, als die Kinder gerade außer Hörweite waren, schilderte ich Joe mein Erlebnis – natürlich in sämtlichen Einzelheiten. Er versuchte draufzukommen, wer das Ehepaar gewesen sein mochte, schließlich kannte er eine ganze Menge Leute bei uns in der Gegend – ganz anders als ich. Nein, wirklich, bis vor kurzem war mir gar nicht erlaubt gewesen, engere Freundschaften zu schließen – aus irgendwelchen Gründen brauchten die Engel mich als »Einzelgängerin«. Natürlich hatte ich meine Familie, doch gelegentlich wäre ich froh gewesen, auch Freunde zu haben.

Joe meinte schließlich, bei unseren »barmherzigen Samaritern« könnte es sich um ein Paar handeln, das er aus Leixlip kannte. Doch selbst wenn es sich so verhielt, konnte er ihnen nie danken, denn wirklich sicher waren wir unserer Sache nie.

»Glaubst du nicht, dass die Engel dahinterstecken?«, wollte ich von ihm wissen.

Lachend sagte er: »Danke, Engel.« Ich musste auch lachen – ich war so erleichtert.

Doch mischte sich Kummer in meine Freude, denn für das Weihnachtsessen war noch immer nicht gesorgt: Zwei Tage vor Weihnachten hatten Joe und ich nicht die leiseste Ahnung, wie wir das Geld für eine Dose Plätzchen aufbringen sollten, von einem Truthahn mal ganz zu schweigen. Doch erschienen mir die Engel nach wie vor dauernd und wisperten mir ins Ohr: »Lorna, gräm dich nicht, es wird etwas geschehen, jemand wird auf uns hören.«

Dann brach Heiligabend an, und die Kinder waren vor Aufregung ganz aus dem Häuschen: Sie konnten es kaum erwarten, bis der Weihnachtsmann kam. Ich selbst habe Weihnachten auch immer sehr geliebt, denn es ist eine wundervolle Zeit – die Zeit, in der die Menschen der ganzen Christenheit allen die Hände reichen, miteinander teilen und Verständnis füreinander aufbringen sollten, um Grenzen niederzureißen, Hass zu begraben und unser aller große innere Sehnsucht nach Liebe und Frieden in uns hochsteigen zu lassen.

Als ich in dieser Nacht zu Bett ging, dachte ich daran, dass wir kein Weihnachtsessen haben würden, dankte aber zugleich meinen Engeln für alles, was sie bisher schon getan hatten und sprach zu ihnen von meiner Vorfreude auf die Begeisterung unserer Kinder, wenn sie am nächsten Morgen ihre Geschenke auspacken würden.

Am Morgen des Weihnachtstages wachten die Kinder schon um sechs Uhr auf. Im Kamin war noch etwas Glut, und Joe wollte aus dem Gartenschuppen ein paar Holzscheite holen. Doch kaum hatte er die Eingangstür geöffnet, rief er auch schon nach mir und kam in unser Vorderzimmer gelaufen, einen Briefumschlag in der Hand. Es stand nichts darauf.

Joe öffnete den Umschlag, im selben Moment füllten die Engel den Raum, und das Licht um sie herum schien aufzuflammen. Joe zog zwei 20£-Noten aus dem Umschlag. Ich konnte nicht glauben, was ich sah: Mit einem Mal packte mich der Übermut, und ich warf meine Arme um Joe. Als die Kinder wissen wollten, was los war, antworteten wir beide wie aus einem Mund: »Der Weihnachtsmann hat uns auch ein Geschenk gebracht!« Das Ganze endete mit einem Freudentanz, bei dem die Kinder unsere Beine umschlangen.

Stellen Sie sich das doch einmal vor: Jemand steckt zwei 20£-Noten in einen Umschlag, kommt zu Fuß oder mit dem Wagen an unser Haus, öffnet leise das Gartentor, schleicht sich auf Zehenspitzen bis zum Eingang und schiebt den Umschlag dann unter der Tür durch! Das Ganze musste zu sehr später Stunde stattgefunden haben, denn Joe und ich waren erst nach Mitternacht schlafen gegangen. Wer auch immer der oder die Geber gewesen waren, sie erwarteten offensichtlich keine Gegenleistung, denn sie waren anonym geblieben: Der Umschlag enthielt keine Mitteilung und keine Karte. Es war ein Geschenk des Himmels. Sie haben uns unser Weihnachtsfest geschenkt. Ich danke diesen Menschen, wer auch immer sie sein mögen, dafür, dass sie auf ihre Schutzengel gehört haben.

Ich habe meinen Kindern immer erklärt, der Name Santa Claus leite sich her vom heiligen Nikolaus, der durch die Menschen wirke und sie auf den Gedanken bringe, anderen etwas zu schenken. Und eines stand fest: In unserem Fall war der heilige Nikolaus gemeinsam mit den Engeln tätig geworden.

40 £ waren damals eine Riesensumme – für uns entsprach das dem Wert von Lebensmitteln für rund acht Wochen. Wir kamen uns vor wie Millionäre! Joe schrieb gleich eine Einkaufsliste zusammen: Limonade, Plätzchen, Süßigkeiten und anderen Kleinkram, und – als wichtigsten Posten – ein Hühnchen. Die Kinder konnten es dann für einen Truthahn anschauen ... In der Zwischenzeit, bevor wir uns zum Einkaufen auf den Weg machen konnten, hatten wir großen Spaß beim Spielen mit den Kindern.

Nachdem wir uns dann alle für den Besuch des Weihnachtsgottesdienstes angezogen hatten und auf dem Weg zur Kirche waren, fühlte ich mich großartig. Als wir über die Kirchenschwelle traten, flüsterte ich Joe zu: »Hoffentlich hat die Ladenbesitzerin nachher auch noch ein paar gebratene Hühnchen!« Joes Antwort: »Was sind denn das für Gedanken, wenn man zur Messe geht!«, brachte mich zum Lachen. Doch – ehrlich gestanden – ich betete während der Messe tatsächlich um ein gebratenes Hühnchen! Ich dankte Gott und den Engeln für alles und ganz besonders für die Menschen, die uns den Geldumschlag unter der Tür durchgeschoben hatten.

Unmittelbar nach dem Ende des Gottesdienstes mar-schierten wir schnurstracks zu dem einzigen Laden, der in Maynooth am Weihnachtstag geöffnet hatte: Barry's, in der Hauptstraße. Als wir auf dem Weg von der Kirche in die Hauptstraße einbogen, sah ich Engel Hosus bei Barry's in der Tür stehen – er strahlte Liebe aus. Joe lief mit den Kindern vor mir her. Im Eingang zum Laden hielt ich einen Augenblick inne. Hosus berührte meine Schulter, und ich sagte: »Danke für dein Geschenk, dieses Strahlen der Lie-be!«

»Riechst du die Brathühnchen im Ofen?«, fragte Hosus und verschwand.

Das Geschäft war ziemlich voll, die Leute kauften alles Mögliche und wünschten jedem, der ihnen über den Weg lief: »Frohe Weihnachten und ein erfolgreiches Neues Jahr!« Joe stand an der Kasse, im Gespräch mit Mrs. Barry, der Ladeninhaberin. Sie sagte, sie habe einige Bestel-lungen für Brathühnchen, hauptsächlich von älteren Herr-schaften, und wir hätten Glück, weil sie bei dieser Gele-genheit gleich ein paar Hühnchen mehr in den Ofen geschoben habe. Mrs. Barry lächelte breit, und ich spürte, dass sie froh war über die zusätzlichen Hühnchen in ihrem Backofen. Einen winzigen Moment lang wurde ihr Schutz-engel hinter ihr sichtbar, ich nickte ihm zu und dankte ihm im Stillen und auch Mrs. Barry dafür, dass sie auf ihn gehört hatte.

»Die Hühnchen sind erst in einer halben Stunde fertig«, verkündete sie. Joe meinte, das sei wunderbar und über-reichte ihr seine Einkaufsliste mit unseren anderen Wün-schen.

Anschließend schlenderten wir durch unser Vorstädt-chen, beguckten uns die Schaufenster und neckten die Jungen, während Ruth in ihrem Buggy einschlief. Als wir nach einer Weile zu Barry's zurückkehrten, duftete der ganze Laden unvergleichlich köstlich nach gebratenen Hühnchen. Mrs. Barry meinte, wir kämen gerade recht, sie habe die Hühnchen eben aus dem Ofen geholt. Sie packte uns eines gut ein und steckte es in eine Tüte, unsere übrigen Einkäufe wanderten in einen Karton. Joe bezahlte die Rechnung, dann dankten wir Mrs. Barry und wünschten ihr ein Frohes Fest.

Joe schleppte den Karton, und ich trug die Tüte mit dem heißen Hühnchen nach Hause. In der Küche stellte Joe den Karton mit den Lebensmitteln auf den Tisch, und die Kinder halfen ihm beim Ausräumen: Plätzchen, andere Süßigkeiten und die Limonade. Es sah aus wie bei einem Bankett. Ich dagegen musterte das Hühnchen genauer und entdeckte zu meiner Freude, dass es sogar eine Füllung besaß! Ich wandte mich zu Joe um und meinte: »Ich kann es kaum glauben – es hat sogar eine Füllung! Das war aber wirklich sehr nett von Mrs. Barry, nicht nur Weihnachtshühnchen zu braten, sondern sie vorher auch noch zu füllen!«

Als wir mit allen Vorbereitungen für unser Essen fertig waren, zündeten wir die Kerzen an und platzierten das Hühnchen in der Mitte unserer Tafel. Und wir hatten ein wundervolles Mahl: Das Hühnchen schmeckte besser als jeder Truthahn, den ich jemals vorher verspeist hatte – wir hatten ein himmlisches Weihnachtsfest.

Die nächsten Monate über war es kalt, es schneite sogar. Alle zusammen veranstalteten wir draußen im Garten eine Schneeballschlacht, dann machten sich die Kinder an den

Bau eines Schneemanns. Während ich meinem jüngeren Sohn Owen beim Rollen einer großen Schneekugel zusah, flüsterte mir ein Engel etwas ins Ohr, blieb aber unsichtbar.

»Bist du das, Engel Hosus?«, fragte ich.

»Nein, ich bin Owens Schutzengel«, kam die Antwort, aber sehen ließ sich der Engel immer noch nicht. »Bitte behalte deinen Sohn im Auge. Ich möchte dir nämlich etwas zeigen.«

In diesem Moment rief Owen: »Schau mal, Mami, schau mal, meine Schneekugel!« Sein größerer Bruder Christopher rannte hinüber, um ihm zu helfen, und im Handumdrehen hatten die beiden eine Schneekugel beieinander, fast so groß wie Owen selbst. »Ich glaube, die reicht nun für den Körper des Schneemanns«, meinte ich und drehte mich um, weil ich ins Haus zurückgehen wollte. »Jetzt braucht ihr noch eine kleinere Kugel für den Kopf, Steine für Augen und Mund und eine Mohrrübe für die Nase.«

Doch dann hielt mich Owens Schutzengel auf: »Lorna, wo willst du hin?« Ich hatte angenommen, dass ich meinen Kindern nur beim Rollen ihrer Riesenschneekugel hatte zugucken sollen – doch als ich mich wieder umwandte, stand er da: Owens Schutzengel zeigte sich mir.

Er war außergewöhnlich groß, hatte Augen von einem hinreißenden Smaragdgrün und ein strahlendes Lächeln. Es war, als wolle er mir sagen: »Sieh mal, Lorna, was du beinahe verpasst hättest, als du mir den Rücken zugedreht hast!« Er trug einen fein gearbeiteten Harnisch, der zunächst silbern wirkte, im nächsten Moment jedoch seine Farbe zu einem Glutrot änderte, das in starkem Kontrast zum Weiß des Schnees rundherum stand. Seine Füße schienen im Schnee zu versinken und leuchteten darunter hervor, doch ich wusste wohl, dass sie weder die Erde noch den Schnee selbst berührten. Schon allein der Anblick von Owens Schutzengel erzeugte ein Glücksgefühl in mir.

»Lorna, behalte deinen Sohn im Auge.« Bei diesen Worten des Engels ließ Owen von seiner mächtigen Schneekugel ab und wandte sich mir zu, ein breites Lachen auf dem Gesicht, das zeigte, wie stolz er auf sich war. Im nächsten Moment sah ich, wie Owens Brust eine reiche, prachtvolle Energie entströmte, die von Sekunde zu Sekunde an Größe zunahm. Zunächst hatte sie die Form eines Schilds, doch dann bildete sie ein wunderschönes Herz: Es war voller Leben, pulsierte in den Farben Smaragdgrün und Blau, wirkte, als vermischten sich die Wasser zweier Flüsse. Es schwebte vor der Brust meines kleinen Sohnes und war zugleich unmittelbar damit verbunden. Ich war hingerissen! Es war in jeder Hinsicht einfach atemberaubend.

»Was hat das zu bedeuten?«, erkundigte ich mich.

Als mir bewusst wurde, dass Owens Schutzengel zu meiner Linken stand, seine Hand auf meiner Schulter, wollte ich mich zu ihm hinwenden, um ihm ins Gesicht zu schauen, doch er forderte mich auf, das nicht zu tun, und folglich unterließ ich es. Dann erklärte er mir: »Das Herz ist das Symbol für den Schild des Lebens; der Schenker von Leben und Liebe, der Beschützer der Erde, dessen, was richtig und was falsch ist.«

Daraufhin meinte ich lächelnd zu dem Engel: »Das zu vertreten ist schon für einen erwachsenen Mann eine gewaltige Aufgabe, ganz zu schweigen für einen kleinen Jungen.«

Anschließend bat ich Owens Schutzengel, meinem Sohn auf seiner Lebensreise beizustehen, ihn zu führen und zu behüten.

»Lorna, wenn Owen erwachsen wird, dann darfst du ihm erzählen, was du heute gesehen hast und auch, dass ich mit Namen Engel Trafikiss heiße.«

Owen rollte gemeinsam mit seinem Bruder gerade eine andere Schneekugel, und ich beobachtete, wie der Schild vor seinem Herzen allmählich immer kleiner wurde. Ich fühlte den Druck von Engel Trafikiss' Hand auf meiner Schulter schwinden. Für einen kurzen Moment sah ich Trafikiss über Owen stehen, dann ging Owen lachend in die Knie und rief mich zu Hilfe.

Kapitel 22

Satan vor der Tür

Bei unserem abendlichen Familien-Picknick am See im Waldpark von Donadea ein paar Jahre zuvor hatte Engel Elija mir angekündigt, Gott wolle mich durch die Anwesenheit Satans auf die Probe stellen. Eines Tages erschien Elija wieder, um mir mitzuteilen, Satan werde bald bei mir sein.

»Ich fühle selbst, dass er immer näher kommt«, antwortete ich. Ich war tief entsetzt, hatte Angst um mich selbst und um meine Kinder.

»Hab keine Angst«, beschwichtigte Elija mich, »prüfe deinen Glauben an Gott.«

Es lässt sich nur schwer in Worte fassen, doch seit jenem Abend am See, als Elija das erste Mal mit mir darüber gesprochen hatte, war ich imstande gewesen, das Heranrücken Satans zu spüren. Stellen Sie sich das einmal vor: Ich konnte seine Anwesenheit in einer Entfernung von einer Million Kilometern spüren, dann kam er bis auf tausend Kilometer an mich heran, und plötzlich waren es nur mehr hundert. Von jenem Abend am See an gerechnet hat es ihn Jahre gekostet, mir nahezukommen, aber ich konnte fühlen, wie er tatsächlich langsam immer dichter heranrückte. Und nun bestätigte mir der Engel Elija, dass Satan in meiner Nähe war.

Und er kam andauernd noch näher. Eines Tages, es war um die Mittagszeit, erschienen gemeinsam mit Michael und Hosus auch all meine anderen Engel und stellten sich im Halbkreis vor mir auf. Wie sie mir erklärten, sollte das dazu dienen, mich vor dem von Satan ausgehenden Bösen etwas abzuschirmen. Dann verschwanden die Engel und entzogen sich meinen Blicken. Als ich ins Haus zurückging und die Eingangstür hinter mir schloss, wusste ich, dass Satan schon am Gartentor stand. Mir war kalt, ich fühlte mich wie erfroren und als ob das Leben aus meinen Adern rann. Mir war, als stünde ich auf den Schienen vor einem schnell herannahenden Zug, und man sagte mir, wenn mein Glaube nur stark genug sei, werde er direkt vor mir zum Stillstand kommen. Die Worte Elijas hatten sich in meine Erinnerung eingebrannt: »Prüfe deinen Glauben an Gott.«

Satan muss wochenlang an meinem Gartentor gestanden haben. Ich befand mich in einem Zustand fortdauernder Benommenheit, ohne Zeitempfinden. Und eines Abends, als ich gerade zu Bett ging, war es dann so weit: Ich wusste, er war jetzt an der Haustür. Ich fühlte seine Macht – sie war ungeheuer stark. Ich rief nach meinen Engeln, doch sie schienen mir nicht zu antworten. Joe und die Kinder lagen schon alle in ihren Betten. Gott und die Engel mussten sie in Tiefschlaf versetzt haben.

Ich setzte mich aufrecht in mein Bett, winkelte die Knie an und zog mir die Bettdecke bis unters Kinn. Ich zitterte vor Angst. Nachdem ich eine ganze Weile so dagesessen hatte, erschienen mit einem Mal alle meine Engel, Hosus, Michael und Elija und umringten mich. Sie sagten, ich solle mich nicht fürchten, und dann verschwanden sie ebenso schnell wie sie gekommen waren.

Ich spürte die Anwesenheit Satans in unserem Haus. Er ging zu unserem Schlafzimmer, und als er es erreicht hatte, verschwand alles darin – Joe und die Kinder eingeschlossen. Es war, als hätte die Dunkelheit alles verschluckt, sogar das Bett, auf dem ich saß. Ich war allein mit Satan.

Seine Macht zu spüren war entsetzlich: all das Übel, der Schrecken, das Grauen. Ich kann nicht sagen, ob er männlich oder weiblich war, oder wie er oder sie ausgesehen hat, es wirkte auf mich wie eine Masse von Bösem, von Finsternis, von großer Macht und Stärke. Er besaß immenses Selbstvertrauen und sicher keine Furcht.

Dann trat Gott in die Dunkelheit. Er erschien in Menschengestalt, als junger Mann, so wie seinerzeit in der Gebetsgruppe. Er war in leuchtendes Weiß gekleidet, sein Antlitz erstrahlte, das dunkle Haar reichte ihm bis auf die Schultern. Er postierte sich zu meiner Rechten, streckte seinen Arm aus und nahm meine Hand in die seine.

Gottes Nähe verlieh mir Kraft. Ich wusste, Gott würde mir den Satan vom Leib halten, würde ein weiteres Näherkommen verhindern, doch ich war noch immer in Panik, mehr als je zuvor in meinem Leben. Ich zitterte wie Espenlaub.

Ich saß in meinem Bett mit Satan zu meiner Linken – die große Finsternis, dieses gewaltige Übel – und hatte Gott zu meiner Rechten. Satan konnte ich nur sehr undeutlich ausmachen, eben als dunkle Masse, aber Gott war klar und deutlich sichtbar. Schaute ich hinüber zu ihm, verschwand all meine Angst, doch wenn ich wieder zu Satan blickte, kam sie mit doppelter Stärke zurück.

Dann begriff ich, dass Gott mich auf die Probe stellte; ich sollte zu erkennen geben, dass ich vor Satan keine Furcht verspürte, dass ich stärker war als er und ihn verjagen konnte. Ich wusste auch, dass die Anwesenheit Gottes und seine Berührung meiner Hand mir die nötige Kraft dazu gaben. Also wiederholte ich dreimal die Worte: »Weiche von mir, Satan. Ich habe Gott gewählt und über dich gestellt, ich bin stärker als du.«

Mit jedem Mal, als ich das sagte, wich Satan zurück, und beim dritten Mal war er aus der Schlafzimmertür. Dann vertrieb Gott ihn noch weiter: aus dem Haus, aus der Gegend. Es war, als werde Satan durch einen langen, dunklen Tunnel ins Nichts hinuntergeschickt. An jenem Tag habe ich Gott bewiesen, dass ich die notwendige Glaubensstärke besaß, um Satan zu verjagen.

Und Satan existiert wirklich: Daran kann es für mich auch gar keinen Zweifel geben. Wenn wir bereit sind, ihn in unser Leben hineinzulassen, dann erscheint er auch. Er wird als eine Art »Gott« agieren und vielleicht bedeutende Dinge in unserem Leben bewirken. Das kann großer Reichtum sein oder auch großer Erfolg auf der äußeren Ebene – doch zu welchem Preis! Satan will unsere spirituelle Entwicklung verhindern und wendet sich gegen jene, die versuchen, Herzen und Geist anderer zu öffnen und ihnen bei der Veränderung ihrer Wahrnehmung zu helfen.

Der Mensch entwickelt sich spirituell weiter. Es ist Teil der Evolution, dass der Mensch als solcher sich verändert, dass sein Körper und seine Seele eine engere Verbindung eingehen und schließlich eins werden. Ich beobachte, wie Menschen sich verstärkt aus ihren Konditionierungen befreien, mehr hinterfragen und offener werden, sich der Erforschung spiritueller Fragen und Themen zuwenden. Gott prüft uns alle bisweilen, das gehört zu unserem spirituellen Wachstum. Jeder von uns hat die Kraft, Satan zu vertreiben. Das dürfen wir nie vergessen. Schieben wir ihn fort, wird er einen Schritt zurückweichen, denn das muss er. Leider wird er trotzdem immer in der Nähe sein, doch seine Macht wird schwinden. Und wir können jederzeit

Gott und die Engel anrufen, mit der Bitte, unsere Hände, unser Vertrauen und unseren Glauben zu stärken.

Joes Diabetes wurde chronisch. Und er selbst wurde häufig ohnmächtig oder fühlte sich sehr schwach. Mitunter kam Christopher aus dem Garten ins Haus gelaufen und rief, der Papi sei hingefallen. Es war sehr schwierig für Joe, aber auch für uns. In den meisten Fällen spricht ein Diabetes auf die Medikation an, lässt sich einstellen, aber bei Joe war das nicht so einfach, und die Ärzte brachten seine Krankheit trotz größter Anstrengungen nicht unter Kontrolle. Darüber hinaus wussten sie, dass der Diabetes Joes Herz in Mitleidenschaft zog.

Seit die Diagnose Diabetes gestellt worden war, hatte Joe nicht mehr gearbeitet. Er hatte zwar ein Vorstellungsgespräch gehabt für einen Wächterposten im Maynooth College – was wegen der Nähe zu unserem Häuschen sehr praktisch gewesen wäre –, doch dann sagte man Joe wegen seiner medizinischen Befunde in letzter Minute ab. Er war bitter enttäuscht.

Bei einer der zahlreichen Gelegenheiten, als Joe im Krankenhaus lag, meinte eine Krankenschwester, es wäre sicher nützlich, wenn wir zu Hause Telefon hätten. Dank der örtlichen Gesundheitsbehörde war es rund sechs Wochen später bereits installiert, doch aus Angst vor hohen Rechnungen benutzte ich es nur in Notfällen und bei eingehenden Anrufen. Kurz nach der Einrichtung des Telefons waren die Kinder im Garten beim Spielen, als ein Auto vor dem Tor anhielt. Ich war im rückwärtigen Gartenteil und machte einen der Schuppen sauber. (Wir verbrachten viel

Zeit im Garten – hielten uns ein paar freilaufende Hühner und hatten von einem Nachbarn einen jungen Hund geschenkt bekommen.) An diesem Tag hörte ich einen Mann »Hallo!« rufen, lief nach vorne und sagte auch »Hallo«. Er war gerade dabei, aus einem Auto auszusteigen. Drinnen saßen eine Frau und ein Kind. Er fragte mich, ob er hier bei uns richtig sei. Ich antwortete lächelnd: »Das weiß ich auch nicht. Wen suchen Sie denn?«

»Die Heilerin«, erwiderte er, »meiner Frau geht's nicht gut.«

Ich lächelte, fühlte mich aber verunsichert. Ich begriff durchaus, dass er zu mir wollte, doch hatte mich noch nie zuvor jemand eine »Heilerin« genannt. Tatsächlich brachte mich die Bezeichnung in Verlegenheit, denn ich fühlte mich dafür nicht gut genug. Dann holte ich tief Luft und sagte: »Ja, da sind Sie hier richtig. Bitte kommen Sie herein.«

Wir gingen in die Küche. Die beiden stellten sich als Fintan und Peg vor, ihr kleiner Sohn hieß Eamon. Er blieb gleich draußen bei meinen Kindern und spielte mit ihnen, den Hühnern und dem Welpen. Es war dies das erste Mal, dass jemand zu uns nach Hause kam, um mich um Hilfe zu bitten. Ich habe niemals herausgefunden, wer die beiden zu mir geschickt oder ihnen gesagt hatte, ich sei eine Heilerin. Sie wurden die Ersten in einer langen Reihe von Hilfe Suchenden.

Als ich Fintan Jahre später einmal wieder begegnete, erzählte er mir, er habe beim Anblick unseres Cottage mit den Kindern, dem Hündchen und den Hühnern gleich gewusst, dass er am richtigen Ort war. Und wie er mir weiter erzählte, hatte sich der Gesundheitszustand seiner Frau nach ihrem Besuch bei mir beträchtlich gebessert.

Eines Tages rief mich eine Frau namens Josie an, der jemand meine Telefonnummer gegeben hatte. Bei ihrem

Sohn war Krebs festgestellt worden, und sie kam zu mir, um sich Unterstützung zu holen. Außerdem bat sie, ich solle mich auch noch um eine andere Familie kümmern, deren Sohn ebenfalls an Krebs erkrankt war. Wir vereinbarten, dass sie am folgenden Montagmorgen zu mir kommen sollte.

An diesem Montag, es war gegen 10 Uhr 45, fuhr ein Wagen bei uns vor. Ich öffnete die Eingangstür und bat die Familie herein. Auf dem Weg in die Küche schüttelten wir uns die Hände, und der Vater stellte sich als Dermot vor, seine Frau hieß Susan und der Sohn Nick. Wir setzten uns in der kleinen Küche um den Tisch, und Nick beschäftigte sich mit ein paar Spielsachen, die seine Eltern für ihn eingepackt hatten, während ich mit ihnen sprach. Nach wenigen Minuten lächelte er mich plötzlich über das ganze Gesicht an und sagte: »Hört doch mal auf zu reden, Mutti, und lasst Lorna mich segnen und mir den Namen des Engels sagen, der mir helfen wird, damit es mir wieder besser geht. Dann kann ich raus in den Garten und spielen.«

Sein Vater bedeutete ihm, nicht so ungeduldig zu sein, und mich selber bestimmen zu lassen, wie ich vorgehen wollte, aber ich meinte, es sei völlig in Ordnung. »Ich werde Ihnen sagen, was wir machen«, fügte ich hinzu, »ich werde Nick segnen und über ihm beten und nach dem Namen seines Engels fragen. Nick, setz dich dazu bitte auf Muttis oder Vatis Knie.« Nick kletterte auf das Knie seines Vaters. »Ich kann nicht garantieren, dass dein Schutzengel mir seinen Namen verrät, Nick«, erklärte ich dem Jungen. »Deshalb musst du mit mir gemeinsam beten und deinen Schutzengel darum bitten, deinen Geist und dein Herz zu öffnen. Wenn ich fertig bin, kannst du zum Spielen nach draußen in den Garten gehen, so dass ich mich noch mit deinen Eltern unterhalten kann.«

Ich sah den Jungen an und bat Gott, mir die Körpergegend mit dem Krebs zu zeigen. Ich konnte sie sehen, sagte aber niemandem, wo ich den Krebs sah. Er war schon sehr weit fortgeschritten, und ich dachte bei mir: Lieber Gott, wenn der Kleine am Leben bleiben soll, dann muss aber wirklich ein Wunder geschehen. Dann schoss mir der Gedanke durch den Kopf, dass es Nick möglicherweise nicht bestimmt war, noch lange zu leben, dass ihn seine Reise in diesem Leben näher zu Gott führen und dass er seinen Engel kennenlernen sollte. Mir war ebenfalls bewusst, dass dies ein Teil der Reise seiner Familie sein könnte.

Während ich über Nick betete und Gott bat, für das Wunder seiner Genesung zu sorgen, erschien Nicks Schutzengel für ein paar Augenblicke. Er sagte mir, das Wunder würde ausbleiben, und ich sollte Nicks Eltern sagen, dass die Zeit jetzt kostbar sei und sie jeden möglichen Moment mit ihrem Jungen verbringen sollten. Ich durfte ihnen nicht sagen, dass ihr Sohn sterben würde, weil sie mit dieser Nachricht noch nicht fertig geworden wären. Aber ich durfte Nick den Namen seines Engels verraten.

Nick hatte ganz still bei seinem Vater auf dem Knie gesessen, während ich über ihm betete. Als ich fertig war, segnete ich ihn, dann sprang er herunter und sagte: »Und jetzt sag mir den Namen meines Engels!«

»Setz dich wieder bei deinem Vati aufs Knie, Nick, damit ich dir den Namen deines Schutzengels nennen und ihn dir beschreiben kann«, entgegnete ich dem Jungen. »Also, Nick, dein Schutzengel ist wunderschön, seine Gewänder scheinen in allen Farben zu schimmern, und er trägt einen Umhang, der ständig flattert. Seine Stiefel sind einfach prachtvoll, sie leuchten im schönsten Grün, das ich je gesehen habe. Sie reichen ihm bis zu den Knien und haben große viereckige Silberschnallen. Um seine Taille ist ein Goldgürtel geschlungen, der ebenfalls eine Silberschließe hat.«

Nick saß vollkommen reglos auf dem Knie seines Vaters und wandte die Augen nicht von mir. Während ich ihm seinen Schutzengel beschrieb, stand ihm seine Aufregung deutlich ins Gesicht geschrieben.

»Sein Haar gleicht feurigen roten Flammen und seine Augen Sternen«, sprach ich weiter. »Und er hält etwas in der linken Hand, das wie ein Schwert aussieht, aber es ist ein Schwert aus Licht, das blinkt. Dein Schutzengel lässt dir durch mich sagen, dass du ihn bitten sollst, dich mit seinem Lichtschwert zu berühren, wenn du dich nicht gut fühlst, und er wird es tun, und dir wird es dann besser gehen.«

Nick sprang wieder vom Knie seines Vaters herunter und fragte: »Kann ich jetzt rausgehen und spielen?«

Daraufhin brachte sein Vater ihn hinaus in den Garten. Alleine mit mir, fing Nicks Mutter an zu weinen und wollte wissen: »Was hat der Engel gesagt?«

Es ist für mich immer sehr hart, wenn mich Eltern danach fragen, was die Engel gesagt haben und ich ihnen keine gute Nachricht übermitteln kann. Wie soll ich die richtigen Worte finden? Manchmal fragt ein Elternteil: »Was habe ich falsch gemacht? Habe ich eine schwere Sünde begangen? Ist das jetzt die Strafe Gottes?« Wir müssen erst einmal verstehen lernen, dass dies unser Weg ist; die Reise, die wir uns lange, lange vor unserer Geburt hinein in diese Welt ausgesucht haben.

»Schauen Sie sich doch einmal Ihren Sohn an, und sehen Sie, wie stark sein Vertrauen und sein Glaube sind«, entgegnete ich. »Er hat keine Angst. Er hat keine Angst davor, dass es ihm besser gehen könnte, aber er hat genauso wenig Angst davor, zu Gott zu gehen. Hören Sie Ihrem Sohn gut zu, er wird eine Menge Botschaften für Sie haben.«

Als Nicks Vater wieder hereinkam, sprach ich noch ein paar Minuten mit seinen beiden Eltern. Ich erklärte ihnen, dass die Engel mir für sie ausgerichtet hatten, sie sollten ab jetzt so viel Zeit wie möglich mit ihrem kleinen Sohn verbringen.

Dann verabschiedete sich die Familie, und ich hörte von nun an regelmäßig von ihnen. Jedes Mal, wenn Nick im Krankenhaus war oder sich schlecht fühlte, bat er seine Mutter oder seinen Vater, bei mir anzurufen: Ich sollte seinen Schutzengel bitten, das Lichtschwert zu benutzen, damit es Nick wieder besser ginge. Und kaum, dass mich seine Eltern angerufen hatten, waren die Schmerzen vorbei. Nick hätte natürlich auch selbst seinen Schutzengel um Hilfe bitten können; doch habe ich im Umgang mit kranken Kindern oft erlebt, dass sie ihre Eltern darum baten, lieber mich anzurufen – vielleicht gab ihnen das mehr Zutrauen.

Während einer besseren Phase in seinem Krankheitsverlauf wollte Nick eines Tages zu mir gebracht werden. Er bestand darauf, mit mir alleine zu sein, und sagte seinen Eltern, sie sollten im Wagen sitzen bleiben, weil er unbedingt ohne ihr Beisein mit mir sprechen müsse. Als wir dann unter uns waren, berichtete Nick mir, dass er die ganze Zeit über Zwiegespräche mit seinem Schutzengel geführt habe. Dann erzählte er mir, sein Engel habe ihm gesagt, dass er ihn irgendwann in der näheren Zukunft, vielleicht schon sehr bald, in den Himmel holen würde. Nick meinte, für ihn sei das in Ordnung, er sei jetzt neun Jahre alt. Er hatte seinen Eltern gesagt, dass er wohl bald in den Himmel kommen würde, doch sie hatten ihm geantwortet, sie wollten solche Worte nicht hören.

Nick erzählte mir auch noch, seine Mutter weine ununterbrochen. »Ich sage Mutti immer, dass ich nichts dagegen habe, in den Himmel zu kommen, und dass es für mich in Ordnung ist, aber sie hört nicht auf mich.«

»Nick, soll ich mit deiner Mutter und mit deinem Vater reden?«, erkundigte ich mich.

»Ja, Lorna, würdest du das für mich tun?«

Ich umarmte Nick herzlich und sagte: »Lass mich nun über dir beten und dich segnen, dann werde ich mich an Gott und an deinen Schutzengel wenden und sie fragen, was ich deinen Eltern sagen soll. Ich werde ihre Schutzengel bitten, ihnen dabei zu helfen, dich in den Himmel gehen zu lassen, wenn der Zeitpunkt dafür gekommen ist.«

Wir beteten zusammen, und ich segnete Nick. Anschließend gingen wir nach draußen zum Auto, und ich bat seine Eltern, Susan und Dermot, herein. Unsere Hündin Heidi hatte Junge, und Nick spielte glücklich mit Ruth und den Welpen unter dem Baum im Garten. Als ich sie alle beobachtete, musste ich lächeln. Nicks Eltern gluckten um ihn herum, aber er sagte, sie sollten ihn in Ruhe spielen lassen und mit mir hineingehen, um sich anzuhören, was sein Schutzengel gesagt habe.

Auf dem Weg in die Küche warf Susan mir einen besorgten Blick zu. Wir setzten uns an den Tisch, und ich wählte meine Worte an sie so behutsam wie möglich. Ich berichtete ihnen, was ihr Sohn mir gesagt hatte, dass sein Schutzengel ihm angekündigt hatte, er werde bald in den Himmel kommen. Ich bat sie, zu versuchen, möglichst stark zu sein, Nick genau zuzuhören und von nun an so viel Zeit mit ihm zu verbringen, wie sie nur irgend konnten. Beide weinten, lagen einander schluchzend in den Armen. Es war herzzerreißend.

Endlich begannen beide Eltern zu sprechen, sie sagten, sie hätten Nick in den letzten Monaten sehr wohl zugehört, wenn er ihnen erzählte, was sein Schutzengel ihm gesagt hatte und dass er bald in den Himmel geholt würde, aber dass sie den Gedanken daran einfach nicht ertragen konnten. Sie waren ein wenig beschämt, dass Nick erst mich hatte bitten müssen, sie zu bitten, ihm zuzuhören. Ich umarmte beide, segnete sie, und dann fuhren sie alle drei wieder nach Hause.

Ein paar Tage danach kam Ruth in die Küche und fragte: »Mami, du erinnerst dich doch an den Jungen, mit dem ich vor ein paar Tagen im Garten gespielt habe? Ich mochte ihn, er war wirklich nett. Wie heißt er?«

»Nick«, antwortete ich.

»Ich weiß, dass er krank ist, Mami. Wird er wieder gesund?«

»Nein, er wird in den Himmel kommen«, sagte ich ihr.

Ich sah Tränen in den Augen meiner Tochter, als sie aufbegehrte: »Das ist nicht fair! Er ist so ein netter Junge!«

Ich drückte meine Tochter und hielt sie eine Weile fest in meinen Armen, bis sie sagte: »Alles wieder in Ordnung, Mami«, und aus der Küche lief, um ihre Schularbeiten zu machen.

Ein paar Monate später ging es Nick wieder ernsthaft schlecht, er musste ständig ins Krankenhaus, und jedes Mal riefen seine Eltern an, um mir zu sagen, Nick bitte mich, die Schmerzen von ihm zu nehmen. Es funktionierte immer prompt, und ich dankte Gott für dieses Wunder. Eines Tages rief Susan an und erzählte mir, Nick sei in der vergangenen Nacht friedlich hinübergegangen. Ich bat sie, nie zu vergessen, dass Nick eine wunderschöne Seele im Himmel sei und immer in ihrer Nähe, wenn sie ihn brauche.

Es ist schwierig, Nicks Wirkung auf seine Familie, seine Eltern, die Brüder und Schwestern zu beschreiben. Sie hatten einen Sohn und Bruder verloren, und doch schien es, als ließe Nicks Krankheit und Tod die ganze Familie erwachen. Nick brachte ihnen solch ein Mitgefühl und eine solche Liebe entgegen: Es war, als erstrahle Gott selbst durch dieses Kind. Er war so ganz anders, in gewisser Weise war er selbst wie ein Engel, ein Engel, der für alle leuchtete, die mit ihm in Berührung kamen.

Bei einem Besuch in einem Kinderkrankenhaus werden Sie Kindern begegnen, die sehr schwer krank, aber dennoch glücklich und voller Liebe sind. Nur wenige schwer kranke Kinder empfinden Bitterkeit und Groll. Es ist, als wären sie hier auf der Erde, um uns mit ihrem Licht zu erhellen. Mich fasziniert die Weisheit von Kindern immer von neuem. Kinder, deren Leben sich seinem Ende zuneigt, reifen weit über ihre Jahre hinaus und werden höchst spirituell, auch nüchtern, sachlich – selbst als Vierjährige. Es ist sehr erstaunlich und wundervoll.

Eine andere Tatsache im Zusammenhang mit Kindern möchte ich Ihnen auch noch vor Augen führen: Kinder sind spirituell unglaublich offen, vor allem, solange sie noch sehr klein sind – schließlich sind sie ja gerade erst vom Himmel herabgestiegen … Viele von ihnen sehen Engel, auch wenn sie sich später im Allgemeinen nicht mehr daran erinnern. Viele von ihnen können auch Geister sehen, vor allem die Geister ihrer Großeltern oder anderer Verwandter, die gekommen sind, um sie zu beschützen. Ich habe häufig Fälle erlebt, wo ganz kleine Kinder Dinge sagten wie: »Der Opa hat gerade mit mir gespielt.« Ich habe

Geschichten von Eltern gehört, deren Kind bei der gemeinsamen Betrachtung von Familienfotos behauptete, jemanden auf den Bildern zu kennen – nur dass der- oder diejeni-
ge schon vor der Geburt des Kindes gestorben war. In so
einem Fall hat das jeweilige Kind vielleicht sogar eine Botschaft für seine Eltern.

Kinder sind wahre Quellen der Weisheit, und wir sollten
ihnen viel genauer zuhören.

Allmählich wollten immer mehr Menschen meinen Rat. Zu
dieser Zeit ging es Joe so schlecht, dass er kaum mehr aus
dem Haus ging, und er verschwand, wenn Leute kamen. Er
hatte seinen Stolz und wollte nicht, dass jemand von seiner
Krankheit erfuhr. Niemand, der mich aufsuchte, hatte eine
Ahnung, was in meinem eigenen Leben vor sich ging, von
den Problemen, mit denen ich mich innerlich herumschlug:
Mein Ehemann war schwer krank, und ich wusste von den
Engeln, dass ich ihn nicht mehr lange an meiner Seite
haben würde.

Eine Frau besuchte mich, in der Hoffnung auf den Beistand der Engel. Sie hieß Marian, studierte Medizin und
erzählte mir, sie sei völlig überanstrengt und komme mit
ihren Prüfungen nicht zurande. »Ich habe gehört, Sie halten Zwiesprache mit Engeln«, sagte sie zu mir. »Ich glaube
an Gott. Ich habe Vertrauen und glaube an Engel, aber jetzt
brauche ich wirklich Hilfe, weil ich unter einem solchen
Druck stehe, dass ich Angst habe, darunter zusammenzu-
brechen.«

Marian wollte Ärztin werden und hatte ihre Ausbildung
schon fast beendet, litt aber unter der entsetzlichen Angst,

ihre Abschlussexamina vielleicht nicht zu bestehen. Sie hatte den verzweifelten Wunsch, Ärztin zu werden, und wusste auch, sie würde gut sein, fand aber den ganzen Prüfungsstress sehr hart. Ich erklärte ihr, dass ihr Vertrauen und ihr Glaube sie schon durch diese raue Zeit gebracht hätten und dass Gott ihr bereits Engel gesandt habe, die sie mit der nötigen Durchhaltekraft für den Endspurt versorgen würden. Wir beteten gemeinsam zu Gott und den Engeln, ihr Engel zu schicken, die sie durch ihre Prüfungen bringen und dazu anleiten könnten, eine spirituelle, hingebungsvolle und fürsorgliche Ärztin zu werden.

Wir alle haben zu allen Zeiten unseren Schutzengel bei uns, und dieser kann in seiner Funktion als Torwächter unserer Seele anderen Engeln erlauben, in unser Leben einzutreten und uns bei den verschiedensten Dingen zu helfen. Ich nenne diese Engel »Lehrer«: Sie kommen und gehen häufig und unterscheiden sich von den Schutzengeln. Wir baten um eine Gruppe »Lehrerengel« für Marian. Und noch während wir das Gebet sprachen, konnte ich drei Engel sehen, die schon unterwegs zu ihr waren, auf sie zuschritten, aber noch nicht bei ihr angekommen waren.

»Alle drei sind Männer«, erklärte ich Marian, »keine einzige Frau dabei. Ich hoffe, das macht Ihnen nichts aus.«

Marian lachte und weinte vor Erleichterung, dann bat sie mich, Gott zu bitten, die drei noch vor ihrem Aufbruch bei mir eintreffen zu lassen, weil sie sie wirklich nötig habe. Daraufhin betete ich über ihr und bat Gott um all das Selbstvertrauen, den Mut und die Fähigkeiten, die sie brauchte. Außerdem bat ich um Hoffnung, denn sie musste einen Hoffnungsstrahl in ihrem eigenen Leben erkennen können. Nachdem ich das Gebet beendet hatte, fragte ich noch nach den Namen der drei Engel, die auf dem Weg zu ihr waren.

Mir wurde gesagt, sie solle sie »Die Drei Sterne« nennen. Inzwischen waren sie angelangt und warteten vor der Tür auf Marian, um mit ihr in ihre neue Welt hinauszugehen.

Neulich klingelte das Telefon, und Marian war dran – seit ihrem Besuch bei mir sind inzwischen Jahre vergangen –, sie ist als Ärztin im Ausland tätig und tut, was sie kann, um Menschen zu helfen. Sie rief an, weil sie den Engeln Dank sagen wollte: »Ich musste Sie anrufen und Sie darum bitten, ihnen zu danken, denn ich habe das Gefühl, dass die Botschaft dann schneller ankommt«, erklärte sie mir.

Ich lachte und erklärte ihr meinerseits, dass wir den Dank schon mit unserem Telefonat übermittelten. Dann erinnerte ich sie daran, sie solle sich immer dann an ihre Engel wenden, wenn sie sie brauchte. »Sie sind immer noch in Ihrer Nähe, alle drei haben Sie nicht verlassen. Sie haben noch eine Reise vor sich und eine Menge Arbeit«, teilte ich ihr mit.

Marian besaß ausreichend Glauben und Vertrauen, um ihre Engel anzurufen und um Beistand zu bitten: So gab sie den Engeln Kraft und im Gegenzug die Engel ihr.

In den meisten Fällen suchten die Menschen mich auf, doch manchmal erforderten es besondere Umstände, dass sie mich baten, zu ihnen nach Hause zu kommen. Oft wurde ich dann mit dem Auto abgeholt und zu der betreffenden Adresse gebracht. Eines Tages sollte ich mich um einen dreijährigen Jungen kümmern, der mit seiner Familie in einem großen alten Haus wohnte und sehr krank war. Der Kleine war stark geschwächt und hatte Atemprobleme, er konnte kaum mehr aus dem Bett aufstehen.

In dem Haus befand sich auch ein alter Mann, den ich zunächst für ein Familienmitglied hielt. Erst an seinem boshaften Kichern erkannte ich ihn als Geist, denn er hatte sein Licht nahezu gelöscht, weshalb er mir als Mensch aus Fleisch und Blut erschienen war. Er wusste, dass er mich auf dem linken Fuß erwischt hatte und amüsierte sich königlich darüber.

Nachdem ich mir den kleinen Jungen angesehen hatte, trank ich Tee mit seiner Großmutter. Sie erwähnte gleich mehrmals, wie ähnlich ihr Enkel ihrem eigenen Großvater sei, der auch schon im selben Haus gelebt habe – Generationen vor dem Jungen. Aus Gründen, die ich nicht ganz verstehe, bildete das ständige Heraufbeschwören der Ähnlichkeit zwischen den beiden die Ursache dafür, dass sich der Geist immer noch im Haus aufhielt. Denn es handelte sich bei diesem tatsächlich um den Geist des Ururgroßvaters des kranken Jungen.

Mir war jedoch eines klar: Der Geist tat der Familie nicht gut, er stellte in gewisser Weise eine Form von negativer Energie dar, und seine Gegenwart war mindestens zum Teil, wenn nicht sogar ganz, für die Krankheit des Kleinen verantwortlich. Die ganze Zeit über, während ich in dem alten Haus war, hatte ich ein Auge auf den Geist und betete darum, dass Liebe und Engel ihn umgeben möchten und er sich so von dieser Welt verabschieden, in den Himmel aufsteigen und damit seinen kleinen Ururenkel in Frieden lassen könnte.

Ein paar Wochen danach wurde ich erneut in das alte Haus gerufen, um nach dem Jungen zu sehen: Er war völlig gesund und strotzte vor Energie. Da wusste ich, dass der Geist das Haus verlassen hatte. Und auch das Haus selbst überraschte mich – es hatte sich ebenfalls total verändert!

Bei meinem ersten Besuch war das Gebäude feucht und nicht sehr sauber gewesen, mit einem riesigen alten Treppenaufgang und einem reich verzierten, rußigen Kamin im Wohnzimmer. Diesmal hingegen befand ich mich in einem wunderschön hergerichteten und für so einen »alten Kasten« bemerkenswert gepflegten Haus.

»Wo ist denn der Kamin geblieben?«, wollte ich von der Großmutter des Jungen wissen. Sie sah mich seltsam an und meinte, seit meinem letzten Besuch habe sich nichts verändert. Doch für mich hatte es das schon – denn ich war hier nicht nur dem Geist ihres Großvaters begegnet, sondern auch dem Geist des alten Hauses, so wie es zu jener Zeit gewesen war, als er darin gewohnt hatte.

Kapitel 23

Seelenpartner

Joe war immer noch arbeitsunfähig, aber wenigstens zu Hause, wo er ein Auge auf die Kinder hatte, während ich gelegentlich einen Kurzzeitjob fand: So putzte ich beispielsweise in einer Schule die Böden und war als Verkäuferin in einem Schuhgeschäft tätig, aber – um ehrlich zu sein – damals gab es nicht viele Jobs, für die ich qualifiziert war.

Die glutenfreien Nahrungsmittel für Christopher strapazierten unser Haushaltsbudget natürlich auch, und Joe musste als Diabetiker ja ebenfalls eine spezielle Diät einhalten. Mit unserem wenigen Geld die ganze Familie satt zu bekommen, war unter diesen Umständen immer ein harter Kampf für mich. Wir lebten buchstäblich von der Hand in den Mund. Meine Tochter Ruth lacht heute darüber, dass sie seinerzeit, um an ein bisschen Fleisch zu kommen, die Knochen vom Teller ihres Vaters abnagen musste.

Es gab kurze Intervalle, in denen Joes Diabetes unter Kontrolle blieb und es ihm von daher gut genug ging, um Gelegenheitsjobs anzunehmen. Bei einer solchen Gelegenheit gab er Fahrstunden, wobei ich das immer mit Sorge beobachtete, aus Furcht, es könnte ihn ein Schwächeanfall überkommen. Arbeiten zu können machte ihn immer sehr glücklich, doch leider waren diese Perioden nie von langer Dauer.

Wir hielten Hühner im Garten, deshalb rief Joe gelegentlich in einem Café in der Stadt an und fragte nach Brotresten für unsere Hühner. Was er nicht dazu sagte, war, dass seine Frau und seine Kinder mit davon aßen, aber genau so verhielt es sich. Kam er dann mit tütenweise Brotresten nach Hause, untersuchten wir sie gründlich auf ihre Essbarkeit hin und schnitten schimmelige Stellen einfach weg. Mitunter fanden wir sogar tadellose Cremetörtchen oder einen frischen Laib Brot darunter – ich war immer fest davon überzeugt, dass der Betreiber des Café-Restaurants wusste, was wirklich los war und die guten Sachen ganz bewusst mit in die Tüten packte.

Einmal stand es besonders schlimm um uns, wir waren mit den Kreditzinsen für unser Cottage beträchtlich im Rückstand und drohten unser Zuhause zu verlieren, sollten wir nicht bezahlen können. Daraufhin ging ich zum Sozialamt, um mich zu erkundigen, ob sie uns dort zusätzlich zu Joes Erwerbsunfähigkeitsrente noch etwas weiterhelfen konnten. Joe kam mit mir. Obwohl Joe schwer krank war, glaubte man uns unsere Geschichte nicht. Es wurde bezweifelt, dass Joe wirklich krank war: Trotz der von uns vorgelegten ärztlichen Atteste hieß es auf der Behörde, man glaube, Joe wäre durchaus arbeitsfähig gewesen, wenn er es nur ernsthaft gewollt hätte. Nach Joes Tod hat mich die zuständige Sachbearbeiterin dann um Entschuldigung gebeten.

Aus purer Verzweiflung boten wir einen Teil des Gartens zum Verkauf an. Bei näherem Hinsehen zeigt sich, dass ich in meinem Bestreben, Joe das Leben wenigstens ein klein wenig erfreulicher zu gestalten, das Land weit unter seinem Wert hergab. Dennoch reichte der Erlös zur Deckung einiger unserer Schulden.

Man verliert seine Würde, wenn man betteln gehen muss, aber manchmal bleibt einem keine andere Wahl, vor allem dann, wenn man eine Familie hat. Eines der Symptome von Joes Krankheit bestand darin, dass er ständig fror – er zitterte selbst im Sommer vor Kälte. Wieder ging ich aufs Sozialamt, ersuchte um Geld für kälteisolierende Unterwäsche. Und wieder ließ man mich im Regen stehen, behauptete, es wäre doch alles in Ordnung und verweigerte jegliche Hilfe. Was mich wirklich frustrierte und aufregte, war die Tatsache, dass andere Familien durchaus finanzielle Unterstützung erhielten. Ich glaube, die Tatsache, dass wir ein eigenes Häuschen besaßen, so klein es auch immer war, anstatt in eine Sozialwohnung zu ziehen, nahm sie gegen uns ein. Dazu kam noch, dass Joe, aus seinem Stolz heraus, vor jedem Besuch beim Sozialamt viel Sorgfalt auf ein ordentliches und respektables äußeres Erscheinungsbild verwendete.

Meine Engel rieten mir immer wieder, mein Glück bei der örtlichen Wohlfahrtsorganisation zu versuchen. Doch das lehnte ich verbissen ab. Ich war nicht bereit, noch mehr von meiner Würde dranzugeben. Warum sollte man mir dort Glauben schenken, wenn es schon die Sozialbehörde nicht tat? Schließlich standen die Dinge so schlecht, dass ich doch einmal dort anrief und einen Termin für ein persönliches Gespräch vereinbarte.

Ich ging also hin und erläuterte ihnen unsere Situation. Man schickte uns einen Mann, der uns und unser Häuschen unter die Lupe nahm. Dieser Inspektor ließ sich Zeit und sah sich gründlich bei uns um, öffnete auch die Schränke. Dann wandte er sich mir zu und sagte: »Solange Sie einen Beutel Kartoffeln und eine Dose Bohnen haben, leidet Ihre Familie noch keinen Hunger. Sie brauchen unsere Hilfe nicht.«

Ich versuchte, ihm die Notwendigkeit und Gegebenheiten einer Zöliakie-Diät darzulegen – dass Christopher für sein

Wachstum spezielle Nahrungsmittel brauchte, weil andern-
falls die Gefahr bestand, dass er auf Dauer verkümmern
würde. (Tatsächlich wog mein Sohn als Siebenjähriger nur
16 kg, normal wären mindestens 25 kg gewesen.) Dann
erklärte ich dem Herrn von der Wohlfahrtsorganisation,
dass Joe aufgrund seiner Krankheit eine ganze Reihe von
Nahrungsmitteln gar nicht bei sich behalten konnte. Doch
der Mann schien sich überhaupt nicht für meine Worte zu
interessieren – ich bin sicher, dass er sich im Recht glaubte.

Schließlich unterstützte uns die Organisation dann doch
mit geringfügigen Mitteln, vieles davon brachte allerdings
keinen Nutzen: So ließen sie uns Gutscheine für bestimmte
Nahrungsmittel zukommen, doch waren das ausnahmslos
Dinge, die weder Joe noch Christopher vertrugen. Zu
einem Weihnachtsfest erhielten wir einen Gutschein für
einen Truthahn und freuten uns riesig darüber, aber als ich
zur Adresse der Organisation ging, um den Vogel abzuholen, machte die mit dieser Gabe verbundene Demütigung
alles Gute daran wieder zunichte. Das Komitee war angetreten und rief jeden Einzelnen laut mit Namen auf, woraufhin derjenige vortrat und sich seinen Truthahn abholte.
Als mein Name an der Reihe war, hieß es: »Ach ja, Sie ...«
wodurch mir klar wurde, dass man über mich gesprochen
hatte und man uns für Schmarotzer hielt, die den wirklich
Bedürftigen buchstäblich die Bissen vom Mund wegstah-
len. Sie hatten ja keine Ahnung!

Eines Tages lief ich zufällig Sean über den Weg, einem
Mann, den ich aus der Gebetsgruppe in Maynooth kannte.
Wir konnten nicht mehr an den Treffen teilnehmen, weil
das Hinkommen für Joe zu mühsam geworden war. Mir
fehlten diese Abende – sowohl die Gebete als auch die
Gesellschaft der Menschen dort. Zu der Zeit kam ich wenig

nach draußen, eigentlich nur, um die Einkäufe zu erledigen, die Kinder von der Schule abzuholen und meine wenigen Stunden bei einem Gelegenheitsjob abzuarbeiten. Sonst ging ich nirgendwo hin. Joes Gesundheitszustand war so unberechenbar geworden, dass ich Sorge hatte, ihn alleine zu lassen, und sei es auch nur für kurze Zeit.

Sean war inzwischen Mitglied der lokalen Wohlfahrtsorganisation und schon bald nach unserem Zusammentreffen auf der Straße schaute er auf eine Tasse Tee bei uns herein. Wir saßen am Küchentisch, und ich beschrieb ihm in aller Offenheit unsere Lebenssituation. Niemand anderem habe ich jemals das ganze Ausmaß unserer finanziellen Schwierigkeiten eingestanden. Sean war am Boden zerstört und versprach mir, bei seiner Organisation mehr Hilfe für uns zu erwirken.

Und trotz Seans Bemühungen lief es wieder nicht gut. Als er unseren Fall vor dem Komitee ausbreitete, stieß er auf heftigen Widerstand, und schließlich wurde sein Antrag sogar abgewiesen. Ich weiß sehr gut, wer in Wahrheit dahintersteckte: Das war ein Werk des Teufels. Denn gelegentlich erschwert Satan es uns, unserer Bestimmung zu folgen. Bei manchen Gelegenheiten versuchen die Mächte des Bösen, uns an unserem Leben und an unserer Bestimmung zweifeln zu lassen, was uns alles bedeutend schwieriger und mühevoller macht, als es unter normalen Umständen gewesen wäre. Bisweilen geschieht das auf sehr geschickte Weise, beispielsweise, indem er uns von unseren eigentlichen Aufgaben ablenkt. Ich weiß, das ist einer der Gründe, weshalb ich in der Zeit von Joes Krankheit so wenig Unterstützung für meine Familie erfahren habe. In diesem Fall machte der Teufel die Menschen blind für die Dinge unmittelbar vor ihren Augen.

Ich ringe fortwährend mit dem Teufel. Wenn jemand einen starken Glauben hat, dann setzt der Teufel alles daran, um es demjenigen möglichst schwer zu machen – häufig trägt er sogar kurzfristig den Sieg davon. Doch ich weiß – ganz gleich, was immer Satans finstere Mächte auch anstellen mögen, um uns unsere Arbeit zu vergällen, am Ende werden doch Gott und die Engel den Sieg davontragen.

Sean konnte es kaum fassen, dass es ihm nicht gelang, mehr Hilfe für uns zu mobilisieren. Man hatte ihm wenigstens zugestanden, uns mit Nahrungsmittel-Gutscheinen auszustatten, und er erschrak, als ihm bewusst wurde, wie wenig Nutzen sie für uns hatten – im Hinblick auf die Diät-Erfordernisse von Joe und Christopher. Sean stellte dann eine detaillierte Liste der Lebensmittel zusammen, die Joe und Christopher essen konnten und brachte uns von da an bisweilen eine kleine Tüte mit passenden Lebensmitteln vorbei. Ich bin sicher, dass er sie aus eigener Tasche bezahlt hat.

Im Lauf der Zeit hörten immer mehr Menschen von mir und kamen, um sich Hilfe zu holen.

Darunter auch eine recht junge Frau, die jedoch schon Großmutter war. Sie hieß Mary. Etwa zehn Jahre zuvor hatte eine ihrer Nachbarinnen Zwillinge zur Welt gebracht, wobei das eine Kind kurz nach der Geburt starb. Wie Mary mir schilderte, hatte sie sich – obwohl sie mit der Nachbarin weder verwandt war, noch ihr sonst irgendwie besonders nahegestanden hatte – bereits vor der Geburt der Babys, als die Mutter noch mit ihnen schwanger war, zu den Kindern hingezogen gefühlt. Und keine Ahnung gehabt, weshalb. Als Mary dann die kleine Josie zum ersten Mal sah, wusste sie sofort, dass es eine Verbindung zwischen ihnen gab, ein inneres Band, schon bevor sie sich über das Bettchen beugte, um dem Baby über sein kleines Gesicht zu streicheln.

Viele von uns kennen den Begriff »Seelenpartner«. Wir sind geneigt, ihn zu romantisieren und uns darunter hauptsächlich den vollkommenen Lebensgefährten vorzustellen. Wir dürfen dabei aber nicht übersehen, dass ein Kind genauso ein Seelenpartner sein kann wie ein Erwachsener. Die Menschen laufen durchs Leben auf der Suche nach ihrem Seelenpartner – dabei kann er oder sie sich in einem anderen Teil der Welt aufhalten. Doch auch derjenige, dem Sie ein paar Euro haben zukommen lassen oder der Rollstuhlfahrer von gegenüber oder das Kind mit dem Down-Syndrom, an dem Sie gerade vorübergegangen sind – jeder von ihnen kann ein Seelenpartner sein.

Während Josie heranwuchs, blieb die enge Verbindung mit Mary bestehen. Jedes Mal, wenn das Kind krank oder in Schwierigkeiten war, wusste Mary das instinktiv. Und umgekehrt verhielt es sich genauso. Bisweilen sagte Josie zu ihrer Mutter, sie müsse hinübergehen, um nach Mary zu sehen. Und fragte die Mutter nach dem Grund, hörte sie immer dieselbe Antwort: »Ich weiß, dass Mary mich braucht.« Nicht jedes Mal, wenn sie danach fragte, bekam Josie gleich die Erlaubnis, zu Mary hinüberzulaufen, denn manchmal erschien es ihrer Mutter schon zu spät und dunkel, oder es goss in Strömen, aber das Kind bettelte so lange, bis die Mutter schließlich doch nachgab. Dann erschien Josie vor Marys Tür, klopfte und fragte: »Mary, was ist los mit dir?« Und Mary sah das kleine Mädchen an und dachte: Mein Gott, sie weiß, dass ich heute traurig bin!

Sie waren Seelenpartner: ganz unterschiedlichen Alters, desselben Geschlechts – und nichtsdestoweniger Seelenpartner. Seelenpartner stehen in einer sehr speziellen Verbindung zueinander: Jeder kennt die Empfindungen des anderen.

Mary ist inzwischen gestorben. Einige Zeit vor ihrem Tod sagte sie mir: »Ich weiß, dass Josie mein Seelenpartner ist – mein Ehemann war es nicht.« Gegen Ende ihres Lebens hat sie dieses Verständnis erlangt.

Josie habe ich ebenfalls kennengelernt – Marys Tod war entsetzlich für sie. Als Mary starb, hatte Josie das Gefühl, es werde ihr ein großes Stück ihres Herzens herausgerissen.

Es ist sehr gut möglich, dass Josie in ihrem Leben noch auf einen anderen Seelenpartner trifft, denn wir haben mehr als einen im Leben. Und es kommt vor, dass jemand seinen Seelenpartner bloß deshalb noch nicht gefunden hat, weil er oder sie ihn oder sie nicht als solchen erkennt: Wir sind oft zu beschäftigt – doch kann es natürlich trotzdem geschehen, dass der andere Mensch einen erkennt.

Außerdem sollten wir uns einer Tatsache bewusst werden: Jeder von uns kann jemanden lieben und bewundern und bereit sein, das Leben für ihn oder sie hinzugeben – und das muss nicht notwendigerweise bedeuten, dass dieser Mensch auch ein Seelenpartner ist. Ich finde es immer traurig, junge Menschen (oder auch weniger junge Menschen) sagen zu hören: »Ich werde erst dann eine wirkliche Bindung eingehen, wenn ich meinen Seelenpartner gefunden habe.« Im selben Moment, in dem Sie solche Worte aussprechen, errichten Sie ein gewaltiges Hindernis auf dem Weg, jemanden zu treffen, der vielleicht kein Seelenpartner, aber dafür ein Mensch ist, mit dem Sie großes

Glück erleben können. Sie müssen nicht auf die Suche nach Ihrem Seelenpartner gehen – ist es Ihnen bestimmt, dass Ihr Seelenpartner in Ihrem Leben erscheint, dann wird er oder sie das auch – sei es für einen kurzen Augenblick oder eine längere Zeitspanne.

Ich kann mich noch erinnern, wie ich einmal gemeinsam mit Joe die Fernsehnachrichten geguckt habe; darin kam auch ein Bericht über ein entsetzliches Zugunglück in England. Früher am Tag hatte ich schon einen flüchtigen Blick auf ein Foto davon in der Zeitung geworfen, aber vermieden, es mir genauer anzusehen. Nun wurde mir klar, es war etwas daran, das ich sehen sollte. Ich hätte es gleich besser wissen müssen, denn wenn Gott und die Engel mir etwas zeigen wollen, dann kann ich dem nicht aus dem Weg gehen.

In einem Filmbeitrag wurde ein Mann auf einer Bahre gezeigt und um ihn herum lauter Rettungssanitäter. Keine Ahnung, wer der Mann war, er gehörte jedenfalls zu den Überlebenden des Zugunglücks. Ich wusste, dass er in diesem Zug kurz vor dem schrecklichen Unfall seinem Seelenpartner begegnet war und dieser zu den Toten gehörte. Ich wusste das, weil mir erlaubt wurde, einen Blick auf die Verbindung zwischen den beiden zu werfen. Als man ihn auf der Bahre wegtrug, hob er seinen Arm und ich weiß auch, dass er die Seele seines Seelenpartners sehen konnte. Darüber hinaus durfte ich sehen, wie der Seelenpartner den Mann auf der Bahre tröstete und für sein Überleben sorgte. Welches Geschlecht der Seelenpartner gehabt hatte und ob er oder sie alt oder jung gewesen war, blieb mir jedoch verborgen. Ich wusste lediglich, dass die beiden Seelenpartner waren und ihre Wege sich nur flüchtig gekreuzt hatten.

Ich weiß noch, wie schrecklich traurig ich war, und dass ich dachte: Oh, mein Gott, so etwas hasse ich. Dabei ist »hassen« das falsche Wort. Ich empfand selbst furchtbaren Schmerz, als ich die Szene verfolgte, und so tiefes Mitgefühl für den Schmerz und den Verlust, den der Mann auf der Bahre gerade erlitt, als er seinen Seelenpartner für einen kurzen Augenblick sehen konnte und den Arm nach ihm ausstreckte. Ich weiß nicht, ob der Mann sich später an die flüchtige Begegnung mit seinem Seelenpartner erinnern würde. Mitunter laufen auf der spirituellen Ebene Dinge ab, während wir uns gerade in einem Schmerz- und Schockzustand befinden. Und hinterher fragen wir uns dann, ob das betreffende Ereignis Wirklichkeit war: Haben wir tatsächlich etwas gesehen oder war das Ganze vielleicht doch nur ein Lichtblitz?

Etwa zur selben Zeit wurde ich mir meiner Verbindung zu einem Mann sehr bewusst, der seine Frau umgebracht hatte. Egal, wo ich mich gerade aufhielt oder was ich gerade tat, diese Verbindung schob sich auf irgendeine Weise in den Vordergrund: Wenn ich das Radio einschaltete, kam etwas über den Mörder in den Nachrichten; ging ich die Straße hinunter, fiel mein Blick auf eine Zeitung, und sei es, dass sie auf dem Bürgersteig lag und ich darüber hinweglief. Die Schrift stand deutlich über dem Papier, so als wollte sie sich davon lösen – und das Einzige, was mir aus dieser Zeitung in die Augen sprang, war eine Meldung über den grauenhaften Mordfall. Eines Abends ging ich in unser Vorderzimmer, machte den Fernseher an und geriet in die Spätnachrichten. Als ich den Apparat wieder ausschalten wollte, funktionierte der Knopf nicht. Der Fernseher ging einfach nicht aus! Dann hörte ich einen meiner Engel sagen: »Lorna, setz dich hin und schau dir die Nachrichten an.«

Ich tat es nur widerwillig – und was sah ich: einen Film über den Mann, der gerade des Mordes an seiner jungen Frau für schuldig befunden worden war – des vorsätzlichen, kaltblütigen, exakt geplanten Mordes. Während ich dasaß und auf den Film achtete, wurde mir gezeigt, was dieser Mann mit dieser Tat seiner Seele zugefügt hatte: Er hatte sein eigenes menschliches Selbst von seiner Seele getrennt, weshalb seine Seele nicht in sein Vorhaben eingreifen konnte. Damit hatte er Eiseskälte in sein Herz gesenkt. Es ist schwer, die richtigen Worte dafür zu finden, aber es war so, als hätte er seine Seele weggeschoben, weit hinter sich, und sie dann sozusagen mit Ketten an eine Wand gefesselt. Manchmal tun Menschen ihrer Seele solche Dinge an, weil sie sich und ihr Leben von der Gier beherrschen lassen, weil sie von materiellen Dingen besessen sind. Nicht der Teufel hatte das der Seele angetan, nein, der Mann allein ist es gewesen. In gewisser Weise hat er sich selbst in einen Mann aus Eis verwandelt.

Das war sein augenblicklicher Zustand; mir wurde erlaubt, seine Seele zu sehen, als er ins Gefängnis abgeführt wurde. Das alles bedeutet nicht, dass der Mann im Lauf der Zeit keine Gewissensbisse verspüren und seine Seele nicht doch ein paar Kettenglieder zerbrechen wird. Doch wird er niemals seine ermordete junge Frau zurückholen können und muss auf der Ebene der menschlichen Realität den Preis für seine Tat bezahlen. Doch am entsetzlichsten ist das, was er seiner Seele zugefügt hat. Das ist wirklich das Allerschlimmste. Denn wenn seine Seele freikommt, falls er das zulässt, wird er in seinem Inneren Höllenqualen leiden. Er wird alles daransetzen, diesen Gefühlen zu entgehen, doch letztlich wird er zusammenbrechen und tiefem, furchtbarem Schmerz ausgeliefert sein.

Dieser Mann hatte aus Habgier getötet. Er hatte geplant, einem anderen Menschen die Seele aus dem Leib zu reißen. Er nahm diese Seele, obwohl ihre Zeit noch nicht gekommen war. (Ich weiß, manche werden jetzt einwenden: Wenn man umgebracht wird, dann ist der Zeitpunkt eben doch gekommen, oder es handelt sich um eine Vergeltung, einen Ausgleich, für eine Tat in einem früheren Leben – doch das trifft nicht in jedem Fall zu.)

Er nahm ihre Seele, und seine Seele empfand furchtbare Qualen und schreckliche Schmerzen – und zwar deshalb, weil sie ihn nicht an der Ausführung seiner grauenvollen Tat hatte hindern können.

Und die Seele seiner ermordeten jungen Ehefrau fühlt große Trauer, weil sie weiß, dass seine Seele eingekerkert ist. Ihre Seele verzeiht ihm. Die Seelen verzeihen immer; es ist, als gäben Seelen niemals auf. Sie sind wie die Engel; und deshalb wird eine Seele niemals eine andere aufgeben.

Kapitel 24

Joes Rückkehr ins Leben

Eines Montagabends saß Joe gerade vor dem Fernseher und schaute die Nachrichten, als er plötzlich rief, ich solle ganz schnell dazukommen. Auf dem Bildschirm war ein Foto »unserer« Pfandleihe in Dublin zu sehen. Die dazugehörige Meldung lautete: Übers Wochenende waren Diebe in das Leihhaus eingebrochen und hatten es komplett leer geräumt. Ich traute meinen Ohren nicht! Der Einbruch war erst am Montagmorgen entdeckt worden, und die Beamten der irischen Nationalpolizei teilten mit, von den Tätern fehle bislang jede Spur, aber der Einbruch müsse sehr sorgfältig geplant worden sein.

Ich drehte mich zu Joe um, sah ihn an und sagte: »Das heißt, mein Ring ist weg.« Dann liefen mir die Tränen herunter: »Mein wunderschöner Ring!« Ich war ganz außer mir vor Aufregung. Joe legte seinen Arm um mich. »Jetzt kann er uns nicht mehr aus der Klemme helfen. Das ist doch einfach nicht fair!«

Ohne meinen Ring fühlte ich mich irgendwie verloren. Er bedeutete mir so viel, selbst wenn er, ehrlich gestanden, mehr Zeit im Leihhaus gelegen als an meinem Finger gesteckt hatte. Zu Anfang hoffte ich noch, die Polizei würde das Diebesgut mit meinem Ring irgendwo auftreiben, doch mit der Zeit wurde das immer weniger wahrscheinlich.

Nach ein paar Wochen fanden wir einen Brief von dem Pfandleiher in unserem Briefkasten. Joe musste ihn mir ungefähr vier Mal vorlesen. Darin stand, dass wir mit unserer Unterschrift unter dem Pfandschein die Firma aus aller Verantwortung für unser Eigentum entlassen hätten. Sie hätten keinerlei Haftung für den Ring übernommen, solange er sich bei ihnen befunden habe. Wir waren zutiefst enttäuscht: Mein schöner Ring war weg, und wir hatten nicht einmal Anspruch auf eine Entschädigung!

Joe versprach mir daraufhin, er werde mir eines Tages einen anderen Ring schenken. Ich entgegnete, darum gehe es mir nicht, denn kein Ring könne mir diesen meinen Verlobungsring ersetzen. Dann nahm Joe mich noch einmal in die Arme, und wir räumten den Brief weg.

Ein paar Tage später hockte ich gerade auf der Türschwelle unseres Hauses, als Engel Michael erschien. Es wirkte, als sei er von hinten durch den Garten ums Haus herumgelaufen. Er setzte sich zu mir auf die Türschwelle. Ich blockte ihn sofort ab: »Mir ist nicht nach reden.« Der Engel legte mir seine Hand auf die Schulter: »Lorna, die Sache mit deinem Ring tut mir schrecklich leid. Wir konnten nicht eingreifen.« Ich drehte mich zu ihm um, und sein Strahlen entlockte mir ein kleines Lächeln.

»Michael, ich wünschte so sehr, dass ihr etwas hättet unternehmen können«, antwortete ich. »Joe ist auch so traurig. Er hat das Gefühl, mich im Stich gelassen zu haben. Dieser Tage hat er sogar gesagt, wenn er hätte besser für uns sorgen können, wäre der Ring nie im Pfandleihhaus gelandet.«

»Vergiss nicht, Lorna, es ist nur ein Ring, ein Gegenstand. Deine Erinnerung sollte immer Joes Liebe gelten«, ermahnte mich der Engel. Nach einer Minute Nachdenken über Michaels Worte war mir klar, dass er natürlich recht hatte. Und gleich fühlte ich mich besser. Ich wandte mich dem Engel zu und lächelte ihn an. Daraufhin verschwand er wieder. Von da an kam mir der Ring nur noch selten ins Gedächtnis.

Politik interessiert mich an sich nicht, der Friede dafür umso mehr. Und damals, Mitte der 1990er Jahre, war viel von Frieden für Nordirland die Rede. Bei einer unserer Begegnungen befragte ich Engel Michael zum Nordirland-Problem. Er erklärte mir, es gebe Leute, die den Friedensprozess zum Scheitern bringen wollten. Sie würden damit zwar auf Dauer wahrscheinlich keinen Erfolg haben, doch der Friede werde noch lange auf sich warten lassen. Es könne 20 Jahre oder länger dauern, bis alles endgültig geregelt sei.

Seitdem beobachte ich und beobachte. In letzter Zeit ist mir aufgefallen, dass manche Leute deutlich offener geworden und zu mehr Zugeständnissen bereit sind, sie stehen unter dem Druck, frühere Standpunkte aufzugeben, um den Frieden herbeizuführen. Nach Michaels Worten ist es sehr wichtig, dass in Nordirland Friede einkehrt. Und zwar keineswegs nur für Irland und Großbritannien.

Irland bietet ein Beispiel für ein Land, in dem ein Religions- und Glaubenskrieg geherrscht hat – und wenn Irland den Weg des Friedens geht, dann kann das auch auf andere Länder einen positiven Einfluss haben.

Mir wurden verschiedene Visionen der Zukunft unserer Erde gezeigt, und zuweilen habe ich beim Hinschauen große Angst empfunden. Manche dieser möglichen Zukunftswege, die ich zu sehen bekam, waren wirklich grauenvoll, und sollte einer davon Realität werden, möchte ich das nicht mehr erleben. Aber ich habe auch viele herrliche Zukunftsvisionen gesehen, wo für alle Menschen Platz ist und sie in Frieden und Harmonie miteinander leben. Meiner Ansicht nach kann die Welt der Zukunft ein wunderschöner Ort sein, aber dazu muss jedes einzelne Individuum seinen Beitrag leisten.

Alle normalen Menschen wollen den Frieden. Einmal kam eine Frau aus Nordirland zu mir. Ihr Mann war bei den blutigen Auseinandersetzungen umgekommen, und ihr älterer Sohn saß wegen seiner Beteiligung an Terrorakten im Gefängnis. Es brach ihr fast das Herz, miterleben zu müssen, dass ihr älterer Sohn sein Leben zerstört und so viel Schmerz und Leid über andere Menschen gebracht hatte. Und ihr jüngerer Sohn war gerade dabei, in die Fußstapfen seines älteren Bruders zu treten. Die Mutter hatte große Angst, er könnte dabei auch noch getötet werden. Sie sah kein Ende dieser Spirale der Gewalt, deshalb ging sie täglich in die Kirche und betete für den Frieden und für ein normales Leben – und darum, dass ihr älterer Sohn wieder heimkommen und seinem kleinen Kind ein guter Vater sein würde, und dass sein jüngerer Bruder heiraten und eine Familie gründen könnte.

Wie sie mir erzählte, war sie es leid, an Beerdigungen teilzunehmen und wollte ihrerseits auch auf keinen Fall den Hass weitertragen. Aber sie kannte andere Großmütter, die den Hass aktiv schürten. »Es würde allein schon sehr viel ausmachen, wenn diese Großmütter aufhörten, ihren Kindern und Enkelkindern Hass einzuimpfen«, sagte sie mir. Sie versuchte ihr Möglichstes, um gegenzuhalten, aber es war alles andere als einfach. Ich fühlte mit ihr.

Die Worte des Engels Elija habe ich schon weiter vorne einmal gebracht: »Einen Krieg anzufangen und zu führen ist leicht, aber Frieden zu schließen und zu bewahren, das ist wirklich schwer.«

Während der letzten Monate waren meine Angst und Sorge um Joe dauernd gewachsen, denn sein Zustand verschlechterte sich zusehends: Er verlor an Gewicht, hatte ständig Probleme mit dem Magen, und sein Körper schien förmlich dahinzuwelken. Ich rief häufig den Arzt, aber der konnte offenbar auch nichts dagegen tun.

Eines Tages, Joe lag bei uns zu Hause im Bett, wurde er schwer krank und verlor darüber hinaus völlig die Orientierung: Er wusste weder, wer er selbst, noch wer ich war. Er stand große Qualen aus, und ich fürchtete schon, ihn zu verlieren. Als er wieder zu sich kam, musste er feststellen, dass ihm seine linke Körperhälfte nicht mehr gehorchte und seine Aussprache undeutlich war.

Joe hatte einen Schlaganfall erlitten!

Diesmal verbrachte er mehrere Monate im Krankenhaus, wo er eine intensive physiotherapeutische Behandlung bekam und auch wieder sprechen und laufen lernte. Allerdings zog er noch lange das linke Bein nach, und ich musste ihm sein Essen klein schneiden, weil er Schwierigkeiten mit dem Halten seiner Gabel hatte. Glücklicherweise hatte sich seine Aussprache nach einiger Zeit wieder normalisiert, und man hörte auch seiner Stimme den Schlaganfall nicht mehr an.

Als Joe sich dann zu Hause wieder einigermaßen erholt hatte, gingen wir abends bei Dunkelheit draußen manchmal noch ein paar Schritte. Joe wollte nicht gesehen werden, es wäre ihm peinlich gewesen, weil er glaubte, die

Leute würden ihn für einen Betrunkenen halten. Ich sagte ihm immer wieder, dass es überhaupt nicht zählte, was andere denken mochten, und legte auf diesen Spaziergängen meinen Arm um ihn – für eine so kleine Person wie mich bei einem so hoch gewachsenen Mann wie Joe nicht ganz einfach. Die Engel halfen mir, denn allein hätte ich ihn nicht stützen können.

Damals beklagte ich mich am laufenden Band bei Gott und den Engeln wegen Joes Krankheit und fragte: »Warum muss er krank sein? Warum könnt ihr nicht dafür sorgen, dass es ihm besser geht? Warum könnt ihr uns das Leben nicht leichter machen?« Eines Tages hatte ich mich draußen in den Garten verzogen, gab vor, dort etwas zu tun zu haben, damit ich ungesehen bleiben konnte, und ließ meinen Tränen freien Lauf. Als Engel Michael vor mir erschien, wäre ich beim Versuch, ein Blatt von unserem Pflaumenbaum abzupflücken, beinahe in ihn hineingetreten. Ich schluchzte los: »Michael, ich kann nicht glauben, dass Joes Leben zu Ende geht. Es ist zu früh! Bitte sag das Gott. Ich glaube nicht, dass ich es ertragen könnte, ich will nicht, dass Joe stirbt.«

»Gott kann dich hören, Lorna«, erwiderte Michael, »er kann in dein Herz schauen. Sieh mich an, Lorna, sieh mir in die Augen. Was siehst du?«

Als ich Michael in die Augen blickte, schien alles zu verschwinden – sogar Michael selbst. Seine Augen verwandelten sich in einen Pfad voller Leben und Licht. Auf jeder Seite standen schneeweiße Engel, und dann entdeckte ich Joe – als gesunden, starken jungen Mann, der, von Engeln begleitet, auf schon verstorbene Familienmitglieder zuging. Joe war auf seinem Weg in den Himmel. Ihn so wohl und glücklich zu sehen, erfüllte mein Herz mit Freude.

Zugleich schrie ich auf, und es brach aus mir heraus: »Nein, Engel Michael! Nein! Ich will nicht, dass Joe stirbt! Er ist noch viel zu jung dazu, er ist doch erst Anfang vierzig! Das ist nicht fair!«

Ich stand unter dem Pflaumenbaum und weinte mir das Herz aus dem Leib. Michael tröstete mich, er hatte seine gefiederten Flügel um mich gebreitet und hielt mich fest in den Armen. Nach einer Weile hob er seine Flügel wieder von mir und wischte mir die Tränen aus den Augen.

»Sei stark, Lorna, geh jetzt und gib gut auf deine Familie und auf Joe acht.«

Der Engel berührte meine Stirn und verschwand dann in einem Lichtblitz.

Ein paar Wochen danach bat mich eine Freundin darum, mich am folgenden Abend um eine Rat suchende Familie zu kümmern – bei uns zu Hause. Ich reagierte etwas zögerlich auf ihre Bitte, wegen Joe, und weil die Kinder dann aus der Schule daheim wären, und Abendessen, Sporttraining, Hausaufgaben und alles mögliche andere zugleich in dem kleinen Haus stattfinden würde.

Schließlich sagte ich zu, wenngleich ein bisschen widerstrebend.

Doch am nächsten Abend stand Joe überraschenderweise zum Abendbrot auf und beschloss, zusammen mit Christopher einen Freund zu besuchen. Ich hielt meine Augen auf Joe gerichtet, mir schien, als schwebe seine Seele die ganze Zeit über einen Schritt vor ihm. Da bekam ich wirklich Angst und sagte ihm, er brauche nicht wegzugehen, ich könne mich mit der Familie doch einfach in die Küche setzen. Joe entgegnete, er würde bei der Ankunft der Familie lieber nicht da sein, und ich solle mir keine Sorgen machen, schließlich sei Christopher doch bei ihm.

Da klopfte es an der Tür. Die Familie war zu früh dran, weshalb Joe und Christopher meinen Besuchern im Flur begegneten.

Und als die Leute gingen, war es ebenso: Joe kam gerade zurück, und sie trafen wieder im Flur aufeinander. Ich verabschiedete die Familie an der Eingangstür und ging in die Küche zurück. Dort stand Joe, er war kreideweiß im Gesicht und schien mir ein wenig hektisch. Ich stellte augenblicklich Wasser auf, kochte Tee, gab vier Teelöffel Zucker in seine Tasse und bestand darauf, dass er sich setzte und seinen Tee sofort trank. Dann machte ich ihm ein belegtes Brot und goss ihm eine zweite Tasse Tee ein. Ich stand am anderen Tischende, sah Joe zu und fragte ihn: »Bist du sicher, dass alles in Ordnung ist mit dir?«

»Mir geht's gut«, gab er zurück, »kein Grund zur Aufregung.«

Er konnte höchstens zwei Bissen von seinem Brot gegessen haben, als sich die Atmosphäre im Raum veränderte. Im selben Moment öffnete Ruth die Küchentür, sie war im Nachthemd und barfuß, und fragte: »Mami, kann ich noch eben eine Freundin anrufen? Es ist was wegen der Schularbeiten.« Ich schaute von Ruth zu Joe und dann wieder zu Ruth: »Ja, gut, aber mach schnell.«

Von da an lief alles in Zeitlupe ab – zunächst war nur Ruth zu hören, wie sie die Nummer wählte, dazu das Klicken der Wählscheibe, dann ihre Stimme, die »Hallo« sagte.

Und von einer Sekunde auf die andere ging es Joe sehr schlecht. Ich habe immer mit aller Macht verhindern wollen, dass die Kinder jemals Zeugen einer solchen Situation würden. Als sie ihren Vater in Krämpfen sah, begann Ruth hysterisch loszuschreien. Und ich versuchte, Joe und unserer Tochter gleichzeitig Beistand zu leisten. Ich wusste, dass Joe sterben würde, und brauchte dringend Hilfe. Also rief ich im Stillen nach den Engeln, während ich laut zu Ruth sagte: »Geh Christopher holen.«

Wie sich herausstellte, war Christopher einkaufen gegangen und nicht da, um mich zu unterstützen. Daraufhin sagte ich Ruth, sie solle die Notrufnummer 999 wählen, um einen Rettungswagen bitten und unsere Adresse angeben. Ich hörte sie völlig aufgelöst auf jemanden am anderen Ende der Leitung einreden. Danach schickte ich sie los, um einen der Nachbarn zu Hilfe zu holen. Ruth rannte aus der Tür, immer noch schluchzend und schreiend und immer noch ohne Schuhe.

Währenddessen stand ich neben Joe, hielt ihn fest und betete. Ich tat, was ich konnte, um ihm körperlich zu helfen, stützte ihn, als er über dem Küchentisch zusammensank. Kaum war Ruth aus der Tür, als ein Lichtblitz aufzuckte. Joe und ich, die wir in der Küchenmitte am Tisch saßen, wurden in eine Art riesigen Eis- oder Kristallwürfel eingeschlossen. Sein Inneres war hohl und sehr, sehr kalt. Zwar konnte ich meinen Atem als Wölkchen sehen, mir war aber nicht kalt. Aus Joes Mund kam kein Hauch; er hatte zu atmen aufgehört, und seine Lippen liefen allmählich blau an. Ich weinte laut: »Engel, darauf bin ich nicht vorbereitet!«

Schneeweiße Engel betraten den Würfel. Ich schrie und weinte: »Nein, Gott! Bitte nimm Joe jetzt noch nicht zu dir. Lass ihn noch ein bisschen länger auf der Erde bleiben!«

Mit tiefem Schmerz im Herzen beobachtete ich, wie Joes Seele vollständig aus seinem Körper heraustrat und der Pfad, den Engel Michael mir gezeigt hatte, erschien. Und ich konnte Joe sehen, so wie in Michaels Augen: Seine Seele erstrahlte, wunderschöne Engel gingen ihm zur Seite, und in weiterer Entfernung warteten Mitglieder von Joes

Familie am Weg, um ihn willkommen zu heißen. Als er auf sie zuschritt, flehte ich Gott immer noch an, er möge Joe doch bitte noch ein Weilchen länger auf der Erde bleiben lassen, ihn noch nicht jetzt gleich sterben lassen, und brachte vor, dass wir, die Kinder und ich, ihn doch noch brauchten.

Plötzlich fühlte ich große Wärme und die Stimme Gottes ertönte: »Ich werde ihn dir zurückgeben, Lorna, aber nur dieses eine Mal, und du darfst nie wieder darum bitten.« Gott sprach mit sehr fester Stimme, und mir wurde klar, dass er deshalb so streng war mit mir, weil ich um etwas gebeten hatte, um das ich nicht hätte bitten dürfen. Ich kam mir vor wie in meinen Kindertagen, wenn ein Erwachsener zornig auf mich war. In Gottes Stimme lag eine derart geballte Autorität, dass ich wusste, ich hätte ihn nicht bitten sollen. Seine Worte sind mir von da an ständig in Erinnerung geblieben: Ich darf nie wieder darum bitten.

Plötzlich setzte Joes Körper sich auf. Er öffnete den Mund, und es war, als werde das Leben in den Menschenkörper zurückgesogen. Als Joes Seele in den Körper zurückkehrte, leuchtete die Lebenskraft unglaublich stark. Erst da bemerkte ich, dass es Joes Schutzengel gewesen war, der ihn aufgerichtet hatte. Joe drehte sich zu mir und sagte im Flüsterton: »Ich glaube, ich war schon auf dem Weg in den Himmel.« Dann schien er das Bewusstsein zu verlieren.

Und auch erst dann drangen Geräusche aus dem Hausflur an mein Ohr: Ruth und unser Nachbar stürmten durch die Eingangstür und zugleich riefen Christopher und Owen: »Was ist los?«, während sie die Zufahrt herauframnten.

Als die Ambulanz eintraf, bedurfte es einiger Überzeugungskraft, um Joe dazu zu bringen, sich ins Krankenhaus fahren zu lassen. Endlich gab er nach, und ich folgte mit einem Nachbarn in dessen Auto. Einige Stunden später kam ein Arzt aus Joes Zimmer und teilte mir mit, dass Joe ein Riesenglück gehabt habe – denn bei seinem Eintreffen im Krankenhaus habe er im Koma gelegen. »Joe muss jemanden haben, der über ihn wacht«, meinte der Arzt. Ich lächelte, denn ich wusste ja, wer dieser »Jemand« war – Joes Schutzengel – und dass Gott ein Wunder gewirkt und Joe sein Leben zurückgegeben hatte.

Joe blieb zwei Wochen im Krankenhaus, und ich dankte Gott unablässig für dieses Wunder, dafür, dass er mir Joe für eine Weile wiedergeschenkt hatte. Wie viel Zeit uns miteinander bleiben würde, wusste ich nicht: ob Wochen, Monate oder vielleicht sogar noch ein paar Jahre. Ich hoffte natürlich von ganzem Herzen, es würden Jahre sein … Doch eines war mir vollkommen klar: Wenn die Zeit diesmal um war, durfte ich Gott nicht wieder bitten, meinen Mann noch länger am Leben zu lassen.

Joe war mir zwar zurückgegeben, aber gesundheitlich hat er sich nie wieder erholt. Er war die meiste Zeit bettlägerig und auf Dauer arbeitsunfähig. Es waren harte Zeiten für uns, wobei die Kinder alles taten, um zu helfen. Sie nahmen schon als Zwölfjährige ihre ersten Nebenjobs an und gaben einen Teil ihres Lohnes bei mir ab. Doch gleich, wie schwierig die Umstände auch sein mochten, Joe und ich haben immer größten Wert darauf gelegt, dass unsere Kinder die Schule zu Ende bringen und eine gute Ausbildung erhalten. Ich selbst bin das Gefühl nie losgeworden, um etwas gebracht worden zu sein, als meine Eltern mich mit 14 Jahren von der Schule nahmen.

Mir fiel auf, wie verrostet unser Gartentor war, und dass es dringend einen neuen Anstrich vertragen konnte. Eines Morgens, die Luft war frisch und kalt, hatte ich ein bisschen Zeit übrig und fand im Schuppen tatsächlich einen alten Malerpinsel, den ich nur auszuwaschen brauchte, und eine halbvolle Dose mit schwarzer Farbe. Dann machte ich mich an die Arbeit. Während ich so vor mich hin werkelte, kam ein Junge auf dem Fahrrad vorbei, hielt an und begrüßte mich. Es war Paul, einer von Christophers Schulfreunden. Sie waren beide ungefähr im selben Alter, so um die 14 Jahre. »Weshalb bist du nicht in der Schule?«, wollte ich von ihm wissen.

Er entgegnete, er sei krank gemeldet. Es ging ihm aber gut genug, um mir die Hand zu geben und mir seine Hilfe anzubieten. Ich reichte ihm ein altes Messer, und er fing an, die blättrige Farbe vom Tor abzukratzen. Dabei erzählte er ununterbrochen Geschichten aus der Schule und vom Angeln, riss zwischendurch Witze und lachte viel. Nach etlicher Zeit hatte ich für diesen Tag genug, dankte Paul und verabschiedete mich. Er hob sein Fahrrad auf, schwang sich darauf und fuhr die Straße hinunter. Ich behielt ihn dabei im Auge und sah, dass er von vier Engeln umringt war.

Sie schienen neben, vor und hinter ihm zu rennen – als wollten sie dadurch verhindern, dass er vom Rad fiel. »Was macht ihr Engel denn da?«, erkundigte ich mich. Denn ich konnte keinen Grund entdecken, weshalb Paul hätte stürzen sollen, auf mich wirkte er vielmehr wie ein ausgezeichneter Radfahrer. Seinen Schutzengel konnte ich nicht entdecken. Eigentlich fand ich Pauls Besuch bei mir auch ein bisschen merkwürdig, denn so etwas hatte er vorher noch nie getan.

Während der folgenden drei Tage dachte ich aber nicht weiter darüber nach. Dann machte ich an unserem Tor weiter, bis ich jemanden kommen hörte. Ich legte den Pinsel weg und lief hinaus auf die Straße, um nachzuschauen, und da kam Paul auf mich zu, er schob sein Rad. Hinter ihm erschien sein Schutzengel. Ich wusste sofort, dass etwas nicht in Ordnung war, denn obwohl Paul gesund und stark schien, leuchtete die Lebensenergie um ihn herum nicht. Stattdessen war sie gleichsam heruntergedreht und ließ sein Lebenslicht trübe wirken. Was ich auch nicht verstehen konnte, war, weshalb er den Kopf hängen ließ.

Ich rief: »Paul!«, und er schaute auf, lächelte mich über das ganze Gesicht hinweg an und rannte mitsamt seinem Fahrrad auf mich zu. Er ließ es auf den Boden fallen und fragte, ob er mir zur Hand gehen könne. »Ja«, antwortete ich lachend, »du bist heute bloß ein bisschen spät dran!«

Dann ließ ich den Jungen einen Moment lang am Tor stehen und lief durch den Garten zum Schuppen, um einen zweiten Pinsel für ihn zu suchen. Hinter dem Haus angekommen, fragte ich meine Engel: »Was ist los?« Zwar ließ sich keiner von ihnen blicken, dafür aber sprachen viele Engel gleichzeitig und einstimmig: »Alles, was du tun musst, Lorna, ist Zeit mit Paul verbringen. Hör ihm einfach zu.«

»Kein Problem«, gab ich zurück, »hoffentlich finde ich noch einen Pinsel für ihn.«

Und tatsächlich trieb ich einen zweiten Pinsel auf. Als ich wieder ums Haus herum nach vorne lief, sah mir Paul schon erwartungsvoll entgegen. Jetzt plötzlich leuchtete seine Lebensenergie wieder, sie strahlte hell, und ich begriff nicht, wie und warum sich das innerhalb einiger weniger Minuten hatte so drastisch verändern können. Aber ich merkte, dass er glücklich war, und das stimmte mich froh. Dann strichen wir gemeinsam das Tor, während Paul unentwegt erzählte, herumwitzelte und lachte. Er erwähnte, dass er in der übernächsten Woche Geburtstag haben würde.

Als es Zeit für ihn wurde, schwang Paul sich wieder aufs Rad, und ich schaute zu, wie er davonfuhr – und wieder sah ich die vier Engel mitrennen. Der Anblick war so köstlich, dass ich in mich hineinlächelte: Die vier Engel trugen lange, lose fallende Gewänder, sie bewegten sich mit großer Eleganz und schienen über den Boden zu gleiten wie mit heißer Luft gefüllte Seifenblasen. Ihre Farbe war ein matter Bernsteinton, und sie hatten ein mildes Leuchten an sich, ein wenig wie Sonnenstrahlen auf einer Wasserfläche. Sie anzusehen, tat meinen Augen wohl. Nachdem ich Paul und seine Engel aus dem Blickfeld verloren hatte, ging ich zurück durchs Tor und nach hinten zu den Schuppen. Dort versuchte ich Kontakt zu meinen Engeln aufzunehmen, weil ich von ihnen mehr über den Jungen wissen wollte, doch ich erhielt keine Antwort.

Paul ging mir nicht mehr aus dem Kopf. Am nächsten Tag wanderte ich ganz für mich alleine die Landstraße entlang, entfernte mich aber nicht allzu weit von unserem Häuschen. Bei einem Weidetor machte ich halt und rief nach meinen Engeln. Zunächst hatte ich den Eindruck, sie würden nicht reagieren, weshalb ich mich umwandte und weiter die Straße entlanglaufen wollte. Plötzlich jedoch erschien Engel Elija und sagte: »Wo willst du denn hin, Lorna? Komm zurück hierher.«

»Das wird aber auch Zeit«, meinte ich, »wo habt ihr Engel denn gesteckt?«

»Wir waren die ganze Zeit in deiner Nähe, Lorna«, entgegnete Elija.

»Engel Elija, ich mache mir Sorgen um einen Jungen namens Paul. Ich weiß, dass etwas mit ihm nicht in Ordnung ist.«

»Alles, was du zu tun hast, Lorna, ist Paul deine Aufmerksamkeit zu schenken«, sagte Elija.

»Elija, ich habe Angst um ihn!«, erklärte ich dem Engel. »Warum empfinde ich bloß so? Er ist ein großartiger Junge.«

»In bestimmten Fällen bekommen wir Engel die Aufgabe zu versuchen, die Zukunft eines bestimmten Menschen oder einer Gruppe – falls irgendwie möglich – zu verändern. Und das ist es auch, was wir für dieses Kind tun wollen. Wir flüstern zwar vielen Menschen unsere Bitte, in diesem Geschehen einen Part zu übernehmen, ins Ohr; aber nur wenige hören auf uns, und möglicherweise sind es zu wenige. Im Moment bist du der Rettungsanker für Paul, du bist einer der Gründe, weshalb er noch hier auf der Erde ist. Denn du, Lorna, hörst uns immer zu. So, und jetzt geh nach Hause, und arbeite weiter an eurem Gartentor. Wir werden Paul bei dir vorbeischicken, damit er sich mit dir unterhalten, mit dir lachen und fröhlich sein kann.«

»Kannst du mir denn nichts Näheres sagen, Elija?«, bat ich.

»Nein, Lorna, das geht nicht, denn du allein kannst Pauls Zukunft nicht ändern. Da müssen auch noch andere Menschen mitspielen.«

Dies war eine jener Gelegenheiten, und ich erlebe so etwas andauernd, bei der sich eine Reihe kleiner Vorfälle zu einem großen Ereignis verbinden. Deshalb soll man dem unbedingt nachkommen, wenn die Engel einen zu irgendeiner Kleinigkeit veranlassen wollen, etwa jemandem ein Lächeln zu schenken oder jemanden für eine gut verrichtete Arbeit zu loben – ganz gleich, wie belanglos einem die Sache in dem Moment auch erscheinen mag. Scheinbar unbedeutende Dinge können, in einen größeren Zusammenhang gestellt, lebenswichtig werden.

Jedes Mal, wenn ich hinausging, um an unserem Gartentor weiterzumachen, tauchte Paul auf. Völlig unabhängig von der Tageszeit: Ob am Morgen, Spätnachmittag oder Abend – Paul kam, um mir zu helfen. Als er mich bat, Christopher auszurichten, dass er ihn gerne zu einem Angelausflug an seinem Geburtstag einladen würde, antwortete ich ihm, Christopher würde sicher entzückt sein von der Einladung, er müsse sie dann allerdings vom Samstag, seinem Geburtstag, auf den Sonntag verschieben, da mein Sohn sonnabends immer auf einer Kohlenhalde arbeitete. Paul erzählte, sie hätten den Angelausflug als »Familienunternehmen« geplant. Er war sehr aufgekratzt und dankte mir, dass ich Christopher die Erlaubnis für den Ausflug geben würde. Daraufhin erklärte ich Paul, ich würde ihm die Verantwortung für Christopher übertragen, er solle ein Auge auf ihn haben und dafür sorgen, dass mein Sohn wieder heil nach Hause komme – und dafür, dass er einen Haufen Fische fange, mit denen ich dann am Montag das Abendessen bestreiten könnte. Paul lachte und meinte, er werde sein Bestes tun.

Als Christopher an diesem Tag aus der Schule kam, gab ich Pauls Geburtstagseinladung an ihn weiter. Er war so begeistert, dass er sofort seine Angelsachen hervorholte und sie in Erwartung des Ausflugs vorsorglich im Flur zurechtlegte.

Als ich das nächste Mal draußen stand und am Tor vor mich hin arbeitete, erschien Paul auch da wieder prompt. Bis zu seinem Geburtstag waren es nur noch ein paar Tage, und er war schon ganz aufgeregt. Wir strichen gemeinsam weiter, und später fuhr Paul glücklich nach Hause. Ich sah ihm nach, als er die Straße hinunterradelte, und konnte keine Veränderung entdecken, seine Engel waren auch heute unmittelbar bei ihm, um ihn zu beschützen und ihn notfalls aufzufangen.

Ich sah Paul nie wieder. Einen oder zwei Tage darauf hörte ich Christophers Schlüssel im Türschloss, und dann stürmte er sofort zu mir in die Küche. Er war ganz außer sich. Bevor er noch ein einziges Wort gesprochen hatte, wusste ich, es war etwas mit Paul. »Mam, stell dir vor, Paul ist heute Morgen gestorben. Es war ein tragischer Unfall. Ich kann es noch gar nicht glauben. Wir wollten doch an seinem Geburtstag zum Fischen fahren. Lass uns rüberlaufen zu ihm nach Hause, zu seinen Leuten.«

Ich war völlig am Boden zerstört; es erschien mir so ungerecht. Ich tröstete Christopher und nahm ihn fest in die Arme. Dann meinte ich, wir sollten Pauls Eltern noch etwas Zeit lassen, bevor wir sie besuchten.

Am nächsten Abend gingen Christopher und ich zu Pauls Eltern, dort drängten sich die Menschen, um ihnen ihr Mitgefühl auszudrücken. Nachdem wir unseren Tee getrunken hatten, unterhielt Pauls Vater sich noch ein paar Minuten allein mit Christopher. Dann verabschiedeten wir uns und kehrten nach Hause zurück. Unterwegs sagte Christopher: »Mam, es war so seltsam dort ohne Paul, das Haus wirkte so leer ohne ihn. Ich werde Paul immer vermissen.«

Ich wusste, dass Pauls wunderschöne vier Engel ihn direkt in den Himmel hinaufbegleitet hatten, mitsamt seinem Fahrrad und der Angelausrüstung auf dem Gepäckträger. Und ich weiß auch, dass Paul dort oben im Himmel viele Fische fängt …

Es waren vielleicht sechs Monate seit Pauls Tod vergangen, als Joe sich ausnahmsweise einmal wohl genug fühlte, um aufzustehen und gemeinsam mit unserem inzwischen 15jährigen Sohn in einem Pub in der Innenstadt einen alten Freund zu treffen. Wie Christopher mir später berichtete, war es in dem Pub düster, gesteckt voll und sehr laut. Er stand dicht neben seinem Vater, als die Stimmung plötzlich sehr aggressiv wurde. Nachdem Joe seinen alten Freund entdeckt hatte, wollten sich alle drei einen Weg durch die Menge zurück zum Ausgang bahnen.

Dann rempelte plötzlich irgendjemand einen anderen an, und eine Rauferei ging los. Nach seinen eigenen Worten hatte Christopher große Angst ausgestanden. Ein paar Männer folgten ihnen nämlich auf die Straße und suchten nach einem Vorwand, um eine Schlägerei vom Zaun zu brechen, einer davon hielt eine abgeschlagene Flasche mit gezackten Rändern in der Hand. Joe erklärte ihnen, sie seien nicht auf Randale aus, er habe sich in dem Pub nur mit einem alten Freund verabredet. Als sie weitergehen wollten, fingen die Typen plötzlich an, sie herumzuschubsen. Christophers Angst war inzwischen natürlich noch gewachsen. Und mit einem Mal hatte er ganz stark Pauls Gegenwart empfunden. Er erzählte mir: »Ich bin mir ganz sicher, dass er da war, Mam. Es war sogar so, als wäre er wirklich da, so wie du und ich. Er stieß die Männer zurück und drängte uns nach vorne. Ich fühlte, wie er Paps und mich beschützte. In meinem ganzen Leben hatte ich noch nie eine solche Heidenangst, Mam, aber als ich Pauls Anwesenheit fühlte, wusste ich, wir würden mit heiler Haut davonkommen.«

Ich sagte Christopher, er solle nie vergessen, dass Paul immer für ihn da sein würde, wenn er seinen Schutz bräuchte. Über die Jahre hinweg habe ich oft an Paul gedacht, und ich danke ihm, dass er Christopher für mich beschützt hat. Ich danke ihm, dass er sich an meine Bitte erinnert hat, für Christophers Sicherheit zu sorgen.

Jeden Tag, wenn ich vom Einkaufen zurück war, brachte ich Joe eine Tasse Tee und hockte mich für ein Schwätzchen zu ihm auf die Bettkante. Eines Tages hatte Joe eine Geschichte für mich. Sein Schutzengel saß rechts neben ihm, und eine Unmenge anderer Engel hatte sich auf seinem Bett verteilt. Alle sahen in Joes Richtung und warteten darauf, was er mir erzählen würde:

»Du wirst es nicht glauben, Lorna, aber während du einkaufen warst, kam ein kleines Mädchen, ein Geist, hier zur Tür hereingehüpft. Sie war vielleicht drei Jahre alt und hatte langes hellbraunes Haar, das hinter ihr herwehte. Sie sah schmutzig aus, als hätte sie im Matsch gespielt und hatte ›Matschkuchen‹ in den Händen. Sie stand genau dort, wo du gerade sitzt, und sagte zu mir: ›Papi, komm, spiel mit mir.‹ Dann drehte sie sich um und sprang wieder aus der Tür.«

Ich war hingerissen und zugleich restlos verblüfft – wusste ich doch, was das hieß: Wir würden noch ein Kind haben! Zwar hatten wir uns immer ein weiteres Kind gewünscht, aber Ruth war inzwischen zwölf, und bei Joes Gesundheitszustand hätte ich mit allem anderen eher gerechnet. Es war ein Wunder! Ich dankte Gott und meinen Engeln dafür.

Joe hatte noch nie zuvor einen Geist gesehen. Mir schien, als erlaubten Gott und die Engel ihm jetzt, mehr zu sehen, um ihn verstehen zu lehren, dass er weit mehr war als nur ein Körper.

Ich klärte Joe nicht sofort darüber auf, dass seine Begegnung mit dem Geist des kleinen Mädchens bedeutete, wir würden noch eine Tochter bekommen, sondern ließ ihn erst einmal bei der Begeisterung bezüglich dieses wunderhübschen kleinen Geistes. »Weshalb hat sie mich bloß ›Papi‹ genannt?«, staunte er.

Auch ich bekam den kleinen Geist zu Gesicht, und das noch, bevor ich schwanger wurde. Er glich Joes Beschreibung aufs Haar. Als ich einmal in der Küche ein Tablett mit Tee für Joe herrichtete und es eben hinaustragen wollte, hüpfte das kleine Ding, das kleine Mädchen, gerade durch die Esszimmertür. Sie war so wunderschön – und dann plötzlich verschwunden. Als ich das Schlafzimmer betrat, erzählte Joe gleich als Erstes, das kleine Mädchen sei wieder da gewesen, habe »Papi« zu ihm gesagt und mit ihm spielen wollen.

Diesmal entschlüsselte ich Joe die Bedeutung seiner Begegnung mit dem Geist des kleinen Mädchens: Gott würde uns noch eine Tochter schenken. Und Joe wollte es nicht glauben: »Gott müsste mir schon eine Menge Lebenskraft einhauchen, damit ich noch mal ein Kind zeugen könnte. Dazu bräuchte es schon ein echtes Wunder!«

Doch bereits kurze Zeit darauf bemerkte ich bei mir die ersten Anzeichen einer Schwangerschaft.

Einmal stand ich gerade vor dem Spiegel, als um mich her lauter Engel erschienen und dazu ein goldenes Licht. Dann konnte ich die Energie des Lebens in meinem Bäuchlein sehen: Einen Wirbel in allen Smaragdtönen und -schattierungen. Als er sich nach innen öffnete, konnte ich das Kleine in mir sehen, gerade mal so groß wie ein Staubkörnchen. Dieser Anblick berührte mich tief und erfüllte mich mit großer Liebe zu meinem ungeborenen Kind.

Zwischen Ruth und unserem neuen Baby lagen zwölf Jahre, weshalb ich mich erst einmal wieder an den Gedanken, erneut Mutter zu werden, gewöhnen musste. Außerdem hatte ich längst alles weggegeben, was man für so ein Baby braucht. Demzufolge hatten die Engel alle Hände voll zu tun, um hier Abhilfe zu schaffen. Sie mussten einer Menge Leute gute Gedanken ins Ohr flüstern. Doch als Megan dann zur Welt kam, hatte ich eine komplette Erstausstattung für sie beisammen und war allen daran Beteiligten sehr dankbar: den Engeln und den Menschen, die auf sie gehört hatten.

Manchmal kommt mir sehr deutlich zu Bewusstsein, dass die Engel wirklich mächtigen Aufwand für uns getrieben haben: An jenem Weihnachten war das Geld bei uns wieder einmal sehr knapp. Am Vorweihnachtsabend saßen wir alle beim Essen um den Küchentisch, als es an der Tür klopfte. Christopher ging öffnen und kam mit einem fremden Mann zurück, dem er beim Hereintragen einer riesigen Schachtel half.

Christopher stellte den Fremden als Father Tom vor, einen der Geistlichen an seiner Schule. Father Tom meinte: »Ich hoffe, Sie haben jetzt nicht das Gefühl, ich will in Ihre Privatsphäre eindringen. Die Hauswirtschaftsklasse hat gebacken und dann einstimmig beschlossen, dass ihre gesamte Weihnachtsbäckerei einer Familie in Maynooth zugute kommen sollte – und ich habe gehört, bei Ihnen wäre das alles genau an der richtigen Stelle. An Heiligabend bringe ich Ihnen dann noch einen Truthahn und einen Schinken. Und machen Sie sich bitte keine Gedanken – niemand in der Klasse weiß, an welche Adresse die

Sachen gegangen sind. Deshalb bin ich auch alleine herge-
fahren, in der Hoffnung, Christopher würde bei dem Karton mit Hand anlegen.«

Ich dankte ihm und lud ihn zum Tee ein. Während ich ihn
zubereitete, »befreiten« Father Tom, Joe und die Kinder das
Weihnachtsgebäck aus den Verpackungen. Und es war
wirklich alles dabei, wovon man nur träumen konnte – wahre Unmengen und alles selbst gebacken. Es war einfach
unglaublich. Ich brühte den Tee auf und dankte Gott und
den Engeln. Während ich Father Tom seine Tasse reichte
und einen der herrlichen Apfelkuchen anschnitt, warf ich
einen Blick auf meine Kinder und sah das Leuchten in ihren
Augen. Dann fragte ich den Geistlichen: »Father Tom,
woher wussten Sie ...?«

Er antwortete, er habe nur verlauten hören, wir hätten
es schwer, aber mehr nicht. Ich sah über den Tisch zu Joe,
doch als er den Kopf schüttelte, war klar, dass ich Father
Tom nicht über das ganze Ausmaß seiner Krankheit ins
Bild setzen sollte. »Haben Sie Dank, dass Sie Ihren Engeln
zugehört haben«, sagte ich ihm, »und danken Sie bitte der
Hauswirtschaftsklasse in unser aller Namen für diesen
ganzen Segen.«

An Heiligabend erschien Father Tom tatsächlich wieder,
diesmal mit dem größten Truthahn meines Lebens und
einem herrlichen Schinken. Als wir dann am Weihnachtstag am Kamin saßen, sagte Joe zu mir, er schäme sich dafür,
dass er nicht richtig für mich und die Kinder sorgen könne.
Ich sah ihm in die Augen und entgegnete: »Es ist doch
wirklich nicht deine Schuld, dass du seit Jahren so krank
bist!« Dann versuchte ich, ihn zu trösten: »Du bist doch
ganz ohne eigenes Zutun so krank geworden. Solche Worte sind ganz unangebracht.«

Joe hatte dergleichen schon öfter geäußert, und im Lauf der Jahre habe ich von anderen Kranken häufig Ähnliches zu hören bekommen. Obwohl sie selbst überhaupt nichts für ihre Krankheit können, schämen sie sich deswegen, halten sich für eine Plage und eine Belastung ihrer Familien. Manchmal fragte ich Joe: »Warum bist du denn heute so grantig?« Und er pflegte zu antworten: »Ich bin nicht böse auf dich oder die Kinder, ich bin böse mit mir selbst, weil ich krank bin und nicht imstande, anständig für dich und die Kinder zu sorgen. Ich bin komplett unfähig.«

Als wir an jenem Weihnachtsabend vor dem Kamin saßen, lächelte ich Joe zu und fügte als Bestätigung für ihn an: »Wenn du dich gut genug fühlst, arbeitest du bis zum Umfallen im Garten. Wenn du irgendwie kannst, putzt du die Küche, worüber ich mich jedes Mal sehr freue, wenn ich vom Einkaufen zurückkomme. Du tust doch wirklich alles, was du kannst. Deine Kinder und ich, wir lieben dich so sehr.«

Kapitel 25

Michael offenbart mir sein wahres Wesen

Eines Abends war ich bedrückt und fühlte mich sehr belastet, daher betete ich ununterbrochen, bat Gott um Wunder für die Menschen, die bei mir Rat und Hilfe gesucht hatten. Es war schon spät, das Haus lag ruhig da, die Kinder schliefen längst, ich war auf dem Weg ins Bett, während Joe es sich noch mit einer letzten Tasse Tee vor dem Kamin gemütlich gemacht hatte. Ich schaltete die Nachttischlampe auf Joes Seite ein und schlüpfte unter die Decke. Ich setzte mich aufrecht im Bett hin, Kissen im Rücken, die Knie angezogen, schlug die Hände vors Gesicht und versenkte mich ins Gebet.

Ich weiß nicht, wie lange ich so ausgeharrt hatte, als ich meinen Namen rufen hörte. Auf der anderen Bettseite, neben der Nachttischlampe, stand der Engel Michael. Ich fand ihn strahlend wie immer, aber sein Aussehen sehr verändert.

Engel Michael wählt seine Kleidung stets nach der Botschaft aus, die er für mich hat – was mir das Verständnis erleichtert. An diesem Abend glich er einem Prinzen: Er trug eine goldene Krone, dazu ein Gewand in Weiß und Gold, das zwar um die Taille von einem Gürtel in Gold und Schwarz gerafft wurde, sonst aber lose fiel und oberhalb seiner Knie endete. In der Hand hielt er eine Schriftrolle. Das schulterlange Haar wehte ihm wie bei leichtem Wind

ein wenig hinterher. Seine saphirblauen Augen strahlten
wie gewohnt und um seinen Mund zog sich ein wahrhaft
himmlisches Lächeln. Die Lederriemen seiner Sandalen
waren mehrfach über Kreuz die Wade hinauf gebunden,
den Spann zierte jeweils ein goldenes Kruzifix. Sein Leuchten war schier unglaublich hell.

»Gott hört alle deine Gebete, Lorna«, sagte Michael zu mir.
»Nimm jetzt Stift und Zettel aus der Schublade, und schreib
mit, ich habe eine Botschaft Gottes für dich: ein Gebet.«

Ich tat, wie der Engel mir geheißen und saß schreibbe-
reit im Bett, als Michael die Schriftrolle öffnete und die folgenden Worte laut vorlas:

> *Gebet von Deinen Engeln der Heilung*
> *Von Gott, überbracht durch Michael, den Erzengel.*
> *Gieße Deine Heilenden Engel,*
> *Deine Himmlischen Heerscharen aus über mir,*
> *Und über denen, die ich liebe,*
> *Lass mich den Strahl Deiner*
> *Heilenden Engel auf mir fühlen,*
> *Das Licht Deiner Heilenden Hände.*
> *Ich werde Deine Heilung beginnen lassen,*
> *auf welche Weise auch immer Gott sie gewährt.*
> *Amen*

Als Michael geendet hatte, bat ich ihn, das Gebet noch einmal vorzulesen, aber ein wenig langsamer, weil ich beim
Notieren Schwierigkeiten hatte. Mir erschien die Sprache
ein wenig seltsam, sehr ungewohnt, aber der Wortlaut war
wirklich genau so. Engel Michael lächelte, streckte den
Arm aus und berührte mit einem seiner Finger meine Stirn.
»Versuch's jetzt noch mal, Lorna«, sagte er.

Und als er das Gebet von der Schriftrolle erneut verlas, hatte ich beim Mitschreiben plötzlich überhaupt keine Probleme mehr. Die obenstehenden Worte entsprechen ganz und gar dem Originalwortlaut, wie Michael ihn mir übermittelt hat – auch wenn es sich für unsere Ohren vielleicht sogar nicht ganz korrekt anhören mag. Michael fügte hinzu: »Lorna, Gott hat dir dieses Gebet gesandt, gib es an jeden Menschen weiter, der Beistand bei dir sucht.«

Daraufhin dankte ich dem Engel und Gott in meinem eigenen und im Namen all jener Menschen, die ihren Nutzen daraus ziehen würden.

Michael neigte das Haupt und entschwand.

Schon als ich Engel Michael zum ersten Mal begegnet war, damals in meinem Kinderzimmer in Old Kilmainham, hatte ich sein Anderssein gespürt: Seine Kraft, die viel ausgeprägter war als bei den meisten anderen Engeln. Als ich ungefähr 14 Jahre alt war, hatte er mir erklärt, er sei ein Erzengel, doch durfte ich das niemandem offenbaren.

Aus der zweiten Zeile des Gebets, das er mir in jener Nacht von Gott überbrachte, damit ich es weitergeben sollte, ging hervor, wer er war: »Überbracht von Gott durch Michael, den Erzengel.« Und so wusste ich, wie ich in Zukunft von ihm sprechen durfte.

Manchmal leuchtet der Erzengel Michael bei seinem Erscheinen so herrlich, als stünde er direkt im Mittelpunkt der Sonne. In diesen Momenten bin ich schier geblendet und muss ihn bitten, sein Licht zu dämpfen. Seine Helligkeit, seine Ähnlichkeit mit dem Sonnenlicht zeigt, dass er – wie die Sonne – eine Macht jenseits unseres Begreifens ist und dass er – wie die Sonne – das Leben selbst auf unseren Planeten bringt.

Die Erzengel nehmen laut Michael unter den Engeln die Stellung von »Generälen« ein: Sie haben Macht über andere Engel und über die Seelen, und alle gehorchen ihnen. Sie senden Engel in alle Winkel des Universums, um Gottes Willen zu erfüllen und Seine Botschaften zu überbringen.

Die Erzengel sind zahlreich, weit zahlreicher als üblicherweise angenommen, und Michael ist einer der mächtigsten. Er ist der Erzengel der Sonne und Gabriel der des Mondes. Alle Erzengel bilden eine Einheit: Sie umgeben Gott, wenn Er auf Seinem Thron sitzt – eine überaus starke Macht zur Verteidigung der Himmel und Garanten der Fortdauer des immerwährenden Schöpfungsprozesses.

Am nächsten Morgen berichtete ich Joe, dass der Erzengel Michael mir ein Gebet direkt von Gott überbracht hatte. Daraufhin begann er, das Gebet zig Mal abzuschreiben, für die Menschen, die Rat suchend zu mir kamen. Später bot mir eine Freundin an, es für mich fotokopieren zu lassen. Bis heute gebe ich dieses Gebet jedem in die Hand, der zu mir kommt und mich um Beistand bittet. Und nicht wenige haben mir erzählt, dass die »Engel der Heilung« ihnen als Antwort auf dieses Gebet geholfen haben.

Alle Engel vollbringen Heilungen, aber es gibt eine bestimmte Gruppe, eben die Engel der Heilung, die von den Schutzengeln herbeigerufen werden, wenn Heilung vonnöten ist. Es gibt buchstäblich Millionen von ihnen, unendlich vielgestaltig, in allen Größen und Formen; Gott verteilt seine Engel der Heilung allezeit über die ganze Erde. Und wir brauchen sie nur um Hilfe zu bitten.

Dabei müssen wir jedoch eines bedenken: Die Heilung wird in der Weise vor sich gehen, die Gott bestimmt hat, weil sie die beste für uns ist. Manchmal erkennen wir vielleicht gar nicht einmal, dass eine Heilung stattgefunden hat, weil es unter Umständen nicht die Art von Heilung ist, um die wir gebeten haben – es kann eine Heilung auf emotionaler oder spiritueller Ebene gewesen sein, anstatt auf der körperlichen. Wir müssen nach Heilung Ausschau halten und sie erkennen lernen, wenn sie geschieht. Mitunter kann eine Heilung sich in kleinen Anzeichen äußern, beispielsweise darin, dass ein Mensch, der über einen langen Zeitraum hin depressiv gewesen ist, wieder lächelt oder lacht; darin, dass jemand, der lange Zeit körperliche Schmerzen ertragen musste, sich mit einem Mal besser fühlt; oder dass eine völlig gestresste Mutter, die überhaupt nicht mehr zurechtkam, plötzlich Freude und Glück empfindet.

Es kann auch sein, dass die Engel der Heilung durch Kinder wirken: Ein Kind dreht sich um und sagt etwas zu seiner Mutter oder einem anderen Erwachsenen, etwas von Bedeutung, etwas, das den Erwachsenen hilft, zu verstehen, weshalb die Dinge sind, wie sie sind, und wie man sie besser machen könnte.

Im Sommer darauf kam eines Morgens eine Mutter mit ihrer Tochter zu mir. Die Tochter, eine junge Frau von Anfang zwanzig namens Sophie, hatte als Folge eines Verkehrsunfalls ständig Schmerzen im Arm, die in den Körper ausstrahlten. Die Ärzte waren mit ihrem Latein am Ende. Sophie litt jetzt schon seit Jahren unter diesen Schmerzen, und die Mutter war wegen dieses Zustands in großer Sorge um Sophie. Nach dem Willen der jungen Frau sollte ich erst alleine mit ihrer Mutter sprechen, sie setzte sich solange in unseren kleinen Flur und steckte die Nase in eine Zeitschrift.

Ich beschäftigte mich etwa eine halbe Stunde mit ihrer Mutter, dann betete ich über ihr, segnete sie und bat die Engel der Heilung um Hilfe für jeden Teil ihres Lebens. Das Gebet gab ich ihr auch mit auf den Weg. Als ich die Mutter anschließend hinausbegleitete in den Flur zu ihrer Tochter, wusste ich augenblicklich, dass die Engel da gewesen sein mussten: Es war viel heller und wärmer; die Luft wirbelte und enthielt das, was ich die »Brise der Heilenden Engel« nenne. Ich lächelte, denn ich wusste ja, was passiert war.

Sophie saß auf ihrem Stuhl und schlief ganz fest. Ihre Mutter weckte sie behutsam, und die junge Frau schaute uns noch ganz benommen an. Dann strahlte sie plötzlich und verkündete: »Ich habe gar keine Schmerzen mehr. Sie sind weg. Meine ganzen Schmerzen sind weg!«

Mit diesen Worten stand Sophie auf und bewegte ihren Körper nach allen Richtungen, winkelte Arme und Beine an, überprüfte, ob ihr tatsächlich nichts mehr wehtat. Wie ein kleines Mädchen tanzte sie im Flur auf und ab. Sie lachte und strahlte vor lauter Glück, einen Körper zu haben, an dem kein Schmerz mehr nagte.

»Oh, Lorna, ich fühle mich einfach wundervoll! Ich habe geträumt, Sie hätten mich in Schlaf versetzt, und während ich schlief, umringten mich unzählige Engel und berührten mich – sie haben mich gesund gemacht.«

Ich nahm sie mit in mein kleines Zimmer, um sie zu segnen und Gott und den Engeln für ihre Heilung zu danken. Stellen Sie sich vor – ich hatte ja noch nicht einmal über ihr gebetet, da waren die Engel der Heilung schon ans Werk gegangen.

Ab und zu bekomme ich von Menschen gesagt, dass ich ihrer Meinung nach eine besondere Verbindung zu Gott und den Engeln hätte, denn wenn sie mich bäten, etwas für sie zu erbitten, ginge es in Erfüllung. Manchmal ängstigt mich dieses große Zutrauen anderer zu mir. Ich habe die Sorge, dass Gott ihnen nicht in jedem Fall die erbetene Heilung zuteilwerden lässt – nämlich dann, wenn sie ihnen nicht bestimmt ist. Ich weiß, dass Gott immer Heilung spendet, doch mitunter erkennen die Menschen sie nicht als solche, weil sie selbst eine andere Vorstellung davon hatten.

Bisweilen erreichte mich der Anruf einer Mutter oder eines Vaters, die ihr Kind vorher schon einmal zu mir gebracht hatten, mit der Bitte, an einem bestimmten Tag für das Kind zu beten, weil es da eine Operation zu überstehen hatte. Danach erzählten sie mir, dass sie ihr Kind im Krankenhaus jeden Tag mit dem Heil-Gebet segnen oder dass das Kind die Worte selbst spricht. Von einem Jungen weiß ich sogar, dass er seinen ganzen Krankenhausaufenthalt über den Zettel mit dem Gebet unter seinem Kopfkissen liegen hatte. Etliche Menschen rufen mich aber auch an, um den Engeln und mir zu danken, und berichten mir von Heilerfolgen.

Eines Sonntagvormittags, ich war mit den Kindern gerade von der Messe zurückgekehrt, da klopfte es an der Tür. Als ich öffnete, fand ich zu meiner Überraschung eine ältere Dame draußen vor. Sie entschuldigte sich sehr dafür, mich ausgerechnet am Sonntag zu stören; sie war in Tränen aufgelöst – mein Herz flog ihr zu, und ich bat sie herein. Sie war schon ziemlich betagt und fühlte sich schlecht. Sie war dem Tod bereits sehr nahe und ängstigte sich vor einem schmerzvollen Ende. Sie wollte durch mich Gott um ein Wunder bitten. Ich betete über ihr, segnete sie und gab ihr das Gebet mit. Als sie mich verließ, wirkte sie schon deutlich gelöster. Etwa sechs Wochen darauf stand sie erneut – und wieder unerwartet – vor der Tür. Sie bat um Nachsicht und meinte, sie werde mich nur eine Minute in Anspruch nehmen.

»Gott hat ein Wunder geschehen lassen«, erzählte sie mir, »ich saß in meiner Küche auf dem Sofa und fühlte mich sehr elend, als ich mit einem Mal eine große Stille und Frieden im ganzen Raum verspürte. Als ich aufsah, da stand mitten im Zimmer ein Engel vor mir. Er war ganz in Weiß gekleidet und schien zu schweben; er leuchtete strahlend hell und lächelte mir zu. Im nächsten Augenblick war er fort.«

Das reichte ihr aus – sie hatte ihr Wunder erlebt. Indem er sie diesen Engel sehen ließ, schenkte ihr Gott inneren Frieden und nahm ihr zugleich die Angst vor dem Sterben. Wie sie mir sagte, war ihr klar, dass sie an ihrer Krankheit sterben würde, doch bis dahin wollte sie ihr Leben noch in vollen Zügen auskosten. Jetzt wollte sie den Rest ihres Lebens noch genießen und ihre Familie wissen lassen, wie sehr sie sie liebte. »Lorna, ich weiß jetzt, dass es einen Ort namens Himmel gibt, denn ich habe einen Engel gesehen«, erklärte sie mir. »Ich habe nicht länger Angst vor dem Sterben, weil ich weiß, dass ein Engel bei mir sein wird. Wenn meine Zeit gekommen ist, wird dieser Engel sich meiner Seele annehmen und ihn zurücklassen, diesen runzligen alten Körper, der zu nichts mehr taugt, nicht einmal mehr für mich. Ich fürchte mich nicht mehr vor dem Sterben – und das ist ein Wunder!« Ich erinnere mich noch an mein Lächeln während ihrer Worte.

Sie selbst lachte; sie hatte ihre Angst verloren und freute sich sogar in gewisser Weise auf den Tag, an dem ihr physischer Körper sterben und der Engel erscheinen würde, um ihre Seele abzuholen – und das war das Wundervollste daran.

»Wäre es nicht großartig«, meinte sie noch, »wenn ich dann eines Tages selbst als Engel auf die Erde zurückkäme, um die Seelen meiner geliebten Angehörigen in den Himmel hinaufzubegleiten?«

Die alte Dame leuchtete selbst von innen heraus, und auf ihren Zügen lag ein bezauberndes Lächeln. Wir sprachen gemeinsam ein Gebet, und dann ging sie. Ich habe sie nie wiedergesehen.

Eines dürfen wir nie vergessen: Die uns von Gott gesandten Engel können uns wirklich helfen, wenn wir es ihnen ermöglichen; wenn wir unsere Herzenstüren öffnen und den Engeln Zutritt in unser Leben gewähren. Wir brauchen keine Angst zu haben, denn dazu gibt es wirklich keinen Grund. Wir empfinden Furcht vor dem Unbegreiflichen: vor Gott und vor seinen Engeln. Denken Sie immer daran, ein Engel wird Ihnen niemals etwas zu Leide tun; mich hat niemals ein Engel verletzt, und ich kann Ihnen versichern, bei Ihnen wird es ebenso sein.

Als Megan etwa zwei Jahre alt war, unternahmen wir eines Sonntags einen Ausflug in die Wicklow-Berge, in die Nähe des Sally Gap. Wir hatten die Straße verlassen und waren in eine wie ausgestorben wirkende Gegend gelangt, eine flache, grasbewachsene Ebene mit merkwürdigen, kleinen, verstreut liegenden Felsbrocken. Bei unserem Abstieg mehrten sich die Felsen und wurden, je weiter wir nach unten kamen, immer größer. Der Hang wurde zunehmend steiler, ähnlich einer Klippe, aus der ein paar Bäume emporwuchsen. Vom Rand dieses schroffen »Kliffs« konnten wir auf einen herrlichen See blicken. Er lag in die Berge eingebettet, an seinem Ufer stand ein großes Haus und auf der gegenüberliegenden Seite sahen wir Wild äsen.

Nachdem wir ein Stück unseres Wegs hinunter bewältigt hatten, ließ ich mich auf einem Felsen nieder, während Joe und Ruth gemeinsam mit Megan ein Stückchen weiterliefen, alle drei Hand in Hand, unsere Jüngste in der Mitte. Ich legte mich rückwärts auf den Felsen, schloss für ein paar Minuten die Augen und ließ mir die Sonne ins Gesicht scheinen. Als ich bald darauf Joe, Ruth und Megan zurückkommen hörte, öffnete ich die Augen und setzte mich auf. Ich blickte in Richtung des Wegs, aber meine drei waren noch außer Sichtweite. Dann kamen sie näher, und ich konnte sehen, dass Joe rechts außen lief, Ruth links und sie beide Megan an den Ärmchen durch die Luft schwangen. Die Kleine lachte und jauchzte in den höchsten Tönen, hatte einen Riesenspaß daran, mit Hilfe ihres Vaters und ihrer älteren Schwester herumzuhüpfen und hochzuspringen.

Was als Nächstes geschah, erfüllte mich mit innerem Überschwang und Lebensfreude: Megans Schutzengel tauchte hinter ihr auf und sprang mit. Er schien sogar durch Megan hindurchzuhüpfen und plötzlich einen Meter vor ihr herumzutanzen. Der Schutzengel meiner kleinsten Tochter glich einem kleinen Mädchen von etwa acht Jahren, mit braunen Augen so groß wie Untertassen. Sie strahlte und war wunderschön anzusehen, wie sie da barfuß sprang und tanzte, wobei ihre Füße den Boden natürlich nicht berührten. Ihr langes dunkles Haar war zu einem Zopf geflochten und mit einer bunten Schleife in Orange, Rot und Grün abgebunden, weiter oben steckte noch eine rote Feder. Ihre Stirnmitte schmückte ein Lichtstern. Eine Sekunde lang glaubte ich, auch Flügel an ihr ausmachen zu können. Ihr ärmelloses hellgoldenes Gewand ähnelte einer

Tunika – Megans Schutzengel war eine lichtvolle Erscheinung, seine Bewegungen von federleichter Anmut.

Dann schlüpfte das Engelmädchen zurück in Megans Körper und war verschwunden. Außer mir hatte niemand etwas von seiner Anwesenheit bemerkt, und meine Familie lief mir weiter entgegen.

Megans Schutzengel unterscheidet sich stark von den Schutzengeln meiner anderen Kinder – sie hatten nie etwas Kindliches an sich; aber ich glaube, Megans Engel wird gemeinsam mit ihr groß werden. Wenn ich so zurückdenke, kommt mir in den Sinn, dass Megans erstes Wort nicht Mami oder Papi war, sondern etwas mir völlig Unbekanntes. Ich erzählte Joe, dass die Engel mir den Namen von Megans Schutzengel genannt und ich sie gebeten hätte, ihn mir zu buchstabieren, damit ich ihn für Megan aufschreiben und ihn ihr geben könnte, wenn sie ein wenig älter sein würde.

Während ich in Haus und Garten arbeite oder zum Einkaufen gehe, spreche ich immer stille Gebete. Eines Abends musste ich noch allerhand im Haushalt erledigen, wie es den meisten Müttern so ergeht. Dabei hatte ich das Haus mehr oder weniger für mich, denn Joe und Megan schliefen schon fest. Ruth unterstützte eine Freundin beim Babysitten, Owen war beim Sporttraining, und Christopher besuchte einen Freund zu Hause am anderen Ende unseres Vororts. Draußen war es dunkel, doch durchs Fenster fiel der Schein der Straßenlaterne an der Ecke. Ich genoss die Ruhe und den Frieden, das Gefühl, zwar für mich, aber doch nicht wirklich alleine zu sein. Mit einem Mal begann ich die

Stille wahrzunehmen, eine atmosphärische Veränderung, als würde die Zeit angehalten; kein Laut war zu hören. Ich sah auf meine Hände hinunter und betrachtete die Energie um sie herum, sie flimmerte und sprühte. Diese Energie ist immer vorhanden, doch bevor ein Engel erscheint, leuchtet sie manchmal stärker und heller. Dadurch wurde mir klar, dass jeden Moment ein Engel auftauchen würde. (Es gibt aber nicht immer solche Vorzeichen, mitunter merke ich vorher gar nichts, und es geschieht einfach.)

Ich trat aus der Küche, ein Geschirrtuch in der Hand, und wäre im Flur beinahe in eine weiße Engelfrau hineingestolpert. Sie bat mich, ins Vorderzimmer zu kommen und verschwand. Als ich die Tür zum Vorderzimmer öffnete, fiel mein Blick auf eine andere Engelfrau am Fenster – sehr viel machtvoller als die erste und von atemberaubender Schönheit –, die mir zulächelte. Sie unterschied sich ganz und gar von jedem anderen Engel, den ich bis dahin oder auch später jemals zu Gesicht bekommen habe. Schon ihr Gewand in Feuerrot und Gold war einfach umwerfend und ganz anders als alles, was ich jemals in der Art gesehen hatte. Ihren Scheitel schmückte eine märchenhafte Krone, aus deren Mitte Millionen und Abermillionen hauchdünner, seidenartiger Fäden herabhingen. Sie trugen Diamanten und Saphire aller Schattierungen und waren zu zierlichen Zöpfchen geflochten; zart umhüllte dieses glitzernde Gespinst ihren ganzen Körper. Auch die Flügel dieser hinreißenden Engelfrau waren überwältigend: Sie glichen lodernden Flammen, die Federn waren mit funkelnden Juwelen besetzt. Obwohl ich sie mir ganz genau und in allen Einzelheiten angesehen habe, fällt es mir schwer, diese Ausnahme-Erscheinung zu beschreiben. Sie war absolut einzigartig, in jeder Hinsicht perfekt, jeder Teil von ihr schien ein Eigenleben zu führen. Sie war so überirdisch schön, dass ich die Augen für einen Moment von ihr wenden musste, weil sie so viel Herrlichkeit auf einmal gar nicht aufnehmen konnten.

Ihr Antlitz erstrahlte in Lebendigkeit, sie war vollkommen, ihre blauen Augen leuchteten wie die Sonne, nur Milliarden Male heller. Wie könnte man ein solches Geschöpf in Worte fassen? Ich kann nur noch eines ergänzen: Von ihren Augen gingen unendlich viel Sanftheit, Mitgefühl, Friede und Liebe aus. Ich weiß, dieser Himmelsengel vor mir konnte alles sehen. Es war, als kenne und erkenne sie jedes kleinste Teilchen im gesamten Universum – etwas weit außerhalb unserer begrenzten menschlichen Vorstellungskraft und Verständnismöglichkeiten.

In Anwesenheit eines so machtvollen Wesens begann ich zu zittern. Mir wurde erlaubt, ihre Macht zu spüren und anzuerkennen.

Erst als ich die Worte hörte: »Lorna, geh ein bisschen weiter ins Zimmer hinein«, bemerkte ich, dass rechts hinter mir noch ein Engel stand.

Ich tat ein paar Schritte, den Blick unverwandt auf die herrliche Engelfrau vor mir gerichtet, bekam aber mit, wie die Tür hinter mir ins Schloss fiel. Während die Engelfrau sich auf mich zubewegte, sagte sie mit einem Lächeln: »Du musst keine Angst haben, Lorna.«

Im selben Moment fühlte ich unendlichen Frieden und Freude in mir. Die Engelfrau sprach weiter: »Du weißt, wer ich bin, Lorna?«

»Nein«, entgegnete ich.

»Ich bin die Engelskönigin.«

»Du meinst, du bist die Muttergottes?«, fragte ich. Ich war geschockt, oder besser gesagt, der menschliche Teil von mir war es, auf einer anderen Ebene hatte ich durchaus Klarheit darüber, wer da vor mir stand.

»Ja, Lorna«, gab sie zurück, »ich bin die Königin des Himmels, die Königin der Engel, die Königin der Seelen. Fürchte dich nicht, Lorna, und sag mir ruhig, was du auf dem Herzen hast.«

»Königin der Engel«, begann ich, »ich bin dir schon viele Male begegnet, du bist die Mutter mit einem Kind, die ich am Himmel gesehen habe.« Ich erinnerte mich, wie ich als Kind in Ballymun auf der Schaukel gesessen und die Engelfrau mir ihr Antlitz gezeigt hatte.

»Ja, Lorna, das ist richtig«, bestätigte sie.

»Mein größter Wunsch ist, dass du, Muttergottes, dich einmal der ganzen Welt zeigen würdest.« Weinend fuhr ich fort: »Um allen Hass und alle Kriege zu beenden. Um alles Leid, allen Hunger und alle Zerstörung durch Kriege, die um materielle Dinge, um der Religion und der Macht willen geführt werden, abzuschaffen.« Flehentlich sah ich sie an, die Tränen liefen mir über das Gesicht. »Diese Welt braucht ein Wunder!«

»Lorna, ich suche den Weg in die Herzen der Menschen, aber eines Tages werde ich wirklich erscheinen, und die ganze Welt wird mich sehen können – so wie du jetzt.« Dann schenkte mir die Engelskönigin ein unvergleichliches Lächeln, ihre Augen verströmten Liebe und die sie flammengleich umzüngelnden Lichtstrahlen schlugen hoch, bis sie mich berührten und all meine Traurigkeit von mir nahmen.

Dann wollte ich noch von ihr wissen, ob ich sie wiedersehen würde. Sie sagte Ja und verschwand.

Ich glaube fest daran, dass das geschehen wird. Schon in der Vergangenheit ist die Königin der Engel erschienen, und sie erscheint auch noch heute an verschiedenen Orten, allerdings immer nur einigen wenigen Menschen. Doch bin ich überzeugt, dass sie eines Tages nicht mehr nur für einige, sondern für alle Menschen sichtbar werden wird und das auch nicht nur einen flüchtigen Augenblick lang – sie wird vielmehr eine Weile auf der Erde bleiben, damit die ganze Welt sie sehen und erkennen kann. Und sie wird den Beweis liefern, den die Menschheit in ihrer Schwäche benötigt – das wird der Beginn einer tief greifenden Veränderung sein.

Kapitel 26

Ein böser Geist zeigt sich

Manchmal lassen Menschen Satan in ihr Leben hinein. Das kann mit Vorbedacht und in böser Absicht geschehen, aber auch durch negative Gefühle wie Neid, Wut oder das Empfinden, im Leben ungerecht behandelt worden zu sein. So gewinnt Satan beispielsweise immer wieder Zugang zu Menschen, die in Besitz- oder Erbstreitigkeiten verwickelt sind.

Das Ausmaß, in dem Satan eine Seele zu verdunkeln imstande ist, variiert. Unter seinem Einfluss erlangt die betreffende Person vielleicht ein nach außen hin glanzvolles Leben, dafür wird Satan aber das Leben der Menschen in ihrem Umfeld zerstören, und schließlich, wenn niemand eingreift, auch noch die Seele des oder der betreffenden Menschen selbst.

Der einzige Weg, Satan aus seinem Leben zu vertreiben, führt über das eigene spirituelle Wachstum, die Rückbesinnung auf Gott, die Erneuerung der Verbindung zu Gott und den Engeln, die Öffnung des Herzens für Gottes Liebe und Mitgefühl. Wer die Engel darum bittet, den unterstützen sie dabei. Und es muss nicht einmal die betroffene Person selbst die Bitte um Hilfe aussprechen, an deren Stelle kann dies ein Familienmitglied oder ein Freund übernehmen. Ich habe bei verschiedenen Gelegenheiten erlebt, dass es auch durch Mittler funktioniert. Es ist wichtig, dies im Gedächtnis zu behalten, für den Fall, dass das Böse den eigenen Lebensweg kreuzt: Das Gebet irgendeines anderen Menschen, unabhängig von dessen Glaubensrichtung und sonstigem Hintergrund, kann die Lage nicht nur bedeutend verändern, sondern tut es auch wirklich.

Menschen können an spiritueller Reife zulegen, ohne dass es ihnen selbst überhaupt zu Bewusstsein kommt, möglicherweise merken sie nicht einmal etwas davon. Vielleicht hat ja ein anderer für einen gebetet, oder man hat als Kind darum gebeten und ist Jahre später spirituell erwacht. Mir sind schon eine Menge Menschen begegnet, bei denen es sich genau so verhalten hat.

Im Lauf der Jahre haben mich viele Menschen aufgesucht, deren Leben bis zu einem gewissen Ausmaß unter den Einfluss Satans geraten ist. Für mich ist das immer gut erkennbar, denn Satan kann der Versuchung nicht widerstehen, seine Gegenwart zu zeigen.

Einmal stand ein erfolgreicher irischer Geschäftsmann vor meiner Tür. Nach seinen eigenen Worten war er sich über den Grund seines Kommens selbst nicht ganz im Klaren, doch hatte ihn ein Freund – nach zweijährigem, zähem Ringen, wie er selbst zugab – schließlich überreden können, mich zu konsultieren. Er habe ein paar schreckliche Dinge getan, teilte er mir mit. Und er räumte ein, nicht auch nur einen einzigen Gedanken auf die Folgen seines Handelns für andere Menschen verwendet zu haben. Seiner Ansicht nach gab es überhaupt nur eine einzige wichtige Person in seinem Leben, und zwar ihn selbst, und als Zweites zählte für ihn allein das Geld.

Und dennoch war ihm etwas widerfahren: Er berichtete mir nämlich, dass seine alten Freunde ihn nicht mehr mochten und auch seine Familie nichts mehr mit ihm zu schaffen haben wollte. Aber wie ich weiß, muss jemand für ihn gebetet haben, deshalb kam er ja zu mir. Er wollte von mir wissen, weshalb er keine Reue verspürte. Irgendwo und irgendwie wusste er also, dass er sich falsch verhalten hatte; er wusste, dass er Gewissensbisse haben sollte, was er aber nicht wusste, war, auf welche Weise sie sich bemerkbar machen würden. Er wollte fähig sein, Reue zu empfinden, außerdem wollte er seine Freunde und die Familie zurückgewinnen.

Er saß mir mit verschränkten Armen am Küchentisch gegenüber und sagte, er wolle sich ändern; er wollte nicht länger so bleiben, wie er war. Trotz seines gesenkten Kopfes konnte ich erkennen, dass ihm die Tränen in den Augen standen. Und dann wurde mir gezeigt, wie der böse Geist Satans zum Vorschein kommt.

Der Mann saß leicht über den Küchentisch gebeugt, hatte die Arme auf dem Tisch verschränkt und hielt den Kopf gesenkt, und dennoch sah ich aus seiner Brust, gleichsam aus den Tiefen seines Seins, ein verzerrtes Gesicht auftauchen und den Kopf zur Seite drehen. Der Mann saß völlig reglos, als ginge ihn das alles nichts an. Die Fratze, das Gesicht des Bösen, schaute mich an und kicherte boshaft. Dieses Mal, wie auch bei den anderen Gelegenheiten, als ich böse Geister in Menschen sehen konnte, schien er ausdrücken zu wollen: Ich habe dich diesmal fast getäuscht, du hättest mich beinahe nicht entdeckt! Der böse Geist hatte sich zunächst verborgen gehalten, dann aber beschlossen, sich mir selbst zu präsentieren.

Aus einem merkwürdigen, mir auch nicht völlig verständlichen Grund können böse Geister sich nicht zurückhalten, vor mir in Erscheinung zu treten. Doch ganz gleich, weshalb – wenn das geschieht, ist das jedes Mal ein Zeichen dafür, dass Satan wieder verloren und Gott mit seinen Engeln den Sieg davongetragen hat.

Ich betete über dem Mann, segnete ihn und gab ihm das Heil-Gebet mit, das er in seine Brieftasche steckte. Während der nächsten Monate betete ich weiterhin für ihn.

Etwa ein Jahr nach seinem Besuch bei mir rief er mich an. Wie er mir erzählte, waren Veränderungen in seinem Leben eingetreten, und zwar bereits ab dem Moment, als er unser Haus verließ. Jedoch hatte er Angst davor verspürt, sich das einzugestehen. Dann fügte er hinzu, er versuche, wenigstens bei einigen der Menschen, die er verletzt hatte, Wiedergutmachung zu leisten, und dass seine Geschäfte gut liefen, inzwischen allerdings auf ehrliche Weise. Am Schluss sagte er noch, er habe hoffentlich nicht zu lange damit gewartet, um mir, Gott und den Engeln zu danken. Ich forderte ihn auf, die Engel auch weiterhin um ihren Beistand zu bitten und erinnerte ihn daran, niemals seinen Dank zu vergessen, und sei es für die kleinsten Dinge. Bis zum heutigen Tag bete ich für diesen Mann.

Einmal war ich gerade unterwegs zum Einkaufen und dabei, die Hauptstraße in Maynooth zu überqueren, als eine Stimme zu mir sagte: »Langsam, Lorna.« Zwar konnte ich außer einem Licht neben mir nichts sehen, hatte aber die Stimme des Erzengels Michael erkannt. »Lass uns die kleine Straße da vorne hinuntergehen, dort können wir in Ruhe miteinander sprechen.« Also bog ich nach rechts in das Sträßchen ein und lief so lange weiter, bis ich sicher sein konnte, von der Hauptstraße aus unbeobachtet zu bleiben.

Dann geschah, was ich erwartet hatte: Michael erschien in menschlicher Gestalt neben mir – zugegeben, sehr menschlich, wenngleich er für meine Begriffe etwas zu perfekt wirkte. Als ich in seine Augen blickte, konnte ich den Engel in ihm sehen.

»Wir möchten, dass du auf deinem Weg nach Maynooth sehr langsam über die Kanalbrücke gehst und dabei einen Blick hinunterwirfst, den Kanal entlang, so weit die Sicht reicht.«

»Was gibt es da zu sehen«, wollte ich wissen, »erzähl's mir bitte, bevor ich auf die Brücke komme.«

Daraufhin erklärte mir Michael: »Lorna, im Moment bist du dir der Seele eines Babys noch nicht bewusst; der Seele eines Babys, das zwar schon empfangen ist, aber noch nicht geboren wurde. Doch genau in dem Augenblick, wo du über die Brücke gehst, werden euer beider Seelen miteinander verbunden. Außerdem wirst du die Seele der Mutter erkennen, aber nur ganz blass – wie einen Geist.«

Als Michael so mit mir sprach, fühlte ich mich behandelt wie ein unverständiges Kind und entgegnete: »Michael, ich bin eine erwachsene Frau und habe selbst Kinder. Ich habe zwar keine Ahnung, worum es geht, aber ich akzeptiere die Verbindung zwischen der Seele des kleinen Kindes und meiner eigenen. Wirst du gemeinsam mit mir über die Brücke laufen?«

»Nein, Lorna, das musst du alleine tun. Geh langsam, auf der Brücke erwartet dich ein anderer Engel, er wird dir helfen, zu begreifen, dir helfen, die Seele des Ungeborenen kennenzulernen, während es im Mutterleib heranwächst. Tu alles, worum dich dieser Engel bittet. Wenn du in Zukunft die Brücke überquerst, wird der Engel jedes Mal da sein und dich auf einem Teil deines Weges begleiten. Mit jedem Monat wird deine Verbindung mit der Seele dieses Kindes stärker werden.«

Wir machten kehrt, um die kleine Straße zurückzulaufen, und als wir bei der Hauptstraße angelangt waren, verschwand der Erzengel. Ich blickte in Richtung der Kanalbrücke und konnte – natürlich – dort einen Engel auf mich warten sehen. Er war hoch gewachsen, schlank, elegant, weiß wie frisch gefallener Schnee und von einem strahlenden Leuchten. Ich ging langsam, so wie Michael es mir aufgetragen hatte, und als ich den Fuß auf die Brücke setzte, fühlte ich mich mit einer kleinen Seele verbunden.

Der Engel stand in der Brückenmitte, und als ich ihn erreicht hatte, blieb ich bei ihm stehen. Während er mich mit großer Sanftmut und Liebe ansah, sagte er: »Ich heiße Engel Arabia.« Dann berührte er meine Hand, und ich drehte mich zur Seite und blickte den Kanal entlang. Die ganze Szenerie schien sich hinter Glas zu befinden, nichts bewegte sich mehr, so wie auf einem Bild. Mir wurde erlaubt, die Empfindungen der Mutter und ihre Liebe für ihr ungeborenes Kind zu spüren, doch dazu kamen Tränen, unendlich viele Tränen. Während ich auf der Brücke stand, lief jemand an mir vorüber, sagte »Hallo« und gewohnheitsmäßig grüßte ich zurück.

Anschließend nahm ich den Rest meines Weges über die Brücke, dann den Hügel hinunter in unser Städtchen. Der Engel hielt sich die ganze Zeit über an meiner Seite. Passanten und Autos kamen in beiden Richtungen an uns vorbei, und ich wisperte: »Bis bald, Engel Arabia.«

Dann widmete ich mich meinen Einkäufen. Denn mein Alltag als Mutter und Ehefrau bestand ja weiter, parallel zu meiner Arbeit mit den Engeln.

Im Lauf der folgenden Monate wuchs das Baby im Bauch seiner Mutter heran, und ich wurde mehr und mehr mit seiner kleinen Seele vertraut, erlebte die Liebe, die das Kleine seiner Mutter sandte und umgekehrt die tiefe Liebe der Mutter zu ihrem ungeborenen Kind. Obwohl ich die Frau nie deutlich sehen konnte, sie wirkte die ganze Zeit über eher geisterhaft auf mich, wusste ich, sie war da – und sie kämpfte.

Ich lief jeden Tag mindestens ein Mal über die Kanalbrücke, manchmal auch sehr viel öfter; immer wieder fragte ich den wie in Zeitlupe neben mir herschreitenden Engel Arabia: »Warum ist die Verbindung auf meinem Weg den Hügel hinunter weniger stark als auf der Brücke?«

Ich bekam nie eine Antwort. Eines Tages sagte ich zu ihm: »Manchmal habe ich das Gefühl, die Mutter und ihr Kind wären auf diesen beiden Feldern hier, jenseits der Mauer. Ab und zu verspüre ich den Wunsch, über die Mauer zu klettern und mich auf die Suche nach den beiden zu machen, dabei weiß ich ja, dass sie nicht dort sind, genauso wenig wie hier auf der Strecke am Kanal entlang. Kannst du mir nicht mehr darüber sagen?«

Doch der Engel entgegnete nur: »Wenn es notwendig sein wird.«

Während der vielen Jahre meines Umgangs mit den Engeln habe ich eines gelernt: Unabhängig davon, wie oft man ihnen eine Frage stellt, sie werden niemals von der ersten einmal gegebenen Antwort abweichen. Und gelegentlich antworten sie gar nicht erst. Ich muss Hunderte Male an der Seite von Engel Arabia über die Brücke gelaufen sein, und habe ihn dabei sehr häufig um mehr Information gebeten, doch immer nur zu hören bekommen: »Falls und wenn es notwendig sein wird.«

Eines Vormittags, die Kinder waren schon in der Schule, sagte ich zu Joe, ich ginge rasch ins Städtchen, um ein paar Kleinigkeiten zu besorgen und in der Apotheke sein Rezept einzulösen. Ich käme dann so schnell wie möglich zurück. Auf dem Weg vom Cottage zu den Läden fielen mir einige Veränderungen auf: Engel Arabia erwartete mich nicht wie sonst in der Mitte der Brücke, sondern am Ende meiner kleinen Straße, in einiger Entfernung von der Brücke. Als ich in Richtung Kanal blickte, bemerkte ich – nicht auf der Brücke selbst, aber rechts davon – eine Art Dunst.

Nachdem ich bei Engel Arabia angelangt war, schloss er sich mir an. Gemeinsam liefen wir weiter. Ich spürte die Stille, die voll unausgesprochener Worte hing. Ich hätte gerne mit ihm geredet, wusste jedoch, ich durfte das nicht. Im Näherkommen entdeckte ich, dass der vermeintliche Dunst über dem Wasser und den Uferbänken des Kanals gar keiner war, sondern – Engel! Über dem gesamten Areal entlang den Ufern bis zur Brücke lag ein milchig weißer Dunst voller Engel – schneeweiße, wundervolle, hell leuchtende Engel.

Ich stand einfach da, überwältigt von der Schönheit wie auch der Fremdartigkeit dieses Anblicks, und Engel Arabia berührte meine Hand. Ich konnte die Engel auch hören, sie sangen alle wie mit einer einzigen Stimme. Unablässig und unendlich sachte bewegten sie sich auf und ab in dieser Dunstwolke am Kanalufer. Einige drehten sich zu mir um und quittierten damit meine Anwesenheit. Engel Arabia sagte mir, sie wären bald fertig. Mir stiegen Tränen in die Augen, und im selben Moment entzog mir Engel Arabia seine Hand.

Wir begannen den Hügel hinabzulaufen, fort von der Brücke. Ich fühlte meine Füße kaum den Boden berühren. Als ich an mir herunterschaute, sah ich die Dunstwolke voller Engel um meine Knöchel schweben. Als wir am Fuß des Hügels angelangt waren, wandte ich mich Engel Arabia neben mir zu.

»Es wird jetzt nicht mehr lange dauern«, teilte er mir mit.

Ich lief weiter ins Städtchen und erledigte meine Einkäufe in aller Hast. Zwar konnte ich um mich herum keinen einzigen Engel entdecken, aber da ich wusste, dass sie da waren, sagte ich: »Ich habe ein paar Fragen an euch.« Antwort erhielt ich allerdings keine. Im Stillen dachte ich, es wäre vielleicht doch besser, die andere Strecke nach Hause zurück zu nehmen – doch als mich in der Ortsmitte plötzlich etwas nach links zog, wurde mir klar, dass ich meinen üblichen Weg zurückgehen sollte.

Engel Arabia, der deutlich stärker leuchtete als zuvor, erwartete mich am Fuß des Hügels, an dem Weg, der zur Kanalbrücke führte. Gemeinsam liefen wir den Hügel hinauf, hielten uns in Richtung Brücke. Ich blickte am Kanal entlang und wusste, falls ich in den Dunst dort hinunterfiele, käme ich gar nicht erst am Boden auf, sondern würde weich abgefangen und geschützt sein.

Irgendwie begriff ich auch, dass die Dunstwolke, dieser »Dunstpfad«, zugleich der Vorbereitung auf die Ankunft des Babys diente, doch in vollem Umfang war mir die Bedeutung des Geschehens zu diesem Zeitpunkt durchaus nicht klar.

Ein paar Tage darauf machte Joe die Bemerkung, ich sei so still geworden, als sei ich gar nicht da, sondern ganz woanders. Ich sah ihn an und meinte: »Ich fürchte, du würdest nicht verstehen können, was abläuft, selbst wenn ich es dir erklärte.«

»Warum versuchst du's nicht einfach?«, gab Joe zurück.

Also versuchte ich es. Ich erzählte Joe ein bisschen von dem Engel auf der Brücke, vom Geist eines ungeborenen Kindes und von dessen Mutter. Er hörte sehr aufmerksam zu und sagte dann, das alles sei für ihn nur sehr schwer nachvollziehbar, aber er werde dafür in Zukunft keine weiteren Fragen mehr stellen. Ich dankte ihm, und er schloss mich fest in seine Arme.

Ich weiß nicht, wo das Baby geboren wurde, ob die Mutter alleine oder jemand bei ihr war, ob es voll ausgetragen oder ein Frühchen war, aber eines Märztages wusste ich: Das Baby war zur Welt gekommen. An diesem Tag verlor ich all mein Zeitgefühl. Ständig spürte ich die Berührung von Engel Arabias Hand, ganz gleich, wo ich mich gerade befand. Das Gefühl war derart intensiv, dass ich nicht einmal mehr wahrnahm, wenn jemand auf mich zukam und direkt in ihn hineinlief. Engel Arabia verharrte nach wie vor in der Brückenmitte, eine schwebende, machtvolle Erscheinung. Langte ich nun bei der Brücke an, pflegte er zu mir herabzuschreiten, während er zugleich weiterhin über dem Kanal schwebte. Jetzt begriff ich, dass der von den Engeln angelegte Dunstpfad für den Geist des kleinen Kindes gedacht war. Engel Arabia erwartete ihn.

Jedes Mal, wenn ich zur Brücke kam, konnte ich den Dunst sehen, und in gewisser Weise wurde mir bewusst gemacht, obwohl ich das nicht sehen konnte, dass die Engel den Geist des kleinen Kindes hinabgeleiten würden.

Eines Tages war ich auf dem Weg Richtung Städtchen, um Ruth von der Schule abzuholen, als ich am Ende unserer Straße Engel Arabia stehen sah. Er sprach kein Wort, bedeutete mir aber, die Straße zu überqueren. Was mir vor Augen geführt wurde, verschlug mir buchstäblich den Atem: Der wunderschöne Geist des Babys krabbelte auf dem glatten, ebenen Pfad, den die Engel ihm angelegt hatten. Doch schien es nur, als krabbelte das Baby, seine Ärmchen und Beinchen bewegten sich zwar, in Wahrheit aber wurde die Kleine von den Engeln getragen: Ich konnte sehen, wie Engelsflügel sie stützten. Und um sie herum überall Engel, sie krabbelten auf dem Pfad neben ihr her, halfen und spielten mit ihr. Der Geist des Kindes war sehr glücklich, ich konnte sein Lachen hören. Die Szene erfüllte mein Herz mit Freude, und zugleich stiegen mir Tränen in die Augen – denn mir dämmerte plötzlich etwas: Der Geist des kleinen Mädchens war auf dem Weg zu unserem Häuschen!

Bis heute weiß ich nicht, weshalb Gott und die Engel ausgerechnet mich dazu ausersehen hatten, Zeugin dieses kleinen Wunders zu werden, und weshalb der Baby-Geist ausgerechnet zu uns kommen sollte. Doch es war so. Er kam näher und näher. Keine Ahnung, wie lange die Engel gebraucht haben, um mit dem Geist der Kleinen die Entfernung zu unserem Cottage zurückzulegen, aber eines Tages hieß es, sie seien schon ganz in der Nähe. An dem Abend ging ich ins Bett wie immer und wachte auch wie immer um sechs Uhr morgens auf. Als ich in die Küche trat, schien ein strahlend helles Licht durchs Fenster herein. Ich holte mir am Spülstein ein Glas Wasser, und als ich mich wieder umwandte, stand Engel Arabia in der Küchentür. Ich weiß, ich bräuchte mich nicht zu erschrecken, aber dennoch schrak ich zusammen – die Engel rauben mir immer wieder den Atem.

»Geh zurück ins Bett«, sagte der Engel, »und rück ein Stück näher an Joe heran, so dass noch jemand Platz hat.«

Ich gehorchte. Ich spürte den Geist des Kindes ins Haus kommen. Von meinem Bett aus konnte ich die Geräusche von Bewegungen im Flur hören. Ich betete und bat darum, es möge alles in Ordnung sein für die Ankunft des Baby-Geists. Dann füllte sich das Schlafzimmer mit Dunst, und Engel ergossen sich in den Raum: Sie waren angekommen.

Ich konnte den Geist des Kindes zwar nicht sehen, wusste aber, dass er auf dem Fußboden war, von Engeln umringt.

»Ihr Engel, darf ich mich im Bett aufsetzen?«, fragte ich.

»Nein«, hieß es, »noch darfst du nicht gucken. Leg dich auf die Seite, und rutsch weiter zu Joe hinüber, damit mehr Platz wird.«

Als ich dem Wunsch der Engel nachkam, stieß ich Joe versehentlich an, woraufhin er mit schläfriger Stimme fragte, ob mir kalt sei. Ich verneinte und machte mir Gedanken darüber, was wäre, wenn er in diesem entscheidenden Moment vollends aufwachte, obwohl ein Teil von mir wusste, die Engel würden das gar nicht zulassen.

Ich nahm wahr, wie die Engel mit den Laken hantierten. Dann spürte ich Bewegungen auf dem Bett und als Nächstes den Geist des kleinen Mädchens rechts neben mir liegen. Sehen konnte ich nichts davon, weil ich Joe zugewandt lag und der Baby-Geist hinter mir. Ich wagte nicht, mich zu rühren, aus Angst, mich auf die Kleine draufzulegen oder ihr sonst irgendwie wehzutun. Dann fühlte ich eine Babyhand an meinem Rücken.

»Darf ich mich jetzt umdrehen?«, erkundigte ich mich vorsorglich.

»Ja«, lautete die Antwort. »Dreh dich langsam und vorsichtig um, der kleine Geist liegt direkt neben dir.«

Ganz behutsam drehte ich mich herum, immer in Sorge, die Kleine zu zerdrücken. »Oh, mein Gott«, entfuhr es mir, wobei ich in diesem Augenblick völlig vergessen hatte, dass Joe ja neben mir lag. Sofort hielt ich mir die Hand vor den Mund. Joe rührte sich nicht. Und da, unmittelbar neben mir, lag ein bezauberndes, neugeborenes nacktes kleines Mädchen. Sie war gesund und kräftig und ruderte mit ihren Ärmchen und Beinchen herum. Sie war wunderschön und vollkommen, aus Fleisch und Blut, von absolut menschlicher Erscheinung, aber schöner als jedes andere kleine Kind, das ich je gesehen hatte. Sie leuchtete von innen heraus, der Geist in ihr brachte den ganzen Menschenkörper, so wie ich ihn sehen konnte, zum Leuchten. Zwei Engel standen auf ihrer Seite des Betts und blickten auf sie hernieder. Prächtige weiße Engel, in weich fließende, perfekt drapierte weiße Gewänder gehüllt. Ihre klaren, feinen Gesichtszüge erinnerten an Porzellan und strahlten sonnengleich. Ihre Augen waren weiß wie Schnee, in ihnen glitzerte und funkelte es. Die Federn ihrer Flügel schienen sich aufwärts zu winden in ein Licht über ihnen.

»Darf ich sie anfassen?«, fragte ich.

»Nein, berühren darfst du sie nicht, aber die Hände über sie halten«, lautete die Antwort der Engel.

Ich streckte die Arme aus und hielt meine Hände über die Kleine. Als ich das tat, drehte sie ihren Kopf zu mir und sah mich an. Ihre Augen sprühten vor Leben und leuchteten heller als jeder Stern am Himmel. Sie lächelte, und im selben Moment hörte ich sie sagen: »Sag Mami, dass ich sie liebe und Papi auch.«

Dann beugten sich die beiden Engel über die Kleine, nahmen sie hoch und hüllten sie in ihre Flügel ein. Als sie aufstiegen, öffneten sich die Himmel sachte und sie verschwanden in einem Lichtblitz – und damit herrschte wieder Normalität in unserem Schlafzimmer.

Ich wusste, jetzt war es vorüber. Ich pries Gott und dankte ihm.

Als ich dann am späteren Vormittag den Laden von Metzger Jim betrat, traf ich auf erhitzte Gemüter und wurde gefragt, ob ich schon das Neueste gehört hätte? Am Kanalufer, nahe der Brücke, sei der Körper eines neugeborenen Babys gefunden worden. Niemand kannte die Mutter oder wusste, was sich zugetragen hatte; ein Mann hatte das tote Baby beim Spaziergang mit seinem Hund in den frühen Morgenstunden entdeckt. In diesem Augenblick wurde mir klar, dass das genau der Moment gewesen sein musste, in dem die Engel unser Schlafzimmer verlassen hatten. Ich war so glücklich! Es war ein unbeschreibliches Glücksempfinden, eine tiefe Freude und Erleichterung für mich, zu wissen, dass der Geist des kleinen Mädchens in den Himmel gekommen und meine Aufgabe damit beendet war.

In unserer örtlichen Gemeinde herrschte große Aufregung über den Vorfall – der einzige jemals bekannte dieser Art. Die Menschen waren schockiert bei dem Gedanken, dass eine junge Frau, vielleicht eine College-Studentin, unter dem Druck gestanden haben sollte, ihre Schwangerschaft geheim zu halten.

Die Polizei stellte Nachforschungen an, doch wurde die Mutter des Kindes meines Wissens nie ermittelt. Vielleicht wird sie diese Zeilen eines Tages lesen und Folgendes erfahren, unabhängig davon, welche Umstände zum Tod ihres Babys geführt haben: Es hat sie geliebt und war nie alleine, die Kleine war immer von Engeln umgeben, wie alle Babys, gleich, in welcher Lage sie sich befinden, ob sie leben oder sterben.

Die Gemeinde war vom Tod dieses Kindes derart berührt, dass man eine Spendenaktion veranstaltete und ein Grab kaufte, so dass die Kleine richtig beerdigt werden konnte – vorher gab man ihr auch noch einen Namen: Bridget. Sie liegt nun auf dem Friedhof in Maynooth begraben.

Joes Gesundheitszustand verschlechterte sich zusehends, und dann erlitt er auch noch eine Reihe kleinerer Schlaganfälle. Sie versetzten ihn in große Angst, denn manchmal wurde er dabei ein paar Minuten lang blind oder sein Körper vollkommen taub. Laufen konnte er nur noch unter größten Mühen, wobei er häufig stürzte. Meinen Anstrengungen, ihn im Auge zu behalten und rechtzeitig aufzufangen, zum Trotz war er von oben bis unten mit blauen Flecken übersät. Die Ärzte erklärten sich für machtlos.

Die Engel versuchten, mich aufzuheitern. Eines Tages unternahm ich einen Spaziergang in der nahe gelegenen Wohnsiedlung, genoss den warmen Sonnenschein und beobachtete alles um mich herum, als ich zu einer Grünfläche kam. Dort spielten Kinder Fußball, und etliche Erwachsene hatten sich im Gras ausgestreckt, um Sonne zu tanken. Mir fiel ein Mädchen in einem Rollstuhl auf. Die Kleine hatte sich zusammengerollt und schlief, ihr Körper wirkte völlig verdreht, und sie war Mitleid erregend dünn. Ich schätzte ihr Alter auf etwa sieben Jahre. Ihre Mutter saß auf einem Mäuerchen neben ihr und unterhielt sich mit anderen dort.

Im Näherkommen konnte ich sehen, wie das Kind immer heller wurde und der Rollstuhl ebenso. Die Welt um mich herum stand still, und es war auch kein Geräusch mehr zu vernehmen. Und dann traute ich meinen Augen nicht: Die Seele der Kleinen verließ ihren Körper, der schlafend im Rollstuhl liegen blieb. Sie leuchtete hell und sah genauso aus, wie das kleine Mädchen einmal aussehen wird, wenn es zum Himmel hinauffährt, in jeder Hinsicht vollkommen. Sie war so wunderschön.

Dann erschienen zwei Engel vor ihr und fassten sie an den Händen, beide in Gestalt kleiner Mädchen etwa desselben Alters. Auch die plötzlich auftauchenden nächsten drei Engel waren kleine Mädchen, ihre Gewänder waren von einem so reinen, gleißenden Weiß, dass es schon leicht bläulich wirkte. Ich stand da, unfähig, mich zu rühren und restlos überwältigt von dem Schauspiel, das sich mir darbot. Die Seele des Mädchens war seinem Körper entstiegen, um sich unter die Engel zu mischen. Sie spielten Fangen, entfernten sich dabei allerdings nie allzu weit von dem Rollstuhl. Später hielten sie sich an den Händen, als tanzten sie Ringelreihen. Ich konnte sie lachen hören; die Seele der Kleinen war ganz frei und glücklich. Ich versuchte, vorwärtszukommen, einen Fuß vor den anderen zu setzen, aber die Engel ließen das nicht zu, so sehr ich mich auch abmühte.

Die kleinen Engelmädchen hatten sich mit der Seele des kleinen Menschenmädchens im Kreis ins Gras gesetzt, nahe bei seinem Rollstuhl. Hingerissen beobachtete ich die Szene, hatte nicht die leiseste Ahnung, was als Nächstes folgen würde. Plötzlich stupste eine Engelshand einen Grashalm an, und ein Gänseblümchen schoss daraus hervor. Die anderen Engel taten es nach, sie bewegten die Hände durch das Gras, und überall dort, wo ihre Fingerspitzen Grashalme berührt hatten, erblühten entzückende Gänseblümchen. So entstand mitten auf der Wiese ein großer Kreis aus lauter Gänseblümchen, in seiner Mitte lachende Engel und eine leuchtende kleine Seele. Die Mutter des Kindes, weiter in ihr Gespräch vertieft, bemerkte nichts von alledem.

»Blumenketten«, rief die Seele des kleinen Mädchens, und alle Engel flochten welche, um die Kleine damit zu schmücken: Sie trug sie um den Hals, als Diadem auf dem Kopf wie eine Prinzessin, als Armbänder und Fußkettchen. Und dann brachten sie ihr bei, wie man die Blütenstiele mit dem Fingernagel anschlitzt und jeweils den nächsten Stiel hindurchsteckt. Im nächsten Moment saß das Kind im Gras und machte seine eigenen Gänseblümchenketten. Über allem lagen eine solche Sanftmut und Liebe, dass mir selbst vor lauter Glück und Freude an diesem Schauspiel die Tränen über die Wangen kullerten. Voller Bewunderung für die Blumenketten beobachtete ich das Mädchen. Sein Gesicht strahlte wie eine kleine Sonne.

Dann legten die Engel ihre Arme um das Kind, hoben es hoch und trugen es zurück zu seinem Rollstuhl. Die Kleine schien nichts dagegen zu haben. Ihre Seele legte sich behutsam nieder und schlüpfte wieder in den Menschenkörper, der die ganze Zeit über ruhig schlafend dagelegen hatte.

Und so schnell sie gekommen waren, verschwanden die Engel auch wieder und mit ihnen das Licht. Das kleine Mädchen bewegte sich in seinem Rollstuhl. Und ich fiel beinahe über meine eigenen Füße, als sie »losgelassen« wurden und ich mich wieder rühren konnte. Alles um mich herum erwachte zu neuem Leben. Ich hörte die Vögel zwitschern, spürte den leichten Wind und nahm die Menschen wahr. Während ich mich von dem Kind im Rollstuhl entfernte, warf ich einen Blick auf seine Mutter und dachte bei mir, welch ein Segen es für ihre Familie doch sein musste, eine so reine Seele in ihrer Mitte zu haben.

Kapitel 27

Joe

Gegen Ende seines Lebens wusste Joe kaum noch, wer er selbst war oder wo er sich befand. Auch mich und seine Kinder erkannte er oft nicht mehr. Glücklicherweise schienen die Kinder das nicht zu bemerken. Ich saß sehr viel an seinem Bett und erzählte ihm allerhand, versuchte, seinem Gedächtnis auf die Sprünge zu helfen. Mein sehnlicher Wunsch war, er möge auch geistig so lange wie möglich bei uns bleiben.

Beinahe jeden Morgen lief ich ins Städtchen, denn wir brauchten eigentlich immer irgendetwas, um bei meiner Rückkehr als Erstes einen verstohlenen Blick ins Schlafzimmer zu werfen, ob mit Joe auch wirklich alles in Ordnung war. Dann kochte ich uns beiden Tee und setzte mich auf den kleinen Hocker neben Joes Bett, um mich mit ihm zu unterhalten.

Eines Vormittags, ich saß wieder bei Joe und war im Gespräch mit ihm, als er sagte:»Lorna, schon den ganzen Morgen, seit du einkaufen gegangen bist, liege ich hier in diesem Bett und versuche krampfhaft, mich an vergangene Dinge zu erinnern, an Ereignisse aus unserem Leben und dem der Kinder. Und manchmal erschreckt es mich, dass mir nicht einmal mehr klar ist, wo ich bin.«

Wie immer war auch an diesem Tag eine Schar Engel um uns herum, sie hatten auf Joes Bett Platz genommen, doch mit einem Mal waren alle verschwunden – mit Ausnahme von Joes Schutzengel. Er war als Einziger geblieben, und es schien, als trüge er Joe, als wäre das Bett, in dem Joe lag, gar nicht vorhanden. Joe war ein bisschen durcheinander. »Nimm meine Hand«, sagte ich zu ihm, »ich werde dir helfen, dich zurückzubesinnen.«

Sein Schutzengel stützte Joe von hinten, dann hob er eine Hand über seinen Kopf und goss das Licht der Erinnerung über ihm aus. Dieses Licht, eine weiße Substanz, die in ihrer Konsistenz Schlagsahne mit glitzernden Silbersprenkeln ähnelte, schien aus der Hand des Engels in Joes Scheitelpunkt einzudringen. Und solange wir miteinander sprachen, floss das Licht ununterbrochen weiter.

Wir vertieften uns in Erinnerungen, und ich war hell begeistert, an wie viele Begebenheiten Joe sich entsann, während wir so beieinandersaßen. Er erzählte von Owens Heiliger Erstkommunion und wie Owen damals sein Kommuniongeld für ein Paar neue Fußballstiefel ausgegeben hatte. Owen war ein leidenschaftlicher Fußballer und hatte bis dahin immer nur getragene Fußballschuhe besessen; dies war sein erstes neues Paar. Joe musste lachen, als ihm wieder einfiel, wie Owen im Sportgeschäft ein Paar Stiefel nach dem anderen anprobiert, nach dem Preis geguckt und dann endlich seine Entscheidung getroffen hatte. Und er war so stolz auf seine neuen Fußballschuhe gewesen … Bei dieser Erinnerung füllten Joes Augen sich mit Tränen.

Meine Verbundenheit mit den Engeln hatte Joe immer Sorgen bereitet, und obwohl ich vieles davon mit ihm geteilt habe, lebte er immer noch in der Angst, sie würden mich ihm entziehen. Und seine Krankheit hatte ihn noch verletzlicher werden lassen. Mitunter erschreckte es ihn schon, wenn er wusste, dass jemand zu mir kommen und mich um Beistand bitten wollte. Vor allem dann, wenn er selbst sich besonders krank oder schwach fühlte. Gelegentlich sagte er dann: »Sie nehmen dich mir weg, dabei brauche ich dich doch mehr als sie.« Ich empfand großes Mitgefühl für ihn, wusste aber zugleich, dass ich tun musste, was meine Aufgabe war.

Ich kann mich noch an einen bestimmten Mann und seine Frau erinnern, die mich aufsuchten, weil sie dem Tod nahe und beide verzweifelt waren. Der Mann brauchte seine Frau zum Leben, während sie sich mittlerweile mit dem Gedanken ans Sterben ausgesöhnt hatte und nun ihrerseits das Bedürfnis nach spirituellem Wachstum verspürte. Sie kamen häufig zu mir, mitunter auch unangemeldet. Joe fand das sehr anstrengend und pflegte zu sagen: »Ich sterbe schließlich auch.« Dennoch bin ich nicht restlos davon überzeugt, dass er sein eigenes baldiges Sterben auch wirklich akzeptiert hatte. Das ist nichts Ungewöhnliches.

Nach einiger Zeit konnten die herkömmlichen Schulmediziner für die Frau nicht mehr tun, als ihre Schmerzen unter Kontrolle zu bringen. Und wie so viele wandte auch sie sich alternativen, spirituellen Wegen zu. Mit Billigung ihrer Ärzte reiste sie nach Brasilien. Ich wusste, das würde ihre letzte Reise sein und ihr einerseits sehr viel körperliche Kraft abverlangen, ihr andererseits jedoch auf der geistigen Ebene enormen Gewinn bringen. Oftmals möchten Menschen, die wissen, dass ihr Ende nahe ist, mehr über die Reise ihrer Seele erfahren, weil es ihnen hilft, den Tod besser zu verstehen.

Sie hatte eine kurze, aber wichtige Zeit in Brasilien, und als sie, von der enormen physischen Anstrengung stark geschwächt, zurückgekehrt war, kam sie als Erstes zu mir. Sie wollte mir von ihren Erlebnissen in Brasilien berichten und sich weiteren Beistand für ihre spirituelle Entwicklung holen. Während sie sprach und mir alles schilderte, saß ihr Mann in der Küche neben mir. An einem bestimmten Punkt forderte sie ihn auf, still zu sein und sie nicht zu unterbrechen. Sie hatte den verzweifelten Wunsch, mir alles selbst zu erzählen, um seelisch geheilt zu werden und in Frieden sterben zu können. Zum Abschied nahm ich sie in die Arme und wusste, ich würde sie nicht wiedersehen. Als sie die Treppe hinunterging, sah ich einen Lichtstrahl – ihre Seele hatte sich nach mir umgewandt und schaute mich an – und ich erblickte eine vollkommene Seele. Die Frau ging nach Hause, legte sich in ihr Bett und stand nicht wieder auf.

Die Engel sagten mir, Joes Zeit auf der Erde gehe ihrem Ende entgegen, und ich klagte die Engel dafür an, dass sie mich Dinge wissen ließen, die ich partout nicht wissen wollte. Eines Tages verließ ich gerade mit meinen Lebensmitteleinkäufen einen Laden, als ein Engel vor mir erschien, der von Vögeln umgeben war. »Geh weg!«, forderte ich ihn auf.

Der Engel verschwand, nicht jedoch die Vögel. Es waren alle Arten von Vögeln: Spatzen, Rotkehlchen, Amseln und auch größere wie Dohlen und Krähen. Sie flatterten um mich herum, so dicht, dass ihre Flügel mich beinahe berührten. Ich wedelte mit meinen Armen herum und versuchte, sie zu verscheuchen, bis sie schließlich davonflogen. Heute nenne ich diesen speziellen Engel den »Vogelengel«.

Der Vogelengel war herrlich anzusehen: außerordentlich groß und elegant; er trug ein weißes Gewand mit langen, abgeschrägten Ärmeln und einer goldenen Schärpe um die Taille. Seinen Hals schmückte ein V-förmig zulaufendes Kollier mit einem großen grünen Saphir, der von der Spitze herabhing und sicher gut fünf Zentimeter Durchmesser hatte. Sein Antlitz war golden, seine Augen weiß. Ich habe sein Erscheinen nur sehr selten erlebt, doch jedes Mal, bevor es geschah, umflatterten mich zahllose Vögel aller Größen und kamen mir dabei sehr nahe.

Wenn es ihm gut genug ging, stand Joe gerne auf und setzte sich ein Weilchen vor den Kamin oder kämpfte sich mit meiner Unterstützung bis vor ans Gartentor. Eines Abends, wir hatten gerade die ersten Schritte aus dem Haus getan, kamen von überall her Vögel angeflogen: Sie zogen Kreise um Joes Füße, pickten mit den Schnäbeln in den kiesbestreuten Weg oder landeten auf dem Gartentor und begannen, ihr Gefieder zu putzen.

»Wo kommen denn bloß all die Vögel her?«, fragte Joe. »Ich habe noch nie so viele auf einmal gesehen.«

Ich deutete auf einen Punkt vor uns. »Sie sind hier, weil der Vogelengel nicht weit von uns entfernt steht«, erklärte ich ihm. Joe konnte ihn (natürlich) nicht sehen, aber seine Augen leuchteten auf. Mit einem breiten Lächeln meinte er: »Ich mag den Vogelengel.« Dann machten wir kehrt und gingen ins Haus zurück.

Wir sprachen mehrmals darüber, ob Joe ins Krankenhaus gehen oder bei uns zu Hause bleiben sollte. Er sagte, für mich und die Kinder wäre es leichter, wenn er zum Sterben ins Krankenhaus ginge, und dass er uns nicht zur Last fallen wolle. Und ich sagte jedes Mal: »Nein, Joe, du bist für niemanden eine Last. Ich liebe dich, und dasselbe gilt für deine Kinder. Wir wollen nicht, dass du im Krankenhaus stirbst. Wenn es nach uns geht, dann bleibst du hier bei uns zu Hause.«

Ein paar Tage vor Joes Tod schaute der Arzt gegen Mittag bei uns vorbei und sagte zu Joe, es sei jetzt wohl der richtige Zeitpunkt für ihn, sich ins Krankenhaus bringen zu lassen. Daraufhin wollte ich von ihm wissen: »Wenn Joe jetzt ins Krankenhaus geht, wie groß ist dann die Chance, dass er wieder nach Hause kommt?«

»Es ist mehr als wahrscheinlich, dass er nie wieder nach Hause zurückkehren wird«, entgegnete der Arzt.

Joe und ich sahen einander an und sagten gleichzeitig: »Nein.« Dann erklärte Joe dem Doktor, wir hätten darüber gesprochen, dass er zu Hause sterben sollte, und ich fügte hinzu: »Unsere Entscheidung steht fest.«

Der Arzt stand am Fußende von Joes Bett, und ich konnte ihm sein Mitgefühl und Verständnis vom Gesicht ablesen. »Rufen Sie mich an, wenn Sie mich brauchen, egal wann, ob am Tag oder in der Nacht, das spielt keine Rolle«, erklärte er.

Am nächsten Tag meinte Joe, er würde etwas darum geben, wenn er zum Abendessen ein Schweineschnitzel haben könnte. Also lief ich zu Metzger Jim und fragte nach Schweineschnitzeln. Er wusste, dass Joe krank war und sagte entschuldigend: »Tut mir leid, heute habe ich keine.« Dann ging er nach hinten und kam mit der Botschaft zurück, am nächsten Tag werde es Schweineschnitzel geben.

Am selben Abend wollte Joe gerne noch einen kleinen Spaziergang unternehmen, und mit meiner Unterstützung schaffte er es bis zum Tor. Es war eine helle, sternklare Nacht, wenn auch ziemlich kühl. Während wir am Gartentor standen, erschien der Vogelengel wieder, auf einmal stand er links vom Laternenpfahl auf der gegenüberliegenden Wiese. Joe ruhte sich ein wenig aus und lehnte sich dabei an das Gartentor.

»Was für ein herrlicher Abend«, sagte er.

Als ich mich nach dem Laternenpfahl umwandte, war der Vogelengel nicht mehr da. Da zog rechts von mir ein Lichtblitz am nächtlichen Himmel meine Aufmerksamkeit auf sich. »Schau doch mal, Joe«, rief ich.

Joe drehte sich herum in Richtung auf das Haus. Ein wunderschöner weißer Vogel flog aus der Dunkelheit zu uns herüber, im Näherkommen wurde er immer heller und größer, seine Konturen deutlicher. Der Vogel flog niedrig, inzwischen war er wirklich riesig, sein Gefieder leuchtete weiß, und wir konnten jede einzelne Feder darin erkennen: ein prachtvolles Geschöpf.

»Eine weiße Eule«, rief Joe aus.

Aus Sorge, der Vogel könnte uns streifen, duckten wir uns, als die Eule über unsere Köpfe hinweg direkt in den Lichtkreis der Straßenlaterne flog. An jenem Abend schien die Straßenbeleuchtung besonders hell – ganz außergewöhnlich hell, wenn ich heute daran zurückdenke. Als die Eule in den Lichtschein eintauchte, konnten wir sie in allen Einzelheiten bewundern. Dann verschwand sie.

»Was für ein sagenhafter Anblick«, staunte Joe. »Wie groß und weiß diese Eule doch war. Wo mag sie hin sein? Sie verschwand in dem Moment, als sie in den Lichtkreis der Laterne geflogen ist; es schien mir so, als hätte es eine Art Lichtexplosion gegeben, und dann war sie fort.«

Ich lächelte Joe an und erzählte ihm, der Vogelengel habe neben der Laterne gestanden, als wir aus dem Haus kamen, und sich in diese weiße Eule verwandelt, damit Joe ihn auch sehen konnte.

Wir waren länger draußen geblieben als sonst, und Joes Beine hatten zu zittern begonnen. Ich half ihm zurück ins Haus und in sein Bett. Als ich ihm eine Tasse Tee brachte, forderte er mich auf, mich zu ihm auf die Bettkante zu setzen, er habe mir etwas zu sagen.

Aus der Nachttischschublade nahm er einen Briefumschlag und überreichte ihn mir mit den Worten: »Das ist für euren Geburtstag. Morgen ist ein ganz besonderer Tag für dich und Ruth, denn ihr habt alle beide Geburtstag.«

Verwirrt blickte ich auf den Umschlag hinunter.

»Mach ihn auf«, verlangte Joe.

Ich tat es und traute meinen Augen nicht: In dem Umschlag lagen 100 £!

»Joe, wo ist das viele Geld her?«

Und Joe erzählte mir, dass er lange gespart hatte.

»Lorna, ich hab dir nie ein Wort davon gesagt, aber manche deiner Besucher wollten mir beim Abschied unbedingt ein bisschen Zigarettengeld dalassen. Und das habe ich aufbewahrt. Ich möchte, dass du und Ruth nach Dublin hineinfahrt, ihr beide dort schön zu Mittag essen geht und den Ring für dich kauft, den ich dir schon vor so langer Zeit versprochen habe.«

Natürlich meinte Joe den Ring, den er mir als Ersatz für meinen aus dem Pfandleihhaus gestohlenen Verlobungsring hatte schenken wollen. Seinerzeit hatte er mir versprochen, mir einen neuen Ring zu kaufen, und nun hielt er Wort – doch unter welchen Umständen! Seit etwa sechs Wochen wiederholte Joe ständig, er wolle unser beider Geburtstag noch erleben, und nun kannte ich einen der Gründe dafür.

Ich nahm Joe liebevoll in meine Arme und küsste ihn. Dann lief ich in Ruths Zimmer hinüber und sagte ihr, dass wir beide am nächsten Vormittag nach Dublin fahren würden, um ihren 16. Geburtstag mit einem besonders guten Essen in einem Lokal zu feiern und mir einen Ring zu kaufen. Daraufhin rannte Ruth ans Bett ihres Vaters, umarmte und küsste ihn ihrerseits.

Am nächsten Morgen nahmen Ruth und ich den Bus nach Dublin. Und nachdem wir uns tüchtig die Hacken abgelaufen hatten, fanden wir auch endlich bei einem kleinen Juwelier in der O'Connell Street genau die Art Ring, wie er mir vorgeschwebt hatte. Dann gingen wir zu Mittag essen. Bei Tisch unterhielten wir uns unter anderem darüber, dass Ruth plante, am selben Abend zu ihrer Freundin zu fahren und dann das Wochenende mit ihr und ihrer Familie zu verbringen.

»Mami, meinst du, es ist in Ordnung, wenn ich übers Wochenende nicht da bin? Ich freue mich wirklich sehr darauf, aber andererseits mache ich mir Sorgen um Papi.«

»Fahr du ruhig zu deiner Freundin, und genießt die Tage«, antwortete ich, »aber wir sagen deinem Vater besser nichts davon, dass du am Wochenende nicht da bist, es würde ihn nur durcheinanderbringen und ängstigen.«

Wir hatten wunderbare Stunden zusammen, aber zugleich war ich sehr beunruhigt wegen Joe und machte deshalb an jeder Telefonzelle halt, um zu Hause anzurufen und sicherzugehen, dass ihm nichts passiert war. Zum Glück stand der Apparat neben Joes Bett.

Wie ich später erfuhr, hat sich in unserer Abwesenheit etwas Zauberhaftes ereignet: Unsere inzwischen vierjährige Megan war zu ihrem Vater ins Zimmer gelaufen, um sich mit ihm zu unterhalten, wie sie es gerne und häufig tat. Sie setzte sich dann entweder neben ihn aufs Bett und er las ihr etwas vor, oder sie hockte sich mit ihrem Block auf

den Fußboden und zeichnete. An diesem Tag sagte sie zu
ihm: »Papi, komm, spiel mit mir.« Dieselben Worte hatte sie
gebraucht, als ihr Geist Joe erschienen war, noch bevor ich
mit ihr schwanger wurde. An diesem Tag drängte sie ihn
immer wieder, mit ihr in den Garten zu kommen und sie auf
der Schaukel anzuschubsen. Von irgendwoher, und das
können nur Gott und die Engel gewesen sein, bekam Joe
die Kraft aufzustehen, sich anzuziehen – etwas, das er
schon seit Wochen nicht mehr geschafft hatte –, mit ihr in
den Garten zu gehen und sie auf der Schaukel schwingen
zu lassen. Christopher war in der Nähe geblieben und hatte
die beiden im Auge behalten; er konnte kaum glauben, was
er sah: Megan und Joe lachten und spielten ungefähr zehn
Minuten lang mit der Schaukel, anschließend ging Joe wieder ins Bett.

Auf unserem Rückweg nach Maynooth machten wir
einen Abstecher zu Jim, dem Metzger, um das Schweineschnitzel für Joe abzuholen. Als ich zahlen wollte, wehrte
Jim ab mit den Worten: »Nein, das geht aufs Haus! Und sag
Joe bitte schöne Grüße.« Ich dankte ihm und eilte mit Ruth
zusammen nach Hause.

An diesem Abend füllte sich das ganze Haus mit Engeln.
Wir machten Feuer im vorderen Raum, und ich rannte von
einem Zimmer zum anderen und briet das Schnitzel, kochte Kartoffeln, Gemüse und bereitete aus dem Jus eine Bra-
tensauce. Wir versammelten uns um den Kaffeetisch vor
dem Kamin, aßen zu Abend und feierten unsere Geburtsta-
ge. Joe rührte kaum einen Bissen an und sagte, er habe sich
so sehr auf sein Schnitzel gefreut, doch jetzt bringe er nur
einen winzigen Happen davon herunter. Als er registrierte,
dass Ruth sich zum Weggehen fertig machte, fragte er
ständig, wo sie denn hinwolle. Sie sagte: »Eine Freundin

besuchen.« Aber er bekam das nicht richtig mit und reagierte mit Verwirrung.

Während Ruth sich in der Küche zum Aufbruch rüstete, wollte sie von mir wissen: »Mami, glaubst du, dass mit Papi alles in Ordnung ist?«

Ich beruhigte sie: »Dein Vater würde wollen, dass du dich an deinem Geburtstag amüsierst. Also, geh jetzt, und falls etwas sein sollte, rufe ich sofort an.«

Ruth lief zurück ins Zimmer zu ihrem Vater, gab ihm einen Kuss und sagte auf Wiedersehen. Ihr Bruder Christopher kam nach Hause und holte sich in der Küche auch etwas zu essen. Dann setzte er sich zu uns ins Vorderzimmer, aß und nebenbei unterhielt er sich mit seinem Vater. Als er fertig war, umarmte er Joe kräftig und sagte, er komme später wieder.

Als ich dann mit Joe alleine war, sagte er: »Du weißt doch, dass es sehr schwer für mich war, bis zu eurem Geburtstag durchzuhalten und am Leben zu bleiben.«

»Ja, Joe, das weiß ich«, gab ich zurück, »und ich hätte mir kein schöneres Geburtstagsgeschenk wünschen können. Und dazu noch der wundervolle Ring. Was könnte ich mehr wollen?«

Ich legte die Arme um Joe und drückte ihn. Um ihn herum sah ich lauter Engel, und hinter Joe stand sein Schutzengel, der ihn festhielt. Ich lächelte in mich hinein, denn wie mir keineswegs entgangen war, hatten die Engel dafür gesorgt, dass sich alle Kinder so liebevoll von ihrem Vater verabschiedet hatten. Auf dem Weg nach draußen begegnete Christopher seinem Bruder, und Owen kam herein und setzte sich auch vor den Kamin zu seinem Vater und fing ein Gespräch mit ihm an. Da er anschließend auch noch ausging, hatten Joe und ich den Abend für uns.

Wir saßen vor dem Feuer und plauderten ein Weilchen, bis Joe auf dem Sofa einschlief. Ich blieb neben ihm sitzen und schaute fern. Gegen Mitternacht schlug Joe die Augen auf. Er war konfus und wusste nicht, wo er sich befand. Ich beruhigte ihn und sagte ihm, es sei alles in bester Ordnung, er sei zu Hause. Mit einem Lächeln sah er mich an und meinte: »Du solltest jetzt zu Bett gehen, Lorna.«

»Ich wart' auf dich«, erwiderte ich.

»Nein, geh du zuerst«, bat Joe, »ich möchte noch ein Weilchen alleine hier sitzen bleiben.«

Ich küsste Joe, sagte Gute Nacht und ging ins Schlafzimmer. Kurz darauf kam Joe mir nach. Wie er das geschafft hat, weiß ich nicht, ich glaube, auf den Armen seines Schutzengels. Als er sich neben mich legte, fragte er mich: »Was glaubst du, Lorna, wird mit mir alles in Ordnung sein? Werde ich die Nacht überstehen?«

Und als ich ihm antwortete: »Mach dir keine Sorgen, Joe, ich werde auf dich achtgeben, dir wird nichts geschehen«, sah ich seinen Schutzengel in meine Richtung blicken und den Kopf schütteln.

Irgendwann muss ich dann doch eingeschlafen sein, eng an Joe gekuschelt. Plötzlich wachte ich auf: Das Zimmer war voller Licht, voller Engel und Geister, darunter auch der Geist meines Vaters, der am Bett stand. Joe ging es sehr schlecht. Ich blickte ihm in die Augen und musste feststellen, dass das Licht darin beinahe erloschen war. Er erkannte mich nicht. Und ich konnte um ihn herum auch keine Spur von Lebensenergie mehr entdecken.

Mein Vater richtete das Wort an mich: »Lass Joe gehen, Lorna. Du weißt, dass du nicht noch einmal bitten darfst.«

Ich hielt Joe in meinen Armen, meine Augen waren tränenblind. Ich wusste nur zu gut, dass ich Gott nicht noch einmal bitten durfte, Joe am Leben und hier bei mir zu lassen. Sanft legte ich Joe zurück aufs Bett. Christopher war mit Freunden aus, also rief ich nach Owen, und der kam sofort angerannt.

»Dein Vater liegt im Sterben«, sagte ich ihm, »seine Lebensuhr ist fast abgelaufen.«

Owen sprang augenblicklich auf das Bett.

Er sah mich an und sprudelte heraus: »Mami, ich weiß, dass ich Papi gehen lassen muss, er hat es mir selbst gesagt. Aber ich muss doch wenigstens versuchen, ihn zurückzuhalten. Schließlich ist er mein Vater, und ich liebe ihn.«

Ich ließ ihn gewähren. Er saß auf dem Bett und rief Joe beim Namen, rieb ihm das Gesicht, in der Hoffnung, sein Bewusstsein wiederzuerwecken. Ich brachte es nicht übers Herz, ihm zu sagen, dass es diesmal alles nichts nützen würde. Gott hatte das Schlusswort gesprochen, und alle Engel und Seelen waren hier erschienen, um Joe in den Himmel zu begleiten.

Ich lief in die Küche und telefonierte nach einem Rettungswagen; ich tat alles, was ich sonst auch immer getan hatte, wenn Joes Zustand kritisch geworden war. Dann rief ich einen Taxifahrer an, einen Bekannten von uns, und bat ihn, nach Christopher Ausschau zu halten und ihn nach Hause zu bringen. Dann schrie Owen: »Mami, Papi hat aufgehört zu atmen!« Ich rannte zurück zum Schlafzimmer und begegnete in der Tür Joes Seele, die von seinem Schutzengel begleitet wurde. Joe sah so wunderschön aus, er leuchtete ganz und gar. Er schenkte mir ein Lächeln, blickte dann noch einmal ins Schlafzimmer auf Owen, und war verschwunden.

Der Rettungswagen traf ein, und sie nahmen Joe mit. Christopher und ich fuhren mit dem Taxi hinterher ins Krankenhaus.

Von der Beerdigung habe ich nicht viel mitbekommen. Joes Tod war ein furchtbarer Schlag für mich, obwohl ich gewusst hatte, dass seine Zeit bei uns nur geliehen war. Gott hatte das Wunder des Lebens für Joe gewirkt, und ich wusste, ein zweites solches Wunder würde es nicht geben. Gott selbst hatte mir auferlegt, niemals mehr darum zu bitten. Und es fiel mir ungeheuer schwer, Gott nicht zu bitten, ihn nicht anzuflehen. Ich wollte Joe nicht gehen lassen, war mir aber völlig im Klaren, dass ich es tun musste. Ich weiß, dass Joe von oben jeden Tag nach mir und den Kindern sieht, und ich danke ihm für seine Liebe, seine Warmherzigkeit und Sanftmut.

Den Geburtstagsring habe ich nach Joes Tod noch zwei Wochen lang getragen, ihn dann abgenommen und nie wieder angesteckt.

Kapitel 28

Eine Feder aus dem Himmel

Schon bald nach Joes Beerdigung nahm ich meine Lebensberatungen wieder auf. Ich habe mein eigenes Privatleben immer strikt getrennt von der Arbeit, die Gott und die Engel mich zu tun bitten. Und deshalb wussten die meisten, die Rat suchend zu mir kamen, nichts von dem Verlust, den ich erlitten hatte. Einige erfuhren dennoch irgendwie davon und reagierten sehr herzlich; so erhielt ich Trauerkarten mit Beileidsbekundungen von einer ganzen Reihe Menschen, die schon bei mir gewesen waren – und das, obwohl sie wahrhaftig genug eigene Sorgen hatten.

Es war eine schwere Zeit für mich, doch was mir half, waren ausgedehnte Spaziergänge durch die Anlage des Maynooth College. Ich wanderte immer überall herum, besuchte die Kirche, lief die langen Korridore des Colleges auf und ab und besah mir dabei an den Wänden die Fotografien der jungen Männer, die zu Priestern geweiht worden waren. Oftmals führte ich währenddessen Zwiegespräche mit Joe, fragte ihn nach seinem Wohlergehen. Ich erzählte ihm, was die Kinder so machten und lachte mit ihm, sagte: »Ich weiß, dass du ohnehin schon weißt, was sie so machen.« Ich spürte ihn an meiner Seite, spürte ihn neben mir hergehen. Einige Monate nach Joes Tod gab es einen Tag, an dem es mir besonders schwerfiel, mit meiner Situation zurechtzukommen. An diesem bestimmten Tag hatte ich schon etliche Menschen bei mir gehabt, und einige davon waren mit sehr gravierenden Problemen belastet: ernstlich erkrankte Kinder und sehr schwierige Lebensumstände. Nachdem die Letzten mich verlassen hatten, war ich erschöpft und verzweifelt, weshalb ich mich auf den Weg Richtung College-Park machte. Ich wartete immer ab, bis ich die College-Tore durchquert hatte, bis ich Gott von den Menschen berichtete, die meinen Beistand gebraucht hatten, von ihren Verletzungen, ihren Schmerzen, aber auch von ihren Freuden. So spazierte ich dann die Wege entlang und erzählte Gott von den Problemen der Menschen wie auch von den Problemen der Welt und fragte ihn stets: »Kannst du nicht ein Wunder tun?«

An diesem Tag steckte ich selbst sehr tief in der Klemme, weshalb ich mich an Gott und an meinen Schutzengel wandte und den beiden erklärte, dass ich mich innerlich sehr elend fühlte.

Auch heute noch habe ich diesen Tag ganz genau in Erinnerung. Ich schlenderte durch den College-Park, spürte den kalten Wind, der Regen trieb mir ins Gesicht. Da ich ohne Handschuhe aus dem Haus gelaufen war, fror ich an den Händen und steckte sie in die Manteltaschen; in der einen stießen meine Finger auf ein kleines Gebetbuch. Ich weiß auch noch, wie ich auf meinem Rundweg hinter dem College den Schlaglöchern ausweichen musste, denn es hatten sich darin Regenwasser und nasses Laub von den umstehenden Bäumen angesammelt. Ich beobachtete die Vorübergehenden, darunter auch ein Priester, der oft dort entlangging und stille Gebete sprach. Ich lächelte ihm zu und lief weiter. Auf einem anderen Weg konnte ich eine Mutter beobachten, die ihren Kinderwagen schob. Sie rannte immer erst ein Stück, stoppte, um dann sehr zügig weiterzulaufen und anschließend wieder ein Stück zu rennen.

Auf einem meiner Wege gelangte ich an eine Biegung, an der zu meiner Rechten Bäume standen, während sich links eine Grünfläche und ein Friedhof mit einem großen Kreuz öffneten. Als ich am Friedhof vorüberging, sprach ich zu Gott von meinen Gefühlen: »Ich glaube nicht, dass ich so weitermachen kann, ich brauche wirklich deine Hilfe, Gott, deine und die deiner Engel. Wenn ihr mich nicht unterstützt, dann weiß ich nicht, wie ich das noch länger schaffen soll.«

Als Nächstes machte der Weg wieder eine Rechtskurve, und dahinter tauchte in einiger Entfernung das imposante alte College-Gebäude auf. Ich konnte es ganz klar erkennen. Und dann geschah etwas überaus Seltsames: Als ich in Richtung College blickte, füllte sich der Himmel direkt über diesem schönen alten Bauwerk und dahinter mit lauter Engeln. Sie waren noch sehr weit weg. Zuerst schien es mir auch gar nicht einmal sicher, dass es wirklich Engel waren. Doch ich hielt die Augen darauf gerichtet und sagte zu mir selbst: »Was könnte es denn sonst sein?« Als sie immer näher kamen, über das College-Gebäude flogen, zerstreuten sich auch meine letzten Zweifel. Sie wurden größer und größer, bis sie beträchtliche Dimensionen erreicht hatten. Dann gingen sie tiefer und kamen dabei immer noch näher. Sie waren himmelsschön: alle in Gold und Weiß. Sie besaßen derart prachtvolle, gewaltige, mächtige und herrliche Flügel, dass es mir den Atem verschlug. Ich lachte und weinte gleichzeitig, mein Körper vibrierte.

»Da hast du mir ja wirklich etwas ganz Besonderes geschickt!«, sagte ich. »Du erhebst mir Herz und Seele. Nun wird mir eines bewusst: Es gibt einen Grund für dieses Leben, ganz gleich, wie schlecht es einem gerade geht. Es gibt einen Grund zu leben, Anlässe für Glück und Freude, und selbst unsere Tränen haben einen tieferen Sinn!«

Die ganze Zeit über war ich weitergelaufen, oder besser, ich glaubte weiterzulaufen: Meine Beine bewegten sich vorwärts, meine Füße bewegten sich vorwärts, aber – wie ich dann bemerkte – der Boden unter meinen Füßen blieb derselbe. Nun drehten einige Engel ab, flogen in die andere Richtung, weg vom College. Sie schienen sich immer weiter von mir zu entfernen, flogen weiter und weiter weg, bis sie nur noch kleine Pünktchen am Himmel waren und dann verschwanden. Mir wurde ein bisschen wehmütig ums Herz.

Nun hieß es, ich solle hinaufschauen und dort, oben im Himmel, hoch oben im Himmel, unglaublich weit oben im Himmel, sah ich ganze Heerscharen weiterer Engel. Diese wundervollen Wesen wurden größer und größer, und als sie näher kamen, wurden über ihnen immer noch mehr Engel sichtbar. Und mit einem Mal nahm ich zwischen all diesen Engeln, jedoch in größerer Höhe, etwas wahr, das ich zunächst auch für einen Engel hielt. Es war so weit oben, dass es ganz, ganz winzig wirkte – ein Wunder, dass ich etwas derart Kleines überhaupt ausmachen konnte. Ich wunderte mich noch darüber, wie in aller Welt ich diesen winzigkleinen Engel aus so großer Entfernung entdeckt hatte, als er zu fallen begann, tiefer und tiefer und tiefer.

Doch als er auf seinem Weg herab an den anderen Engeln vorbeikam, schien er kein bisschen größer zu werden. Vor lauter freudiger Erregung – ich fühle sie heute noch! – konnte ich nicht aufhören zu lachen. Mein Körper vibrierte vor Spannung. Und als das »Etwas« näher kam, konnte ich erkennen, dass es beileibe kein Engel war, sondern eine kleine Feder! Staunend beobachtete ich, wie die kleine Feder mit Unterstützung dieser gewaltigen, majestätischen Engel nach unten gelangte. Der Anblick war absolut spektakulär: Das kleine Ding segelte sachte herab wie eine Schneeflocke.

An diesem Tag wehte ein kräftiger Wind, doch die kleine Feder schaukelte sanft durch die Luft, wurde von den Engeln direkt zu mir geleitet. Anfänglich hatte ich Angst, die Windböen könnten sie fortpusten, doch die Sorge hätte ich mir sparen können, hätte es gleich besser wissen sollen. Flankiert von Engeln, schwebte das Federchen immer tiefer.

Als es schon fast in meiner Reichweite war, aber noch nicht nahe genug, dass ich einfach die Hand nach ihm hätte ausstrecken können – was glauben Sie, habe ich da getan? Ich sprang hoch und holte es mir aus der Luft, weil ich es nicht mehr erwarten konnte, bis es von selbst näher kam! Ich sprang so hoch ich konnte – für mich fühlte es sich an, als hätte ich dabei meine eigene Körpergröße übersprungen –, haschte nach der Feder, und als ich sie gefangen hatte, barg ich sie behutsam in meiner Hand. Ich fühlte mich wie neu belebt und hielt die Feder dicht an meiner Brust.

Plötzlich veränderte sich das Szenario. Ich wurde mir der Regentropfen auf meinen Wangen bewusst, des kalten Windes. Und erst da bemerkte ich ein älteres Ehepaar, das auf mich zukam, und begriff zugleich, dass die Zeit für mich stehen geblieben war. Obwohl ich weiterzulaufen geglaubt hatte, stand ich nach wie vor an derselben Stelle, wie in dem Augenblick, als ich die Engel das erste Mal gesehen hatte. Jetzt, im Rückblick, ist mir klar, dass ich von dem Moment an, als ich die Engel über dem College-Gebäude entdeckte, weder die Steine unter meinen Füßen, noch die Unebenheit des Weges gespürt hatte. Und das ganz einfach deshalb, weil meine Füße den Boden nicht mehr berührten. Ich spürte weder den Regen, noch den Wind oder die Kälte. Und als ich meine Feder dann in Händen hielt, setzte die Zeit wieder ein. Ich weiß noch, wie das ältere Paar mir zulächelte, sie mussten wohl gesehen haben, dass ich hochsprang und nach irgendetwas in der Luft griff. Ich erwiderte ihr Lächeln. Heute, da ich diese Zeilen niederschreibe, frage ich mich, was mögen sich die beiden damals gedacht haben? Was haben sie gesehen? Haben sie erkannt, wonach ich hochgesprungen war? Ich weiß nicht, wer die beiden waren, aber falls sie dieses Buch lesen, werden sie sich vielleicht an jenen Tag erinnern.

Ich war so glücklich und fühlte mich wie neugeboren. Das war einer der wundervollsten Tage meines Lebens: ein solches »Himmelsgeschenk« von Gott und den Engeln erhalten zu haben! Ich pries Gott und dankte ihm für die Feder. Und ich dankte auch Joe, denn ich hatte das sichere Empfinden, dass er mit der Sache etwas zu tun hatte.

Ich halte sie hoch in Ehren, meine kleine Feder, die, von den Engeln geleitet, ihren Weg durch die Himmelspforten zu mir auf die Erde nahm. Sie war ein Geschenk, das zu meiner Aufmunterung gedacht war, mir Sicherheit geben und mich daran erinnern sollte, dass es einen Grund für unsere Existenz gibt und dass unter allen Umständen immer auch Hoffnung besteht. Es erinnerte mich zugleich daran, dass wir alle Seelen haben und dass diese Seelen vollkommen sind, was auch immer wir getan haben mögen; dass unsere Körper zwar sterben, aber unsere Seelen nicht, und dass wir alle Flügel der einen oder anderen Art besitzen, selbst wenn es uns nicht gelingt, sie bei uns selbst oder anderen wahrzunehmen. Denn tatsächlich sind wir alle Engel.

Zwölf Wege,
um eine Verbindung zu Ihrem Schutzengel herzustellen

Leser aus aller Welt haben mir zu meinem Buch »Engel in meinem Haar« ein Feedback gegeben. Sie haben mir mitgeteilt, das Buch habe ihnen neue Hoffnung geschenkt und sie hätten erkannt, dass sie nie allein sind, stets einen Schutzengel an ihrer Seite haben und ihn lediglich um etwas bitten müssen.

Es ist tatsächlich so einfach – bitten Sie Ihren Schutzengel einfach darum, Ihnen zu helfen. Viele Menschen finden das jedoch offenbar schwer, und so werde ich immer wieder gefragt: »Wie kann ich mit meinem Schutzengel kommunizieren?«

Hier sind zwölf Wege, die Ihnen dabei helfen, eine Verbindung zu ihm herzustellen.

1. Schieben Sie Ihre Skepsis beiseite

Schieben Sie Ihre Skepsis kurz beiseite, während Sie dies lesen, und werden Sie sich der Tatsache bewusst, dass ein Engel an Ihrer Seite ist. Falls Ihnen das schwerfällt, haben Sie etwas Vertrauen, und seien Sie offen für die Möglichkeit, dass jemand an Ihrer Seite ist, der Ihnen helfen möchte und Sie keine Sekunde verlässt. Jemand, der da ist, egal welchen religiösen Glauben Sie haben. Selbst wenn Sie Angst davor haben, sollten Sie sich Ihres Schutzengels bewusst werden und sich für ihn öffnen.

2. Bitten Sie Ihren Schutzengel um Hilfe

Wenn Sie Ihren Schutzengel um Hilfe bitten, ermächtigen Sie ihn, Ihnen Kraft zu verleihen.

Gott hat Ihnen einen freien Willen geschenkt, und Ihr Schutzengel wird diese Grenze nicht übertreten. Wenn Sie ihn auffordern zu gehen, ihm sagen, dass Sie keine Hilfe wollen, wenn Sie ihn ignorieren, wird er sich nicht einmischen. Aber er wird an Ihrer Seite bleiben und hoffen, dass Sie Ihre Meinung ändern werden. Sie stehen für Ihren Schutzengel an erster Stelle – er will alles nur Mögliche tun, um Sie glücklich zu machen. Wenn Sie Ihren Schutzengel um Hilfe bitten, erlauben Sie ihm, Ihnen zu helfen.

3. Vergessen Sie nicht, auf Ihren Schutzengel zu hören

Die Engel bemühen sich sehr darum, die Aufmerksamkeit der Menschen auf sich zu ziehen. Ich habe gesehen, wie Engel an der Kleidung von Menschen gezogen oder sie dazu gebracht haben, etwas fallen zu lassen, um ihre Aufmerksamkeit zu erlangen. Uns steht sehr viel Hilfe zur Verfügung. So viele Engel wollen uns helfen, aber viele von uns lehnen das ab oder sind zu beschäftigt, um auf sie zu hören. Wir glauben, wir könnten alles allein schaffen.

Wie oft haben Sie bereits eine ähnliche Situation wie die folgende erlebt? Sie wollen irgendwohin gehen und biegen nach rechts ab anstatt nach links. Tief in Ihrem Inneren wissen Sie aber, dass Sie links hätten gehen sollen, und ärgern sich. Es war Ihr Schutzengel, der Sie auf telepathische Weise aufgefordert oder in Ihr Ohr geflüstert hat, dass Sie nach links gehen sollten. Jedes Mal, wenn so etwas passiert, sollten Sie sich dazu auffordern, das nächste Mal zuzuhören. Häufig ignorieren wir unseren Schutzengel oder tun genau das Gegenteil, und dann beklagen wir uns darüber, wenn etwas nicht gut für uns läuft. Gott möchte, dass wir glücklich sind und unser Leben genießen. Wenn wir auf unseren Schutzengel hören, haben wir eine größere Chance, das ersehnte Glück zu finden.

4. Nehmen Sie Ihren Schutzengel als Lehrer an

Engel sind hervorragende Lehrer. Wenn Sie bereit und offen dafür sind, von ihnen zu lernen, werden sie Ihnen zeigen, wie Sie mit ihnen kommunizieren können. Eins der großartigen Dinge bei den Engeln ist, dass sie nie aufgeben. Selbst wenn wir uns selbst aufgeben, werden die Engel das nie tun. Ich weiß nicht, woher sie diese Geduld nehmen.

Wenn die Engel Sie lehren, mit ihnen zu kommunizieren, werden sie anfangs scheinbar unbedeutende Dinge dafür einsetzen. Möglicherweise haben Sie Ihr Haus bereits in dem Glauben verlassen, alles Nötige dabeizuhaben, da beschleicht Sie plötzlich das Gefühl, dass Sie etwas vergessen haben. Gehen Sie in einem solchen Fall noch einmal zurück, um nachzusehen. Vielleicht stoßen Sie auf etwas, das Sie vergessen haben. Oder es muss noch irgendetwas erledigt werden. Möglicherweise haben Sie aber auch an alles gedacht, und die Engel nutzen diese Gelegenheit lediglich als Übung, um Ihnen beizubringen, auf sie zu hören.

Die Engel verwenden normale, alltägliche Dinge als Lehrinstrumente. Sie versuchen zu Ihnen durchzudringen und möchten gern, dass Sie reagieren. Häufig setzen sie dafür Dinge ein, die keinerlei Bedeutung haben, so wie in obigem Beispiel, wenn wir etwa das Gefühl haben, wir müssten noch einmal umkehren und prüfen, ob wir an alles gedacht haben, obwohl wir uns dessen eigentlich sicher sind.

Versuchen Sie jedoch, die Dinge nicht komplizierter zu machen, als sie sind, und in allem und jedem eine Bedeutung zu erkennen, wenn Sie lernen, auf die Engel zu hören.

5. Bitten Sie Ihren Schutzengel um ein Zeichen

Engel sind sehr geschickt darin, uns Zeichen zu geben. Wenn Sie gerade damit beginnen, mit den Engeln zu kommunizieren, sollten Sie um ein kleines Zeichen bitten – etwas Einfaches. Wiederholen Sie Ihre Bitte immer wieder. Sie könnten zum Beispiel darum bitten, dass ein bestimmter Freund Sie anruft, mit dem Sie eine ganze Weile keinen Kontakt hatten. Oder darum, dass das Licht in Ihrem Zimmer flackert, wenn Sie an Ihren Schutzengel denken oder mit ihm sprechen.

Achten Sie aufmerksam auf Zeichen. Man kann sie leicht übersehen. Wenn Sie um Hilfe bitten, nehmen Sie möglicherweise einen sanften Lufthauch wahr, der durch den Raum weht, manchmal berührt ein Engel Ihre Hand, oder Sie spüren völlig unvermittelt ein Kribbeln auf der Haut. Mit diesen kleinen Zeichen zeigt Ihr Schutzengel Ihnen, dass er da ist und Sie hören kann.

Egal wie unbedeutend ein Zeichen von den Engeln uns in einem bestimmten Moment auch erscheinen mag, es ist ein Symbol der Hoffnung. Es lässt unser Herz höher schlagen und erinnert uns daran, dass wir nicht allein sind, was immer auch in unserem Leben passieren mag.

Wir brauchen Zeichen, da wir eben nur Menschen sind. Egal wie viele Zeichen Gott und die Engel uns bereits gegeben haben, wir brauchen stets weitere, da wir einen gewissen Rückhalt benötigen. Wir möchten gern eine Bestätigung, dass Gott und die Engel da sind. Gott gibt uns viele Zeichen, und wenn wir unsere Augen, Ohren und Herzen öffnen, werden wir sie wahrnehmen. Sie werden uns helfen, unser Leben mit Hoffnung, Freude und Lachen zu erfüllen.

6. Versuchen Sie nichts zu erzwingen!

Wir wurden von unserer Umwelt dazu konditioniert zu glauben, alles sei entweder schwarz oder weiß. Gott und die Engel tun Dinge allerdings nicht so, wie wir uns das wünschen. Ein Engel wird nicht zum Stift greifen und etwas schwarz auf weiß für uns niederschreiben, es sei denn, dieser spezielle Engel verfügt über die seltene Fähigkeit der Kommunikation. Manchmal erkläre ich Leuten, die es wieder und wieder vergeblich versucht haben, wie sie eine Verbindung zu ihrem Schutzengel herstellen können. Ich rate ihnen, es nicht länger krampfhaft zu versuchen. Wenn ich dann eine Weile später wieder von ihnen höre, berichten sie mir, sie hätten nicht länger versucht, aktiv eine Verbindung herzustellen. Sie begannen vielmehr, daran zu glauben und darauf zu vertrauen, dass es geschehen würde. Und dann geschah es tatsächlich – sie hatten eine Verbindung. Häufig entsteht diese Verbindung ganz einfach.

Eine Leserin meines Buches »Engel in meinem Haar« schrieb mir zum Beispiel, sie habe nie richtig an Engel geglaubt. Aber als ihr Mann seinen Arbeitsplatz verlor und dringend einen Job brauchte, dachte sie, dass es nicht schaden könne, ihren Schutzengel um Hilfe zu bitten. Also tat sie es. Noch am gleichen Tag begegnete sie einem Nachbarn, der ihr erzählte, ein bestimmtes Unternehmen suche nach einem Mitarbeiter. Ihr Mann bekam den Job, und die Frau wusste, dass sie eine Verbindung zu ihrem Schutzengel hatte.

7. Bitten Sie immer wieder um Hilfe!

Engel reagieren darauf, wenn wir sie immer wieder bitten. Unser Drängen scheint ihnen zusätzliche Kraft zu verleihen. Scheuen Sie sich nicht davor, sie um etwas zu bitten. Denken Sie daran, wie Kinder sich verhalten – sie quengeln so lange, bis wir ihnen ihren Wunsch erfüllen. Wir sollten immer wieder um etwas bitten. Wir sollten unsere Engel geradezu bedrängen, uns unsere Wünsche zu erfüllen. Freuen Sie sich über das Wissen, dass sie immer da sind, stets bereit zu helfen.

Ich weiß nicht, warum wir häufig um etwas bitten müssen. Ich weiß nur, dass wir den Engeln zufolge immer wieder um etwas bitten sollten – immer und immer wieder.

8. Bitten Sie Ihren Schutzengel in guten und schlechten Zeiten um Hilfe

Ihr Schutzengel ist nicht nur da, um Ihre Probleme zu lösen – er hat auch die Aufgabe, dafür zu sorgen, dass Sie es wirklich genießen und schätzen, am Leben zu sein. Den Engeln zufolge vergessen viele Menschen, worum es im Leben geht. Viele versuchen hektisch, Dinge zu erledigen und Termine einzuhalten, und viele sind besessen von materiellen Dingen. Doch darum geht es nicht im Leben. Das Wichtigste in unserem Leben ist, glücklich zu sein sowie einander zu lieben und füreinander da zu sein. Bitten Sie Ihren Schutzengel darum, Ihnen zu helfen, die Schönheit und das Gute in den Menschen und im Leben zu erkennen. Sie daran zu erinnern, für einen Moment innezuhalten, tief durchzuatmen und das Leben auszukosten.

9. Bitten Sie Ihren Schutzengel darum, Ihnen einen speziellen Engel zu schicken, der Ihnen bei bestimmten Aufgaben hilft

Ihr Schutzengel ist von Anfang an bei Ihnen – er ist der Torhüter Ihrer Seele. Ihr Schutzengel kann andere Engel auffordern, zu Ihnen zu kommen und Ihnen zu helfen – etwa einen Engel, der ein Experte auf einem Gebiet ist und Ihnen zu einer bestimmten Zeit im Leben helfen kann – zum Beispiel bei Prüfungen, wenn Sie Mutter oder Vater werden oder wenn Sie sich verlieben.

Wir können von einer Unzahl von Engeln umgeben sein. Dabei kann es sich zu verschiedenen Zeiten in unserem Leben um unterschiedliche Engel handeln. Es gibt Hunderte Millionen von Engeln dort draußen, es sind alle möglichen Engel, und viele von ihnen suchen nach Beschäftigung. Sie müssen lediglich Ihren Schutzengel darum bitten, sie aufzufordern, Ihnen zu helfen.

Hier ist eine Liste einiger sehr nützlicher Engel, an die Sie sich vielleicht gern einmal wenden möchten:

Der Engel der Zuversicht. *Rufen Sie diesen Engel an, damit er Ihnen hilft, an sich selbst zu glauben und Ihre Fähigkeit zu fördern, Dinge zu bewältigen und innerlich zu wachsen.*

Der Engel der Kraft. *Wenn Sie diesen Engel rufen, wird er sofort an Ihrer Seite sein.*

Der Engel des Mutes *wird Ihnen Mut verleihen.*

Der Engel der Wunder *wird sich dafür einsetzen, dass Dinge für Sie geschehen.*

Der Engel der Geduld *ist wunderbar, wenn Sie sich als Mutter gestresst fühlen und Hilfe beim Umgang mit Ihren Kindern brauchen.*

Es gibt buchstäblich einen Engel für alles, und die Engel sind da, um Ihnen zu helfen – Sie müssen sie lediglich darum bitten.

10. Haben Sie keine Angst

Manche Menschen haben Angst davor, Kontakt mit ihrem Schutzengel aufzunehmen. Das liegt daran, dass wir Engel nicht mit unserem Verstand begreifen können. Sie sollten sich jedoch stets bewusst machen, dass Ihr Schutzengel ein Geschenk Gottes ist und Sie liebt. Kein Engel wird Ihnen je schaden oder Sie auffordern, etwas Falsches zu tun. Kein Engel hat mir je etwas zuleide getan, und ich kann Ihnen versichern, dass kein Engel Ihnen je schaden wird.

Einige Menschen haben mir erzählt, dass sie einen Engel um ein bestimmtes Zeichen gebeten haben und dann erschraken, da es tatsächlich geschah. Das Letzte, was ein Engel will, ist Ihnen Angst zu machen. Falls ein bestimmtes Zeichen Sie beunruhigt, bitten Sie Ihren Schutzengel darum, es nicht mehr auftauchen zu lassen.

Sie sollten nie Angst vor den Engeln haben. Dafür gibt es keinen Grund.

11. Denken Sie daran, »Danke« zu sagen

Sich zu bedanken ist wichtig – nicht nur weil Sie zur Kenntnis nehmen, was Ihr Schutzengel getan hat, sondern auch weil es Sie daran erinnert und Ihnen hilft, an die Existenz und die Macht dieses wunderbaren Geschöpfes zu glauben, das Gott Ihnen geschenkt hat.

12. Fragen Sie Ihren Schutzengel nach seinem Namen

»Wie lautet der Name meines Schutzengels?« ist die häufigste Frage, die mir gestellt wird. Dabei haben Namen für die Engel längst nicht eine so große Bedeutung wie für uns. Ich nenne die Engel in meiner Nähe häufig nur »Engel«. Aber wir Menschen mögen Namen, daher kommen die Engel uns diesbezüglich gern entgegen.

Den Engeln zufolge kennt jeder tief in seinem Inneren den Namen seines Schutzengels. Es ist ein Name, den man liebt und im Herzen trägt. Es kann ein Name sein, der einem immer wieder in den Sinn kommt. Eine Frau erzählte mir zum Beispiel, dass ihr beim Autofahren ständig ein Lied durch den Kopf ging. Sie sang immer wieder einen Teil davon, bis ihr plötzlich bewusst wurde, dass sie einen Namen ausrief. Diese Erkenntnis kam ihr plötzlich wie aus dem Nichts und fühlte sich für sie wie eine Offenbarung an. Sie wusste, dass sie den Namen ihres Schutzengels sang. Sie wusste in ihrem Herzen, dass sie mit ihrem Engel kommunizierte.

Wie bereits gesagt, sollten Sie es nicht krampfhaft versuchen. Achten Sie einfach aufmerksam auf Zeichen, und sprechen Sie Ihren Engel mit irgendeinem Namen an, den Sie sich wünschen – oder sagen Sie einfach »Mein Schutzengel« zu ihm.

Versuchen Sie also einfach eine Verbindung zu Ihrem Schutzengel herzustellen. Sie haben nichts zu verlieren. Ich bete dafür, dass jeder Einzelne von Ihnen, der diese Verbindung gern herstellen möchte, erfolgreich ist.

An meine Leserinnen und Leser in Deutschland, Österreich und der Schweiz

Als ich mein erstes Buch, »Engel in meinem Haar«, schrieb, dachte ich, wenn ich einem Menschen helfen würde, wäre ich glücklich. Ich kann gar nicht glauben, wie viele Menschen mir aus der ganzen Welt schreiben und mitteilen, dass meine Botschaft ihnen geholfen hat! Mittlerweile wurde das Buch in über fünfzig Ländern und achtundzwanzig Sprachen veröffentlicht.

Es macht mich enorm glücklich, wenn mir jemand berichtet, sein Leben habe sich verändert, seitdem er wisse, dass er einen Schutzengel habe. Ich staune und bin dankbar, wenn jemand mir sagt, die Botschaft, deren Verbreitung mir aufgetragen wurde, habe ihm neue Hoffnung geschenkt.

Allerdings bin ich verwundert über die Anzahl der Menschen, die mich fragen: »Habe ich wirklich einen Schutzengel?« Es ist, als würden sie glauben, andere hätten möglicherweise einen Schutzengel, sie selbst aber nicht. Ich muss immer wieder vielen Menschen versichern, dass sie einen Schutzengel haben. Tatsächlich habe ich noch nirgendwo auf der Welt einen Menschen ohne das Licht seines Schutzengels hinter ihm gesehen. Und wahrscheinlich werde ich vor lauter Schreck tot umfallen, falls es je passieren sollte.

Jeder Einzelne von Ihnen hat einen Schutzengel, der von Gott speziell für Sie ausgesucht wurde. Ihr Schutzengel kommt nur gemeinsam mit Ihnen auf die Erde. Ihm wurde von Gott aufgetragen, Sie durch Ihr Leben als Mensch zu geleiten. Er war noch nie mit einer anderen Seele auf der Erde und wird auch nie mit irgendeiner anderen Seele zur Erde kommen. Das ist einer der Gründe, warum die Beziehung zwischen Ihnen und Ihrem Schutzengel so besonders und einzigartig ist.

Jeder Engel ist ein Zeichen der Hoffnung, und mit Hilfe der Hoffnung können wir so viel tun. Die Engel sagen mir immer wieder, dass die Hoffnung das Unmögliche möglich macht. Engel rufen so viel Hoffnung in uns hervor.

Während eines Aufenthalts in der Schweiz habe ich einmal beobachtet, wie die Engel den Menschen Hoffnung verliehen. Ich hielt einen Vortrag in Zürich und hatte gerade zu sprechen begonnen, als zwanzig riesige Engel den Raum betraten. Sie trugen alle rote Roben, in die Goldfäden hineingewoben waren. Sie hatten sehr große rote Flügel, die durch die Decke reichten, als wäre die Decke nicht vorhanden. Die Flügel schienen aus gigantischen Federn zu bestehen. Die Arme der Engel waren ausgestreckt und umfassten ein riesiges Licht. Das dachte ich zumindest anfangs. Dann erkannte ich, dass jeder von ihnen in Wirklichkeit viele kleine Lichter trug und dies kleine Lichter der Hoffnung für jeden Zuhörer im Publikum waren, der Ja sagen und das Licht der Hoffnung als Geschenk in seinem Leben annehmen wollte. Die Engel haben mir gesagt, dass ich Ihnen in ihrem Namen ein Licht der Hoffnung schenken kann. Sie müssen dafür lediglich Ja sagen und dieses Geschenk annehmen.

Es ist nun sieben Jahre her, dass das Buch »Engel in meinem Haar« erschienen ist, und ich werde häufig gefragt, ob dies mein Leben verändert hat. In gewisser Weise ist das der Fall, in vieler Hinsicht aber auch nicht. Eine Mutter zu sein ist immer noch meine wichtigste Rolle. Ich halte mittlerweile Vorträge auf der ganzen Welt und habe die Möglichkeit, Menschen aller Nationalitäten und Glaubensrichtungen zu treffen und mich mit ihnen auszutauschen. Häufig werde ich bei meinen Vorträgen von Müttern oder Vätern gefragt: »Was ist meine Bestimmung?« oder »Was ist der Sinn meines Lebens?«. Wenn ich sie dann auf ihre Kinder verweise, tun sie ihre Rolle als Eltern häufig ab und sprechen darüber, als sei sie ein Hindernis, das ihnen bei wichtigeren Dingen im Weg steht oder sie bei ihrer wahren Lebensaufgabe behindere.

Damit liegen sie gänzlich falsch. Es gibt keine wichtigere Aufgabe, keinen wichtigeren Sinn im Leben als die Elternschaft. Jede Mutter und jeder Vater hat die wichtigste Aufgabe auf der Welt: ihr Kind zu einem guten, liebevollen, fürsorglichen Mitglied der Gesellschaft zu erziehen, das weiß, was richtig und was falsch ist. Mütter und Väter gestalten die Zukunft der Welt, da sie ihre Kinder formen. Die Zukunft der Welt hängt von dem Verhalten und den Werten ab, die Eltern ihren Kindern durch Worte vermitteln, und indem sie ihnen diese Dinge vorleben. Daher gibt es schlicht und ergreifend keine wichtigere Aufgabe auf der Welt.

Ich bin also in erster Linie nach wie vor Mutter. Meine Tochter Megan ist noch jung. Sie ist achtzehn und absolviert gerade ihr letztes Schuljahr. Ich bin gut damit beschäftigt, sie zur Schule, zu ihren Freunden und zum Tanzunterricht zu fahren. Diejenigen von Ihnen, die Teenager haben oder hatten, werden verstehen, was ich meine.

Ich habe mittlerweile drei Enkelkinder: Mein Sohn Owen hat einen vierjährigen Jungen, und meine Tochter Ruth hat einen dreijährigen Sohn und ein Töchterchen, das erst ein paar Monate alt ist. Wie alle Großeltern verbringe ich liebend gern Zeit mit ihnen. Es gefällt mir überdies sehr gut, die Engel in ihrer Nähe sowie ihre Schutzengel zu beobachten. Vor Kurzem habe ich auf meinen dreijährigen Enkel Billy Bob aufgepasst. Er war müde und aufgebracht, während ich versuchte, ihn zu füttern. Dabei war er von Engeln umgeben, die ihm zuwinkten und versuchten, ihn aufzuheitern. Sie waren nicht etwa anwesend, weil ich da war oder weil er mein Enkel ist. Die Engel sind da, um jedem einzelnen Kind zu helfen.

Gestern sah ich in der Stadt in der Nähe meines Wohnortes einige Engel, die einem kleinen Kind beim Laufen halfen. Die Erwachsenen bei ihm hatten Angst, dass es hinfallen könnte, und die Engel gingen neben ihm her und halfen ihm, das Gleichgewicht zu bewahren. Eltern, Großeltern und alle, die auf ein Kind aufpassen, sollten die Engel wenigstens kurz um Hilfe bitten. Sie helfen uns so gern.

Bevor ich »Engel in meinem Haar« geschrieben habe, bin ich fast nie geflogen. Mittlerweile reise ich um die ganze Welt. Bis vor sechs Jahren war ich nie in Deutschland gewesen, aber nun bin ich ein paarmal im Jahr in diesem Land und habe dort gute Freunde gefunden. Ich bin außerdem nach Österreich und in die Schweiz gereist.

Manchmal komme ich mit den Ländern durcheinander und muss meine Freundin und Agentin Jean fragen, die mich auf Reisen begleitet, in welchem Land wir gerade sind. Tatsächlich ist die Welt für mich nur ein einziges großes Land, und wenn ich reise und mich mit Menschen aus anderen Ländern unterhalte, stelle ich stets fest, wie viel wir alle gemeinsam haben.

Wir alle haben einen Schutzengel, aber viele Menschen sind sich nicht bewusst darüber, dass Gott auch für jedes Land einen Engel ernannt hat – den Völkerengel. Dieser Engel ist enorm mächtig und überschreitet nie die Grenzen seines Landes. Die Völkerengel stehen alle in Kontakt miteinander. Sie haben die Aufgabe, spirituell auf jeden in ihrem Land einzuwirken, vor allem auf Führungspersonen jeder Art, damit diese die richtigen Dinge tun – politische, religiöse und geistige Führer sowie Führungskräfte aus der Wirtschaft.

Vor ein paar Jahren besichtigte ich mit ein paar Freunden, die ich in Stuttgart besuchte, die Stadt Heidelberg. Meine Freunde zeigten mir die fantastische Altstadt, und gleichzeitig gaben die Engel mir eine Führung und sagten mir, was sie an Heidelberg am schönsten fänden. Manchmal handelte es sich um wunderschöne alte Gebäude oder Kunstwerke, aber häufiger war es die Schönheit, die die Engel in den Menschen sahen, die uns auf der Straße begegneten. Hinter jeder einzelnen Person konnte ich das Licht ihres Schutzengels sehen. Ich erinnere mich an eine Familie mit einem kleinen Jungen, der etwa drei Jahre alt war. Der Schutzengel des kleinen Jungen öffnete sich. Er war riesig und beugte sich schützend über den Jungen. Er trug violette und blaue Gewänder und war voller Licht. Was mich wirklich bewegte, war die Art und Weise, wie der Schutzengel die Hand des kleinen Jungen hielt. Die kleine Hand des Knaben wirkte winzig im Vergleich zu der Hand des Schutzengels, aber dieser hielt die Hand des Jungen überaus sanft. Der Schutzengel sah mich an und sagte mir, er werde diesen kleinen Jungen durch das Leben führen. Es erinnerte mich daran, dass mein Schutzengel und die Schutzengel von uns allen uns hilfreich durch das Leben geleiten.

Wir gingen über die wunderschöne alte Neckarbrücke. Viele Menschen waren dort, vor allem Besucher der Stadt. Es überraschte mich kaum, dass die Brücke absolut vollgepackt mit Engeln war. In der Altstadt waren ebenfalls viele Engel gewesen, aber hier waren noch viel mehr. Ich fragte mich, warum das wohl so war. Einer der Engel bei mir forderte mich auf, zur Altstadt zurückzuschauen. Das tat ich, und es verschlug mir den Atem, denn dort thronte über der Stadt der Völkerengel von Deutschland.

Er wirkte riesig und stark und trug eine Rüstung, die aus verschiedenen Metallplatten zu bestehen schien. Auf seinem Kopf trug er einen Helm. Ich sah keine Flügel. Wie alle Völkerengel sah auch er wie ein Gladiator aus. Sein liebevoller Blick bewegte mich sehr. Seine Liebe für die Bevölkerung Deutschlands war enorm stark. Er sprach ohne Worte zu mir, und seine starke Stimme klang in meinem Inneren nach. Er sagte mir, er sei stolz auf die Bevölkerung Deutschlands, stolz darauf, dass die Deutschen zuhörten und die richtige Richtung eingeschlagen hätten. Er bat mich, für sie zu beten.

Ein Engel in meiner Nähe forderte mich auf, mich wieder umzudrehen, und in diesem Moment rief mich mein Freund Manolo, daher wandte ich mich ihm zu. Als ich noch einmal zurückblickte, war der Völkerengel verschwunden, aber ich weiß, dass er über Deutschland wacht und den Menschen dabei hilft, die richtigen Entscheidungen zu treffen.

Jedes Land hat einen Völkerengel. Mehrere Menschen haben mich gefragt, wie das bei der Gründung eines neuen Landes funktioniert, und während einer Reise nach Tschechien und in die Slowakei erhielt ich vor Kurzem eine Antwort darauf. Mir wurde gesagt, der Völkerengel der ehemaligen Tschechoslowakei sei nun der Engel Tschechiens, und zum Schutz der Slowakei sei ein neuer Völkerengel ernannt worden.

Die Völkerengel sagen mir, dass wir im Moment eine sehr wichtige Zeit erleben und dass sie unsere Gebete brauchen. In allen Ländern bitten sie uns, mehr für unsere Politiker zu beten – nicht nur für unsere Familien und Freunde, sondern für jeden Menschen, egal ob wir seine Überzeugungen teilen oder nicht. Die Engel versuchen uns dabei zu helfen, andere nicht zu verurteilen und keine Gruppe in unseren Gebeten auszuschließen.

Das Gebet öffnet die Menschen dafür, zuzuhören und zu vernehmen, wie sie sich richtig verhalten können. Eine große Anzahl von Engeln umgibt uns, wenn wir lediglich daran denken zu beten. Noch bevor wir ein Gebet ausgesprochen haben, sind sie schon da. Die meisten von uns erkennen nicht, wie stark wir sind und wie viel Macht wir haben. Doch die Kraft des Gebets kann gar nicht unterschätzt werden. Wir verfügen über ein riesiges Potenzial ungenutzter Spiritualität – über einen unendlich großen Pool.

Gott und die Engel schenken uns enorm viel Hilfe. Wenn wir eine Verbindung zu unserem Schutzengel herstellen und mit Gott sprechen, entdecken wir, dass sehr viel Hilfe vorhanden ist. Wir müssen lediglich darum bitten.

Während ich dieses Nachwort für die deutschsprachige Ausgabe schreibe, fordern die Engel mich auf, eine weitere Botschaft mit aufzunehmen. Ich soll Sie daran erinnern, das Leben mehr zu genießen. Den Engeln zufolge werden viele Menschen zu sehr von ihren täglichen Aufgaben und vermeintlichen Problemen vereinnahmt. Dabei vergessen sie, das Leben zu genießen, die vorhandene Schönheit und Freude zu sehen. Das wurde mir sehr deutlich während meines einzigen Besuchs in Österreich gezeigt. Ich hielt einen Vortrag auf einem Kongress in Salzburg und hatte etwas Zeit, um im wunderbaren Garten des Schlosses Mirabell spazieren zu gehen. Ich lief durch die Gartenanlage und genoss den Duft und die Farben der blühenden Blumen. Während ich so durch den Garten ging, kamen immer mehr Engel hinzu und begleiteten die anderen Parkbesucher.

Eine ältere Frau und ein älterer Mann gingen rasch durch den Park. Ein Engel neben der Frau versuchte, sie dazu zu bewegen, ihr Tempo zu drosseln und die Schönheit in ihrer Umgebung wahrzunehmen. Ich sah, wie der Engel sie am Ärmel zupfte und auf einen Vogel deutete, der inmitten der Blumen nach Insekten suchte. Die Frau wandte sich ihrem Mann zu und deutete auf den Vogel. Sie hatte auf den Engel gehört. Das Paar beobachtete den Vogel eine Weile, hakte sich schließlich unter und setzte seinen Spaziergang durch den Park fort. Nun allerdings in einem viel entspannteren Tempo. Jetzt genossen die beiden ihre Umgebung.

Was auch immer in Ihrem Leben los sein mag, egal wie schwer es Ihnen erscheinen mag, jeden Tag gibt es Dinge, die Sie genießen können. Achten Sie daher darauf, sie nicht zu verpassen.

Lorna Byrne, im März 2014

Nachwort zur Neuausgabe

Überlegungen und Betrachtungen

Ich weiß, dass ich die Welt mit anderen Augen sehe. Ich glaube, ich sehe sie hauptsächlich mit den Augen meiner Seele, und deshalb gibt es schrecklich viel, was ich an den Menschen und der Welt, in der wir leben, nicht verstehe. Und der Grund für mein »Anderssehen« liegt darin, dass ich von Gott und den Engeln geschult wurde.

Als meine Verleger mich baten, anlässlich des fünfzehn-jährigen Jubiläums seines Erscheinens ein Nachwort zu meinem Buch »Engel in meinem Haar« zu schreiben, wur-de mir ein wenig beklommen zumute. Ich erholte mich gerade von einer Operation, und wir lebten immer noch in der Zeit der Pandemie. Ich fühlte mich ein wenig überfor-dert. Also rief ich sofort Gott und den Erzengel Michael an, und unter ihrer Führung und mit der Hilfe des Engels Hosus konnte ich mit immer größerer Freude auf die ver-gangenen fünfzehn Jahre zurückblicken. Ich bin sehr dank-bar für alles, was in dieser Zeit geschehen ist, für all die Menschen, die mein Buch berührt hat, und für all die Liebe, die ich erfahren habe.

Eines Abends hatte ich etwas Zeit für mich, um über dieses Nachwort nachzudenken. Also fuhr ich hinunter nach Kilfane und besuchte meinen persönlichen »heiligen Ort«. Kilfane ist ein ganz besonderer, von Gott gesegneter Ort in

Irland, den ich mithilfe vieler Freunde in eine Zufluchtsstätte verwandle. Es ist ein Ort des Friedens und der Liebe, an dem wir die Natur schützen und spirituell wachsen können.

Ich saß dort allein im Gras am Fluss, als ich meinen Namen rufen hörte. Ich schaute mich um, sah aber niemanden. Einige Minuten später ertönte mein Name erneut, und ich schaute auf die andere Seite des Flusses. Dort sah ich den Erzengel Michael auf der Brücke stehen. Er trug das Gewand eines Landarbeiters. Ich winkte ihm zu und erwartete, dass er zu mir kommen würde, aber er verschwand einfach.

Gerade als ich bei mir dachte: »Das war aber ein kurzer Besuch, dabei würde ich mich so gern mit ihm unterhalten«, spürte ich eine Hand auf meiner Schulter – die Hand des Erzengels Michael. Er ließ sich neben mir im Gras nieder und schenkte mir ein strahlendes Lächeln.

»Hallo«, begrüßte ich ihn. »Ich bin so froh, dass du gekommen bist. Als du auf der Brücke verschwunden bist, dachte ich schon, Gott hätte dich aus irgendeinem Grund zurückgerufen. Aber jetzt bin ich sehr erleichtert.«

Der Erzengel Michael antwortete: »Weißt du nicht, dass du nie allein bist? Gott weiß genau, was in dir vorgeht, bevor du auch nur einen Gedanken hast.«

»Ja, das weiß ich«, antwortete ich.

Der Erzengel fuhr fort: »Sag mir, worüber du nachgedacht hast.«

»Ich denke gerade daran, wie schön es hier ist, mit dir am Fluss zu sitzen.« Ich blickte zum Erzengel auf, der ein breites Lächeln im Gesicht hatte. »Aber das wusstest du sicher schon«, erwiderte ich sein Lächeln.

Der Erzengel Michael sagte: »Ja, das wusste ich, aber du musst es mir trotzdem sagen, Lorna. Du hast so viel auf dem Herzen.«

»Also gut«, sagte ich. »Ich überlege, was ich in meinem Nachwort zu ›Engel in meinem Haar‹ schreiben soll. Seit dem ersten Erscheinen des Buches ist so viel Zeit vergangen, so viel ist passiert, so viel hat sich verändert.«

Der Erzengel nahm meine Hand und sagte: »Schreib wie immer direkt aus deinem Herzen, beschreibe, wie du es siehst, wie ›Engel in meinem Haar‹ das Leben von Menschen verändert und ihnen geholfen hat. Wie es *dein eigenes* Leben verändert hat und wie das Buch zu den Veränderungen beigetragen hat, die du in der Welt siehst. Schreib darüber, warum du in der Welt gebraucht wirst.«

Erstaunt sah ich ihn an. »Du meinst, ich soll alles Revue passieren lassen? Ist das richtig?«

»Ja, Lorna. Denk darüber nach.«

»Aber Erzengel Michael, du weißt, wie schwer es mir fällt, das alles in einfache Worte zu fassen. Bei dem, was ich für Gott tue, geht es nicht um *mich*, es geht um *jeden Menschen* auf der Welt, um die Natur als Ganzes, um unseren Planeten, um das Universum – um all die Gaben und Segnungen, mit denen Gott uns beschenkt hat. Aber ich werde es versuchen.«

Der Erzengel stand auf, schaute mich an und meinte: »Lass uns ein paar Schritte gehen.« Dann streckte er seine Hand aus und ergriff meine. Wir überquerten die Brücke über den Fluss, und als wir im Wald ankamen, sagte er kein einziges Wort. In dieser Stille fühlte ich so viel Liebe, Frieden und Trost.

»Ich weiß, dass Gott dich und seine Engel schicken wird«, sagte ich zum Erzengel Michael, als wir Hand in Hand weitergingen. »Gott wird mich dazu inspirieren, dieses Nachwort zu schreiben ... Aber ich werde es wahrscheinlich kurz halten.«

Als wir tiefer in den Wald eindrangen, kamen wir an größeren Bäumen vorbei, und das Rauschen des Flusses hinter uns wurde immer leiser, bis es schließlich ganz verstummte.

Nach einer Weile hielten wir inne. Der Erzengel drehte sich zu mir um und sagte: »Sprich laut aus, was du auf dem Herzen hast, Lorna.« Er führte mich zu einem umgestürzten Baumstamm, der auf dem Boden lag, und wir setzten uns beide darauf.

Ich sagte ihm: »Megan, meine jüngste Tochter, hat mir geholfen, besser zu verstehen, wie die Welt funktioniert und wie die Welt heute denkt. Megan hat mir die Welt geöffnet, indem sie das, was sie in ihrem Leben und durch ihre Arbeit gelernt hat, an mich weitergegeben hat. So erfuhr ich von den Ungerechtigkeiten, dem Leid, das durch Menschenrechtsverletzungen verursacht wird, von der anhaltenden Schädigung und Zerstörung unseres Planeten und von der Politik, die dahintersteckt, von der Untätigkeit unserer Politiker und wie wenig darüber in den Nachrichten berichtet wird. Und – was besonders wichtig ist – sie hat mir Beispiele von Menschen gezeigt, die sich wehren und sich für positive Veränderungen einsetzen.«

Der Erzengel sagte: »Lorna, erinnere dich immer daran, dass du von Gott und den Engeln unterrichtet wurdest. Und du lernst immer noch. Gott bildet dich weiterhin aus. Du siehst die Dinge mit anderen Augen. Gott hatte dich von der Welt abgeschirmt, aber dann kam die Zeit, in der du mehr über die Welt erfahren musstest. Gott formte dich und deine vier Kinder und gab euch Gestalt. Lorna, vergiss nie, dass wir immer bei dir sein werden.«

Dann ließ er meine Hand los und stand auf. Er sah mich lächelnd an und sagte, er müsse zurück zum Fluss. Doch dabei tat er etwas für mich völlig Unerwartetes: Er blieb am Ufer stehen, schaute zurück und winkte mir zu. Dann ging er über das Wasser – so wie es der Engel Elija getan hatte, als ich noch ein Kind war. Sobald er das andere Ufer erreicht hatte, verschwand der Erzengel Michael.

Ich saß noch ein paar Minuten da, dann stand ich auf und ging zurück durch das letzte Waldstück, über die Brücke und zurück zum Tor bei Kilfane, wo ich mein Auto geparkt hatte. Die ganze Zeit gingen mir viele Dinge durch den Kopf, von denen der Erzengel Michael gesprochen hatte.

Jetzt sitze ich hier am Computer und bin von Engeln umgeben. Erzengel Michael kam vorhin nur kurz vorbei, aber Engel Hosus ist jetzt hier bei mir.

»Lorna, fang an, in deinen Computer zu diktieren. Du weißt, was du sagen musst.«

Wenn ich an die letzten fünfzehn Jahre zurückdenke, stelle ich fest, dass sich mein Leben verändert hat, ich mich selbst jedoch nicht. Aber Gott hat mir viel mehr Arbeit auferlegt. Manchmal fühle ich mich davon ein wenig erdrückt, dann brauche ich eine Pause, um Luft zu holen. Manchmal wird daraus vielleicht ein kleiner Spaziergang, aber Gott ist immer bei mir. Das Unglaublichste und Wichtigste für mich ist, wie »Engel in meinem Haar« das Leben von Menschen verändert hat. Es hat ihnen Liebe und Hoffnung geschenkt, Mut und Kraft in den schwierigen, aber auch in den glücklichen und fröhlichen Phasen ihres Lebens. Es hat den Menschen geholfen, sich Gott und dem Lichtfunken – ihrer Seele – und ihrem Schutzengel näher zu fühlen.

Ich erfahre viele Lebensgeschichten von Menschen aus der ganzen Welt. Manchmal begegne ich jemandem zufällig auf der Straße und höre ihm zu, oder jemand schreibt mir einen Brief. Es kann auch sein, dass ich einen Vortrag in einem anderen Land halte und dort jemanden treffe, der mir eine Geschichte voller Traumata und Schmerz erzählt. Oft heißt es dann: »Lorna, du hast mir das Leben gerettet.« Und ich antworte immer: »Nicht ich habe dir das Leben gerettet, sondern Gott.« Die Menschen erzählen mir, wie wichtig es für sie war, spirituell zu wachsen, sich wieder mit Gott zu verbinden, und wie viel Hoffnung ihnen das gegeben hat. Bei vielen dieser Gelegenheiten laufen den Menschen Tränen über die Wangen. Ich umarme jeden von ihnen und sage zu ihm: »Ich liebe dich bis in alle Ewigkeit. Ich werde dich *immer* lieben.«

Wir haben keine Worte für das, was geschieht, wenn Gottes Liebe uns berührt und wir uns darauf einlassen. »Liebe« ist ein mächtiges Wort. Wenn wir uns geliebt wissen, ist das überwältigend und verändert alles für uns. Das ist es, was »Engel in meinem Haar« hoffentlich bei Millionen von Menschen auf der ganzen Welt bewirkt hat, bei Menschen jeden Alters, unabhängig von ihrer Religion oder davon, ob sie überhaupt eine religiöse Überzeugung haben.

»Hosus, wo soll ich anfangen? Welche Geschichten soll ich erzählen?« Engel Hosus sitzt völlig entspannt auf der Kante meines Schreibtischs. »Entschuldige bitte das ganze Durcheinander hier. Lass mich dir wenigstens die Tasse aus dem Weg räumen.«

»Die stört mich nicht«, antwortet er. »Nichts auf deinem Schreibtisch wird mich jemals berühren. Es geht ja nicht nur darum, dass die Füße von uns Engeln den Boden nicht berühren.«

Bei diesem Gedanken muss ich lachen. »Engel Hosus, danke, dass du mich daran erinnerst. Ich weiß, dass Engel eigentlich nichts berührt.« Aber ich stelle die Tasse trotzdem weg und schreibe dann wieder weiter.

Wenn ich ins Ausland fahre, um einen Vortrag zu halten oder einen Workshop zu leiten, hänge ich manchmal noch einen oder zwei Tage dran, bleibe vielleicht ein bisschen bei Freunden. Bei einer solchen Gelegenheit habe ich einen Morgenspaziergang gemacht. Ich lief umher, bewunderte all die Schönheit um mich herum und beobachtete die Engel, wie sie manchmal den Menschen etwas zuflüsterten, als mein Schutzengel mir ins Ohr wisperte: »Jemand verfolgt dich, Lorna.«

Also ging ich langsamer. Als ich um die Ecke bog, sah ich auf der anderen Straßenseite eine offene Grünfläche mit einer niedrigen Mauer, also überquerte ich die Straße und setzte mich dorthin.

Ich höre auf zu schreiben und drehe mich um zu Engel Hosus, der immer noch auf meiner Schreibtischkante hockt.

»Ich erinnere mich daran, dass du an jenem Tag mit mir dort warst.«

»Ja, das war ich«, antwortet er. »Wer, glaubst du, hilft deiner Erinnerung auf die Sprünge?«

Ich lächle Engel Hosus dankbar an und mache mich wieder an die Arbeit.

Während ich auf der Mauer saß, die den Rasen umgab, und mich ein wenig ausruhte, schaute ich mich um. Engel Hosus sagte zu mir: »Schau dir die Frau auf der anderen

Straßenseite an. Sie möchte zu dir kommen.« Ich konnte sehen, wie ihr eigener Schutzengel ihr etwas ins Ohr flüsterte, um sie zu beruhigen. Also blieb ich einfach sitzen und tat so, als hätte ich sie nicht bemerkt, um sie nicht noch nervöser zu machen, bis sie langsam die Straße überquerte und sich ein paar Meter von mir entfernt auf die Mauer setzte. Ihr Schutzengel hatte seine Arme um sie gelegt und schien ihr immer wieder etwas ins Ohr zu flüstern. Ich drehte mich zu ihr um und lächelte sie an. Sie lächelte schüchtern zurück und kramte in ihrer Tasche.

»Lorna, geh hin zu ihr und setz dich dicht neben sie«, forderte mich Engel Hosus auf. »Sie hat nicht den Mut, dich anzusprechen.« Also stand ich auf und ging auf die Frau zu. Als ich mich neben sie setzte, begrüßte ich sie und fragte sie, wie es ihr gehe.

Sie schaute mich an und brach in Tränen aus. Die ganze Zeit über hatte ihr Schutzengel immer seine Arme um sie gelegt und sie gehalten.

»Ich kann nicht glauben, dass Sie es sind«, sagte sie. »Ich weiß, dass wir uns noch nie begegnet sind, aber ich weiß alles über Sie. Ich habe zu Gott gebetet, dass ich, wenn wir uns jemals begegnen sollten, mit Ihnen sprechen und Ihnen erzählen kann, wie Sie meine Familie gerettet haben. Wir hatten eine schreckliche Zeit, wir waren alle am Ende, aber dann gab mir eine Freundin ein Exemplar von ›Engel in meinem Haar‹.

Lorna, ich bekenne mich zu einem anderen Glauben als Sie«, sagte sie. »Ich bin Muslimin, aber meine Freundin meinte, ich solle unbedingt Ihr Buch lesen. Ich habe es angenommen, aber ich habe ihr gesagt, dass ich bei all dem, was bei uns zu Hause passierte, nicht in der Stimmung zum Lesen sei, aber sie hat nicht nachgegeben. Heute weiß ich, dass es mein Schutzengel war, der mich dazu gebracht hat, Ihr Buch zu lesen. Es hat alles verändert – angefangen bei der Art und Weise, wie ich die Ereignisse in unserem Leben betrachtete. ›Engel in meinem Haar‹ gab mir meinen Glauben zurück, den Glauben daran, dass Gott uns nicht verlassen hat, und ich betete jeden Tag danach.«

Ich fragte sie, was geschehen war.

»Eine Tragödie nach der anderen«, erzählte sie unter Tränen. »Ich habe zwei meiner Kinder verloren. Eines wurde krank. Zuerst dachten wir, es sei nichts Ernstes, aber dann musste der Junge ins Krankenhaus, und kurz darauf nahm Gott ihn zu sich. Mein anderer Sohn hatte einen Unfall. Er kämpfte lange, aber er erholte sich nicht, und Gott nahm auch ihn zu sich.«

Die Tragödie ihres zweiten Sohnes war mehr, als sie ertragen konnte. Sie hat mir unzählige Einzelheiten erzählt, die ich hier nicht alle aufschreiben kann, weil ich fürchte, dass es Ihnen das Herz zerreißen würde, so wie es ihr ergangen ist.

»Danach ist mein Mann zusammengebrochen«, erzählte sie. »Wir haben uns nur noch gestritten und angeschrien. Wir kamen einfach nicht mehr klar; und in dieser Zeit haben wir auch noch andere Familienmitglieder unter tragischen Umständen verloren. Alles schien sich gegen uns verschworen zu haben. Fast hätten wir sogar unser Zuhause verloren. Ich verzweifelte am Leben, obwohl ich noch andere Kinder zu versorgen hatte.«

Sie hielt inne, um sich wieder zu sammeln.

»Dann begann mein Mann, viel Zeit außer Haus zu verbringen. Ich wusste nicht, wo er war, aber eines Tages kam er nach zwei Wochen wieder nach Hause und sah schrecklich aus. So blass und dünn. Ich sagte ihm, er solle am Glauben festhalten, aber er sagte: ›Allah hat uns verlassen.‹ Irgendwie fand ich den Mut, ihm ›Engel in meinem Haar‹ zu geben. Er reagierte zuerst zögerlich, und ich sprach mit ihm darüber. Ich sagte ihm, dass er das Buch lesen müsse und dass ich ihn dabei beobachten wolle. Eine Woche später, als wir beide zu Hause waren, nahm er das Buch aus seiner Tasche, setzte sich damit an den Esstisch und begann, laut daraus vorzulesen.

Lorna, ich war wirklich schockiert. Ich hatte ihn zwar gebeten, Ihr Buch zu lesen, aber ich hätte nie gedacht, dass er es tatsächlich tun würde. Ich holte mir einen Stuhl, setzte mich an den Tisch und hörte zu, wie er vorlas, und die ganze Zeit dankte ich Gott. Und ich sage es Ihnen: Von diesem Tag an hat sich mein Mann verändert. Er wurde wieder er selbst, ein guter Mensch, und unser Leben wurde wieder normal. Er fand zu seiner Religion zurück, begann wieder an Gott zu glauben. Wir hatten fast alles verloren, unser Haus konnten wir gerade noch halten. Zu allem Überfluss verlor mein Mann auch noch seine Stelle, aber nach diesem Tag, an dem wir zusammen am Tisch saßen und Ihr Buch lasen, schöpfte er neuen Mut; und jetzt hat er wieder Arbeit. Jetzt ist alles gut, Lorna. Ich danke Gott jeden Tag für diesen Segen, und ich kann Ihnen nur sagen, dass Sie mein Leben und das meiner Familie gerettet haben. Irgendwie haben Sie uns wieder zusammengebracht.«

Tief bewegt von ihrer Geschichte, sagte ich zu ihr: »Nicht ich habe Ihr Leben gerettet. Es war Gott.«

Sie nahm meine Hände und bat mich, sie zu segnen. Sie dankte mir mit vielen wohlklingenden Sätzen auf Arabisch, und ich segnete sie, während wir immer noch auf der Mauer saßen. Ich erinnere mich auch an die Gebetskette mit den Perlen, die sie in ihren Händen bewegte.

Nachdem ich sie gesegnet hatte, sagte ich zu ihr: »Gehen Sie nach Hause und umarmen Sie jeden in Ihrer Familie, auch wenn es ein paar Monate dauert. Wenn Sie jemanden von Ihren Leuten treffen, umarmen Sie ihn. Auf diese Weise werden Sie den Segen an alle Mitglieder Ihrer Familie weitergeben.«

Sie bedankte sich noch einmal mit Tränen in den Augen und stand auf, weil sie nach Hause wollte. Sie lief mit schnellen Schritten, fast so, als würde sie vor Freude rennen. Sie hatte mir ihren Namen nicht genannt, und ich hatte sie auch nicht danach gefragt, weil Engel Hosus mich davon abgehalten hatte (ich brauche den Grund dafür nicht zu kennen). Ich habe diese Frau nie wiedergesehen, aber sie und ihre Familie sind immer in meinen Gebeten.

Das ist nur eine von vielen solchen Begegnungen, die ich hatte, seit ich »Engel in meinem Haar« geschrieben habe. Das Leben vieler Menschen hat sich durch das Buch verändert. Und im Laufe der Jahre habe ich noch viele andere Geschichten gehört. Nicht selten – wahrscheinlich sogar meistens – weisen diese Geschichten starke Ähnlichkeiten auf. Jemand hatte zum Beispiel selbst einen Unfall erlitten oder einen geliebten Menschen verloren, andere wurden von schweren Depressionen gequält. Wieder andere hatten Schwierigkeiten, sich im Leben zurechtzufinden, oder litten unter extremen Ängsten. Das sind nur einige der Lebens- und Überlebenskämpfe, von denen mir berichtet wurde und wird.

Ich erfahre aber auch immer wieder von Wundern, die geschehen, von Menschen, für die sich alles zum Guten wendet und in deren Leben die Liebe zurückkehrt.

Ich erzähle hier noch eine kurze Geschichte, die stellvertretend für das Schicksal vieler Menschen steht.

Bevor ein junger Mann von zu Hause weglief, war er als Kind und Jugendlicher häufig geschlagen worden, nicht nur von seinem Vater, sondern auch von anderen Familienmitgliedern. Sie waren alle älter als er, schon erwachsen. Manchmal wurde er auch in der Schule von anderen Kindern geärgert und sogar geschlagen. Er hatte nur noch Angst. Wie er mir erzählte, war er schon als Kind immer sehr dünn und zart gewesen, wirkte verletzlich und schutzlos. Er versteckte sich, wann immer er konnte, war schwer depressiv, und sein Dasein war von Angst beherrscht. Er erzählte mir, er habe nie gewusst, woher er den Mut zum Weglaufen genommen habe, aber nach der Lektüre von »Engel in meinem Haar« sei ihm klar geworden, dass sein Schutzengel ihm die Kraft gegeben habe, um sich selbst zu retten. Inzwischen habe er sein Leben gut im Griff, er habe Arbeit, er sei glücklich, und alles laufe gut für ihn. Er danke Gott jeden Tag für den Segen, den er erfahre.

Im Lauf der Jahre haben viele Menschen von mir wissen wollen, auf welche Weise sie ihr spirituelles Wachstum beschleunigen könnten. Dazu muss man sich unbedingt seiner Seele bewusst werden, muss die Erkenntnis zulassen, dass sie die andere Hälfte unserer selbst ist. Wir müssen einsehen und akzeptieren, dass jeder von uns aus zwei Teilen besteht: aus Körper und Seele.

Ihre Seele ist Ihr spiritueller Teil. Um spirituell zu wachsen, müssen Sie an der Beziehung zwischen Ihrer Seele und Ihrem menschlichen, Ihrem körperlichen Anteil arbeiten. Das Wohlbefinden und die Liebe, nach denen Sie sich sehnen, entstehen aus einer starken Verbindung zwischen den beiden Teilen.

Das Wunderbare daran ist: Wenn Sie Ihre beiden Teile wirklich stärker miteinander verbinden wollen, wird der göttliche Funke in Ihnen diesen Wunsch unterstützen. Gott hat Ihnen Ihren Schutzengel auch deshalb zur Seite gestellt, damit er die Brücke zwischen Ihnen und Ihrer Seele bildet.

Spirituell zu sein, bedeutet, frei zu sein von Hass und Wut, frei von Rachegelüsten, frei von Rassismus, Vorurteilen, Intoleranz und all den anderen negativen Gedanken und Handlungen, die eine Barriere zwischen uns und unseren Mitmenschen errichten und uns zu einem hasserfüllten Wesen machen können. Um wahre Spiritualität zu erlangen, müssen wir uns von all diesen Dingen befreien. Ich weiß, dass dies für viele Menschen sehr schwierig ist, denn wenn wir verletzt wurden, ist uns der Hass oft näher, aber wenn wir Hass in uns tragen, können wir kein Leben führen, das von Spiritualität bestimmt ist.

Liebe ist wahre Spiritualität. Sie kann nicht erklärt werden. Sie ist überwältigend und entsteht, wenn wir mit unserer Seele im Einklang sind. Ihr Schutzengel hilft Ihnen immer, sich mit Ihrer Seele zu verbinden, und deshalb nenne ich ihn die »Brücke zu Ihrer Seele«. Als weiteres Bild können Sie sich vorstellen, dass Ihr Schutzengel Ihnen ein Seil zuwirft, das Sie auffangen sollen. Er gibt Ihnen den Mut und die Kraft, dieses Seil zu ergreifen und die Kluft zu überwinden. Mit jedem Schritt, den Sie gehen, wachsen Sie spirituell. Sie erkennen, dass sich nicht alles um das eigene menschliche Ich dreht. Etwas viel Größeres steht im Mittelpunkt.

In der heutigen Welt gibt es viel Hass. Wir sind alle so auf das Materielle fixiert, aber das Leben besteht nicht nur aus materiellen Dingen. Der Sinn des Lebens liegt darin, sich spirituell zu verbinden und die Liebe zu spüren, die Liebe der Seele, die Gott vom Himmel durch das Universum fließen lässt, und die unsere beiden Teile – Körper und Seele – verbindet.

Diese Liebe verbindet uns auch mit allen anderen Lebewesen, mit der ganzen lebendigen Schöpfung. Sie lässt uns eins werden mit der Natur und die gesamte Menschheit miteinander verschmelzen. Die Liebe Gottes, die wir in uns tragen, verwandelt uns und hilft uns, diese Welt zu einem kleinen Stück Himmel zu machen, in dem wir im Einklang mit der Natur leben. Wenn wir Menschen unseren Planeten retten, indem wir ihn pflegen, Verantwortung für ihn übernehmen und in spiritueller Gemeinschaft mit der Natur leben, retten wir uns selbst und alle anderen Lebewesen. Wir erreichen Harmonie.

Ich weiß, dass es möglich ist. Ich glaube, wir können es schaffen. Wenn Sie also das nächste Mal jemandem begegnen, auf den Sie vielleicht neidisch sind oder den Sie sogar hassen – möglicherweise weil Sie Vorurteile haben oder aus anderen Gründen, etwa weil er oder sie anders ist als Sie oder weil Sie selbst gern hätten, was er oder sie hat –, dann halten Sie einen Moment inne. Bleiben Sie stehen. Erlauben Sie sich, einen Augenblick zu zögern, und sagen Sie diese Worte zu sich selbst: »Ich bin spirituell. Ich bin ein guter Mensch. Ich habe eine Seele und einen Schutzengel.« Lassen Sie in sich die Erkenntnis zu, dass andere Menschen wie Sie eine Seele und einen Schutzengel haben. Auch sie sind spirituelle Menschen. Wir können mit allem um uns herum in Frieden und Harmonie leben, und zwar in einer Weise, die weit über unser menschliches Verständnis hinausgeht. Dazu fällt mir ein Satz ein, den mich Gott und die

Engel schon als kleines Mädchen gelehrt haben: »Alles geht über unseren Horizont hinaus.« Wenn man seinen Hass loslässt und sich dem Unbekannten mit einem spirituellerem Ansatz nähert, wird man auf der anderen Seite so viel Liebe finden.

Um spirituell zu wachsen, müssen wir so oft wie möglich über uns selbst nachdenken. Es geht darum, immer wieder innezuhalten und zu reflektieren. Nehmen Sie sich einen Moment Zeit, um über den Hass nachzudenken, den es vielleicht in Ihrer eigenen Familie oder der Familiengeschichte gibt. Führen Sie laute Selbstgespräche über das Thema, schreiben Sie Ihre Gedanken dazu auf. Aber finden Sie auch Momente, um mit Ihrer Familie, Ihren Freunden, Ihren Kollegen darüber zu sprechen, damit die Wunden heilen können. Wir konzentrieren uns ständig darauf, die Wunden in uns selbst zu heilen. Aber um das zu erreichen, müssen wir auch den Hass, die Wut und den Rachedurst in uns selbst, in unseren Familien und in unseren Vorfahren erlösen. Je mehr wir heilen, desto mehr können wir spirituell wachsen, desto näher kommen wir Gott und der vollkommenen Verschmelzung von Körper und Seele.

Seit Jahren sage ich zu jedem Menschen, dem ich begegne: »Es geht hier nicht um mich, es geht um *dich*.« Wenn Sie vor einem anderen Menschen stehen, geht es darum, ihm Liebe, Freundlichkeit, Mitgefühl und Verständnis entgegenzubringen, was Ihnen hilft, Ihre spirituelle Seite zu stärken. In diesem Moment stehen nicht mehr Sie im Vordergrund, sondern Ihr Gegenüber – oder unser Planet und die Natur als Ganzes. Ich danke Gott jeden Tag dafür, dass er jedem von uns eine schöne Seele geschenkt hat.

Selbst jetzt, wenn ich in meinen Computer spreche, um Ihnen das alles zu erzählen, muss ich lächeln. Mein Lächeln ist voller Liebe, wenn ich das Wort »gedruckt« auf den Seiten sehe.

Gott und die Engel haben mich mein ganzes Leben lang gelehrt, wie ich geistig wachsen kann. Und ich lerne immer noch. Ich gehe davon aus, dass wir alle immer dazulernen werden. Wir müssen uns darüber austauschen, dass jeder von uns fähig ist, den anderen in Liebe, Harmonie und Frieden auf eine Weise zu erheben, die wir uns heute noch nicht vorstellen können. Aber ich glaube – ich *weiß* –, dass wir es schaffen können. Wir alle können es, denn jeder von uns hat eine Seele und einen Schutzengel.

Wir müssen unsere Aufmerksamkeit auf das richten, was heute in der Welt geschieht. Gott hat mir viele Modelle für die Zukunft gezeigt, und ich habe mit Schrecken gesehen, dass viele davon parallel verlaufen – gute und schlechte. Ich werde Ihnen sagen, was mich in der heutigen Welt erschreckt, denn wer ein spirituelles Leben führen will, wer Gott nahe sein will, wer mit seiner Seele und seinem Schutzengel verbunden sein will, der kann nicht mit einem Herzen voller Hass herumlaufen. Wir empfinden Hass gegenüber so vielen Dingen – ich habe einige Beispiele genannt. Aber um wirklich ein spiritueller Mensch zu werden, muss man alles daransetzen, den Hass in seinem Herzen, in sich selbst loszulassen.

Eine Zukunft, vor der Gott mich gewarnt hat, sieht so aus, dass wir jeden Menschen meiden, der nicht »stromlinienförmig« ist, der sich von der breiten Masse abhebt, der nicht in unser Weltbild passt. Wir vergessen, dass wir alle gerade in unserer Einzigartigkeit so wunderbar sind, dass wir alle eine Seele haben und dass es so viele Möglichkeiten gibt, Mensch zu sein und auszudrücken, wer wir sind. Das Szenario, das mir eine Heidenangst einjagt, ist eines der Zukunftsmodelle, die Gott mir gezeigt hat. Es ist einfach entsetzlich: Kinder werden schon im zartesten Alter aus ihren Familien gerissen, weil es in dieser Zukunft üblich, sozusagen normal ist, dass Kinder, die als irgendwie »anders« gelten, schnell weggebracht werden und nie wieder auftauchen.

Man kann einfach nicht Menschen hassen, die anders sind als man selbst, und gleichzeitig ein spiritueller Mensch sein. Wir müssen uns alle in unserer ganzen Vielfalt lieben und feiern. Gott will, dass wir alle wir selbst sind und die Freiheit haben, einen Ausdruck für unsere unzähligen Identitäten zu finden. So viele Menschen vergessen oder übersehen, dass Gott *uns alle* liebt. Vergessen Sie nicht, dass Gott *Sie* liebt. Jeder von uns trägt diesen göttlichen Funken – seine Seele – in sich, ob er nun an Gott glaubt oder nicht.

Es gibt so viel Hass in unseren Herzen, in uns selbst, den wir loslassen müssen. Wenn Sie sich wirklich mit Gott, Ihrer Seele und Ihrem Schutzengel auf allen Ebenen verbinden wollen – der geistigen, der des Bewusstseins und der körperlichen –, dann müssen Sie Liebe ausstrahlen. Sie wissen es: Ihre Seele ist ein Funke göttlichen Lichts. Sie ist wahre Liebe, und Sie können diese Liebe in die Welt fließen lassen und so die Welt zum Besseren verändern. Ich weiß, dass Ihr Schutzengel Sie unterstützt und Ihnen jeden Tag neuen Mut gibt. Geben Sie sich also selbst eine Chance. Versagen Sie sich nicht die Möglichkeit, ein Leben voller Freude und Glück als geistiges Kind Gottes zu führen, unabhängig von Ihrem Glauben oder Ihrer Religionszugehörigkeit.

Jetzt machen Sie den nächsten Schritt. Verströmen Sie Liebe. Alles muss aus Ihnen kommen. Sie müssen ein liebevoller, gutherziger Mensch werden. Es ist wie das Entzünden einer Kerze. Nehmen Sie diesen tiefen Atemzug und bringen Sie zum Ausdruck, wer Sie wirklich sind. Lassen Sie los und befreien Sie sich, lassen Sie zu, dass Ihre Seele und Ihr Körper miteinander verschmelzen. Während Sie jedem Menschen Liebe schenken, denken Sie an die göttliche Lebenskraft, die in Ihnen, in Ihrer Seele reichlich vorhanden ist und die Sie auf die Welt ausgießen können.

Wer geistig-spirituelles Wachstum anstrebt, muss sich zunächst die Frage stellen: »Will ich das wirklich?« Werden Sie darum kämpfen, all die Einsichten zu gewinnen, die Sie für Ihren weiteren Lebensweg brauchen? Werden Sie sich erlauben zu verstehen, warum manche Ereignisse eintreten und andere nicht? Die Dinge wahrzunehmen und zu erkennen, die sich ändern müssen, um dieses kleine Stück Himmel zu schaffen? Um zu sehen, wo Sie jetzt stehen und was die Zukunft bringen kann – Ihre Zukunft, die Zukunft der Welt und die Zukunft allen Lebens?

Abschließen möchte ich meine Reflexionen über die fünfzehn Jahre, die seit dem Erscheinen von »Engel in meinem Haar« vergangen sind, indem ich Ihnen eine einfache, aber sehr wirkungsvolle Übung auf den Weg mitgebe. Es wird eine Weile dauern, bis sie in Ihr Bewusstsein eindringt und Sie körperlich und geistig wirklich berührt. Sie wird Ihrem Geist ermöglichen, sich im Schlaf mit Ihrem Körper und Ihrer Seele zu verbinden. Ihr Schutzengel wird die Brücke sein, die Ihre Seele und Ihr physisches Selbst überqueren müssen, um einander zu finden. Diese Brücke wird Sie in der Mitte zusammenführen, Sie werden eins mit Ihrer Seele, und dies wird die Verflechtung von Körper und Seele ermöglichen.

Sie können diese Übung leicht in Ihren Alltag integrieren, sei es morgens oder in einer ruhigen Minute während des Tages oder der Nacht. Diese Übung weckt und vertieft Ihr Bewusstsein für die Verbindung zwischen Ihrem Körper und Ihrer Seele, sodass sie sich allmählich verflechten können. Mit ein paar einfachen Worten können Sie beginnen, sich Ihrer Seele bewusst zu werden und sie mit Ihrem Körper zu verbinden. Denken Sie daran, Sie haben nichts zu verlieren, aber alles zu gewinnen: Liebe.

Sagen Sie jeden Abend beim Zubettgehen dreimal:
»Meine Seele und mein Körper sind eins.«

Morgens nach dem Aufwachen wiederholen Sie denselben Satz dreimal.

Bitten Sie Ihren Schutzengel, Ihnen dabei zu helfen, die Verbindung zu verstärken und Sie den ganzen Tag über an diese Verbindung zu erinnern.

Gottes Segen über Sie. Ich sende meine Liebe und Gottes Liebe an Sie alle.

Lorna, im Spätherbst 2022

Kontakt zu Lorna Byrne

Wenn Sie mehr über Lorna Byrne wissen möchten, können Sie die deutsche Internetseite www.lorna-byrne.de besuchen.

Dort können Sie:

– Ihre Wünsche und Gebete in Lornas Gebetsrolle eintragen.

Vor Jahren überreichten mir die Engel eine Gebetsrolle und forderten mich auf, sie in der Hand zu halten, wenn ich bete. Sie sagten, sie würden dann zusammen mit mir für alles beten, was auf dieser Schriftrolle steht.

Wenn ich mich in einem meditativen Gebetszustand befinde, halte ich in meiner Hand diese auf der spirituellen Ebene existierende Schriftrolle mit allen Namen und allen Bitten, die darauf stehen, und übergebe sie Gott.

Ich lade Sie ein, mir Ihre Gedanken, Freuden und Sorgen zu schicken, damit sie in die Gebetsrolle aufgenommen werden können.

Ich kann Ihnen nicht persönlich auf Ihre Zuschrift antworten, aber ich versichere Ihnen, dass Ihr Anliegen in die Gebetsrolle, in meine Gebete und in die der Engel aufgenommen wird. Das alles ist natürlich kostenlos und wird vertraulich behandelt.

Lorna

– Weitere Weisheiten lesen, die Lorna von den Engeln
  übermittelt wurden.

– Erfahren, wo Lorna Vorträge hält.

– Videos ansehen und Interviews mit Lorna lesen.

Außerdem haben Sie hier die Möglichkeit,
mehr in englischer Sprache über Lorna zu erfahren:
www.lornabyrne.com (Abonnement von Lornas
vierteljährlichem Newsletter)
Twitter: @LornaByrne
Facebook: Angels in My Hair by Lorna Byrne